법정에 선 페미니스트

페미니스트 법 이론

이 도서의 국립중앙도서관 출판예정도서목록(CIP)은 서지정보유통지원시스템 홈페이지(http://seoji.nl.go.kr)와
국가자료종합목록 구축시스템(http://kolis-net.nl.go.kr)에서 이용하실 수 있습니다.
CIP제어번호: CIP2020041118(양장), CIP2020041122(무선)

법정에 선 페미니스트

페미니스트 법 이론

FEMINIST LEGAL THEORY: A Primer

옮김

유경민
최용범
최정윤
박다미
소은영

지음

낸시 레빗
Nancy Levit

로버트 베르칙
Robert R. M. Verchick

한울
아카데미

Feminist Legal Theory: A Primer (Second ed.)

By Nancy Levit & Robert R. M. Verchick

Copyright ⓒ 2016 by New York University

All rights reserved. Authorized translation from the English-language edition published by

New York University Press.

Korean translation copyright ⓒ 2020 by HanulMPlus Inc.

이 책의 한국어판 저작권은 New York University Press와의 독점 계약으로 한울엠플러스(주)에 있습니다.

저작권법에 의해 보호를 받는 저작물이므로 무단전재 및 복제를 금합니다.

차례

페미니스트 법 이론, 새로워지고 행동할 준비가 되다

마사 미노우(Martha Minow)*

나는 10년 전에 처음 출판된 이 입문서를 보고 환영할 수밖에 없었다. 문체는 명확하며 이해하기 쉽고, 법리, 법 실무, 실증적 연구, 정치적 분석으로부터 도출한 자료를 토대로 법 이론과 실무를 연결하는 가교 역할을 했으며, 페미니스트 법 이론에 대한 연구를 시작하거나 추구하는 사람들 모두에게 빈틈없는 자료로 유용했기 때문이다. 이번 *Feminist Legal Theory* 새 판(제2판)은 학생, 학자, 지역사회 조직가, 그리고 미국과 세계의 유권자들에게 멋진 자료가 될 것이다.

"페미니스트", "법", "이론"이 자신 있게 소개할 만한 하나의 주제로 합쳐진 것은 그리 오래된 일이 아니다. 1970년대에, 여성들은 법조직역의 오직 4.9%에 불과했다. 그러나 곧 더 많은 여성들이 로스쿨로 들어가기 시작했다.[1] 그러한 경향은 여성운동을 반영한 것일 뿐만 아니라 다시 여성운동, 법조직역, 그리고 법률교육에도 영향을 미쳤다. 1960년대와 1970년대 "2세대 페미니즘"의 출현은 19세기에 처음으로 제기된 여성의 권리에 관한 주장을 재조명

---

* (옮긴이 주) 하버드 로스쿨 교수. 2009~2017년에 로스쿨 학장을 역임했다.

했다. 여성의 권리를 위한 2세대 운동은 조직을 만들었고 정치적 논쟁을 변화시켰으며 마침내 법리에 영향을 미치기 시작했다.[2]

페미니스트들은 강간, 낙태, 일터에서의 차별, 포르노그래피, 여성보건,[3] 그리고 보다 최근에는 정치와 대기업 임원 구성에서 전통적인 처우에 도전해왔다. 1970년대부터 법률가들 ― 여성과 남성 모두 ― 은 사법부와 로펌, 군대, 고용과 가족 사이의 관계, 그리고 사회에서의 성편향에 관해 다루어왔다. 1970년대 루스 베이더 긴즈버그는 법률 전반에 깔려 있는 성별 기반 차별에 도전하는 빛나는 캠페인을 통해 미국시민자유연합(American Civil Liberties Union: ACLU)의 여성 권리 프로젝트를 이끌었다.[4] 캐서린 맥키넌의 선구적인 책, 『일하는 여성에 대한 성희롱(Sexual Harassment of Working Women)』(1979)은 고용주가 고용상의 이익에 대한 대가로 성적으로 호의를 베풀 것을 요구하는 것과 여성에 적대적인 노동환경 양자를 모두 규탄했고, 새로운 법리적 아이디어와 이론적 접근을 모두 소개했다. 1990년대부터 페미니스트들은 다양한 인종, 민족성, 사회경제적 지위, 성적 지향을 가진 여성들의 상황에 관심을 기울여왔다. 페미니스트들은 환경, 전쟁과 평화, 결혼의 평등, 게이·레즈비언·바이섹슈얼·트랜스젠더의 권리들을 옹호하는 데 기여한다. 그들은 또한 전통적인 사회의 적대적인 성별 기반 관행에 맞닥뜨린 여성들의 처우에 초점을 맞춘다.

젠더와 법을 연결하는 학문적 작업은 1980년대에 시작되었지만, "페미니스트 법 이론"이 로스쿨과 법학 학술지에 등장하기까지는 몇 년의 시간이 더 걸렸다.[5] 학문적 작업이 진전되었으나, 그것이 쉽게만 받아들여진 것은 아니다.[6] 여성과 법을 다루는 특수한 저널이 등장하자, 여성의 법적 이슈가 고유한 방법론이나 이념을 필요로 하는지를 두고 싸움이 벌어졌다.[7] 논문, 심포지엄, 책들은 젠더와 권력 그리고 법을 분석하는 방법에 대해 논쟁한다. 학문의 결과물은 소송전략, 법규 및 규제 개혁, 그리고 미디어 캠페인에 기여한다. 버락 오바마 대통령과 조셉 바이든 부통령은 젠더 기반 폭력에 대한 국가적 관심을 불러일으키면서 엄정한 법 집행을 지시했고, 국제형사재판소는 강간을 전쟁범죄로 기소한다. 여성들은 정부 고위직에서 일하지만 여전히 남성들에 비해 적은 보수를 받고, 가정, 학교, 일터에서 지속적으로 성폭력 위험에 노출되며, 거의 모든 환경에서 가정 내 역할과 지위 그리고 권력의 상대적 결핍을 반영한 경제적 곤궁함을 견디고 있다. 페미니스트 이론은 권력과 불평등에 관한 질문을 던지기 때문에, 다양한 형태의 페미니스트 이론은 최악의 상태에 있는 이들에 대한 주의를 환기시키고 그들을 끌어올린다.

참으로, 페미니즘의 성과는 모든 이들에게 사람들의 실제 삶을 상기시킨다. 그것은 소녀들과 여성들의 삶과 투쟁을 직접 반영할 뿐만 아니라, 이분법적으로 설정된 성역할을 상대로 싸우는 남성과 여성을 포함한 모든 개인들을 위하여, 삶의 기회를 왜곡하는 관행을 이해하고 바꾸고자 하는 노력을 반영한다. 페미니스트 작업은 현실에 근거한다. 마리 마쓰다 교수는 이를, "페미니스트 실천에 대한 몰입 없이, '좋아, 내 분석틀에 젠더를 추가할거야'라고 말하는 간편한 노력은 무언가를 놓치기 쉽다"고 표현한다.[8]

이 작업을 "이론"으로 만드는 것은 무엇인가? 나는 일전에 한 저널리스트로부터 문학 연구는 홍수처럼 쏟아지는 문학 이론 서적들 때문에 수렁에 빠졌다고 할 만하다는 이야기를 들은 적이 있다. 이론은 문제점을 반영할 수 있지만, 또한 이론은 관습과 일상적 관행의 배후를 조사함으로써 논쟁을 촉발할 수도 있다. 법에서 이론이란 개별 사건이나 실무에서 단기적인 개선이나 평가를 제공하는 것이 아니라 추정과 해석 방법을 깊이 파헤치는 것을 추구하는 학문적 작업이다. 어떤 이론을 "페미니즘" 이론으로 만드는 것은 그 자체로 상당한 학술적 논쟁의 주제가 되지만, 여성, 젠더 관계, 권력, 그리고 불평등에 초점을 맞추도록 하는 매우 훌륭한 출발점이기도 하다.[9] 이 책은 페미니스트 법 이론들의 폭넓은 집합을 다른 모든 연구자들이 했던 것보다 더 종합적으로 살피고 있다. 따라서 이 책에서는 동등대우 이론, 문화 페미니즘, 지배 이론, 반본질주의 이론(비판적 인종 페미니즘과 레즈비언 페미니즘), 에코페미니즘, 실용적 페미니즘, 포스트모던 페미니즘에 대해 지속적으로 다루고 있음은 물론이고, 나아가 젠더와 노동, 젠더와 교육, 젠더와 몸, 젠더와 폭력, 젠더와 세계화에 관한 탐구를 포함하고 있다.

이 책의 공저자들은 페미니스트 법 이론의 형태를 개척해왔다. 낸시 레빗은 남성성의 고정관념에 도전하기 위해 페미니즘이라는 도구를 효율적으로 사용한다.[10] 로버트 베르칙은 환경 개혁의 인종적이고 계급적인 차원을 강조하기 위해 논쟁하면서 환경보호주의 입장에서 페미니즘의 의식 고양 방법을 계속 탐구해왔다.[11] 페미니스트 법 이론의 여러 가지 입장들이 계속 존재했던 것이야말로, 학문 영역에서 법 이론이 등장하고 가치 있는 연구가 계속되도록 하는 요인이 된다.[12] 이 책 곳곳에서 찾아볼 수 있는 저자들의 독창적인 아이디어와 설득력 있는 결론은 이 입문서가 훌륭한 자료이자 양질의 책이 되게끔 한다.

법 이론은 정부가 만들고 시행하는 규범들에 대한 이해와 실무를 이상적으로 개선해야 한다. 그리고 페미니스트 법 이론은 국내외를 불문하고 여성으로 태어났다는 이유만으로 특별히 고되고 힘든 인생을 살아가야만 하는 여성들에게 벌어지는 폭력과 억압의 긴급 상황을 다루어야 하고, 동시에 "거버넌스 페미니즘(governance feminism)"이 비판적으로 경고했듯이, 정부가 페미니즘의 이름으로 개인의 일, 가족, 놀이, 표현, 종교에 관한 선택에 간섭하려고 하는 위험 역시 다루어야 한다.[13] 이 입문서는 구체적인 문제점들과 법제 개혁을 통한 효과적인 해법을 찾으면서, 고용, 군 복무, 사회보장, 교육, 재생산, 포르노그래피, 성폭력, 결혼과 이혼, 의존과 돌봄, 성매매, 그리고 경제 발전을 위한 소액 대출 프로그램 및 다른 수단들을 다룬다. 이 책은 또한 몇 가지 맥락 — 예컨대, 교육과 형사사법 — 에서 남성이 여성에 비해 불리한 점이 무엇인지 살펴보고, 이것 역시 비판과 개혁의 이유임을 드러내는 젠더 분석의 중요한 통찰에 귀를 기울인다.

이 책은 입문서(primer)라 불리고, "i"를 짧게 발음하면[praimə(r)], 그 작업은 "어떤 주제에 관한 작은 소개서"라고 적절하게 묘사될 수 있다.[14] 첫 음절에서 "i"를 길게 하면[práimər], 이 책은 뇌관을 터뜨리기 위한 도구, 즉 행동하기 전의 첫걸음이 된다. 정말로, 사전은 "primer"를 "탄약에 불을 붙이는 데 사용되는 뇌관화약 또는 화합물"을 담는 것이라고 정의한다.[15] 이 책이 그러하듯, 페미니스트 법 이론은 독자가 스스로 그들 "자신(I)"을 그 안으로 초대할 때, 실로 폭발적인 사회적·법적 변화에 불을 붙일 수 있는 힘을 가질 것이다.

감사의
글

우리는 제2판의 아이디어들 중 일부를 논의하기 위하여 시간과 재능을 아낌없이 베풀어준 존 블레빈스, 나오미 칸, 준 카본, 일레인 크리스텐슨, 데이비드 코헨, 바브 글레스너 파인즈, 조애나 칼브, 앤 맥긴리, 앨런 로스트론, 그리고 모니카 호프 월리스를 포함한 동료들과 친구들의 도움에 깊이 감사드린다.

뛰어난 편집 및 행정적 지원을 해준 빅토리아 토디노와 케이틀린 우디, 그리고 이 프로젝트에 기여한 뛰어난 연구 보조원들 및 도서관 직원들인 니콜라스 베이들러, 숀 "페퍼" 보웬, 딜런 기어리, 브라이언 허들스턴, 타미카 로건, 로렌스 D. 맥라클란, 페이 시이츠, 에밀리 트로슬, 그리고 캐롤라인 주스책에게도 감사드린다.

여자들을 건드렸으니, 넌 이제 바위를 친 거야.

— 1980년대 인종차별적 아파르트헤이트에 항거한 남아프리카 여성들의 노래

더 나아질 필요가 있다는 것을 아는 한, 내게는 밝혀내야 할 것들이 있어.

내가 한 발짝 내디딜 때마다 여성 모두를 앞으로 나아가게 할 거야.

— 아니 디프랑코, 「Hour Follows Hour」 가사 중에서

□ □ □

페미니즘과 법

페미니즘이란 무엇인가? 기계적으로 답하자면 남성과 여성이 동등한 정치적·경제적·사회적 권리를 가져야 한다는 생각이라 할 수 있다. 물론 그 답도 맞다. 그러나 페미니즘 담론에는 더 많은 부분이 있다. 어떤 이들은 페미니

즘 하면 여성들이 정의를 바로 세우거나 사회적인 관습을 무너뜨리는 다수의 극적인 장면을 떠올린다. 그 예로 1848년 세네카 폴스 여성인권대회(Seneca Falls Convention)에 모인 여성 참정권론자들에게 불을 지핀 엘리자베스 케이디 스탠턴이나 워싱턴 D.C.에서 재생산의 자유와 보육 여건 개선을 요구한 "백만 어머니들의 행진(Million Mom March)" 또는 1940년대 영화에서 멋들어진 바지 정장을 입고 등장한 캐서린 헵번의 모습 등이 있다.

페미니즘 담론에는 근대적 영웅들도 등장한다. 캐서린 맥키넌을 떠올려보라. 그녀는 직장 내에서 원치 않는 성적 접근과 무시를 겪는 여성들을 돕고자 성희롱의 법적 개념을 확립했다. 오프라 윈프리를 생각해보라. 그녀는 TV 방송에서 최초로 자신의 이름을 내건 TV 프로그램을 진행한 여성으로서 방송에서는 쉬쉬해왔던 가정폭력과 같은 주제를 정면으로 다루었다. 티나 페이는 어떠한가. 그녀는 NBC에서 방영된 〈30 Rock〉에서 직접 각본을 쓰고 연기한 "리즈 레몬" 역을 통해 매일같이 매력 넘치는 긴 금발을 유지하기 위해 뿔테 안경을 방에 모셔둔다거나 도저히 다다를 수 없는 이상적인 여성이 되려고 하지 않는 현실적인 여성을 그려냄으로써, 페미니즘의 "뜻밖의 히로인"으로 자리매김했다. 반정부 시위 행위로 강제 노동 수용소 같은 곳에 2년 동안 수감된 러시아의 여성주의 펑크 록 밴드 푸시 라이엇의 멤버인 나데즈다 톨로코니코바와 마리아 알료히나는 또 어떠한가.[1]

또 다른 이들에게 있어 페미니즘은 고립된 운동이 아니라 필요에 의해 서로 교차되고 다면화될 수 있다. 벨 훅스는 페미니즘에 관해 다음과 같이 언급했다.

페미니즘은 단순히 남성 우월주의를 종식시키기 위한 투쟁이나 여성이 남성과 동등한 권리를 가지고 있다는 것을 확인하는 운동이 아니다. 페미니즘은 (예를 들어 성, 인종, 계층 등과 같이) 서구 문화에 스며들어 있는 지배 이데올로기를 근절하고 제국주의와 경제적 팽창, 물질적 욕망에 앞서 국민의 자기 계발이 우선할 수 있도록 미국 사회를 재편하고자 하는 가치 지향이자 다짐이다.

한편 페미니즘은 조용한 혁명의 모습으로 나타나기도 한다. 제인 오스틴은 응접실에 혼자 앉아 바느질을 하는 중간중간에 『오만과 편견』을 써 내려갔다. 또한 오늘날 천만 명에 이르는 미국의 싱글맘들은 약물과 가난의 어둠 속에서 자녀들을 길러내고 있다. 또 매년 수천 명의 여성들이 법학이나 의학을 공부하기 위해 학교에 입학하는데, 일부 학교에서는 처음으로 여성이 남성보다 수적으로 우세해지기도 했다. 또한 적절한 평가인지 여부와 무관하게 (우리는 적절한 평가가 아니라 생각하지만) 여전히 페미니즘에서 이기적이고 호전적인 "배드 걸(bad girl)" 이미지를 떨쳐버리기가 쉽지 않다. 기독교 연합을 창설한 팻 로버트슨은 한때 페미니즘을 "여성들에게 남편을 떠나고 아이를 죽일 것을 장려하고, 주술을 행하고 자본주의를 파괴시키고 레즈비언이 되도록 부추기는 반가족적 정치 운동이자 사회주의"라 일컬었다.[2] 원하는 대로 뭐라고 말하건 간에 페미니즘은 매우 강력한 정치적·사회적 힘이라는 결론에 이르지 않을 수 없다.

페미니즘은 법의 영역에서도 강한 영향력을 떨치고 있다. 페미니즘은 근본적으로 권리의 평등에 관한 것이다. "평등"과 "권리"라 하면 철학적으로 말할 거리가 있지만, 그러한 개념들이 *실현되고*, 일상생활에 자리매김하게 하려면 페미니즘의 목표가 *법*과 통합하여 정부에 의해 집행될 수 있어야 한다. 참정권, 가족계획사업, 양육 지원 등을 위한 투쟁은 모두 가장 근본적인 의미에서의 법적 투쟁이다. 페미니즘을 공부하는 학생이 된다는 것은 법을 공부하는 학생이 되는 것을 의미하기도 한다. 그래서 우리는 성별 간의 법적 권리를 정의하고 "평등화"하고자 노력해온 페미니스트들의 간략한 역사를 살펴보는 것으로 이 책의 서론을 시작하고자 한다.

초기의 평등 개념과 여성 권리의 간략한 역사

여성 평등에 관한 여러 초기 논의들은 법적 쟁점 및 정치적 쟁점과 연관되어 있기 때문에 페미니스트 *법* 이론이 어느 시점부터 시작되었는지를 딱 꼬집어 말하기는 어렵다. (투표할 권리, 계약의 권리, 재산을 소유할 권리 등과 같은) 일부 초기의 평등한 법적 조치에 관한 논의들은 사회적·정치적인 책자들에서 거론되었다. 참정권 투쟁 과정에서 미국 역사상 최초로 여성이 대중 앞에서 연설을 하는 장면이 포착되었다. 여성들은 사라 그림케의『성의 평등과 여성이 처한 상황에 관한 서한(Letters on the Equality of Sexes and the Condition of Women)』(1838)과 같은 책자와 소평론, 책 등을 통해서 지지자들과 소통했다. 그림케는 위 책을 통해 "나는 내 성별로 인해 호의를 바라지 않는다. … 내가 우리 사회의 남성들에게 바라는 바는 그저 우리의 목덜미를 짓누르고 있는 그들의 발부터 치워달라는 것뿐이다"라고 호소했다.

여성 참정권 운동의 초기 전략은 노예제 폐지 운동 및 흑인 참정권 운동과 긴밀히 연결되어 있다. 노예제 반대 협회의 2인의 여성 대표인 엘리자베스 케이디 스탠턴과 루크레티아 모트는 1840년 런던에서 열린 세계 노예제 반대 총회에 대표단으로 참석하는 것이 거부되고 발코니에서 회의를 참관하게 되자 최초의 여성 권리 회의를 조직했다. 8년 후, 스탠턴과 모트는 신문 광고를 통해 여성의 권리에 관한 회의를 소집했다. 300명에 가까운 여성과 남성들이 뉴욕 주 세네카 폴스에 모였다. 그들은 그곳에서 독립선언문을 모델로 한 소신선언문(declaration of sentiment)을 발표했다. 그들은 "모든 남성과 여성은 평등하게 창조되었다는 것은 자명한 진리임을 밝힌다"라고 선언했다. 소신선언문은 "남성의 여성에 대한 … 위해와 권리 침해"를 조목조목 나열하고, 투표권을 포함한 정치적·종교적·사회적·공적 영역의 평등은 여성의 자연권이라고 주장했다. 선언문에서 가장 급진적이고 논쟁의 여지가 많은 것으로 여겨진 조항은 "그러므로 국가가 보장한 참정권에 대한 신성한 권리를 행사하는 것이 이 나라 여성의 의무임을 선언한다"라고 밝힌 여성의 참정권을 주장한 부분이었다.

세네카 폴스 회의는 1세대 여성운동의 시초가 되었다. 세네카 폴스 선언의 내용은 널리 퍼져 나갔고, 회의를 조직한 담당자들은 지역 단위, 주 단위, 전국 단위의 여성 참정권 운동 회의를 기획했다. 1851년 오하이오 주 애크런에서 개최된 제2회 전국 여성 참정권 대회에서는 과거 노예였던 재능 있는 연설가, 소저너 트루스가 "나는 여성이 아니란 말입니까?"라는 제목의 연설을 통해 흑인 노예제와 여성의 종속 상태 사이의 유사성을 이야기했다.

저기 저 남성이 여성들은 마차를 태워 모셔야 하고, 도랑을 건널 땐 들어서 옮겨줘야 하며, 여성에게는 어디에서나 최고의 자리를 대접해야 한다고 말하는군요. 그런데 나를 마차에 태워 모시는 사람은 아무도 없고, 내가 진흙 구덩이를 지날 때 도움을 주는 사람도, 무슨 좋은 자리를 내어주는 사람도 없네요! 나는 여성이 아니란 말입니까? 날 봐요! 내 팔을 봐요! 난 땅을 일구고, 곡식을 심고, 농장일을 해왔어요. 어떤 남성도 날 앞서지 못했어요! 그래서 나는 여성이 아니란 말입니까? 나는 남성만큼 일하고 (먹을 것이 있을 땐) 남성만큼 먹을 수 있었어요. 남성만큼이나 채찍질을 잘 견뎌내기도 했고요! 그래서 나는 여성이 아니란 말입니까? 나는 13명의 아이를 낳았고, 그 아이들의 거의 대부분이 노예로 팔려 나가는 것을 지켜봐 왔어요. 내가 어미로서 슬프게 울부짖을 때, 예수님 말고는 아무도 내 말을 들어주지 않았어요! 그래서 나는 여성이 아니란 말입니까?

트루스가 실제로 정확히 위와 같은 말로 연설했는지 알 수 없다는 논란이 있기는 하다.[3] 하지만, 역사가들은 당대의 보고에 근거하여 트루스가 애크론 회의에서 강력한 연설을 했고 흑인 여성들은 이중고를 느낀다는 점에서 백인 여성과는 또 다른 측면이 있다는 취지의 연설을 했다는 점에 동의한다.

초기 투쟁 시기 동안 인종 문제는 계속해서 불거졌다. 일부 페미니스트들은 노예제 폐지 문제와 여성 참정권 문제를 거시적으로 뜻을 함께하는 투쟁의 일부로 보았다. 반면, 다른 페미니스트들은 그렇지 않았다. 남북전쟁 중에 전미 여성 애국 연맹(Women's National Loyal League)과 같은 여성 단체들은 노예 해방을 촉구하는 청원에 서명을 모았었다. 그러나 연방 수정헌법 제15조가 흑인 남성에게만 투표권을 부여하자 스탠턴과 수잔 앤소니가 이끈 전미 여성 참정권 협회(National Woman Suffrage Association)와 같은 후기 여성 참정 운동 단체는 흑인 남성의 투표권 행사에 맞서기 위해 백인 여성의 투표권이 필요하다는 논리를 펼쳤다.

내부적인 갈등은 차치하더라도, 노예제에 대한 페미니스트들의 투쟁은 여성들이 추후 가부장제에 대항하여 사용할 수 있는 정치적 기술을 연마시켜주었다. 여성들이 남성으로만 구성된 노예제 반대 단체에서 배제되었을 때, 그들은 스스로 노예제 폐지 단체를 구성했고 이후 조금씩 정치적으로 영향력 있는 활동을 펼쳐나가기 시작했다. 여성 개인과 단체들은 계약의 자유와 재산을 소유할 권리와 같은 기본적인 권리를 위한 입법을 청원하기 시작했다. 보통법 체계상 유부녀의 법리(doctrine of coverture)는 부녀자는 남편이 없이는 독립적인 법적 존재로 인정되지 않는다고 보았다.

결혼과 동시에 여성의 법적 신분은 남편의 법적 신분에 귀속된다. 남편들은 부인들의 재산, 임금을 관리하고 자녀들에 대한 통제권을 가지며, 남편은 아내에게 체벌을 가할 수도 있었다. 19세기 중반에 이르자 주 당국은 기혼여성재산법이라는 법률을 제정하여 여성이 스스로 계약을 하고, 유언을 집행하고, 소송을 제기하고 응소하며, 그들의 임금을 소유하고, 부동산 및 개인 자산을 통제하는 것을 허용했다. 하지만 이러한 조치들 또한 자신들의 딸과 다른 여성 가족 구성원들 소유의 부동산을 염려한 남성 의원들이 그 보호를 정당화하기 위해 만든 것임을 잊지 말아야 한다.

여성의 권리를 옹호하는 자들은 연방 대법원에 헌법상의 평등을 요구하는 소송을 제기했다. 연방 대법원은 1872년 *Bradwell v. Illinois(브래드웰 대 일리*

노이) *사건*[4]을 필두로 하여, 최근 제정된 연방 수정헌법 제14조(1868)가 여성에 대한 차별을 금지하고 있다고 주장하는 사건들을 검토했다. 연방 수정헌법 제14조는 어느 주도 그 관할권 내에 있는 자에 대해 "법률에 의한 평등한 보호" 또는 연방 시민으로서의 "특권과 면책권"을 박탈할 수 없다고 명시하고 있다. 마이라 브래드웰은 일리노이 주 변호사로 등록하려고 했지만, 주 대법원은 일리노이 주 법에 여성이 변호사로 활동하는 것을 허용하는 조항이 없음을 근거로 브래드웰의 신청을 거부했다. 브래드웰은 연방 대법원에 상고하여, 직업 수행의 자유는 수정헌법상 부여된 권리 중 하나임을 주장했다. 연방 대법원의 다수는 일리노이 주의 결정을 지지했고, 변호사로서 활동하는 것은 연방 시민으로서의 특권에 해당하지 않는다고 판시했다. 브래들리 대법관은 보충 의견을 통해 법정 의견에 더해 자신이 바라보는 남성과 여성의 "구분된 영역"에 대한 의견을 덧붙였는데, 신학 이론과 우월감이 불행하게 뒤섞인 다음과 같은 문장 덕분에 그는 결코 잊혀지지 않을 불멸의 이름을 남기게 되었다.

> 남성은 여성의 보호자이자 방어자이며, 마땅히 그래야만 한다. 여성의 속성인 자연스럽고도 적절한 수줍음과 섬세함은 사회생활의 여러 직업에 적합하지 않다. 사물의 본성과 신의 섭리에 따라, 가족은 여성성의 영역이고 여성이 수행하는 기능에 부합한다. 가족에 속한 이해관계와 의견의 일치가 아닌 조화라는 관점에서 볼 때, 여성이 남편과 별개의 독립된 직업을 갖는다는 생각은 불쾌한 것이고 받아들이기 힘들다. …… 무엇보다 중요한 여성의 운명과 사명은 아내와 어머니로서의 고귀하고 온유한 직무를 완수하는 것이다. 이것이 바로 창조주의 법이다.[5]

연방정부가 변호사 등록을 보장하지 않자, 여성들은 개별 주와 관할 지역에서 반복적으로 변호사가 될 권리를 위해 투쟁해야 했다. (이러한 투쟁에 가장 먼저 성공한 사람들 중 한 명은 라비니아 구델이며, 그녀는 1875년 위스콘신 주 대법원에서 변호사회 가입을 거부당하기 이전부터 같은 주 지방법원에서 변호사로 활동했다. 그 밖에 1878년 캘리포니아 주에서 변호사로 등록한 클라라 쇼트리지 폴츠가 있고, 1879년 최초로 미국 연방 대법원 법정에 선 여성 변호사 벨바 락우드가 있다.)

1875년 *Minor v. Happersett(마이너 대 하퍼셋) 사건*[6]에서 미국 연방 대법원은 연방 수정헌법 제14조는 여성의 투표권에까지 확장되어 적용되지는 아니한다는 판시를 했다. 직업 수행의 자유가 연방 시민의 특권이 아니라고 판시했듯이, 보통 선거 또한 연방 시민의 특권이 아니라고 본 것이다. 따라서 여성이 미국 전역에서 투표권을 보장받기 위해서는 추가적인 헌법 개정이 필요했다.

몇 세대에 걸쳐 헌법 추가 개정을 위한 노력이 계속되었다. 여성 참정권을 향한 노력에는 셀 수 없이 많은 모임, 신문기사, 풀뿌리 운동, 참정권 단체, 회의, 강연 및 연설 등이 있었다. 엘리자베스 케이디 스탠턴과 수잔 앤소니는 대중 강연장에서 연설을 하기 위해 마차와 기차를 타고 미국 전역을 누볐다. 언론에서 앤소니가 1872년 대통령 선거에서 (율리시스 S. 그랜트 후보를 위한) 투표권을 불법적으로 행사한 사건을 보도하자 참정권 운동도 동시에 주목을 받았다. (이로 인해 체포된 앤소니는 자신에게도 다른 체포된 남성들과 마찬가지로 수갑을 채워줄 것을 요청했다. 재판 과정에서 앤소니의 변호인은 그녀는 스스로 투표권이 있다고 믿었기 때문에 "고의로" 불법적인 투표권을 행사한 것은 아니라고 주장했다. 법관은 앤소니가 스스로 자신의 행위에 대한 증인이 될 자격이 없음을 이유로 그녀가 법정에서 증언하는 것을 허락하지 않았다. 이후 법관은 배심원들의 평결을 허하지 않고, 앤소니에게 유죄판결을 내렸다.) 이후 여성 참정권 운동가들은 워싱턴 국회의사당 앞에서 피켓을 들고 시위를 조직했다.

여성 참정권을 포함한 수정헌법의 통과와 비준을 위해 개인과 관련 단체들은 엄청난 양의 지속적인 에너지를 쏟아부었다. 여성 참정권 운동가 캐리 채프먼 캣은 1920년 수정헌법 제19조의 비준으로 절정에 달했던 반세기 이상의 정치 운동을 다음과 같이 묘사했다.

조금씩 커져 가는 가능성에 수백 명의 여성들이 그들의 인생 전부를, 수천 명의
여성들이 몇 년을, 수십만 명의 여성들이 계속적인 관심을 가능한 한 보냈다. 그
것은 끝이 없어 보이는 연속된 일련의 활동이었다. 그 사슬의 마지막 연결고리
를 만드는 것을 도왔던 젊은 여성 참정권 운동가들은 그 운동이 시작되었을 때
미처 태어나지도 않았다. 첫 연결고리를 만드는 것을 도왔던 늙은 여성 참정권
운동가들은 모든 것이 마무리되었을 때 이미 죽고 없었다 … 이들은 이 기간 동
안 남성 유권자들을 상대로 여성의 참정권을 호소하는 캠페인을 56차례나 개최
해야 했다. 그들은 입법부에 여성 참정권을 포함한 수정헌법을 개정할 것을 480
차례나 촉구했다. 또한 주 헌법에 여성의 참정권을 규정할 것을 유도하는 캠페
인을 47차례 진행했고, 주의 당 대회로 하여금 여성 참정권 강령을 공표하도록
설득하기 위해 277차례의 캠페인을 진행했다. 여당 전당 대회에서 여성 참정권
강령을 채택할 것을 촉구하는 캠페인을 30차례 진행하고, 국회가 19번 바뀔 때
마다 빠지지 않고 캠페인을 진행했다.[7]

여성의 투표권은 여전히 계속되고 있는 평등권 투쟁의 첫걸음에 불과했다.

평등권 수정헌법안

연방 수정헌법 제19조가 비준된 후 3년이 도과한 1923년, 전국 여성당의
앨리스 폴은 의회에 최초로 평등권 수정헌법안을 제안했다. 평등권 수정헌
법안은 "미국 본토 및 미국 관할의 전역에서 남성과 여성은 동등한 권리를 지
닌다"는 내용을 명시했다. 평등권 수정헌법안은 최종 버전이 받아들여지기
전까지 50년간 매해 의회에 제안되었다. "미 연방정부나 어떤 주 정부도 성

별에 따라 평등권을 부인하거나 침해할 수 없다"는 내용의 평등권 수정헌법안이 1972년 마침내 상·하원 의회를 통과했다. 그러나 평등권 수정헌법안은 효력 발생에 필요한 전체 주 4분의 3의 비준을 얻지 못했다. 7년간의 입법 시한 동안 효력 발생에 필요한 38개 주 중에서 35개 주만이 비준을 했고 (이후 의회는 시한을 3년 더 연장하여), 시한이 1982년까지 연장되었다. 2011년 평등권 수정안 비준을 위해 양원에 수정안이 제시되었고, 입법 시한이 폐지되었다. 2012년 8월 기준, 수정헌법안은 계속해서 미국 상원 사법위원회에 계류 중이다.

실패 이유에 대한 여러 추측들이 있었다. 남성과 여성 모두 현상 유지를 원하고 강하게 원하고 있다는 사실 외에도 시급한 사회문제가 없다고 여기는 많은 이들에게 개헌은 불필요해 보였고, 오히려 그들은 평등이 실현되고 있다고 믿고 있었다. 미국은 1964년 민권법 타이틀 VII의 통과와 함께 여성 교육과 고용에 관한 권리가 확장되는 것을 이제 막 목도했다. 보수주의자들은 워렌 대법원장 재임 시(1953~1969) 연방 대법원 판결들 [특히, 1973년의 *Roe v. Wade(로 대 웨이드) 사건*[8]이 너무 진보적이라고 보았고, 이러한 관점은 평등권 수정헌법안에 대한 반대를 확고하게 만들었다. 상대적으로 빠르게 여성들의 지위가 개선되었기 때문에 평등권 수정헌법안 통과가 큰 의미를 갖지 않을 것이라는 생각을 증폭시켰다. 어떤 여성들은 남편이 자신을 부양해야 할 의무가 사라질 것을 걱정하기도 했고, 남녀 공용 화장실 사용이나 군 복무 가능성을 피하려 하기도 했다. (여성들은 체구가 작아서 장갑차에 적합할 것이라는 평등권 수정헌법안 지지자들의 주장은 그들에게 호소력 있는 문구가 되지 못했다.) 확고하게 평등에 반대하는 자들의 역할을 절대로 과소평가해서는 안 된다. 제리 팔웰이 이끌던 도덕 다수당과 같은 근본주의 종교 단체, 미국을 걱정하는 여성들의 모임과 같은 정치단체, 필리스 슐래플리*의 이글 포럼 및 기타

• (옮긴이 주) 미국의 보수적, 반페미니즘 운동가.

보수 지도자들은 수정안을 가정주부에 대한 공격으로 묘사했다.

오늘날까지도 법학자들은 비준 실패의 의미에 대해 토론을 이어오고 있다. 학자들은 비준이 통과했다면 그 결과 세상이 어떻게 바뀌었을지, 평등권 수정헌법안이 통과되고 나면 젠더 기반 권리의 지형이 달라질지 그리고 평등권 수정헌법안의 상징적인 실패가 오히려 주 정부 차원에서 개인적 권리를 확장하는 동력이 되었는지 여부에 관해 논의한다. 전체 18개 주들(알래스카, 캘리포니아, 콜로라도, 코네티컷, 하와이, 일리노이, 루이지애나, 메릴랜드, 매사추세츠, 몬태나, 뉴햄프서, 뉴멕시코, 펜실베이니아, 텍사스, 유타, 버지니아, 워싱턴, 와이오밍)이 주 정부 차원에서 평등한 권리에 관한 수정헌법 조항을 마련했고, 이들 대부분은 1970년대에 이를 받아들였다. 다만, 구체적인 조항의 내용은 주마다 다양하다. 펜실베이니아 주는 연방 평등권 수정헌법안을 그대로 반영하여 "펜실베이니아 주 정부는 개인의 성별에 따라 평등권을 부인하거나 침해할 수 없다"고 명시했다. 코네티컷 주는 "어떠한 사람도 종교, 인종, 피부색, 혈통, 출신 국적, 성별 또는 신체적 또는 정신적 장애로 인해 법의 동등한 보호를 부인당하거나 시민적 또는 정치적 권리의 행사 또는 향유에 있어 구별 또는 차별을 당해서는 아니 된다"고 명시하여 보다 정치한 보호를 하고 있다. (가장 일찍 1879년에 수정안을 채택한) 캘리포니아 주는 "어느 누구도 영업, 직업, 성직(vocation), 취업에 있어 성별, 인종, 신념, 피부색, 국적, 인종에 의해 자격을 박탈당하지 아니한다"고 정하고 있다.

참정권 운동과 더불어 평등권 수정헌법안 캠페인은 그 실질적인 목표를 넘어 매우 중요한 의미를 지니고 있다. 비준을 위한 캠페인을 통해 정치 활동의 기회를 제공하는 각종 기구와 네트워크가 형성되어 현재까지도 이어지고 있다. 그 이면에는 또 다른 진실이 있다. 다양한 페미니스트 단체를 끌어모았던 평등권 수정헌법안 운동과 같은 단합된 정치적 의제가 없는 것은, 지금의 여성운동이 분열되어 있음을 나타내주는 것일지도 모른다.

현대 페미니스트 법 이론의 다양성

페미니즘은 많은 방을 가지고 있는 집으로 묘사되어왔다. 이론가들은 페미니스트 이론의 여러 방들 또는 학파들을 구분하기 위해 다양한 방법들을 제공해왔다. 이 책은 페미니스트 *법* 이론의 유형에 중점을 맞출 것이다. 이 책에서는 마르크스주의 페미니즘, 휴머니스트 페미니즘, 제3세대 페미니즘, 정신 분석적 페미니즘, 또는 프랑스 페미니즘과 같이 정치적 이론이나 사회적 이론으로 접한 페미니즘 학파들은 다루지 않는다. 페미니스트 법 이론은 사회를 묘사하고 변화를 규정하는 데 있어서 법의 역할을 강조하는 반면, 다른 유형의 페미니스트 이론은 법의 역할을 중요시하지 않거나 오히려 법의 역할에 대해 의문을 제기할 수 있다. 그러한 차이에도 불구하고, 페미니스트 '법학' 이론가들과 '비법학' 이론가들 사이에 자유로운 교류가 있어왔다. 다음 장에서는 중요하다고 생각되는 여덟 가지 페미니스트 법 이론의 범주에 대해 소개하고자 한다. 그 내용으로는 동등대우 이론, 문화 페미니즘, 지배 이론, 레즈비언 페미니즘, 비판적 인종 이론, 포스트모던 페미니즘, 실용주의 페미니즘, 그리고 에코페미니즘이 있다. 물론 이 구분이 딱 들어맞지 않는 경우가 많고, 많은 페미니스트들은 분류 자체를 거부한다. 이들 중 일부 이론들은 서로 겹치는 부분도 있다. 때때로 사람들은 특정 작가가 어떠한 부류의 페미니스트에 해당하는지에 대해 동의하지 않을 수도 있다. 이러한 구분은 페미니스트들의 논의를 파악하기 위해 대략적인 범주를 나눈 것일 뿐, 특정한 클럽에 가입하기 위한 멤버십이 아님을 유념해야 한다. 또한 개별 이론가들은 일반적으로 (유사한 상황에 놓인 자들에게 정확히 동등한 대우를 해야 한다는 원칙과 같은) 일련의 원칙을 지지하면서도, 주어진 환경을 고려할 때 최선의 선택이라는 현실적 이유에서 남성의 육아휴직을 배제한 여성의 육아휴직 제도에 찬성할 수도 있다.

이 책의 구성과 접근 방식

이 책은 특별히 이제 막 페미니스트 법 이론을 습득하게 된 독자층을 위해 쓰였다. 두 번째와 세 번째 장은 독자들이 보다 깊이 페미니스트 법 이론과 페미니스트 법학 방법론들을 알아갈 수 있도록 해준다. 나머지 장들은 페미니스트 이론이 법률의 형성을 돕고 도모했던 (고용 분야, 교육 및 글로벌한 쟁점 등과 같은) 주요 영역에 따라 주제별로 구성되어 있다. 이 책은 이론 위주로 쓰였지만, 추가적인 논의를 설명하고 이끌어내기 위해 계속해서 관련 소송 내용과 법원의 판결, 법률 등을 소개할 것이다.

이 책을 통해 의복과 소지품, 스포츠, 직업, 시민 단체 및 가정에서의 성역할 구분에 대한 기초적인 사실과 수치를 검토해볼 수 있을 것이다. 여기에는 이혼과 양육권, 빈곤의 여성화, 가정과 직장에서 노동의 분담에 관한 통계, 교육 차이에서 비롯된 성별 간 격차, 기업 및 정치권에서의 성별 대표성, 양형, 정치적 및 사회적 견해의 젠더 격차가 포함된다. 마지막 장은 세계화에 초점을 맞추어 선진국과 개발도상국에서의 페미니스트 법 이론의 전망에 대해서 검토할 것이다. 우리는 다시 돌아와 페미니즘 법학이라는 개념이 여성과 남성의 일상생활을 형성해가는 방식에 대해 생각해보는 시간을 갖게 될 것이다.

페미니스트 법 이론

페미니즘은 … 오해과 오독으로 오염된 오물 덩어리이다. 페미니스트는 남성 혐오주의자나 여성 우월주의자, 브래지어를 불태우는 사람, 남자 거세를 주장하는 사람으로 묘사된다. 사람들은 우리 페미니스트들의 성적 취향에 대한 선입견을 갖고 있다. 우리를 비협조적인데 요구사항은 많고, 웃으며 넘어갈 수 있는 일도 정색하면서 주변 사람들을 불편하게 만드는 다혈질의 … 싸가지가 없는 부류라 여긴다.

— 레슬리 벤더, "변호사들을 위한 페미니즘 및 불법행위 이론 입문서"

여성은 타자(the other)이다.

— 시몬느 드 보부아르, 『제2의 성』

아들딸 차별 없이 평등하게 나를 사랑해주신 부모님을 만났다는 점에서 저는 특권을 누렸다고 생각합니다. 여자란 사실이 학교생활에서 아무런 문제가 되지 않았고, '여자는 아이를 낳으면 끝'이라는 편견과는 거리가 먼 제 멘토들은 늘 귀감이 되는 조언을 들려주었습니다. 저는 이 모든 분들이 오늘의 나를 만든 성평등 홍보대사라고 생각합니다. 물론 이분들은 자신이 페미니스트라고 생각해서 이처럼 행동한 것은 아닙니다. 그러나 지금 이 세계에는 이분들 같은 어쩌다 페미니스트가 더 많이 필요합니다.

— 엠마 왓슨, 해리 포터 시리즈의 헤르미온느 역 배우 및 유엔 여성친선대사의 UN
  HeForShe 캠페인 연설 중

□ □ □

페미니스트 법 이론만의 고유한 특성은 무엇인가? "페미니스트"가 되기 위
한 기준이 있을까? 페미니스트라면 반드시 지녀야 할 신념이 있는가? 평등이
란 어떤 의미인가?

페미니스트 법 이론의 발흥은 페미니즘 이론의 성장과 대체로 보폭을 같
이해 왔다. 여성운동이 쟁취하려고 노력했던 첫 번째 목표가 바로 투표권과
같은 정치적 권리였다. 자신은 남성과 똑같이 "밭을 갈고 농사를 짓기" 때문
에 남자와 똑같은 대우를 받아야 한다고 주장했던 소저너 트루스의 예에서
알 수 있듯 초기 여성운동은 장차 중요한 *법* 이론으로 등장하게 되는 평등에
대한 청사진을 먼저 제시하기도 했다. 페미니스트 법 이론의 한 종류로서 성
적 불평등에 관한 이론이 정립된 것은 1970년대 말에서 1980년대 초 사이이
지만 이에 앞선 1960년대와 1970년대 초에 페미니스트 변호사들이 이미 법
정에서 성적 불평등을 주장하고 있었다.

서로 비슷하면서도 다른 다양한 종류의 페미니스트 법 이론들이 존재한
다. 그러나 페미니스트 법 이론은 공통적으로 다음 두 가지 특성을 공유한다.
바로 사회를 바라보는 관점(observation)과 나아가야 할 목표(aspiration)다. 먼
저 페미니스트는 현재 남성이 누리는 권력과 특권은 남자들만이 이 세상을
만드는 데 참여했기 때문에 발생하는 문제라고 생각한다. 모든 페미니스트
법학자는 남성은 역사상 존재했던 모든 문명의 법을 만드는 데 빠짐없이 참
여했다는 (대화 주제로도 다뤄지지 않았지만) 명백한 사실을 재차 강조하면서 미

국 역사에서 남자가 만든 법이 남자에게 유리하게 적용된 것은 우연이 아니라고 본다. 다음으로 모든 페미니스트는 여성과 남성이 정치, 사회, 경제적으로 평등하다고 믿는다. 그러나 페미니스트들은 평등의 의미가 무엇이고 어떻게 평등을 달성하는지에 관해 의견을 달리한다.

동등대우 이론

> 남성과 여성은 신체적 특성상 체구와 근력에 차이가 있고 문화적으로도 남편은 생계를 부양하고 여성은 집안일을 돌보는 역할을 할당받았다고 한다. 어떤 이는 신체적 특성과 문화적 역할이 결합한 결과 여성이 평균적으로 남성보다 오래 살게 되었다고도 한다. 그러나 이러한 설명에 기반하여 남성과 여성을 일반화하는 것은 있을 수 없는 일이다.
>
> — 웬디 W. 윌리엄스, "평등의 수수께끼"

페미니즘 법 이론의 첫 번째 조류는 1960년대 초기에 등장한 ["자유주의" 페미니즘 또는 "동일성(sameness)" 페미니즘이라고도 불리는] 동등대우 이론이다. 이 이론의 뿌리는 여성 참정권 운동에도 영향을 준 형식적 평등 원리이다. 형식적 평등이란 쉽게 말해서 여성도 남성과 똑같은 권리를 갖는다는 것이다. 동등대우 이론은 동등한 시민권, 공적 영역에서의 기회균등, 개인주의, 합리성을 근간으로 하는 정치철학 이론의 자유주의적 이상으로부터 영향을 받아 출현했다.[1] 동등대우 원리란 간단히 말해 법은 같은 처지의 남성과 여성을 달리 취급하지 말라는 것이다. 나아가 법이 여성 개인에게 내리는 결정은 (통계적으로는 유의미하더라도) 여성 집단의 일반적 속성을 근거로 삼아서는 안 된다.

초기에 여성에 대한 동등대우를 추구하기 위한 노력은 두 가지 목표를 겨냥했다. 첫째는 동일임금, 동일고용, 동일복지와 같이 여성이 사회·정치적으로 남성과 동등한 기회를 보장받는 것이었다. 둘째는 여성 보호라는 입법 목적을 내세우지만 실상은 여성을 공적 영역에서 배제시키는 법률을 폐지하는 것이었다. 이러한 '지켜줄게 법'의 예로 근로시간이나 직업선택권을 제한하는 법률을 들 수 있다. 이런 법률들은 여성은 특별히 보호를 받아야 할 대상이라는 구시대적 사고에서 나온 것인데 동등대우 이론은 이에 대한 대응논리로 여성과 남성은 동일하기 때문에 동일한 고용과 경제적 대우를 받아야 된다고 강조했다.

1970, 1980년대에 들어서 미국시민자유연합(ACLU), 전미여성기구(The National Organization for Women: NOW), 여성유권자연맹(League of Women Voters: LWV)과 같은 단체들은 여성들이 생계책임자, 소유권자, 경제주체가 되는 것을 막는 법적 장벽을 철폐하기 위한 대법원 소송에서 승리하기 시작했다. 1970년대에 ACLU는 성차별 관련 소송을 제기하는 여성 권리 프로젝트(Women's Rights Project: WRP)를 시작했다. 이후 연방 대법원 대법관이 된 루스 베이더 긴즈버그를 중심으로 WRP는 초기 시민권 운동의 개척자들과 마찬가지로 형식적 평등을 요구하는 방법을 선택했다. 헌법상 평등권을 주장하기 위해서는 여성과 남성이 "동일한 상황에 놓여 있다(similarly situated)"는 것이 입증되어야 하므로 WRP는 법적 관점에서 여성은 남성과 다르지 않다고 주장했다. 1971년 *Reed v. Reed(리드 대 리드) 사건*에서 WRP는 유언 집행인의 자격과 관련하여 남녀는 아무런 차이도 없으므로 유언 집행인 후보 간 언제나 남성이 여성보다 우선하도록 정한 법률은 위헌이라고 주장했다.[2] 2년 후 *Frontiero v. Richardson(프론티에로 대 리처드슨) 사건*에서[3] WRP는 군에 소속된 여성은 군에 소속된 남성과 동등한 가족 복지를 제공받아야 한다는 내용의 법정 조언자(amicus brief) 의견을 제출했다.[4] 이 사건에서 연방 대법원은 군에 복무하는 남성의 아내는 모두 남편에게 경제적으로 의존하고 있다고 추정하면서 반대로 군에 복무하는 여성의 남편에 대해서는 같은 추정을 적용하지 않는 군의 가족복지제도가 위헌이라고 선언했다. 브레넌 대법관은 "미국은 불행히도 길고 긴 성차별의 역사를 가지고 있다 … 이를 '낭만적 후견주

의(romantic paternalism)'로 합리화하는 사람들도 있다. 그러나 이러한 행동은 여성들을 꽃가마에 태우는 척하면서 실제로는 새장 속에 가두는 것이다"라고 썼다.[5]

WRP는 활동 초기에 적어도 표면적으로는 여성에게 유리한 것처럼 보이는 법률을 법원으로 끌고 가기 위해 그 법률에 의해 불이익을 입는 남성을 원고로 내세우는 전략을 취했다. WRP 변호사들은 대부분의 판사가 남성이기 때문에 그들이 잠정적 피해자라는 느낌을 들게 할 때 성차별을 가장 잘 인지할 수 있을 것이라고 생각했다. 이러한 전략은 상반된 결과를 낳았다. 연방 대법원은 남편을 잃은 여성에게만 소유세 공제 혜택을 주는 법을 합헌이라고 보았다. 연방 대법원은 소유세 공제 혜택이 직업 시장에서 여성들이 얻는 불이익을 상쇄할 적절한 평등 조치라고 생각했다. 왜냐하면 이 법률은 "배우자를 잃음으로써 가해지는 경제적 충격이 더 큰 여성의 부담을 완화하기 위해 합리적으로 고안된 정책"[6]이기 때문이다. 반면 연방 대법원은 저알콜 맥주 판매 연령을 남성은 21세 이상, 여성은 18세 이상으로 정한 법률은 위헌이라고 판단했다. 연방 대법원은 주가 제출한 성별과 음주운전 사이의 관계를 입증하는 증거(18세 이상 21세 미만 중 0.18%의 여성, 0.2%의 남성이 음주운전 혐의로 체포되었다)가 경험적으로 유의미하다고 보기 어렵기 때문에 애초에 위 법률의 근거가 되었던 미성년 남성이 여성보다 사고를 낼 확률이 더 높다는 이유[7]는 젊은 남성은 여성보다 부주의하다는 고정관념에 불과하다고 보았다.

동등대우가 문제된 사건에서 긴즈버그가 취한 접근법의 강점은 "선천적" 차이가 법률상 다른 대우를 정당화한다는 사고를 정면으로 들이받은 것이다. 긴즈버그에 의해 많은 선천적인 차이가 사실은 남성과 여성의 역할을 구분하는 사회적 규범에 의해 구성된 것임이 밝혀졌다. 나아가 긴즈버그는 누구나 수긍할 수밖에 없는 생물학적 차이로 인해 남녀를 구분할 수 있다 해도 이 차이에 기반한 차별은 보다 엄격한 수준의 심사를 통과해야만 정당화될 수 있다고 주장했다.

1970년대 후반 및 1980년대의 형식적 평등 전략은 평등을 가로막고 있던 눈엣가시 같던 장애물들을 제거하는 데 대부분 성공했다. 연방 대법원은 남성만 이혼 위자료를 지불할 의무가 있다고 정한 법률, 남성 의원이 여성이라는 이유로 비서를 해고한 것,[8] 간호학교가 남학생 입학을 거부하는 것, 변호사가 배심원을 여자란 이유만으로 배척하는 것은 수정헌법 제14조에 위반된다고 결정했다.[9] 한편 일부 사건에서 연방 대법원은 여성이 경제적 영역에서 겪는 불이익에 대한 보상 차원에서 추가적 사회보장 같은 혜택을 누리는 것을 인정하기도 했다.[10]

동등대우 이론은 특히 교육 및 고용 부문에서 여성들의 접근권을 크게 확장시켰다. 이 이론의 근거는 간단해서 이해하기 쉬웠고, 주류 사회가 받아들이는 데에도 어려움이 없었다. 이 전략이 대중의 지지를 얻은 이유 중 하나는 불평등한 개별적 사례에 집중하면서 점진적인 변화를 추구했기 때문이다. 하지만 이를 다르게 보면 사회에 거역하지 않고 조금씩 그리고 천천히 변화를 모색한다는 말이다. 게다가 동등대우를 겨냥한 소송은 논쟁거리가 다분한 사적 활동 영역보다는 세금, 주류 판매, 교육 등 공적 영역에 초점을 맞추었다.

동등대우 이론은 남성의 경험을 준거점 또는 규범으로 삼고 있다. 여성은 남성과 비슷한 상황에 있을 때에만 평등을 획득한다. 이 대칭적 접근법의 단점은 유사성을 강조한 나머지 임신, 출산, 이혼 시 재산 분할[11]과 같은 경우 오히려 여성에게 불리하게 작용할 수 있다는 것이다. 이에 따라 동등대우 이론의 틀에 도전하며 준거점으로서 남성을 버리고 여성의 권리를 정의해야 한다는 두 번째 이론가 그룹이 출현했다. 문화 페미니즘이 탄생한 것이다.

문화 페미니즘

> 나는 남자가 된다는 것이 어떠한 기분인지 알 수 없고 그 반대도 마찬가지다. 온갖 애를
> 써봐도 한쪽이 다른 한쪽을 완벽히 이해하는 것은 불가능하다. 남녀 사이에는 통할 수 없
> 는 어떤 벽이 놓여 있다.
>
> – 뤼스 이리가레, 『성차의 윤리학』

('차이 이론' 또는 이를 비꼬는 측에서는 '특별대우 이론'이라고도 부르는) 문화 페미니즘은 형식적 평등이 반드시 실질적 평등으로 이어지지 않는다고 주장한다. 문화 페미니스트는 동등대우 이론이 전제하는 동일성 모델은 여성 스스로 남성과 다르지 않다는 점을 입증하는 범위에서 동등하게 대우해준다는 점에서 이미 남자에게 유리한 모델이라고 비판한다. 말 그대로 형식적 기회의 평등이 보장된다고 해서 결과의 평등으로 이어지지 않는다. 사람들은 남성 중심적 평가 기준을 충족하지 못하는 여성에게 가혹한 평가를 내린다. 성 중립적 법률이라 할지라도 남녀 사이의 경험 및 가치관의 차이를 인정하지 않으면 여성을 억압하는 법률이 된다. 이 이론은 차이는 임신같이 생물학적 차이인지 사회생활에서 발견되는 문화적 차이인지를 불문하고 어쨌든 남녀 간의 차이가 존재한다는 점을 강조한다. 문화 페미니스트는 직장을 포함한 많은 사회제도가 지극히 남자의 경험을 반영한 규칙들에 의해 운영되며 이 때문에 여성은 불이익을 겪는다고 주장한다. 예를 들어 자발적으로 퇴사하는 자에게는 실업수당을 주지 않는 규칙은 일과 가사 사이에서 씨름하다가 결국 회사를 그만둔 사람(대부분 여성)에게 불리하다. 불법행위로 인한 손해배상소송에서 손해는 일실이익을 기초로 산정되는데 여성의 경우 양육 기간은 일실이익 산정 기간에서 배제된다. 형사법에서 전통적인 정당방위 이론은 방어 행위가 위협이 존재한 즉시 이루어질 것을 요구한다. 이 때문에 지속적인 가정폭력에 시달려온 아내가 자기 방어 행위를 한다 해도 정당방위가 인정될

지 불투명하고, 제한적인 수준의 보호밖에 제공해줄 수 없다.

문화 페미니스트는 남녀가 다른 부분은 다르다고 인정하고 그 차이에 따라 다른 대우를 해야지 여성에게 애써 남성적 기준에 동화되기를 요구할 게 아니라고 주장한다. 이들은 그 대안으로 남녀 간 생물학·문화적 차이를 인정하는 법적 평등이란 개념을 제시한다. 여성은 태생적으로 유대감(connected-ness)을 지닌 존재이고 이 유대감은 문화의 영향 속에서 더 강하게 자라난다고 생각하는 문화 페미니스트들도 있다. 이들은 성행위, 임신, 수유 같은 육체적 접촉을 통해 다른 인간과 "본질적으로 연결"되고, 돌봄의 윤리를 통해 인류애와 "본질적으로 연결"된다고 주장한다. 이렇게 볼 경우 기존의 법 이론의 문제점이 명확해진다. 즉, 기존의 법 이론은 사람을 별개의 신체를 가진 독립적이고 서로 동떨어진 개인이라고 전제하기 때문에 "어쩔 수 없이 그 본질은 남성적"일 수밖에 없다.[12]

문화 페미니즘은 교육 심리학자인 캐롤 길리건(Carol Gilligan)이 그녀의 저서『다른 목소리로(In a Different Voice: Psychological Theory and Women's Deve-lopment)』에서 전개한 이론을 차용한다.[13] 길리건은 로렌스 콜버그(Lawrence Kohlberg)가 주창한 이래 도덕 발달의 가장 높은 단계에서 정의와 권리 같은 추상적 개념이 나타난다고 보는 심리학계의 주류적 이론에 반기를 들었다. 길리건은 남자아이와 여자아이는 도덕 추론을 배우는 방법이 다르다는 점에서 논의를 시작한다. 여자아이는 공감, 연민, 화합, 공동체 의식이 가치 있는 것이라고 교육받지만, 남자아이는 권리, 자율, 개인주의 같은 추상적 개념을 더 중시하도록 교육받는다. 여자아이는 다른 사람과 관계를 중시하는 '돌봄의 윤리'를 도덕 추론에 사용하는 여성으로 성장하고, 남자아이는 추상적 개념인 권리, 규칙, 자율을 중시하는 '정의의 윤리'를 도덕 추론에 사용하는 남성으로 성장한다.

특별대우가 필요하다는 측에서는 그 근거가 문화 또는 생물학적 특성 어디에 있든 성별에 의한 차이 자체에 주목해야 한다고 본다. 여성은 기능적으로 자녀의 재생산을 담당하고 양육을 책임진다는 측면뿐만 아니라 강간, 성적 괴롭힘, 재생산과 관련된 다양한 양상을 인식하고 감정적으로 받아들이는 데에 있어서도 남자와 다르다. 문화 페미니스트는 남녀 사이의 무시할 수 없는 차이를 인정하고 이 차이로 인해 한쪽 성이 불이익을 입는다면 법이 이를 보상해줘야 한다고 주장한다. 이들은 특별 출산휴가, 유연 근무제 같은 사내 여성지원 제도가 도입되어야 한다고 주장해왔다. 나아가 성적 괴롭힘, 고용 차별 사건에서 법률적 판단은 합리적인 여성을 기준으로 해야 한다고 주장한다. 이렇게 하면 피해 여성은 소송에서 (주로 남성을 의미하는) 보통 사람의 관점이 아닌 여성의 관점을 가진 배심원을 구성할 수 있다.[14]

일부 페미니스트는 길리건의 연구 방법론이 일화적이고, 남성적·여성적 특성을 자의적으로 구분했으며, 적절한 피실험자라고 보기 어려운 선택받은 특정한 아이들만 대상으로 진행되었다고 비판한다. 비판하는 측에서는 남자와 여자가 정말 다른 이유라고 거론되는 것들 대부분이 사실은 근거가 없으며 오히려 남녀 성차보다 훨씬 다양한 변화가 여성들 내에서 존재한다고 본다.[15] 나아가 차이를 존중하여 만든 정책들이 오히려 성별에 대한 고정관념을 더욱 공고히 할 수도 있다. 길리건은 자신의 연구 방법에 대한 비판에 답변을 내놓았고 길리건을 옹호하는 연구도 여럿 발표되었지만 이에 대한 경험적 근거는 아직 미약하다.[16] 하지만 이런 비판에도 불구하고 길리건의 이론이 일반적으로 수용되는 데 어려움이 없었다는 점은 참 흥미로운 일이다.

문화 페미니즘은 단순히 여성의 차이를 확인하는 데 그치지 않고 그 차이를 긍정적으로 조명하는 데 힘쓴다. "문화 페미니스트는 사명감을 가지고 남성과 다른 여성의 특성을 약점이 아닌 강점으로 재조명한다. 문화 페미니스트는 여성의 예술, 공예, 서사적 역량, 비판적 안목, 지성, 성정 등을 자랑할 만한 것으로 재정의한다."[17] 한 마디로 말해 "차이는 곧 축복!"이다.

법학자들은 그동안 법에서 도덕 및 법적 추론을 여성적 시각에서 접근하는 문화 페미니즘의 독특한 방식이 배제되어 왔거나 적어도 저평가되어 왔다고 주장한다. 이들은 오랫동안 당연하게만 여겨지던 법률을 다시 검토하는 방법으로 길리건의 연구 성과를 차용한다. 예를 들어 개인의 자율성을 존중하는 전통적인 불법행위법에서는 설령 구조 과정에서 구조자에게 아무런 위험이 발생하지 않는 경우라도 도움이 필요한 사람을 그냥 지나친 개인에게 불법행위 책임을 물을 수 없다. 대부분의 주에서 개인은 차가 쌩쌩 달리는 도로로 걸어가는 맹인을 보아도 위험하다고 소리질러줄 법적 의무가 없다. (이렇게 하는 것은 물론 도덕적으로는 좋다고는 볼 수 없지만, 불법행위를 구성하는 것은 아니다.) 페미니스트 법학자들은 법은 상호부조의 책임(communal responsibility of care)을 증진시켜야 한다고 생각해서 위기에 빠진 타인을 돕지 않으면 불법행위 책임을 부과해야 한다고 주장한다. 보통 남성보다는 여성이 자녀를 돌보는 것을 우선순위로 하는 경향이 있기 때문에 이를 고려하지 않는 성 중립적인 양육권 조항이 여성에게 불리하게 작용한다는 주장도 있다. 법을 활용하는 방법과 관련해서도 소송보다는 덜 대립적이고 보다 협조적인 중재를 더 많이 활용해야 한다는 온건한 주장도 제기된다. 일반적으로 문화 페미니스트는 법은 남성 위주의 권리 모델에서 탈피하여 돌봄의 윤리를 기반으로 한 상호 협동적인 성격으로 나아가야 한다고 주장한다.

문화 페미니즘에 대한 주요 비판 중 하나는 여성이 전통적 사회 역할에 충실한 경우에만 여성을 가치 있게 평가한다는 점이다. 공감, 양육, 돌봄 등 여성적 속성을 높이 평가하는 문화 페미니즘은 여성과 가사(家事) 사이의 전통적인 고정관념을 더욱 공고화한다. 문화 페미니즘은 여성을 마치 특별히 보호해야 할 존재로 여긴다는 비판도 있다. 연방 대법원도 지적했듯 역사적으로 '지켜줄게 법률'들은 "여성들을 꽃가마에 태우는 척하면서 실제로는 새장 속에 가두는 것이다".[18]

형식적 평등과 차이를 기꺼이 받아들이는 것 중 어떤 것이 더 공정이라는 개념에 부합하는지에 관한 논쟁을 "동등대우-특별대우" 또는 "동일성-차이" 논쟁이라고 부른다. 양 진영은 임신 및 출산휴가를 두고 서로 다른 견해를 가지고 있다. 1987년 연방 대법원의 *California Federal Savings & Loan Association v. Guerra(캘리포니아 연방 저축·대출 협회 대 게라, 이하 "Cal Fed 사건")*[19] 사건에서 양 진영의 차이를 엿볼 수 있다. *Cal Fed 사건*에서는 출산의 경우 최대 4개월의 무급 휴가를 쓸 수 있지만 일시적인 장애 등 다른 사유에 의한 무급 휴가 사유는 규정하고 있지 않은 캘리포니아 주 법이 문제가 되었다. 양진영은 서로 상반된 내용의 법정 조언자 의견서를 연방 대법원에 제출했다. ACLU의 여성 권리 프로젝트와 NOW의 '법률 지원 및 교육 기금'등이 포함된 동등대우론자들은 고용주가 기타 일시적 "장애"를 가진 직원에게 동등한 무급 휴가를 허용하지 아니한 주 법이 민권법 타이틀 VII에 반한다고 주장했다. 이들은 임신한 여성에게만 특별한 대우를 하면 되려 직장 여성들은 법에 의해 보호를 받아야만 한다는 선입견이 강해진다고 주장했다. 직장 내 평등한 재생산권을 위한 연합(The Coalition for Reproductive Equality in the Workplace: CREW)과 같은 문화 페미니스트들은 주 법을 옹호하는 편에 서서 남녀 간 생물학적 차이가 정책의 차별적 효과를 정당화한다고 주장했다. 이들은 "주 법이 없으면 여성은 아이를 낳는 일과 일을 계속하는 것 중 하나를 선택해야만 하는 상황에 처한다. 그러나 남성은 이런 걱정을 할 필요가 없"기 때문에 주법이 직장 내 평등을 추구하는 민권법 타이틀 VII의 목적에 진정으로 부합한다고 주장했다.[20]

동등대우론자들은 임신도 다른 장애와 동일한 취급을 받아야 한다고 주장한 반면 문화 페미니스트들은 반대로 임신은 오직 여성만이 경험하는 특수한 상황이기 때문에 이를 특별히 우대하는 정책은 합헌일 뿐만 아니라 합리적이라고 주장했다. 연방 대법원은 "캘리포니아 주가 '출산의 의미를 고려하여' 입안한 출산휴가 법률은 남성과 마찬가지로 여성도 직장을 잃는 일 없이 가족을 이룰 수 있도록 해준다"며 합헌이라 결정했다.[21]

Cal Fed 사건 이후, 두 진영은 가족의료휴가법(Family and Medical Leave Act: FMLA)을 옹호하는 데 힘을 합쳤으나 최근에는 다시 의견대립 양상을 보이고

있다. 예를 들어 일부 학자는 현실적으로 '거의 여성들만 FMLA에 규정된 휴가를 사용'하기 때문에 FMLA는 "여성의 양육을 돕고 실직을 방지하기는 하지만 동시에 고용주가 남자 직원을 선호할 수밖에 없는 상황을 방치"하는 현상을 지적한다.[22] 이를 해결하는 한 방법은 주 부양자인 남성이 함부로 휴직을 할 수 없는 부담을 덜어주기 위해 유급 육아휴직을 도입하는 것이다.

학자들은 남녀 간 동일성을 강조하는 동화(assimilation) 모델과 차이를 강조하는 공존(accommodation) 모델 중 무엇이 진짜 평등을 실현하는지에 대해 논쟁을 계속하고 있다. 여기에는 아이가 있는 근로자의 근로시간을 단축시키는 정책, "1차 양육자"에게 양육권을 우선적으로 고려하는 규칙(또는 이러한 규칙이 남성에게 불리한 차별인지), 형식적 평등을 강조한 나머지 여성이 받는 이혼수당이 예전보다 급격히 줄어 결과적으로 직업이 없는 여성들이 더 가난해진 것은 아닌지에 관한 논쟁이 포함된다. 어떤 학자는 동등대우-특별대우 이분법을 확대 재생산하는 기본적인 사회제도 또는 관념에 문제 제기를 하며 제3의 길을 모색하기도 한다. 예를 들어 조앤 윌리엄스(Joan Williams)는 육아부담이 없어서 언제든 추가 근로를 할 수 있는 "이상적인 근로자"를 전제로 짜여진 근로 환경 자체에 문제를 제기한다.[23] 학자들은 동등대우 이론만 가지고는 남녀 사이에 실재하는 차이를 반영할 수 없는 반면 차이 이론은 "역사에 뿌리 깊게 자리 잡은 성별분리 이데올로기를 혁파하기도 하지만 영합하기도 하는 양날의 검"[24]이 될 수 있다고 지적한다. 법학 교수인 마사 미노우(Martha Minow)는 이 차이의 딜레마(difference dilemma)는 결국 한 문장으로 상징적으로 요약할 수 있다고 말한다. "사람들을 다르게 대우한다는 바로 그 점이 되려 그 차이를 부각시켜 낙인을 찍고 평등의 걸림돌이 되는 때는 언제이고 차이를 무시하고 사람들을 똑같이 대우한다는 바로 그 점이 결국 낙인을 찍고 평등의 걸림돌이 되는 때는 언제인가?"[25]

지배 이론

우리 목덜미를 누르는 네 발부터 치워라. 그제서야 여자들의 말이 들리기 시작할 것이다.
— 캐서린 A. 맥키넌, 『수정되지 않은 페미니즘』

지배 이론은 여성이 남성과 얼마나 유사한지를 강조하는 동등대우 이론이나, 여성이 남성과 얼마나 다른지를 찬양하는 문화 페미니즘 모두 남성 중심주의에서 벗어나지 못한다고 비판하면서, 동일성/차이의 틀에서 탈피하고자 한다. "동일성 이론에서는 남성과의 유사성에 비례하여 여성을 판가름하므로 평등은 남성의 척도에 의해 결정된다." 반면 "차이 이론에서는 남성과 비(非)유사성에 비례하여 여성을 판가름한다."[26] 두 이론 모두 남성과 여성 사이에 균형을 맞추는 것을 목적으로 하지만 지배 이론은 남성으로부터의 여성 해방을 목적으로 한다.

지배 이론은 여성과 남성 간 *권력(power)* 의 차이에 주목한다. 남성과 여성 간 권력관계에 주목하는 지배 이론(급진 페미니즘)은 1979년 캐서린 맥키넌(Catharine A. MacKinnon)에 의해 세상에 모습을 드러냈다. 지배 이론은 남성이 여성을 지배하는 정형화된 양식이 경제, 정치, 가족 영역에서 여성이 경험하는 불평등의 원인이라고 본다. 이 이론은 사회제도나 축적된 문화 체계가 남성은 지배하고 여성은 지배받는 양상을 공고화하고 있다고 본다. 법 역시 여성을 성적 대상이자 열등하고 남성에게 의존적인 존재로 본다는 점에서 여타 사회제도와 공모 관계를 형성하고 있다. 지배 이론은 법률이 여성 억압에 부역하는 사례로 낙태에 대해서는 법이 과도하게 규제하면서도 포르노그래피, 성적 괴롭힘에 대해서는 규제가 미흡하고 여성이 피해자인 사건이 발생하면 부적절하게 대처하는 것을 든다.

지배 이론은 특히 여성과 아동을 대상으로 하는 강간, 친밀한 관계 내 폭력, 성적 괴롭힘, 아동 포르노그래피를 바라보는 새로운 관점을 제공한다.[27]

예를 들어, 2011년 "강간당하지 않으려면 여자가 창녀처럼 입지 말아야지"라는 토론토 한 경찰관의 한 마디가 캐나다, 인도, 싱가포르, 멕시코, 핀란드, 독일, 남아프리카 공화국 및 미국 수많은 도시에서 이에 항의하는 잡년 행진(Slut Walk)이라는 이름의 가두시위를 촉발했다.[28] 기존의 평등에 관한 이론들은 "자기 구조를 끊임없이 재생산하는 가부장적 권력 구조를 폭로하는 데 실패"[29]했기 때문에 위와 같은 현상을 제대로 설명하지 못한다. 가부장제란 "아버지들의 권력"을 의미한다. 이는 사회·정치적으로 남성이 여성을 착취하고 노예처럼 부리는 시스템이다. 힘, 사회적 압력, 전통, 관습, 관행이 뒤엉킨 복잡한 양상 속에서 여성의 종속이 탄생한다. 이 지배는 단순히 개인과 개인 사이에서만 문제되는 것이 아니다. 사회의 주류적 제도가 이를 뒷받침한다는 것이 바로 문제다.

가정에서 남성은 가부장으로서 여성을 지배한다. 가정폭력은 이 지배의 극단적 형태다. 여성에게 폭력을 행사한 남성 가해자에게 관대한 처분을 하는 형사법 시스템은 이 지배의 공범이다. 고용 시장에서는 '저임금-단순노동'을 여성에게만 맡기는 방식으로 노동의 성 분화가 발생한다. 지배 이론은 남성이 만든 법이 어떻게 남성의 지배를 강화하는 데 일조해 왔는지를 보여준다. 예를 들어 대부분의 주에서 폭행에 의한 강간이 발생한 경우에도 피해자 여성은 자신의 동의가 없었음을 추가적으로 입증해야 한다. 다른 예로 현행 법상 (아이를 보살필 필요 등) 집안 문제로 어쩔 수 없이 퇴사를 하게 된 여성은 실업 급여를 받을 수 없다.

가부장제는 교육, 고용, 정치, 종교 부문에서 남성이 여성보다 더 뛰어나야 한다는 믿음의 체계 속에서 태어나고 강화된다. 이는 "여성보다 남성에 더 높은 가치를 두는 정치적 구조"[30]이다. 여성은 2등 시민으로 격하된다. 캐서린 맥키넌은 남성의 지배적 지위와 특권이 형성되는 과정을 다음과 같이 기술한다.

스포츠를 포함한 거의 모든 것이 남성의 몸에 맞추어 정의된다. 남성의 필요에 따라 자동차와 건강보험 보장 범위가 결정되고, 남성의 모범적인 생애 주기에 따라 회사 임원이 되기 위한 출세 코스나 근무 여건이 결정된다. 남성의 입맛에 따라 학문의 질이 결정되고, 남성이 경험하고 매달려온 것들이 성과 기준이 된다. 예술이란 남성의 삶을 객관화한 것에 다름 아니다. 군대를 다녀온 자만이 시민의 자격이 있고, 아버지가 없는 가족은 가족이라 부를 수 없으며, 남자들이 서로 잘 지내지 못해 일어난 전쟁과 독재는 역사가 되고, 신은 남자의 형상을 하고 삽입하지 않으면 섹스가 아니다.[31]

미디어는 여성을 소유물로 묘사함으로써 여성을 비하하는 이미지를 전파하는데 법체계는 이러한 부정적 이미지조차도 표현의 자유로서 보호한다. 여성들은 여성적이고 순종적인 롤 모델을 주입받으며 남성들보다 훨씬 많은 가사, 육아, 노부모를 돌보는 부담을 떠안는다. 가부장제는 남성에게 여성의 섹슈얼리티, 재생산의 자유 및 인생을 통제할 권리를 부여한다.

가부장제는 또한 성(性)에 관한 남성의 지배와 여성의 피지배를 의미한다. 이 사회에서 성이란 남성의 욕망과 쾌락을 의미할 뿐이다. 여성은 강간과 성추행의 공포에 떨며 승진을 하기 위해 자신의 성을 이용하는 법을 배운다. 여성은 실력 있는 동료가 아니라 주위를 화사하게 해주는 꽃으로 대접받는다. 패션 광고나 포르노그래피를 포함한 온갖 영역에서 여성은 성적 대상이나 상품으로 취급된다.

1983년 안드레아 드워킨(Andrea Dworkin)과 캐서린 맥키넌은 포르노그래피가 "시각적·언어적으로 여성의 성적 종속을 가시화"하고 "여성을 성적 대상화"하는 것이고, 이것은 곧 성차별이라고 하면서 이에 대항하기 위해 반(反)포르노그래피 조례를 제안했다.[32] 반포르노그래피 조례 캠페인의 성과는 6장에서 더 자세히 다룬다. 여기에서는 이처럼 지배 이론은 가부장제를 통렬하게 비판하면서 페미니스트 법 이론을 법제화한 대안을 제시한다는 점만 지적하고자 한다.

가부장제에서는 남성 역시 만들어진다. 가부장제는 전통적 남성성에 부합하는 특성을 높게 평가하고 이에 따라 남성은 무뚝뚝하고 감정을 절제하도록 교육받는다. 남녀 모두 낡아 빠진 성별에 맞는 특성을 장착하기 위한 사회화 과정을 겪는다. 전통적 남성상에서 벗어나거나 여자처럼 행동하는 남자는 남성성에 대한 위협으로 간주되기 때문에 여성과 똑같은 2등 시민 취급은 물론 성역할의 질서를 어지럽힌 대가로 처벌받는다.[33]

동성애를 배척하고 이성애를 강요하는 것은 전통적 가부장제를 유지하기 위한 방법 중 하나다. "강제적인 이성애"[34]는 과거 군대에서 공식적으로 시행된 "(동성애 여부를) 묻지도 말고 말하지도 마라"는 정책은 물론 남자들이 핑크색이라고 하면 정색하거나 남자 고등학생들 사이에 (최근에 유행처럼 번진) "프로 게이(faggot)" 같은 경멸적 언어가 문화 전반에 퍼져 있는 것처럼 문화적 주입을 통해서도 교묘히 작동하고 있다. 표를 얻는 데에는 짐승 같은 촉을 가진 정치인들은 최고 수컷(Alpha male)을 선호하는 유권자들의 무의식을 누구보다 빠르게 이용한다. 캘리포니아 주지사인 아놀드 슈왈츠제네거(Arnold Schwarzenegger)는 2004년 공화당 전당 대회에서 공화당의 경제정책을 비판하는 자들을 "계집애 같은 놈(girlie men)"이라고 불렀다.[35]

가부장제에서 살아가는 여성들은 지배 세력의 규칙을 내면화하기 쉽다. 여성은 남성을 내조하는 부속품 같은 삶을 선택하고, 희망하며, 심지어 거기서 기쁨을 느낀다. 맥키넌은 "남성은 내조를 잘하는 여성을 예뻐해왔다 … 여성은 남성과의 관계 속에서만 존재하기 때문에 여성의 사고는 이 관계 안에서만 이루어지고"[36] 따라서 "여성은 돌봄(care)을 좋은 덕성으로 여긴다". 이러한 심리적 억압을 "허위의식"이라고 부른다.

맥키넌은 여성이 스스로 억압받고 있음을 깨닫고 내면화된 믿음을 만들어 내는 체계가 있다는 것을 드러내기 위해서는 여성들만 모인 집단에 참여하여 가사, 성, 육아, 잡일에 대한 경험을 이야기하는 "의식 고양" 과정이 필요하다고 제안한다. 이를 통해 여성은 남성의 특권과 일상에 만연한 자잘한 불평등에 눈을 뜨고 개인적인 억압의 경험을 집단적 지식으로 고양시킬 수 있게 된다.

허위의식 개념에 비판적인 페미니스트들은 이 개념이 독자적 결정 능력을 상실한 여성들을 가르치고자 하는 지배 이론 진영의 "눈꼴신 잘난 체"라고 비판한다. 나아가 사적인 경험을 나눈다고 해서 꼭 정치적 해결책이 나오는 것은 아니기 때문에[37] "의식 고양"은 허위의식에 대한 실효적 방법이 아니라고 본다. 지배 이론은 모든 여성은 피해자이기 때문에 누구나 같은 일을 겪는다고 보는 "성 본질주의"라는 비판도 받는다. 지배 이론은 "인종, 계층, 민족 간 차이를 무시하고 오로지 백인 여성의 경험만이 보편적인 것처럼 서술"하고, 여성이 어머니로서 겪는 경험의 가치를 깎아 내린다는 혐의도 받는다.[38] 그럼에도 불구하고 이 이론이 특히 강간, 성적 괴롭힘, 포르노그래피를 다루는 법적 사고방식에 지대한 영향을 끼친 점을 부인할 수 없다.

반본질주의

주류 문화 속의 페미니즘 법 이론에서는 백인-이성애자에 사회경제적으로 부족함이 없는 자들이 마치 모든 여성들의 대표라도 되는 것처럼 호들갑을 떤다.
– 안젤라 P. 해리스, "페미니즘 법 이론 속 인종과 본질주의"

비판적 인종 페미니즘

1980년 중후반 즈음부터 주로 유색인이거나 레즈비언인 법학자들을 중심으로 기존 페미니스트 법 이론은 자신들의 이야기를 하지 않는다는 불만의 목소리가 나오기 시작했다. 전통적인 백인 페미니스트는 젠더에만 신경을 쓰다 보니 여성들 사이에서도 서로 다른 인종처럼 중요한 차이를 무시하고 말았다. 이들은 기존 페미니즘 이론이 먹고살 만한 백인 여성들의 요구사항에만 지나치게 집중해왔다고 비판한다. 주류 페미니스트는 (모든 여성은 남성에 종속되어 있다, 여성은 남성에 비해 일반적으로 감성적이고 돌봄에 적합하다는 등) 여성의 일부 경험을 보편적인 것인 양 선언했다. "인종, 계급, 성적 지향, 그 밖에 실재하는 경험이 달라도 이를 초월한 단일하고, '본질적인' 여성의 경험"이 있다고 보는 "페미니즘의 본질주의"는 "동질성의 명목"하에 레즈비언과 소수인종 출신 여성들의 목소리를 억눌러왔다.[39]

본질주의를 비판하는 자들은 자신을 "반본질주의자"라고 부른다. 반본질주의자는 차별은 억압받는 집단의 중심부(백인, 중산층, 이성애자)가 아니라 그 주변을 살필 때 더 잘 드러난다고 본다. 개인이 어떤 특성들을 가지고 있느냐에 따라 차별은 다르게 작동한다. 성차별주의는 분명 유색인종인 로자 파크스(Rosa Parks)부터 백인 팝스타 테일러 스위프트(Taylor Swift)를 포함한 모든 여성에게 두루 영향을 미친다. 그러나 개인이 받는 대우는 성별, 인종, 재산, 성적 지향 등 그 개인이 갖는 다양한 특성이 교차하는 지점에서 비로소 결정된다.[40]

비판적 인종 페미니즘은 강간, 성적 괴롭힘, 가정폭력 등 많은 쟁점에 적용되고 있는 법리는 이들 범주가 서로 교차하는 지점에서 발생하는 차별을 제대로 다루지 못한다고 본다. 간단한 예로 흑인 여성이 고용 시장에서 받는 차별은 성차별이나 인종차별 중 어느 하나만 고려해서는 제대로 분석할 수 없다. 고용 시장에서 가난한 유색인종 여성은 재산, 인종, 성에 대한 차별로 "삼중고"를 겪는다. 이민자 여성은 친밀한 관계 내 폭력을 당할 확률이 다른 여성보다 높지만 잘못되면 추방될지도 모른다는 두려움 때문에 쉼터, 변호인의 조력 등 지원을 받기 어렵다. 유색인 남성은 백인 남성, 여성보다 더 자주 그리고 쉽게 기소되고, 유죄가 선고되며, 형도 무겁다.[41] 비판적 인종 이론은 현재 주류의 사고방식에 따라 취업 허가증을 주면 충분한 것 아니냐는 식의 일차원적이고 형식적인 평등 개념은 빛 좋은 개살구라며 거부한다.

비판적 인종 페미니즘은 사람들의 정체성은 다양한 범주가 교차·중첩하여 구성되고 그 의식 역시 다양한 면모를 보인다는 중요한 통찰을 제공한다. 한 사람은 동시에 하나 이상의 지위와 관계를 맺고 있으며 상황에 따라 능수능란하게 딸, 엄마, 학생, 은행 창구 직원, 중남미계, 레즈비언 등 역할을 바꿔가며 수행한다. 만화경같이 변화무쌍한 역할 바꾸기를 통해 우리가 깨닫는 것은 각 역할마다 억압의 모습이 다르다는 단순한 사실이 아니다. 중요한 것은 사람은 타인의 입장을 경험하고서야 비로소 억압의 실체를 깨닫게 되는 것이다. 법대 교수인 마리 마쓰다(Mari Matsuda)가 "중첩적 의식(multiple consciousness)"이라고 부른 이 능력은 (그녀의 말에 따르면) "세상 모든 경험을 섭렵할 때까지 무작위로 관점을 바꿔가는 과정이 아니라 피억압자의 시선으로 세상을 바라보기 위해 심사숙고를 거쳐 내린 선택"이다.[42]

법률 문외한이 겪은 억압의 기억과 감정을 훼손하지 않고 공식적 법적 담론의 영역에서 다룰 수 있는 토대를 제공한다는 점에서 중첩적 의식은 법 이론 및 실무에서 중요하다. 현재 보수적인 법리로는 인종에 대한 혐오 발언이 불법행위를 구성하는지, 동성 커플이 입양을 할 수 있는지, 과거 횡행한 노예제에 관해 국가가 배상 책임을 지는지와 같은 문제를 해결하기가 매우 어렵다. 그러나 중첩적 의식은 이를 해결하고자 하는 변호사들에게 약자의 시선이 배제된 현행 법리를 극복할 실마리를 제공해준다. 비판적 인종 페미니즘은 중립성, 객관성을 지향하며 만들어진 법률이 실제로는 전통적인 권력관계를 떠받드는 역할을 했다고 보는 비판 법학 운동의 기본 아이디어를 공유한다. 예를 들어 수정헌법 제1조의 일반적 해석에 따르면 여성과 유색인종에 대한 혐오 발언도 표현의 자유로서 보호받아야 하는데 결국 법은 여성과 유색인종에 대한 비방을 용인함으로써 성과 인종의 위계질서를 지속시키는 도구가 된다.

비판적 인종 페미니즘은 스토리텔링이나 내러티브 같은 개인적인 서술 방법을 사용하여 유색인의 삶이 얼마나 다양한 억압 속에서 결정되는지를 보여주기도 한다.[43] 유색인 여성의 경험은 대부분의 여성의 그것과 다르다. 이 소수자의 경험을 법적 분석에 녹여내는 방법 중 하나가 바로 "이야기"이다. 이야기나 내러티브는 사회의 주류에 속한 사람은 이전에는 상상도 못했을 소수자들의 분투(challenges)와 감정을 독자에게 전달한다.

법대 교수인 패트리샤 윌리엄스(Patricia Williams)는 뉴욕 시에서 크리스마스 쇼핑을 하러 베네통 매장을 방문했지만 입구를 지키고 있던 십대 백인 직원은 (풍선껌을 씹으며) 출입문을 열어주기를 거부했다. 유명한 에세이에서 그녀는 이 일화를 통해 인종, 성, 범죄, 상품이 맺고 있는 사회적 관계를 질문한다.[44] 아델 모리슨(Adele Morrison)은 한 레즈비언이 가정폭력을 피해 쉼터를 찾았으나 자신을 때린 가해자 역시 여성이기 때문에 제지 없이 쉼터에 들어올 수 있었던 일화를 소개한다.[45] 법학 교수이자 전직 법률구조 변호사(legal aid lawyer)인 앤소니 알피에리(Anthony Alfieri)는 자신이 만난 여성에 대한 이야기를 글로 쓴 적이 있다. 그 여성은 법적 조력이 필요한 상황이었고 정부가 제공하는 푸드 스탬프를 사용하는 처지였지만 자녀를 양육하고 있는 자신의 일에 대해 긍지와 자존감을 느끼고 있었다.[46] 리처드 델가도(Richard Delgado)는 "이야기, 우화, 연대기, 내러티브는 법·정치 담론이 공정하게 펼쳐지는 데 장애가 되는 선입견, 시대에 뒤떨어진 옛 지식, 통념을 파괴하는 좋은 수단이다"[47]라고 말한다. 이 방법은 아웃사이더들의 경험을 법이 포용하게끔 만든다.

비판적 인종 페미니즘은 인종의 분류는 생물학적으로 당연하다는 생각에 의문을 제기한다. 인종과 능력 사이의 생물학적 상관관계를 인정한다고 가정해보자. 그러면 평등을 실현하는 수단으로서 적극적 평등 실현 조치의 정당성은 크게 훼손될 것이다. 인종별 학력 평가 점수 정규분포곡선은 해당 인종의 "지적 능력(merit)"[48]을 반영한다고 보는 벨 커브(Bell curve) 이론도 타당할 것이다. 복잡하게 생각할 필요 없이 인종주의란 자연 발생적 차이를 고스란히 사회에 적용한 정당한 이념이 된다.

인종은 매우 논쟁적 개념이다. 진화 과정에서 각 인종은 피부색, 머리색, 외모, 기타 신체적 특질 등이 달라졌으며 이 차이가 생물학적으로 결정된다는 점에는 이론이 없다. 그러나 생물학자들은 인종을 유전학적 범주의 하나로 파악하지 않는다.[49] 실제로 시대와 문화에 따라 인종을 구분하는 기준이 다양하게 변해왔다. 결국 인종이란 겉으로 드러난 신체적 특징 중에서 개인이 중요하다고 믿는 특성의 집합에 따라 결정되는 사회적 구성물이라고 봄이 더 타당하다. 이는 어떤 인종에 대한 열등하고 부정적인 이미지 대부분이 사회적 산물임을 의미한다. 인종이 생물학적으로 구분된다는 사고는 그리 멀지 않은 과거에는 다른 인종 간 결혼을 금지했던 법률을 정당화하는 근거로 인용되었고 현재는 다른 인종 간 입양을 금지하는 법률의 근거로 인용된다. 비판적 인종 페미니스트들은 이 구분의 허구성을 지적하며 지금도 이를 받아들이는 많은 법률 및 판결을 비판한다. 비판적 인종 페미니스트들은 이 구분이 백인 아이를 임신한 흑인 임신 대리모는 말 그대로 인큐베이터에 불과하다고 본 법원 판결에 어떤 영향을 미쳤는지를 보여줬다. 이들은 또한 똑같이 임신 중에 약물을 복용한 경우여도 이로 인해 마약, 아동 학대, 유기 혐의로 기소될 확률은 유색인종이 백인보다 높다는 사실을 발견했다.[50]

비판적 인종 페미니즘은 "차이란 고유한 것이 아니라 언제나 관계적이다" 같은 법학 방법론을 통해 해방이 실현될 수 있고 믿는다.[51] 이들은 스토리텔링이나 내러티브 방법론적 유용성을 높이 평가한다. 왜냐하면 사건은 언제나 사람들의 이야기에서 시작하고 평등을 위한 첫걸음은 "권력 앞에서 진실을 이야기"하는 것, 즉 억압을 이야기로 풀어내는 것이기 때문이다.[52]

레즈비언 페미니즘

레즈비언 법 이론은 (함께 LGBT라고 부르는) 레즈비언, 게이, 바이섹슈얼, 트랜스젠더가 경험하는 법적 쟁점에 관심을 가진다. 1970년대 초기부터 레즈비언 페미니스트들은 성적 지향은 개인적이기보다 정치적인 것에 가깝다는 내용의 글을 쓰기 시작했다. 그들은 동성애가 여러 생물종에서 발견되며 단순히 남녀 두 가지가 아니라 훨씬 다양한 성이 존재한다는 과학적 증거를 들어 LGBT가 변태라는 편견을 물리치고자 했다. 게이, 레즈비언 이론가들은 결혼할 권리, 커밍아웃을 하고도 군인으로 복무할 권리("묻지도 말고 말하지도 마라" 정책), 입양할 권리, 성적 지향을 이유로 하는 차별로부터 직업을 잃지 않을 권리 등 법률 분야에서 정부가 비이성애자들에게 인정하기를 거부해온 기본적인 시민적 권리들의 목록을 작성했다. 이 책이 출판된 2015년까지도 LGBT의 성 정체성을 이유로 해고하는 것은 대부분의 주에서 합법이다.[53]

1970년대 NOW의 회장인 베티 프리단(Betty Friedan)이 LGBT를 "라벤더 위협(lavender menace)"이라고 깎아내렸을 정도로 레즈비언 페미니스트들은 오랜 기간 주류 페미니즘에서 배척되어왔다. 이는 하위 집단의 지도부가 자신들이 주류에 편입되기 위해 같은 집단 중 일부를 주변화하는 대표적인 사례이다. 주변화를 연구하는 학자들은 레즈비언 페미니스트들조차 게이, 양성애자, 가난한 동성애자, 유색인 동성애자를 다시 주변화했고 성전환자에 관한 법적 이슈는 아예 이들의 관심 밖이었다고 지적한다.[54]

레즈비언·게이 법 이론가들은 일찍부터 이성애주의와 성차별주의의 연관성을 지적했다. 전통적인 남성상이 남성과 여성을 철저히 분리시키고 이 경계에 도전하는 자를 괴짜(deviant)라고 비방하여 억압, 배제해오는 일련의 과정을 통해 어떻게 남성 안의 여성성이 억눌려 왔는지를 보여주었다. 그 결과 "남성성은 여성성보다, 이성애는 다른 어떤 형태의 섹슈얼리티보다 우위에 있다"[55]는 믿음이 생성된다. 이들은 레즈비언, 게이에게 부과되는 형사처벌이 전통적 가족 관계에 부합하는 성별 개념(인기 시트콤 캐릭터인 워드, 준, 월리, 비브를 떠올려보라)*과 밀접한 연관을 가지고 있다는 점을 밝혔다. 이러한 억

---

* (옮긴이 주) 인기 시트콤 〈비버는 해결사(Leave It to Beaver)〉의 캐릭터.

압, 종속, 배제에서 벗어나기 위해 게이, 레즈비언 법 이론가들은 헌법상 게이, 레즈비언은 평등원칙 엄격 심사를 적용받는 집단이라는 주장부터 인류가 모든 사람 속에 자리 잡은 인간성을 강조하는 공동체주의를 동원하는 등 전방위적으로 논쟁을 제기해왔다.[56]

법적 측면에서 레즈비언 페미니스트와 이성애자 페미니스트가 고민하는 지점은 다를 수밖에 없다. 이성애자 페미니스트는 남성인 배우자에게 더 많은 양육 책임을 지우고 싶어 하는 반면 동성애자 페미니스트는 자신의 양육권을 획득하는 데 더 관심이 있다. 동성애자 페미니스트들은 이성애자 페미니스트에게는 공기처럼 당연한 기본적인 복지, 가족제도, 노동권을 얻지 못해 매일 전쟁을 치른다. 자의든 타의든 성적 지향이 밝혀져서 해고를 당해도 법에 호소할 길이 없다. 지금 이 시점에도 동성 결혼을 금지하는 주가 있고, 동성 반려자는 이성 반려자와 같은 수준의 보험, 재산, 유산, 양육권, 입양권을 인정받지 못한다. 미국 통계청에 따르면 결혼과 동시에 부여되는 "복지, 권리, 특권"을 규정한 연방 법률이 무려 1,049개나 존재한다.[57] 이 때문에 게이, 레즈비언들은 결혼할 권리를 위한 사회·법적 운동에 힘써왔다. 이 내용에 관해서는 잠시 후 6장에서 더 자세히 살핀다.

일부 법학자들은 성적 지향이 후천적이기보다는 유전자에 따라 선천적으로 결정된다는 과학적 증거에 관심을 가지고 연구를 지속해오고 있다. 사이먼 르베이(Simon LeVay)의 부검 자료에 따르면 동성애자의 시상하부가 이성애자의 그것보다 두 배 정도 크다. 쌍둥이 중 한쪽이 게이이면 다른 한쪽도 게이일 확률이 50%나 되고, 게이나 레즈비언이 자신의 성 정체성을 바꾸려고 받는 "전환 치료", "회복 상담"에 성공한 사례가 거의 없다.[58] LGBT 법학자들은 여러 과학적 증거들에서 알 수 있듯 성적 지향이 선천적으로 결정되는 쪽에 가깝다면 이를 원인으로 한 차별은 인종이나 성별과 마찬가지로 엄격한 심사 기준을 적용해야 한다고 주장한다. 만일 이들 주장처럼 성 정체성이 타고나는 것이라면 이를 비난하는 법제도를 어떻게 정당하다고 말할 수 있을까? 법학 교수인 샘 마커슨(Sam Marcosson) 같은 학자는 성적 지향이 "설령 사회구조의 산물이라 하더라도 … 성적 지향을 구성하는 법·정치적 목적"이 변하지 않기 때문에 성적 지향은 "구조적으로 변하지 않는" 특성이 있다고 주장한다.[59] 이러한 주장의 요지는 태어남과 동시에 자신의 종교를 결정하는 종교 유전자 같은 것이 있지는 않지만 종교는 개인의 정체성과 깊게 연결되어 있어서 따로 떼어내어 생각할 수 없는 것과 마찬가지로 설령 후천적인 영향으로 형성되었다 할지라도 성적 지향은 선택과 포기가 자발적인 종류의 것들과는 완전히 다른 무엇으로 보아야 한다는 것이다. 사회에서 LGBT를 바라보는 차가운 시선이 워낙 심하기 때문에 이들은 헌법적으로 보호받아야 할 필요가 있다.

어떨 때 레즈비언, 게이 법 이론가들은 앞에서 살펴본 동일성/차이 논쟁과 마찬가지로 같은 목표를 두고 서로 대립하기도 한다. 형식적 평등을 중시하는 학자는 LGBT 커플이 헌신적 배우자와 자애로운 부모라는 "이상적인" 이성애적 규범에 부합하도록 보이게 노력한다. 이들은 LGBT 정체성은 단순히 섹슈얼리티의 문제로 환원되지 않고 성적 지향의 차이가 법적·사회적 차별의 근거가 될 수 없다고 주장한다. 반대로 (이 맥락에서는 반 종속 이론이라고 부르기도 하는) 차이 이론은 사회가 자의적으로 정한 기준에 따르지 않는 이들을 괴짜로 몰고 가는 이성애적 규범을 비판한다. 비슷한 처지에 있는 이들을 같게 대우하는 것이 평등의 한 측면이기 때문에, LGBT의 평등 실현에 관한 논쟁이 이와 같이 동일성/차이 논쟁으로 귀결되는 것은 그리 이상하지 않다.

에코페미니즘

그 나이 든 백인 남자*로부터 벗어나는 내 첫걸음은 나무들이었어. 다음은 공기. 다음은 새들. 그리고 다른 사람들. 하지만 언젠가 내가 조용히 앉아 있었을 때 … 내게로 왔지.

전혀 분리되지 않고, 모든 것의 일부가 되는 느낌. 만약 나무**를 베면, 내 팔이 피를 흘리리라는 것을 나는 알게 되었어.

— 앨리스 워커, 『컬러 퍼플』***

에코페미니즘은 여성들이 사회와 자연과 맺는 풍부하고 다양한 관계를 묘사한다. 에코페미니즘은 1970년대에 처음 시작되어,[60] 그 후 경제학에서부터 유심론까지, 동물권에서부터 국제 인권까지 넓은 범위를 강조하는, 놀랄 만큼 다양한 형태의 배열로 꽃피워 왔다. 가장 최근의, 그리고 아마도 가장 유망한 버전의 에코페미니즘은 인간의 억압(성차별, 인종차별 등)과 환경 파괴의 교차점을 강조하고 있다. 이 분석은 모든 에코페미니즘이 시작하는 지점인, 자연 억압과 여성 억압은 긴밀하게 연결되어 있다는 전제에서 출발한다.[61] 이 관점에서 보면, 성차별과 환경 파괴는 인간의 마음과 영혼이 자연 세계와 그 과정보다 우월하다는 서구 사상의 잘못된 이원론이라는 동일한 문제점에서 발원한다. 서구 문화는 종종 남성성은 인간의 마음과 정신(과학, 이성, 데카르트)에, 여성성은 자연 세계[성, 본능, 대자연(Mother Nature)]에 결부시켰고, 이 이원론은 자연과 여성의 종속이라는 이중고를 동시에 불러일으켰다. 이러한 ─ 태곳적부터 내려오는[62] ─ 위계는, 강에 댐을 건설하려는 국가의 강박으로부터 혼전 성관계에 대한 교황의 반대에 이르기까지 모든 것을 설명하기 위해 사용되어왔다.

• (옮긴이 주) 이 소설에서 나이 든 백인 남자(the white old man)는 신을 뜻한다. 이 소설의 주인공은 신을 나이든 백인 남자로 상상하지만, 점차 신은 가부장/아버지로서 존재하는 것이 아니라 별, 나무, 하늘, 사람들, 모든 것 안에 존재한다고 상상하게 된다. 이로써 주인공은 남성 중심의 우주로부터 벗어나며, 누군가의 보살핌을 받는 존재가 아니라 독립적인 여성으로 거듭난다.
•• (옮긴이 주) 이 소설에서 '나무'는 여성을 상징한다. Jonathan Culler, "The Power of Division" in Elizabeth A. Meese and Alice A. Parker (eds.), *The Difference Within: Feminism and Critical Theory*, *John Benjamins Publishing Company* (1989), 156 등 참조.
••• (옮긴이 주) 1982년 소설로 1930년대 미국 남부 혹인 여성들의 삶에 대해 다루었다. 풀리처 상을 수상했다.

대부분의 에코페미니스트들은 마치 문화 페미니즘을 연상시키는 전략, 즉 여성성이나 "자연에 기초한" 가치를 더욱 숭배하도록 촉진하는 방법으로 남성성의 이상이 지배하는 것을 거부한다.[63] 다른 에코페미니스트들은 남성과 여성 사이의 이원론은 과장되었으며 우선 보편적 억압에 대해 단합하여 타격할 필요가 있다고 주장한다. 이 전략은 지배 이론을 연상케 한다. 많은 에코페미니스트들에게, 성차별과 환경 파괴를 가능하게 하는 분리와 통제의 역학은 또한 다른 형태의 억압을 영속화한다. 이는 성차별과 권력 남용의 다층위 분석으로 이끈다. 엘렌 올러플린은, 대부분의 여성들이 "(성차별주의만큼이나 인종주의, 계급주의, 이성애주의, 연령 차별주의의 역학을 통해) [차별을] 한 가지 방식 이상으로 경험하기 때문에, 에코페미니즘이 여성 억압과 자연 억압에 맞서 싸우기 위해서는 성차별주의와 자연주의의 연관성, 그 이상을 보아야 한다"고 설명한다.[64]

환경 철학의 긍정적인 공헌이라면, 미학에 대한 높은 평가, 천연자원에 대한 동등한 접근권의 고려, 인간 중심의 공리주의보다 생태 윤리를 소중히 여기는 태도 등을 들 수 있다. 이러한 생각들은, 예컨대 지금 석유를 발견하기 위해 북극국립야생보호구역을 채굴하는 대신 미래 세대를 위해 그것을 보전하기 위한 노력들과 같은, 환경주의자들의 프로젝트를 알려준다. 에코페미니즘은 생명체들이 서로 연결되어 있다고 생각하고 나보다는 공동체의 가치를 우선하는 점에서 페미니스트 원칙들인 존중, 포용, 그리고 다른 사람들에 대한 연민과 공통점을 가진다.

에코페미니즘을 단지 "녹색" 렌즈를 통해 본 반본질주의로 치부할 수도 있다. 그러나 에코페미니스트는 복합적인 억압에 대해 기존에는 없던 새로운 관점을 제공한다. 첫째, 에코페미니즘은 여성과 자연이 억압의 경험을 공유하고 있다는 인식을 *핵심 원칙*으로 삼고 있다. 이 원칙은 다른 집단들도 억압의 경험을 공유하고 있다는 사실을 확인하는 데 효과적일 뿐만 아니라, 복합적 억압 개념을 부정하려는 시도를 차단한다. 에코페미니즘에서 "에코" 또는 "페미니즘"을 분리시키는 것은 그 모든 아이디어를 무효화한다.

둘째, 에코페미니즘은 억압의 공유를 이해하는 데 있어 생태계라는 중요한 비유를 제공한다. 사실, 생태학 개념은 여성이 직면하는 수많은 어려움을 이해하는 데 있어 우리에게 거의 시적인 이미지를 제공한다. 엘렌 올러플린은 다음과 같이 말했다.

생태학자는 단지 연못의 부분들만을 더한 후, 자신이 연못의 생태계와 그 작동 방법을 거의 근접하게 묘사하고 있다고 생각할 수 없다. 생태학적으로 보면 연못의 물고기와 바다의 물고기는 다른, 아마도 유사하지만 동일하지는 않은 장소에 거주하는 것으로 이해되어야 한다. 마찬가지로 여성들은 다른 위치에 존재한다. 내가 들판에 있든 사무실에 있든, 내가 거기서 하는 일, 내 자리는 적어도 부분적으로는 상호 연결된 사회환경적 요소들에 의해 결정된다.[65]

이처럼 생태학적 전체 맥락에서 복합적 억압을 강조하는 것은, 입법 운동가들이 연합을 구축하는 데 있어 매우 유용하다.

빈곤층과 유색인종에 영향을 미치는 환경 위험과 관련한 풀뿌리 운동인 환경정의 운동에서 나온 몇 가지 좋은 사례가 있다. 미국에서 환경정의 운동을 조직하고 이끈 것은 주로 여성들이었다. 이것은 때로는 전국의 식탁에서 자라난 풀뿌리 운동이었다. 여성들은 자녀들이 공통적으로 앓고 있는 질병에 대한 기록을 비교하면서 오염된 우물물 또는 땅으로 독소가 침출된 쓰레기 매립지까지 질병을 추적했다.[66] 결론적으로 환경정의 지지자들은 가족과 아이들에게 영향을 미치는 공해 문제 ― (대기오염에 의해 악화된) 도심 지역의 아동기 천식, 오래된 가옥에서 납을 주성분으로 한 페인트, 식수 오염 ― 를 강조한다. 환경정의 지지자들은 융통성 있는 협조자로서, 주류 환경주의자, 공중보건 지지자, 국선 변호인들과 협력해왔다. 이 그룹들을 하나로 묶는 요인은 반드시 자연에 대한 사랑 때문은 아니고, 일부는 그럴 수 있겠지만, 오히려 정의에 대한 사랑 ― 모든 형태의 억압에 맞선 싸움에 대한 헌신이다.

사회정의적 관점은 이 새로운 환경주의자들이 오염과 차별 간에 연관성을 끌어낼 수 있게 한다. 국가적 연구가 오염 지역과 부 또는 인종 간의 상관관계를 보여줄 때,[67] 환경정의 지지자들은 가난한 싱글맘과 소수자들의 분리를 영속화하는 토지용도지정법(zoning laws)에 이의를 제기한다. 연방정부가 수은 오염 때문에 가임 연령의 여성들에게 참치 섭취를 줄이라고 경고할 때,[68] 환경정의 지지자들은 남성들을 보호하기에는 충분히 엄격하지만 여성들에게는 그렇지 않은 오염 허용치에 대해서 의문을 제기한다.

에코페미니스트 운동은, 2004년 케냐 활동가 왕가리 마타이가 삼림 파괴, 가난, 그리고 권위주의적인 정부에 맞서서 수천 명의 아프리카 여성을 이끈 공로로 노벨 평화상을 수상했을 때 *세계적인* 힘을 얻었다. 이 모든 문제들은 여성들에게 중대한 어려움을 야기했다. 예컨대, 삼림 파괴는 시골 공동체가 사용할 땔감을 없앴고, 여성들과 소녀들은 요리에 쓸 연료를 찾아서 수 마일을 걸어 다녀야 했다. 게다가 여성들은 수많은 법적·사회적 전통들 탓에 일터와 공적인 삶에 참여하지 못했고, 이는 여성들을 가난과 타락한 독재자에 특별히 취약하게 만들었다. 노벨위원회 대표는 그 해의 선택에 대해 설명하면서 다음처럼 말했다. "우리는 평화의 개념에 새로운 차원을 추가해왔다. 우리는 환경, 민주주의 구축, 인권 그리고 특별히 여성 인권을 강조해왔다."[69]

마타이는 그린벨트 운동에서의 활동을 통해 에코페미니스트의 이상들을 드러내 보였는데, 무엇보다도 환경보호를 통해 여성의 빈곤 감소를 도우려는 노력의 일환으로 지역 공유 토지와 농장 그리고 학교와 교회 주변에 4천만 그루 이상의 나무를 심어서 여성들을 도왔다. 에코페미니스트 운동은 미국 바깥에서 가장 강력한 추종자들을 가지지만, 미국 내 지지자들은 매우 열정적이고 창의적이라는 것이 입증되었다. 미국에서 에코페미니스트들은 동물권, 농장 이주 노동자의 안전, 더 나은 여성 보건, 그리고 미국 원주민을 위한 환경보호 캠페인을 펼쳤다.

실용주의 페미니즘

우리는 각각의 경우에 있어서 이상적이지 않은 상황을 주의 깊게 살펴봐야 하고, 그 딜레마 상황에서 어떤 선택이 더 나은지(혹은 덜 나쁜지) 결정해야 하며, 시간이 지남에 따라 계속해서 다시 결정해야 한다 … 우리는 각각의 딜레마와 정면으로 맞서야 하고, 역량을 가장 저해하지 않고 이를 가장 촉진할 수 있는 대안을 선택해야 한다. 실용주의 페미니스트는 진퇴양난의 문제를 해결하는 방법을 제시하는 일반적 해답을 찾지 않아도 된다.

– 마거릿 제인 라딘, "실용주의자와 페미니스트"

실용주의 페미니즘 법학은 맥락과 관련된 해결을 추구하는 것이 추상적인 이론을 세우는 것보다 보통 더 유용하다는 중요한 통찰을 제공한다. 실용주의 페미니스트 법학자들은 존 듀이와 찰스 샌더스 퍼스와 같은 철학에서의 대표적 실용주의자의 작업물, 특히 "진실은 불가피하게 다원적이고, 구체적이며, 일시적"이라는 그들의 이해에 의존한다.[70] 이것은 실용주의자들이 잠정적인 결론에 도달하며, 그들의 진실이 보통 불완전하며 가변적이라는 것을 안다는 것을 의미한다. 실용주의 페미니스트 법학자들은 몇몇 다른 유형의 페미니스트 법 이론의 보편주의를 비판하고(예컨대, 모든 남성은 여성을 지배한다), 대신 맥락과 관점의 중요성을 강조한다. 그들은 "관찰하는 시간과 장소 … 그리고 관찰하는 측이 원래 가진 믿음과 태도의 집합"이 하나의 관점을 형성하고, "모든 관찰은 이 관점과 관련되어 있다"는 점을 인식한다.[71]

실용주의자들은 일반적으로 추상화를 지양하고자 한다. 그들에게 추상적 개념은 실제 세계에 실용적인 해결책을 주지 않는다. 실용주의자로서 페미니스트들은 공식적인 법규범에서 해결책을 찾지 않고, 대신에 법규범을 개별적 사건들의 결과에 대한 부분적 설명이라고 본다. 실용주의 페미니스트들은 페미니스트들 간의 수많은 논쟁이 평등이라는 목적을 달성하기 위한 이상적 수단에 대한 각기 다른 비전에 관한 것임을 인식한다. 그들은 또한 종속된 집단은 종종 "진퇴양난"에 빠지고, 이상적 차원에 따른 결과는 개인을 구제하지 못하게 될 수 있다는 점을 인식한다.

> 우리가 예를 들어 "특별대우"를 위해 임신을 달리 취급하는 경우 우리는 고용주가 여성들을 고용하지 않을까 봐 걱정한다. 그러나 우리가 임신을 특별히 대우하지 않는다면, 여성은 일자리를 잃게 될 것이다. 우리가 임신을 특별대우하면 우리는 더 약한 피조물로서의 여성이라는 케케묵은 개념으로 돌아가게 되고, 특별대우하지 않으면 우리는 여성들이 실제 세상에서 더 강해질 수 없도록 하게 된다.[72]

시기와 맥락에 따라 다른 접근 또는 결과가 필요할 수 있다. 페미니즘의 많은 문제들은 구체적이고 특정한 상황에서 나타난다. 예를 들어, 특정한 로펌이 부모들에게 그들의 자녀들과 함께 보낼 수 있는 시간을 더 많이 허용하는 논파트너십 트랙•을 구축할지 여부가 문제될 수 있다. 어떤 페미니스트는 그것이 "어머니 트랙", 즉 여성 변호사들이 주로 이용하거나 여성 변호사들만 이용하는 2등 시민권의 형태가 될 수 있다고 우려한다. 실용주의 페미니스트는 부모 트랙을 완벽한 해결책이라고 보지 않지만(더 이상적인 해결책은 로펌의 모든 변호사들에게 비용 청구 시간 요건을 조정하는 것일 수 있다), 이상에 미치지 못하는 선택지들 가운데서는 가능한 최선이라고 생각한다. 그 장소와 시간에 가장 영향을 받는 개인들을 위해 선택지를 확장시키고 가정과 일의 충돌의 화해를 돕는 방법이기 때문이다. 실용주의 페미니스트들은 보편성의 위험을 인식하고 맥락에 맞는 구체적인 해결책을 찾는다.[73]

어떤 사람들은 일반적으로 실용주의가 개인적 관점에 대해 강조하고, 불

• (옮긴이 주) 로펌에서 상대적으로 덜 전문적인 업무를 적은 시간 동안 하면서 적은 급여를 받고 파트너 승진 기회도 차단된 어소시에이트 변호사 트랙.

확실하며, 추상적 이론화를 위한 노력을 거부한다는 점을 들어 비판해왔다. 법학 교수인 잭 볼킨은 다음과 같이 농담한다. "법적 실용주의자가 된다는 것은, 당신이 이론을 갖고 있다고 말할 필요가 없다는 것을 의미한다."[74] 그러나 심각한 어려움은, 어떠한 기초 이론 없이, 실행 가능한 도덕 기준을 발견하는 것이다.

예컨대 실용주의 페미니스트들의 접근 방법이 동등대우론자와 어떻게 다른지 생각해보라. 어떤 부족사회에서는, 땅은 일반적으로 오직 남성 상속자들에게만 상속되지만, 관습적인 규범은 가족이 미혼의 딸들에게 땅의 일부를 줌으로써 그들을 돌볼 의무를 부과한다. 미혼이거나 이혼한 딸이 돌볼 자녀가 있는 경우 ― 딸들이 남자 형제들과 동등한 권리가 있기 때문이 아니라 가족에게는 딸들을 돌볼 의무가 있기 때문에 ― 토지 경작권 또는 점유권을 딸들에게도 주어야 한다고 주장할 수 있었을 것이다. 이러한 문화에서 후자의 전략은 전자의 접근보다 훨씬 더 성공 확률이 높다. 이러한 실용적 접근은 개인적 사건에서 우호적인 결과를 만들어내지만, 이론적으로 만족스러운 또는 지속적인 평등한 결과에 기여하지는 못할 것이다. "그러나 장기적인 젠더 평등의 관점에서, 이와 같은 관습적 권리를 인정받는 것은 진정한 승리가 아니다. 그것은 가족에 속한 재산권에서 여성의 이익은 불확정적이라는 관점을 전제하고 있다. … 딸들은 오직 예외적인 상황, 다시 말해 결혼을 하지 못했거나 결혼 생활에 실패하는 경우에만 권리를 인정받는다."[75]

실용주의는 확고한 신념이 없지만 아마도 결론에 이르기 위한 개선된 일련의 방법들을 제공한다. 그러나 그 역시 잠정적이고 부분적일 수 있다. 실용주의 페미니즘은 구체적인 법적 해결책이라는 측면에서는 덜 기여하지만 방법론적인 제안이라는 측면에서는 더 기여한다. 페미니즘 방법론의 한 측면은 실제 경험을 관찰하는 것이므로, 실용주의 페미니스트들은 여성들이 일상적으로 겪는 현실의 모습들 안에서 진실을 발견한다. 따라서 실용주의자들에게 개인적 경험은 이론을 구축하는 데 도움을 주며, 이론은 다양한 개인의 구체적인 상황을 포함해야 한다.

포스트모던 페미니즘

나는 국지적인 분열을 지지한다. 나는 통합적인 이론에 반대한다.

— 메리 조 프러그, "포스트모던 페미니스트 법 선언"

우리는 여러 페미니스트 법 이론들을 마치 다양한 맛의 아이스크림인 것처럼 생각해왔다. 어떤 이들은 바닐라만을 사랑하고 다른 이들은 로키로드를 좋아한다. 그러나 포스트모던 페미니스트 이론은 (그리고 그 정도는 덜하지만 실용주의는) 한 가지 맛이라기보다는 오히려 해석을 위한 도구다. 그것은 아이스크림 스쿱과 같다.

포스트모던 페미니스트 법 이론은 동일성과 차이의 범주를 넘어서려는 다른 시도를 보여준다. 포스트모던 페미니스트들은 동등대우("여성들은 남성들과 같다")와 문화 페미니즘("여성들은 남성들과 같지 않다")의 대조적인 접근법은 *모든* 여성들이, 마치 *모든* 남성들처럼, 거의 동일하다고 잘못 가정한다고 주장한다. 이러한 가정은 누군가 인종, 경제, 출신국을 무시하고 여성 또는 남성에 대해서 말할 때 특히 잘못이고, 해롭기까지 하다. 포스트모던 페미니스트 법 이론가들은 따라서 하나의 진실이라는 개념을 거부하며, 대신에 진실은 복수이고, 일시적이며, 개인들의 체험, 관점, 세상에서의 지위와 연관되어 있다고 인식한다.

포스트모던 페미니즘과 비판적 페미니즘 이론 및 실용주의는 본질주의, 즉 모든 여성들이 어떤 하나의 경험 또는 조건을 공유한다는 생각을 거부한다는 점에서 공통적이다. 그러나 포스트모더니스트들은 다른 수준의 추상화 단계에 있다. 반본질주의자들이 많은 목소리들의 조화에서 진실을 찾는 것과 달리, 포스트모더니스트들은 조화가 불가능하다고 생각한다. 그리고 진실은, 그러니까 그것 역시 당신의 상상의 산물이다.

그 이름이 암시하듯이, 포스트모더니즘은 모더니즘, 즉 빅토리아 시대 예술의 형식적 구조(문학에서의 서사, 회화에서의 리얼리즘)를 거부하고 인간의 경험을 보다 즉각적이고 덜 양식화된 장면으로 잡아내고자 했던 지식 운동에 대한 대응으로 출현했다. 모더니스트들은 뼈대를 통해서 진실을 드러내기를 원했다. 포스트모더니스트들 역시 전통적 양식과 형태를 거부하지만 객관적인 지식이나 경험이라는 바로 그 관념을 거부함으로써 한발 더 나아간다. 포스트모더니스트들은 진실이나 객관성 그 자체에 대한 가능성에 대해 의문을 제기한다. 포스트모던적 관점에서, 지식은 확정되거나 실증적으로 인정받을 수 없는데, 피터 생크는 이를 다음과 같이 설명한다. "우리가 지식이라 생각하는 것은 언제나 믿음에 불과하다." ― 그리고 "언어는 사회적이고 문화적으로 구성되기 때문에, 현실을 반영하거나 조응하는 것은 본질적으로 불가능하다".[76] 진실을 뼈대가 드러날 때까지 끓이면, 남는 것은 연기뿐이다.

포스트모던 분석은 1960년대와 1970년대에 프랑스 철학자 자크 데리다에 의해 개발된 "해체"라고 불리는 기법과 함께 시작되는데, 해체는 역사적·예술적, 또는 언어적 세부사항 안에 숨겨져 있는 정치적 메시지와 편향을 폭로하기 위해 그것을 면밀히 들여다보는 것을 수반한다. 언어는 문맥에 따라 변하는 명시적이고 암시적인 정보에 의해 불가피하게 포장되어 있기 때문에 기록된 텍스트는 언제나 암호화된 숨겨진 메시지를 가지고 있다. 남부 흑인 차별 정책(Jim Crow*)인 "백인 전용" 표지판을 생각해보라. 누군가는(어떤 정치인들과 마찬가지로) 그 메시지가 오직 분리의 일환이고, 종속이 아니라고 말할 것이지만, 오늘날 대부분의 사람들은 이 표지판에 담긴 강력하고 숨겨진 메시지는 계급 권력에 대한 것이라는 점에 동의할 것이다. 포스트모던 명제는

• (옮긴이 주) 짐 크로 법(1876~1965)은 공공장소의 인종 간 분리를 규정한 법이다.

다음과 같다. 깊이 파고 들어가면, 정의, 아름다움 또는 진실 같은 것은 없다. ─ 권력, 그리고 권력을 유지하기 위한 노력만 있을 뿐이다. 어떤 오페라, 논문 또는 헌법의 마룻바닥을 들어 올려보라, 그러면 위계 구조를 바탕으로 건설된 토대를 발견할 것이다. 모든 문서, 문헌, 언어의 조각, 작업물 또는 토론은 위계를 포함한다. 정의(혹은 정의로 통하는 것)는 역사 속에 영원한 것이 아니라 오늘날의 지배계급에 속하며, 그들은, 물론 새로운 계급이 그들을 무너뜨리고 자신들의 정의를 세울 때까지, 정의를 자신의 이익에 맞게 규정하고 빚어낸다. (이것을 보고 프랑스 혁명을 떠올렸다면, 제대로 이해하고 있는 중이다.) 포스트모더니스트들의 방식은 해체를 통해 이러한 권력 구조를 식별하고 정치적 행동을 통해 그러한 구조를 전복하는 것이다.

포스트모던 페미니스트들은 해체라는 도구를 사용하여 법의 지배의 불변성이라는 모더니스트의 아이디어에 도전한다. 법은 객관적이지도 중립적이지도 않고 정치적 편향을 가지고 만든 것이며, 따라서 법률에 의존하는 것 그리고 전통적인 법률 해석 방식에 의존하는 것은 불평등을 강화할 수 있다. 포스트모던 운동은 수많은 권력의 미묘한 위계 ─ 심지어 변호사와 그들의 의뢰인 사이의 권력 위계까지도 비판한다. 이러한 전략은 권력이 관계 안에서 눈에 보이지 않게 작동하는 방식을 폭로하는 것을 목표로 한다.

포스트모더니즘은 언어, 지식 그리고 권력이 문화적인 젠더 규범을 전달하는 방식으로 연결되어 있다는 것을 폭로한다. 포스트모더니즘이 억압에 초점을 맞추기 때문에, 그것은 위계가 문화 안에서 창조되고 전승되는 방식과 특히 관련이 있다. 포스트모더니스트들은 우리가 미묘하고 구석구석 스며든 말과 행동의 체계(담론 그리고 이른바 담론적 관행)에 의해 젠더 억압과 같은 위계를 창조하고 전달한다는 것을 시사한다. 예를 들어, 여성들은 거식중 환자처럼 마르고, 완벽한 머리 모양을 한 채, 전문가처럼 세탁물을 휘두르는 여성을 묘사하는 광고의 기대를 내면화할 수 있다. 마치 예전의 보호주의 법률들이 여성의 노동시간을 제한했던 것이 여성들을 고된 노동에서 보호하기 위해서였다고 여성들 스스로가 이해했던 것처럼 말이다.

담론과 권력 사이의 연결성을 이해하는 포스트모던 전략은 전통적인 젠더 정체성을 재고찰하는 데 익숙한데, 전통적 젠더 정체성이 사실은 유동적일 뿐만 아니라 생물학적 성별이나 문화적인 규범과 그리 밀접하게 관련되어 있지 않다고 주장한다. 포스트모더니즘의 영향을 받은 페미니스트들은 젠더를 자연스럽고, 고정적이거나, 객관적인 것이 아니라, 사회적으로 구성되고, 관계적이며, 경험에 의존하고, 시간과 상황에 따라 가변적이라고 본다. 그들은 개인들이 복수의 정체성과 각자 수행하는 여러 가지 역할을 가진다는 점을 강조한다. 젠더는 매일 다르게 (그중에서도 의복, 노동, 그리고 버릇을 통해) 형성되거나 표출된다. 언어가 정체성을 구축하는 방법의 한 예로서, 젠더 정체성이 표현에 의해 "수행적으로 구성되는" 방식에 관한 주디스 버틀러의 포스트모던적인 설명을 보자.

내가 레즈비언이라고 주장하면, 나는 벽장 "밖으로 나오면서"* 다른 새로운 "벽장"을 만들게 되고 만다. 내가 커밍아웃을 한 상대인 "당신"은 이제 다른 미지의 영역에 들어서고 만다. 실제로는, 불투명한 장소가 단순히 옮겨 온 것이다. … 우리는 벽장에서 나왔지만, 어디로 들어간 것인가? 무슨 새로운 구속되지 않는 공간이 있는가? 그 방, 그 동굴, 그 다락방, 그 지하실, 그 집, 그 술집, 그 대학, 어떤 새로운 구역…. "밖"에 있다는 것은 언제나 "안"에 있다는 것에 어느 정도 의존한다. 이는 오직 그 양극성(兩極性) 안에서만 그 의미를 가진다. 따라서 "밖"에 있다는 것은 그 자신을 "밖"에 유지하기 위해서 벽장을 다시 끊임없이 만들어 내야만 한다.[77]

• (옮긴이 주) 벽장 밖으로 나오는 것, 즉 커밍아웃(coming out of the closet)은 성 소수자가 자신의 성적 지향이나 성 정체성을 밝히는 것을 의미한다.

위 문단처럼, 포스트모던 분석은 때때로 법적 비평이라기보다는 행위 예술처럼 보이기도 한다. 이에 대한 포스트모더니즘의 대답은, 몸짓과 외침으로 보이는 이러한 행동이 바로 기존의 "틀을 부수는" 저항이라는 것이다. 사회적 관계의 언어에 도전함으로써, 그리고 말하기와 글쓰기의 적절한 형식에 저항함으로써, 포스트모더니스트들은 그들이 지배적인 문화에 의해 전달되는 불평등의 잠재적 메시지를 무효화할 수 있다고 말한다. 어쩌면 그럴지도 모른다. 하지만 우리가 "밖"과 "안"의 의미에 대해서조차 동의할 수 없다면, 부정의를 정확히 찾아내서 싸우는 것은 어렵다. 캐서린 맥키넌의 말에 따르면, "포스트모더니즘을 실제로 적용해보면 종종 심술궂고 폭주하는, 입장보다는 태도에 가까운 행동 양식이라는 인상을 준다… 포스트모더니즘은 사회가 당신의 머릿속에서 일어난다고 상상한다".[78]

어떤 페미니스트들은 포스트모더니즘이 해방적이지도 않고 그렇다고 효과적이지도 않다고 말한다. 그들에게, 근본적 진실에 관한 포스트모더니즘의 도전은 여성들이 기록하고자 노력해왔던 차별, 은밀한 폭력, 종속이라는 냉혹한 현실을 악화시킨다. 그들은 다양한 관점에 대한 강조가 강간, 성적 학대, 성매매, 그리고 성적 괴롭힘의 현실을 단지 또 다른 일련의 "서사"로 축소시킨다는 점을 우려한다. 나아가, 비평가들은 포스트모더니즘이 너무 높은 수준의 이론으로서의 역할만 수행해서 정치적으로 쓸모가 없다고 말한다.

포스트모더니즘에 따르면, 사실은 존재하지 않는다. 모든 것은 독해이고, 따라서 거짓말은 있을 수 없다. 홀로코스트가 거짓인지, 여성들이 강간당하는 것을 즐기는지, 흑인이 백인에 비해 유전적으로 지능이 떨어지는지, 동성애자들이 아동 성추행범들인지 여부는 분명히 알 수 없다. 포스트모더니스트들에게, 이러한 사실적 사항들은 정확히 가늠할 수 없고, 불확정적이며, 실전에서는 모두 해석의 문제가 된다.[79]

포스트모더니스트와 지배 이론가는 여성들이 "주체성" ─ 예컨대 가학·피학적(sadomasochistic: S/M) 섹스를 선택할 자유의지 ─ 을 가질 수 있는지를 두고 역시 논쟁해왔다. 포스트모던적 관점에서는, S/M은 "잠재적으로 즐길 수 있는 전복적인 성적 행위"가 될 수 있다고 보는 반면,[80] 지배 이론가는 S/M 행위가 자유롭게 선택될 수 있다는 생각을 거부하거나 그런 "선택"도 실제로는 잘못된 의식의 산물이라고 주장할 것이다.

이것은 포스트모던적 접근에 관한 보다 큰 논쟁의 일례일 뿐이다. 포스트모더니즘은 사람들이 "전복적인 행위들"을 택하고 억압을 벗어나기 위해 노력해야 한다고 충고한다. 그것은 맹목적 배타주의와 싸우고 절대 권력에 저항하도록 시민들을 결집시키지만, 평등 또는 민주주의가 실제로 어떠한 모습이어야 하는지에 관해서는 거의 관심을 보이지 않는다. 억압받는 사람들이 마침내 그들의 사슬을 끊고 창살을 벗어났을 때, 그들은 자신이 자유롭다는 것을 어떻게 알게 될 것인가?

↘ 토론을 위한 질문

1. 21세기의 전환기에, 젠더평등운동은 교착 상태에 빠진 것처럼 보인다. 가장 중요한 투쟁 가운데 일부, 즉 선거권 투쟁, *Roe v. Wade 판결*, 기본적인 동일임금 소송들, 그리고 남성이 성희롱 고소를 할 권리와 같은 것은 이미 싸움이 치러졌다. 남아 있는 수많은 문제들은 2세대 차별 문제 ― 예컨대 고용에서의 유리천장, 유급 가족휴직의 부재, 여성이 수행하는 무급 가사 노동의 불균형한 분담, 적정한 젠더 역할에 관한 사회적 믿음 같은 것들이다. 이러한 더 작은 2세대 문제, 즉 현행법상 명확히 금지되지 않은 미묘한 형태의 차별 그리고 법의 힘이 미치기 어려운 미시적 불평등으로는 또 어떤 것이 있을까? 주요한 또는 대표적인 법적 쟁점 가운데는 여전히 싸울 만한 것이 남아 있는가?

2. 페미니스트 법 이론가들 사이의 다양성은 억압받는 집단 간의 연합을 어렵게 한다. 몇몇 반본질주의자는 더 큰 연합을 요구한다. 다른 이들은, 소수자들 간의 동맹 또는 소수자와 지배 집단 간의 동맹은 통상 더 강한 집단을 위해 운영되고, 그들의 이익이 서로 다를 수 있기 때문에, 연합을 하지 말라고 경고한다. 1번 질문에서 확인한 쟁점 하나를 선택해보자. 연합은 그 문제를 다루는 데 있어 중요한 전략이 될 수 있는가?

3. 이러한 페미니즘 이론들 가운데 일부는 다수의 지지를 얻기에는 너무 절망적이거나 긍정적인 논의의 장을 제공하기에는 지나치게 비판적인가? 예를 들어, 지배 이론은 대부분의 여성들이 수많은 방식으로 종속되어 있고 그들이 심지어 그 사실을 모르고 있을 수 있다고(허위의식의 문제) 주장하는 것처럼 보인다. 포스트모던적 관점에서 개인은 거의 순수하게 사회적이고 문화적인 창조물이다. 만약 포스트모더니즘이 주장하는 것처럼, 여성의 경험이 "동질적"이지 않다면, 이는 그 경험들이 "더 이상 페미니스트 이론에 대한 근거를 제공할 수 있는지"에 대한 의문을 불러일으킨다.[81] 지배 이론은 지지자를 모을 수 있을 것인가 아니면 여성을 영구적인 피해자 지위로 강등시키는 이론으로 인식될 것인가? 포스트모더니즘은 보다 유연한 성역할을 선도할 것인가 아니면 모호함에 대한 불안 때문에, 결국 성역할을 해석할 때 현재의 모델을 더 선호하는 것으로 남겨둘 것인가? 만약 어느 이론도 지지자를 더 모으지 못한다 하더라도, 페미니즘 이론 분야에서 그 존재는 좀 더 일반적으로 받아들여지는 다른 이론들에 어떻게 영향을 미치는가?

2장

페미니스트 법학 방법론

미리 생각한 것을 헛되이 영영 기다리지 않고, 지금 있는 것을 가져가서 사용하는 것, 그리고 실체를 깊이 파고들어 이로부터 무언가를 얻는 것은, 의심할 여지 없이 올바른 삶의 방식이다.

– 헨리 제임스, 『헨리 제임스의 완벽한 노트』

맥락이 전부다.

– 마거릿 애트우드, 『시녀 이야기』

□ □ □

 페미니스트 이론은 실체를 파고들어야 한다. 도덕과 원칙도 좋지만, 그것을 현실 세계에서 실효적으로 만든다는 것은 손을 더럽힌다는 것을 의미한다. 갈등에서 당사자의 말을 경청하고, 부당한 트라우마의 순간을 확인하며, 상황을 더 좋게 만들 방법을 상상하는 것 말이다. 그 일에는 실제 세부사항을 보기 위한 눈과 효과 있는 것을 식별하기 위한 코가 필요하다. 1960년대부터 여성운동가들은 사회문제에 접근하기 위해 "페미니스트 방법론"이라 불리는 일련의 평가 도구를 사용해왔다. 페미니스트 방법론은 1장에서 다루었던 페미니스트 이론의 부속물이며, 여성운동가들의 철학이 무엇이든 간에 널리 공유되고 있다. 다양한 설명이 있지만, 기본적인 방법론에는 (1) 가부장제의 가면 벗기기, (2) 맥락 추론, (3) 의식 고양이 포함된다.[1]

가부장제의 가면 벗기기

페미니즘 법학은 "중립적"인 것으로 추정되는 법 뒤에 숨겨진 남성 편향을 폭로하도록 설계된 일련의 질문과 함께 출발한다. "가면 벗기기"라고 불리는 이러한 기술은, 법이 만들어낸 성편향적 결과를 인식하도록 돕는다. 페미니스트 법 이론은 이러한 결과들을 인식함으로써 전통적인 법적 토대가 불가피하지 않고 오히려 바뀔 수 있다는 것을 보여주고자 한다. 그 방법은 심지어 법의 가장 일반적인 측면조차도 캐서린 맥키넌이 "남성이 만물의 척도가 되어왔던 실질적 방법"이라고 부른 것을 숨기고 있다고 가정한다.[2]

이 절차를 시작하기 위해, 캐서린 바틀렛은 그가 "여성 문제"라 부르는 것을 질문하기를 제안한다.

여성 문제를 묻는 것은, 남성보다 여성에게 더 일반적인 경험들과 가치를 고려하는 데 있어 법이 이유를 불문하고 어떻게 실패하는지, 또는 기존의 법적 기준과 개념이 여성들에게 어떻게 불리한지를 검토하는 것을 의미한다. 그 질문은 법의 어떤 특성이 일반적으로 중립적이지 않을 뿐만 아니라, 구체적으로 "남성적"이라고 가정한다. 여성 문제의 목적은 그러한 특성과 작동 방식을 폭로하고, 그것을 바로잡을 수 있는 방법을 제안하는 것이다.[3]

바틀렛의 설명은 두 가지 점을 제안한다. 첫째, 현실 세계에서 여성들의 개인적 경험을 이해하지 않고서 성편향을 정확히 파악하기는 어렵다. 이 점에서, *남성* 페미니스트들은 불리한 입장에 있다. 그러나 우리 모두는 이를 만회할 수 있는 방법을 가지고 있다. 여성들의 경험은 계급, 연령, 인종, 성적 지향에 따라, 때로는 극적으로 다양하다. 타인의 입장에서 이해하는 것은 모든 페미니스트가 함양해야 할 기술이다.

둘째, 여성들의 개인적 경험을 이해하는 목적은 법의 불평등한 결과를 "바로잡을 수 있는" 방법을 보여주는 것이다. 시정 조치는 일반적으로 어떤 형태의 참여권을 포함한다. 여성의 외부적 경험을 주류 정치 또는 법적 절차에 투입하는 것이다. 참여권 부여는 공식적인 방법(투표권, 일터에서의 단결권)으로 또는 덜 공식적인 방법(세미나, 항의 행진, 시위)으로 일어날 수 있다.

여성 문제를 묻는다는 것은 겉보기에 중립적인 듯한 법률이 어떻게 성편향을 가지고 있는지를 드러내기 위해 데이터를 사용하는, 어느 정도는 실증적인 평가이다. 여기서 특정한 법률이 여성의 경험을 고려하는지, 법규범이 암묵적으로 하나의 성에 우호적인지, 사회적 관행이 불법적인 성적 고정관념을 조장하는지에 관해서 반드시 질문해야 한다. 젠더의 영향을 평가하는 사례에는, 특정한 고용주에 의해 승진된 남성과 여성의 숫자를 세어보는 것, 엄마와 아빠 중에 누가 더 아이의 양육권 분쟁에서 이기기 쉬운지를 기록하는 것, 학교 수업에서 소녀와 소년의 대우에 관한 데이터를 축적하는 것이 포함된다. 조사 결과는 항상 여성에게 우호적이지만은 않은데, 남성 역시 법에서 성별 편향으로 불이익을 받을 수 있기 때문이다.

페미니스트들은 세심한 조사를 통해, 법률이 남성과 여성 사이의 차이에 기반하여 사회적 혜택을 분배하는 것을 공격함으로써 불공정성을 드러내려고 노력한다. 이러한 노력은 두 가지 단계 중 하나에서 일어난다. 첫 번째 단계에서, 페미니스트들은 추정된 차이는 실증적으로 오류라는 것을 증명하려고 노력한다. 두 번째 단계에서, 페미니스트들은 실제 젠더 차이가 존재한다는 것을 인정하지만, 그 차이가 여성을 희생하면서 남성에게 혜택을 주기 위해 이용되는 방식에 이의를 제기한다.

현실 생활에서 이 모든 것은 어떻게 작동하는가? 서론에서 언급한, 법조인 경력을 추구하기 위해 여성이 "소심하고 연약하다"는 고정관념과 싸웠으나 성공하지 못했던 마이라 브래드웰을 생각해보라. 또는 재산 관리인으로 남자를 우선하는 법률에 저항함으로써 "오직 남자만이 돈을 다룰 수 있다"는 신화를 타파했던 샐리 리드를 생각해보라. 이 두 가지 사례는 고정관념의 정확성을 문제 삼아 그것을 거부하는, 가면 벗기기의 첫 번째 단계의 예시이다.

실제로 근본적인 젠더 차이가 존재하는 경우에, 페미니스트들은 차이의 추정이 아니라 차이가 남성에 비해 여성에 부담을 지우는 것을 정당화한다는 추정을 공격하려고 노력한다. 이것이 가면 벗기기의 두 번째 단계이다. 여성들에게 특유한 경험인 출산을 보자. 1970년대에 여성들은 임신을 *제외한* 거의 모든 잠재적 장애를 보장하는 사원복지제도에 이의를 제기하기 시작했다.[4] 이 제도를 옹호하는 사람들은 임신 휴가가 다른 많은 장애 휴가보다 더 비용이 많이 들기 때문에, 임신 휴가의 제외는 정당화된다고 주장했다. 이러한 관점에서, 여성들이 지는 부담은 정책(비용을 억제하는 바로 그 방식)으로부터 온 것이 아니라 현실의 *차이*(임신할 수 있는 능력)에서 온 것이었다. 실제로 오직 여성들만 대상이 된다는 것을 알면서도, 임신 휴가를 제공하는 것은 여성에 대한 *특별한 혜택*이자 남성에 대한 차별이 될 것이었다.

페미니스트의 관점에서, 그 주장의 결함은 그러한 장애 정책이 젠더 중립적인 원칙에서 기초한 것이 아니라는 데 있다. 그것은 남성으로 상정된 직원에 대해 사업주가 책임을 져야 하는 일련의 도덕적 그리고 경제적 의무에 기초한 것이다. "일반적인 남성"은 최소한의 마음의 평화를 위해 그가 필요로 하는 것(전립선암 치료를 위한 장애 휴가, 그의 아이들을 돌보기 위한 주말)을 가질 수 있다. "일반적인 여성"이 원하는 것(임신 휴가, 그녀의 아이들을 돌보기 위한 유연한 주중 근무시간)은 "추가 항목"이다. 가면 벗기기의 두 번째 단계는 남성과 여성 모두가 기준이 되기를 촉구한다.

가면 벗기기는 사회적 불평등의 희생자들을 비난하는 것에 대해 극적인 대안을 제공한다. 광범위한 사회적 격차는 사적보다는 공적인 해결책을 필요로 하는 구조적인 문제로 적절히 간주될 수 있다. 19세기에 여성 법조인이 없었던 것은 여성들의 능력이 부족해서가 아니라 그들의 능력을 인정하지 않았던 성차별적인 태도 때문이었다. 출산과 임금 획득 사이의 불편한 균형은 모성 또는 워킹맘의 폐단 때문이 아니라, 남성 중심적으로 구성된 노동력의 폐단 때문이다.

이와 같이 조직의 구조적 편향에 관해 초점을 맞추는 것은 가면 벗기기 과정의 두 번째 단계로부터 교훈을 암시한다. 그 편향은 비록 현실이지만, 항상 의도적인 것은 아니다. 따라서 전체적으로 임신 관련 복지가 없다는 것이 역사적으로 일터에서 모성을 평가 절하한 결과라는 것은 진실일 수 있지만, 그렇다고 해서 더 나은 정책 제공을 거부한 사업주 개인이 의도적으로 성차별을 하려고 행동하고 있다는 의미는 아니다. 이 점은 몇몇 차별금지법이, 제도적이거나 무의식적인 것이 아니라, 오직 의도적인 차별만을 대상으로 하고 있기 때문에 중요하다.

마지막으로, 가면 벗기기의 과정은 인간의 상호작용의 거의 모든 영역에서 중립성을 가정하지 말라고 경고한다. 마사 미노우가 언급하듯이, 페미니스트는 "남성을 기준점으로 삼아 여성을 '기타', '다른', '일탈적인', '예외적인', 또는 당혹스러운 것으로 취급하는 인간 본성 개념에 관한 영역들"에서의 지배를 폭로해왔다.[5] 가면 벗기기는 법, 사회제도, 또는 연구 영역이 편견 없고 공정하지 않다는 것을 폭로하는 방법이다. 새로운 버전의 미국 사회를 상상하기 위해서는 사회적 맥락에 대한 새로운 공감대가 필요하다.

맥락 추론

차별을 검토할 때, 페미니스트는 당사자들의 개인사와 사회사, 당사자들 간의 상대적인 인식, 전반적인 맥락에 특별한 주의를 기울인다. 이러한 시각 안에 내포된 것은, 마치 "개인적인 것이 정치적인 것이다"라고 씌어 있던 범퍼 스티커처럼, 실제 사람들의 매일의 삶이 중요하다는 신념이다. 마리 마쓰다는 이 아이디어를 포착하여, "누가 아침을 만드는지, 누가 월급을 받는지, 누가 거리에서 캣콜링을 받는지와 같은 ― 매일의 삶의 모든 경험들은 사회에서 부와 권력의 분배의 일부이다"라고 쓴 바 있다.[6]

어떤 이들은 경험과 맥락에 대한 세심함이 경험적으로 여성과 관련된 것이라고 믿는다.[7] 페미니스트들은 여성을 위한 법적이고 사회적인 변화에 박차를 가하기 위해 개인적인 삶을 오랫동안 언급해왔다. 참정권론자들은 여성에게 선거권을 부여하면 그들의 개인적 통찰과 도덕성을 공적인 담론에 가져올 수 있어 정부가 개선된다고 주장했다. 어떤 페미니스트들은 알코올에 중독된 남편이 가산을 탕진하고 아내와 자식들을 학대해 가족을 위협하는 것을 우려하면서 금주 운동에 협조했다. 보다 최근에는, 페미니스트들은 그와 같은 상황에서 여성과 아이들이 경험하는 불공정하고 때로는 비극적인 결과를 기록함으로써 이혼과 가정폭력의 법적인 처우에서 극적인 변화를 촉발해왔다.[8] 오늘날 법학, 법정 브리핑, 그리고 심지어 판결문에서 개인적 경험에 대한 설명은 쉽게 발견할 수 있다.

의식 고양

의식 고양은 개인들이 자신의 경험으로부터 집단적 중요성이나 의미를 끌어내기 위해서 다른 사람들과 개인적 경험을 공유하는 과정을 말한다.[9] 그것의 촉매는 버지니아 울프가 "인간의 상호교류 기술, 즉 다른 사람들의 삶과 마음을 이해하는 기술과 약간의 화술"이라고 불렀던 것이다.[10] 의식 고양이 없었더라면 무신경한 또는 남성 우월적인 개별 사례들로 볼 수도 있었던 것들을, 이제 여성들은 광범위한 사회적 억압의 징후로 간주하기 시작한다. 또한 참여자들은 이러한 활동을 통해서 숨겨진 편향의 가면을 더욱 쉽게 벗기고, 문제를 검토함에 있어 적절하게 개인적 맥락을 식별할 수 있게 된다. 예컨대 참여자들은 여성의 일관된 손해와 불운을 보면서 지배 규범이 상정하는 중립성에 대해 의문을 갖게 된다. 여성들의 이야기는 법이 공정하고 중립적으로 작동한다는 신화에 도전했다. 마리 마쓰다는 다음과 같은 구체적인 예시를 제시한다. "동일노동 동일임금을 보장하는 법의 엄격한 집행이 '평등'이라는 추상적인 조건을 만들어왔다고 들은 여성들은 그들 자신의 저임금 노동자로서의 경험을 떠올리고, 따라서 '평등'을 동일가치노동 동일임금으로 재정의한다."[11] 실생활을 바탕으로 한 사회 이론에 근거하여 개인적 경험으로부터 제도적 억압에 관한 일반적 결론을 도출하는 이러한 태도는 개인적인 것과 정치적인 것을 동일하게 보는 페미니즘의 기본 태도와 일맥상통한다. 나아가, 의식 고양을 통해 이야기를 나누는 것은 참여자들로 하여금 자신이 잘못 이해한 것이 아니고 혼자가 아니라는 점을 확인하게 한다. 또한 이러한 공동 작업은 그 그룹에 집단적 정체성의 감각과 "여성의 사회적 경험의 의미"를 다시 쓰는 힘을 불어넣는다.[12]

많은 사람들에게 의식 고양이란 소규모로 상호 작용하는 그룹 — 독서 모임, 운동 수업, 뜨개질 동아리 — 을 연상하게 한다. 그러나 방송과 디지털 미디어는 그 영역을 방대하게 확대해왔다. 우리는 텔레비전에서 오프라와 엘렌을 보고, 제제벨과 페미니스팅과 같은 블로그를 이용하며, 유튜브를 통해 여러 개인들이 집에서 찍은 수많은 자기 고백적인 이야기들을 접한다. 누구나 토론, 정치, 예능, 관음증 사이의 경계선을 넘나들 수 있다. 그러나 바로 이 점이, 규격에 딱 "맞추고자" 하는 열망에 회의적인 운동을 위한 시작이 될 수 있다.

1장에서 언급한 것처럼, 어떤 법학자들은 페미니스트 의식 고양을 용이하게 하기 위해 개인적 이야기를 기술적으로 이용한다. 다른 이들은 재판, 청문, 면접과 같은 보다 공식적인 제도를, 페미니스트 의식 고양과 유사한 방식으로 개인적 시각을 공유하는 숙의 토론을 위한 기회로 규정한다. 6장에서는 재생산권 지지자들이 연방 대법원에 제출되는 법정 조언에서 스토리텔링 기법을 어떻게 사용했는지를 소개한다. 지역과 사회계층을 가로질러 관행의 변화가 실효적이기 위해서는, 전형적인 풀뿌리 운동인 의식 고양이 어떻게든 전국적으로 확산되어야만 할 것이다.

사적이든 국제적이든, 공식적이든 비공식적이든, 의식 고양의 근본적인 가치는 집단적 참여의 조직, 사생활의 공적 중요성, 개인적 관점의 수용이라는 점에서 여전히 같다. 가부장제의 가면 벗기기와 맥락 추론이라는 방법과 함께, 이 ― 결과가 아니라 ― 과정은 최우선순위에 있다. 이야기를 공유하는 것은 그 자체로 좋은 것이고 그 안에서 "정신적이고 인도적인 가치"를 구축하는 것을 돕는다.[13]

하나로 힘을 합치기

이야기하기

페미니스트 방법론이 합쳐져 어떻게 법률 운동이 될 수 있는지 보여주기 위해서, 이야기를 하나 해보려 한다. 새로운 도시의 공업 지구에 있는 임대주택으로 막 이사 온 싱글맘인 글로리아를 상상해보자. 글로리아는 동네 식당에서 시간제로 서빙 일을 한다. 아들 마커스는 막 등록한 근처 초등학교에 다닌다. 처음 몇 주간은 일이 잘 풀렸지만, 그들의 행운은 지속되지 않는다. 가을이 한창일 무렵 마커스는 호흡 문제를 일으킨다. 마커스는 기침을 하고 쌕

쌕거리며 숨을 쉴 수가 없다. 어느 날 문제가 매우 심각해져서 마커스는 학교에 가지 못하고 집에 있어야 한다. 그것은 글로리아 역시 마커스를 돌보기 위해 일을 나가지 못하고 집에 머물러야 한다는 것을 의미하고, 결국 하루치 일당을 포기한다는 것을 의미한다. 의사는 마커스가 천식이라고 말하고 약을 처방한다. 약은 효과가 있으나 항상 그렇지는 않기에, 마커스는 주기적으로 결석하고 글로리아는 결근을 반복한다. 왜냐하면 믿을 만한, 특히 아픈 아동을 위한 보육원을 찾기가 어렵기 때문이다.

어느 날 글로리아의 여성 성경공부 모임에서, 화제가 아이들의 건강에 관한 것으로 옮겨 간다. 글로리아는 이웃의 몇몇 어머니들에게도 역시 천식을 앓으면서 종종 같은 날에 학교를 빠지는 어린아이들이 있다는 것을 알게 된다. 글로리아와 다른 어머니들은 인터넷에서 이러한 문제를 검색한다. 그들은 환경-정의 블로그에 방문하고, 의학 웹사이트를 샅샅이 뒤져, 서로의 페이스북 사이트에 결과를 게시한다. 그들은 어린이 천식 비율이 역대 최고이고 대기 중의 오염 물질에 의해 심각하게 악화될 수 있다는 사실을 알게 된다. 글로리아의 이웃에 있는 도시의 발전소는 날마다 매우 자극적으로 보이는 오염 물질을 내뿜는다. 온도와 습도가 맞아떨어지면, 이 화학 물질들은 이웃의 천식 환자들에게 위협을 가할 수 있다. 그 발전소가 내뿜는 다른 화학물질은 다른 해악을 야기한다. 예를 들어, 가임 연령의 모든 여성에 대해 그 지역에서 잡히는 어류의 섭취를 매달 한 마리로 제한하는 새로운 경고가 등장하게 된 원인이, 그 발전소가 방출한 수은 때문임을 암시하는 몇 가지 증거가 있다.

글로리아와 다른 어머니들이 주 당국과 발전소 운영자에게 항의하자, 그들은 "예민이들", 더 나쁘게는 "신경질적인 주부들"이라며 이들의 항의를 묵살한다. 발전소의 대변인은 아이들의 호흡기 손상이 오히려 서툰 집안일, 느슨한 해충 방역, 또는 부적절한 약물 치료와 관련이 있을 수 있다는 가설을 세운다. 어류 섭취 경고에 관해서는, 사람들에게 스스로를 보호하는 방법에 관한 명확한 지침이 제공되는 한, 주 발전소에 더 엄격한 규칙을 부과하는 것으로 인해 발생할 막대한 비용에 비해서 그 희생은 작다는 가설을 내세울 것이다.

이야기 분석하기

우리가 만들었지만 실제 데이터에 기초한[14] 이 이야기를 통해 페미니스트 법학 방법론을 적용하는 연습을 해볼 수 있다. 가부장제의 가면 벗기기와 바틀렛의 "여성 문제"에서 시작해보자. 이 상황에서 법은 "남성보다 여성에게 더 일반적인 경험과 가치를 고려하는 데 어떻게 실패하는가?" 글로리아가 곧바로 알아차렸던 것처럼, 고용 법률은 질병이 한부모 가정을 덮칠 때 넓은 안전망을 제공하지 않는다. 어떠한 법률도 글로리아가 아들을 돌보는 동안 고용주가 유급 또는 무급 휴가를 제공하도록 요구하지 않는다. (그녀가 써버린 시간은 고용주에 의해 보장되지 않을 수 있고, 그녀가 승진할 시기에 부정적으로 반영될 수 있다.) 어떠한 공공 프로그램이나 법규도 아픈 아동을 위한 일시적 돌봄을 보장하지 않는다. 건강보험법은 마커스와 같은 아이들이 효과적이고 예방적인 보살핌과 알맞은 가격의 처방약을 받을 수 있도록 보장하지 못할 수 있다. 토지용도지정법은 글로리아의 저렴한 집이 유독성 발전소와 (혹은 발전소가 글로리아의 집과) 매우 가까운 곳에 위치하는 데 아마도 어떤 역할을 했을 것이다. 일련의 환경 규제는 천식에 걸린 아이들과 어류를 먹는 젊은 여성들에게 해로운 수준의 오염을 용인한다. 마지막으로, 건강과 안전에 관한 법률을 집행할 책임이 있는 주 공무원들은 글로리아를 지나치게 감정적인 여성으로 취급해 그녀의 주장을 묵살한다.

이러한 요소들 가운데 일부는 명백한 남성 편향을 드러낸다. 회사가 여성들의 항의에 논리적으로 대응하지 않고 의도적으로 "신경질적인 주부들"이라는 케케묵은 표현을 사용한 것에서 이들의 의식구조를 훤히 알 수 있다. 생선과 관련된 오염 기준은 아마도 의도하지는 않았겠지만(그게 중요한가?), 역시 남성에 비해 여성에게 불리하다. 그러나 다른 불평등은 더 검토가 필요하다. 유급휴가, 보육, 저렴한 건강보험, 혁신지구 지정, 천식 아동을 위한 환경 보호의 결핍은, 그 자체로는 성별 기반 차별이 아니다. 그러나 한부모 가정이 휴가와 보육 문제로 가장 큰 타격을 받고 대부분의 한부모가 엄마라는 점을 고려할 때, 여성들에게 비우호적인 결과는 비로소 모습을 드러낸다. 남성들보다 여성들이 아픈 아이들을 돌봐야 하는 경우가 더 많으므로, 아이와 관련된 공중보건법 역시 남성보다 여성에게 더욱 불리하다. 마지막으로 편부보다 덜 부유한 계층에 있는 편모는, 가난한 사람들보다 부유한 이웃들에게 우호적인 토지용도지정법과 같은 정책으로 인한 해를 입기가 더 쉽다.

글로리아의 문제가 여성 친화적이지 않은 법률과 관련이 있다는 것을 알게 되면, 다음 단계는 그 법적 쟁점을 맥락과 관련짓는 것이다. 우리는 이미 가면 벗기기 부분에서 이것을 어느 정도 해보았다. 예컨대 고용 휴직 또는 보험 정책의 젠더 효과를 드러내기 위해서는 한부모와 주 양육자의 인구통계에 대해 알아야 한다. 그러나 맥락 추론은 더 멀리 나아갈 수 있다. 글로리아가 마커스의 천식을 둘러싼 단서들 — 진단의 전국적인 급증, 특정한 기후 조건과의 상관관계, 같은 날 학교를 결석한 다른 아동들이라는 증거들 — 을 수집할 때, 글로리아는 오염과 질병 사이의 관련성, 심지어 보건 공무원들조차 알아차리지 못한 관련성을 이끌어내기 위해 자신의 특유한 지식을 사용하고 있다. 이와 같은 맥락의 이해는 글로리아와 그의 동료 활동가들이 이 "공공보건" 문제를 환경 문제의 틀로 보도록 하고, 이는 아마도 환경 운동 지지자들과의 연합을 이끌 것이다.

마지막으로, 글로리아의 조사는 친구들과의 만남으로부터 혜택을 입었다. 이 사례에서 그것은 우정을 제공하는 교회 모임이었다. 다른 페미니스트 프로젝트는 초등학교 주차장, 요가 교실, 브리지 클럽에서 시작한다. 중요한 점은 사람들이 경험, 관찰, 가설을 공유하기 위해 함께 만난다는 것이다. 생각을 공유하고 선별함으로써, 여성의 일상적 삶을 더 큰 경제적·정치적 힘과 연결하는 "큰 그림"이 완성된다. 어떤 경우에는 정치적 운동이 태어나기도 한다.[15] 글로리아의 조사는 "나를"에서 "우리를"로 변하고, 마침내 (객체에서 주체로 중요한 변화를 만들어) "우리가"로 진화한다. 이는 *우리*를 위해 만들어진 법률에 의해 우리의 일상적 경험이 구성되고, 만약 그 법률이 우리를 형편없이 대우하면 우리가 그것을 바꿀 수 있다는 사실을 깨닫게 해준다.

↘ 토론을 위한 질문

1. 페미니스트 방법론은 "규칙이 전제하는 젠더적 함의를 인식하기 위해 법률의 표면 아래를" 살펴볼 것을 요구한다.[16] 다양한 저자들은 (매 맞는 아내가 가해자에게 대항할 때 전통적인 관점에서 그 침해가 "현재적"이지 않다는 이유로 방어를 허용하지 않는) 정당방위 법리나 (성적 괴롭힘 피해자의 이전 직장의 성관계를 증거로 인정함으로써 남성적 규범을 반영하는) 증거 법칙과 같이 겉으로 보기에는 중립적인 법적 기준에 페미니스트 방법론을 적용해왔다. 법학자들은 페미니스트 원칙을 사용하여 불법행위법, 계약법, 증거 및 형사 절차와 같은 영역에서 실질적인 규칙을 크게 바꿀 수 있다고 주장해왔다. 만약 미국 헌법에 페미니스트 법학 방법론을 적용한다면, 헌법 조문이나 해석이 달라질 것인가?[17]

2. 페미니스트 법학 방법론은 의사 결정에서 반드시 편향을 제거하는가, 아니면 의사 결정자 각자가 다른 삶의 경험을 가질 것이 요구되는가? 이메일을 통해 동료 노동자에게 성적으로 노골적인 농담을 반복하거나 *스포츠 일러스트레이티드* 잡지의 수영복 달력을 책상 근처 벽에 붙여놓은 사무직 남자 직원의 상황을 상정해보자. 그 직원은 성적 괴롭힘으로 고소당할 위험을 부담하는가 아니면 그는 표현의 자유로 방어할 수 있는가?[18] 만약 판사가 이 상황에 대해서 "여성 문제를 묻거나" 그에 대한 의식 고양 원칙을 적용한다면, 그 판사는 성적 괴롭힘의 책임에 대해 수정헌법 제1조에 따른 방어를 인정할 수 있겠는가?

　　이 방법들은 실제로 판사들에게 유용하고 그들에 의해 사용되는가 아니면 페미니스트 법학 방법론 전략은 먼저 페미니스트 원칙을 따르는 사람일 때만 도움이 되는가? 페미니즘에 대한 믿음이 성별에 따라 깔끔하게 나누어지지 않는다 해도, 사법부의 젠더 구성을 고려하는 것은 중요하다. 연방 판사들 가운데, 연방 대법원 대법관 중 오직 3분의 1만이(9명 중 3명), 연방 항소법원 판사 중 3분의 1만이, 그리고 연방 지방법원 판사 중 4분의 1만이 여성이다.[19] 페미니스트가 아닌 의사 결정자들이 페미니스트 방법론을 사용하도록 설득될 수 있겠는가?

3장

직장, 임금, 그리고 복지

2013년 기준, 백인 남성들이 받는 주급의 중앙값은 885달러였고, 백인 여성들의 주급 중앙값은 위 금액의 81%인 718달러였다. 흑인 여성들의 주급 중앙값은 백인 남성 기준 68%에 해당하는 610달러였고, 히스패닉 여성들의 주급 중앙값은 백인 남성 기준 62%인 549달러였다.

– 미국 노동부, "2013년 2분기 주급 중앙값 조사"

2012년, 배심원들은 새크라멘토에서 전담 간호사(PA)로 근무하던 애니 초푸리안이 단독 원고로서 머시 제너럴 병원을 상대로 제기한 성희롱 및 보복행위에 대한 소송에서 1억 6천 8백만 달러의 배상금을 선고했다. 원고는 의사들이 원고 및 환자들에 관한 상스러운 성적 농담을 주고받으며, 원고의 엉덩이를 툭툭 건드리고 끌어당겨 무릎에 앉혔다고 주장했다. 피고 병원은 원고가 성희롱 사실을 신고한 지 1주일 만에 원고를 해고했다.

– 엔졸리 프랜시스, "1억 6천 8백만 달러의 보상금이 선고된 캘리포니아 성희롱 관련 소송"

연구에 따르면, 전체 여성의 3분의 1가량이 직장 내 성희롱을 경험했음에도 불구하고 그 중 5~15%의 여성들만이 상관에게 성희롱 사실을 보고한 것으로 밝혀졌다.

― 아우튼 & 골든 LLP 성희롱 팀, "직장 내 성희롱"

2012년 기준, 남성 직장인의 11%만이 가족의료휴가법(Family Medical Leave Act)에 따른 휴직을 신청했다. 그중 63%는 개인 건강상의 이유로 휴직을 신청했고, 단 22%만이 신생아, 신규 입양아 또는 위탁 아동을 돌보기 위해 휴직을 신청한 것으로 나타났다.

― 미국 노동부, "2012년 가족의료휴가법"

□ □ □

    2012년, 미국 회계감사원(Government Accountability Office: GAO)은 지난 10여 년간 여러 분야의 정규직 매니저 직급의 연봉 변화에 대해 검토했다. 여성 매니저가 남성 매니저와 동일한 급여를 받고 있는 산업군은 존재하지 않았다. 평균적으로 여성은 동등한 능력의 남성이 1달러를 벌 때 81센트를 벌었으며, 2000년 이후 임금격차는 1달러당 약 2센트 정도만 감소했다.[1] 그러나 이러한 격차 감소마저도 모든 영역에서 고르게 나타난 것은 아니었다. 회사를 다니며 아이를 키우는 '워킹맘'들은 '워킹대디'들이 1달러를 벌어들일 때, 여전히 79센트밖에 벌지 못한다. 평생에 걸친 성별에 따른 수입 격차는 막대하며, 여성들은 평균적으로 동일한 직업에 종사하는 남성들에 비해 40여 년 동안 43만 4천 달러 상당의 금액을 잃게 되는 셈이다. (임금격차 범위는 고교 졸업장을 취득하지 못한 여성들의 경우 27만 달러부터 학사학위 이상을 수료한 여성의 경우 71만 3천 달러 이상까지 벌어진다.)[2] 많은 사람들이 이러한 불평등의 이유를 설명해보려고 시도했지만 그 누구도 성공하지 못했다. 미국 회계감사원 보고서는 (교육 수준부터 기타 가계 수입, 경력 단절 기간 등에 이르기까지) 여러 요인들을 통제했으나, 여전히 남녀 간에는 딱히 이유를 찾기 어려운 23% 정도의 성별에 따른 격차가 나타났다.³ 이 장에서는 무엇 때문에 성별에 따른 임금 격차가 끊임없이 지속되고 있는지에 대해 살펴보고 고용차별법의 기본적인 구조와 성희롱 현상, 일과 가정의 균형 있는 양립의 어려움, 최근 논의되고 있는 생활임금 문제에 대해 살펴보고자 한다.

역사적으로 직장 내 차별에 저항했던 대다수의 사람들은 여성들은 특정 직역을 수행할 능력이 없다는 허무맹랑한 믿음이 틀렸음을 드러내는 전략을 취해왔다. 1873년, 마이라 브래드웰은 기혼 여성은 "수줍음과 섬세함"으로 인해 일리노이 주 내에서 변호사로 활동할 수 없다는 근거 없는 믿음에 격렬하게 맞서 싸웠지만 성공을 거두지는 못했다. 약 100년 후, 샐리 리드는 남성이 여성보다 더 나은 사업가적 기질을 가지고 있다는 편견을 무너뜨리며 재산 관리인으로 남성을 우선하는 법률에 대한 문제 제기에 성공했다. 1973년, 섀런 프론티에로는 남성 장교에게 경제적으로 의존하고 있는 여성 배우자는 군인 복지 혜택을 받지만 동등한 자격을 갖춘 여성 장교의 남성 배우자는 수혜자가 되지 못하는 군인 복지 프로그램의 부당함을 주장하며 연방 대법원을 설득했다. 연방 대법원은 계속해서 여성과 여성의 능력에 대한 그릇된 고정관념을 거부하는 입장을 고수했다. 근본적인 성별 차이가 실재로 존재하는 경우에는, 차별을 문제 삼는 것이 더욱 어려워진다. 페미니스트들은 위와 같은 여러 사건을 통해 성차가 존재하지 않는다고 주장하기보다는 설령 성차가 존재한다고 하더라도 이는 여성에게 남성보다 더 불리한 부담을 지울 근거가 될 수 없다는 주장을 펼치는 전략을 취했다.

직장 내 차별의 정의

민권법 타이틀 VII의 역사

1964년 민권법 타이틀 VII(Title VII of Civil Rights Act of 1964)은 성별에 따른 고용 차별에 대해 언급하고 있는 주된 연방법이다. 이 법은 "고용주가 근로자 개인의 인종, 피부색, 성별 또는 국적에 기하여 그의 임금, 근로 기간, 근로조건, 또는 기타 혜택에 대해 차별을 할 경우 … 그러한 고용 관계는 위법하다"라고 규정하고 있다.[4]

민권법 타이틀 VII이 처음으로 심의된 1963년 여름에는 성별에 따른 차별의 금지를 포함하고 있지 않았다. 많은 이익 단체들이 성별을 이 법의 보호 범위에 포함시키려고 노력했으나 실패했다. 그러나 보수 성향의 버지니아 주민주당 하원의원, 하워드 스미스가 이 법에 대해 토론하는 마지막 날에 이르러 "성별"을 포함할 것을 제안했다. (하워드 스미스는 평등권 수정헌법안의 지지자였으나, 민권법 타이틀 VII의 인종차별 조항에 대해서는 반대를 표했다.)[5] 민권법 타이틀 VII는 성별을 추가하여 통과되었고 존슨 대통령이 서명했다.

미국 고용기회평등위원회(Equal Employment Opportunity Commission: EEOC)는 민권법 타이틀 VII에 관한 정책을 도입하고 실행하는 연방 기구로 자리매김했다. 초기에 EEOC는 민권법 타이틀 VII의 목적이 인종차별을 철폐하는 데 있다고 보았다. 실제로 EEOC의 초대 위원장인 허만 에델스버그는 성별 관련 조항은 '서자(庶子)'나 다름없는 '곁가지'라 언급하기도 했다.[6]

EEOC가 성차별에 대해 그다지 심각하게 여기지 않았기 때문에 고용주들은 여성의 고용 및 진급과 관련하여 기존의 입장을 변경하지 않았다. 1960년대와 1970년대 초, 전미여성기구(NOW)는 EEOC에 대해 민권법 타이틀 VII을 적용하라고 강력히 요구했다. NOW의 구성원들은 신문사에 대해 성별을 특정하여 "인력 구함"이라 표기하는 구인 광고를 싣지 말 것을 요구하는 시위를 했고, 무거운 것을 드는 일이 필요한 직역에서 여성 고용을 배제하는 정책을 가진 회사들에 대해 처음으로 소송을 제기했으며, EEOC에 대해 공개적으로 공식적인 고용 관련 지침 및 개별 소송 관련 기준을 수립할 것을 요청했다. 1972년, EEOC는 마침내 관련 규정을 제정했다.[7]

위 규정들을 바탕으로 여성들과 남성들은 연방법원에 대해 불만을 토로하기 시작했다. 1970년대 차별 관련 소송의 대다수는 여성이 건설 인력이나 교도관 또는 경찰로 고용될 수 있는지, 남성이 간호사, 승무원, 접수원으로 고용될 수 있는지 등과 같이 주로 고용과 관련된 문제였다. 1980년대 차별 관련 소송은 승진과 해고에 관한 문제로 전환되었다. 1990년대 및 2000년대 초 직장 관련 소송에서는 고용조건에 관한 문제 제기가 있었고, 특히 성희롱 관련 소송이 폭주했다.

민권법 타이틀 VII에 근거한 소송

민권법 타이틀 VII은 두 가지 유형의 차별을 언급하고 있다. 하나는 차별적 대우(disparate treatment)에 관한 것이고, 다른 하나는 차별적 효과(disparate impact)에 관한 것이다. 차별적 대우에 관련된 소송의 원고는 반드시 고용주가 의도적으로 성별에 근거하여 다른 동료들에 비해 자신을 덜 우호적으로 대우했음을 입증해야 한다. 원고는 직접증거(예를 들어, 상관이 "젊은 여성들은 애를 갖고 일을 소홀히 할 것이다"라고 말하면서 젊은 여성을 고용하기 꺼린 경우) 또는 정황증거(예를 들어, 자질을 갖춘 여성이 "항만 하역" 직에 지원했으나 채용되지 않았고, 고용주는 계속해서 그 직역에 적합한 다른 지원자를 찾고 있는 경우)를 통해 차별 의도를 입증할 수 있다.

차별적 효과 관련 소송의 원고는 표면상 중립적으로 보이는 고용 관행이 특정 집단에게만 특별히 불이익한 영향을 끼친다는 점을 입증해야 한다. 차별적 효과 관련 소송의 원고는 차별 행위가 의도적으로 행하여졌음을 입증할 의무는 없으나 반드시 외형상 중립적으로 보이는 고용 관행이 결과적인 불평 등을 초래했음(고용 관행상 원고가 속한 집단에 영향을 미칠 만한 통계적으로 유의미한 차이의 존재 등)을 입증해야 한다. 예를 들어, 원고 측은 고용주가 설정한 근로자의 최소 신장 또는 체중 조건 등으로 인해 여성들이 해당 채용 기회를 얻기 힘들었다는 등의 사실을 제시할 수 있다.

이후 고용주에게는 원고의 주장에 대해 답변을 할 기회가 주어진다. 차별적인 대우에 관련된 소송의 경우, 고용주는 성별이, 변호사들이 "BFOQ"라 약칭하는 해당 업무에 있어 필수 불가결한 "진정직업자격(Bona Fide Occupational Qualification: BFOQ)"임을 입증하여 소송에서 스스로를 변호할 수 있다. 차별적 효과 관련 소송에서 고용주는 소송상 원고가 문제를 삼은 중립적인 관행이 업무를 성공적으로 수행하기 위해 "직무상 필요"한 것임을 입증해야 한다. 연방 대법원은 BFOQ는 구차한 변명에 불과해서는 안 되며, "사업 운영의 근본이 저해될 경우에만 유효하게 인정된다"고 판시했다. 쉬운 예로 공항 내 여성 여행객들의 몸 수색을 하는 공항 보안요원은 여성이어야 한다거나 드라마에서 남성 역할은 남성 배우가 맡는 것 등을 들 수 있다. 이와 유사하게 법원은 다른 근거 없이 오로지 고객들의 편견에 근거한 BFOQ 주장은 받아들이지 않았다. 항공사는 항공 승무원 채용에 있어서, 일부 승객들의 희망사항이 반영된 것일지라도 승무원들을 젊고 생기발랄한 여성들로만 구성해서는 안 된다.

이와 마찬가지로 로펌의 경우에도 자신감이 넘쳐 보이는 조각 같은 외모의 남성들만 고용해서는 안 된다. 그러나 업무상의 필요에 있어서 정말 필수 불가결한지 아닌지 경계를 명확히 구분 짓는 것은 생각보다 쉽지 않다. TV 방송사가 뉴스 앵커 팀은 남성과 여성 각 한 명으로 구성해야 한다고 주장하는 것은 어떠한가? 환자의 요청이 있을 경우, 여성 노인의 간병인은 같은 여성이어야만 한다는 요양원의 규칙은 어떠한가? 연방법원은 과거 차별 관련 사건에서 이 두 가지 사유를 모두 받아들였다.[8] 1977년 *Dothard v. Rawlinson*

(도싸드 대 로린슨) 사건[9]에서 연방 대법원은 경비가 가장 삼엄한 남성 전용 교도소의 경우, 여성 교도관에 대한 성폭력으로 인해 교도소 안전이 저해될 위험이 있기 때문에 죄수들을 대면하는 교도관의 경우 여성 고용을 거부할 수 있다고 판시했다.

맥락이 조금 다른 사건에서도 성별과 업무 수행 간 연관성이 문제된다. 연방 대법원은 UAW v. Johnson Controls(전미자동차노조 대 존슨 콘트롤즈) 사건[10]에서 배터리 제조업체는 납에 노출되면 태아 발육에 해를 입힐 수 있다는 이유만으로 가임기 여성을 공장의 특정 영역 근무에서 배제시킬 수 없다고 판시했다. 법원은 가임기 근로자나 비가임기 근로자 모두 동등하게 배터리를 생산할 능력을 보유하고 있고, "태아 보호 정책" 자체가 임신한 여성 근로자를 납에 노출된 업무에서 배제시킬 수 있는 합법적인 근거가 되지 못한다고 판시했다. 1997년, 후터스 식당은 종업원으로 여성들만 고용한 것에 대해 집단소송을 제기한 원고들과의 분쟁 조정을 위해 375만 달러를 지급했다. 조정과정에서 후터스는 남성과 여성 모두를 고용할 수 있는 호스트 또는 바텐더 등의 직역을 새로 도입하는 한 서빙 종업원에 한해서는 (육감적이고 노출이 심한 의상을 입은) 여성들만을 고용할 수 있게 되었다. 그 후 2009년에 유사한 분쟁 조정이 있었음에도 불구하고, "후터스의 남성 서빙 종업원" 채용 공고는 없었다.[11] 의료 분야에서는 남성 산부인과 의사가 모두 여성 의사로 구성된 병원에 대해 자신이 남성이고, 환자들이 남성 의사를 선호하지 않는다는 이유로 영리 병원의 주주로 지정되지 못한 것은 부당하다는 소송을 제기했다. 이런 이유는 설득력을 가지는가? 그렇다면 상담사로 여성을 고집하는 가정폭력 쉼터의 경우는 어떠한가? 동등대우 이론에 따르는 경우, 이와 같은 관행을 받아들이기 힘들 것이다. 반대로, 문화 페미니스트들은 앞서 설명한 제한을 용납할 것이다. 지배 이론을 주장하는 이들은 어떨까?

대부분의 차별 관련 소송들은 자신들의 직장 내에서의 경험이 다른 직원들과 다르다는 것을 알고 있는 (혹은 최소한 다를 것이라 의심을 하는) 원고들에

의해 제기된다. 그러나 스스로가 차별받고 있다는 사실을 알지 못하는 직원
의 경우는 어떻게 해야 하는가? 임금과 관련된 사건에서 바로 이런 상황이
문제가 된다.

고용주가 다른 사람들이 얼마의 임금을 받고 있는지에 대한 정보를 공개
하기 이전에 개별 근로자는 자신이 동료보다 저임금을 받고 있다는 사실을
알 길이 없다. (개별 주와 연방이 고용주인 경우에는 일반적으로 임금 내역을 공시해
야 하지만, 대다수의 사기업은 임금 내역을 공시하지 않고 있다.) 이것이 바로 앨라
배마 주 개즈던에 위치한 굿이어 타이어 공장에서 감독직으로 근무했던 릴리
레드베터가 1979년 입사 이래 1998년 퇴임하기 전까지 겪었던 일이다.[12] 레
드베터가 처음 고용되었을 당시 그녀의 임금은 동일한 책임을 가진 남성 직
원들의 임금과 동일했다. 그러나 시간이 지나자 그녀의 임금은 남성 동료들
에 비해 낮아지기 시작했다. 문제는 그 당시 레드베터는 이러한 차별을 알지
못했다는 것이다. 퇴직할 무렵 그녀는 모두 남성이었던 동급의 다른 매니저
에 비해 현저히 낮은 급여를 받고 있었다. 퇴직 이후, 레드베터는 이 사실을
알게 되었고, 민권법 타이틀 VII에 근거한 소송을 제기했다. 그녀가 제기한
소송은 결국 연방 대법원까지 갔지만, 법에서 규정하는 제소 기간인 180일이
지났기 때문에 임금 차별이라는 주장을 할 수 없었다. 이 판결에서는 레드베
터가 그동안 차별받고 있다는 사실을 알지 못했다거나 그녀의 마지막 급여는
최초로 임금격차가 발생한때부터의 차별이 누적되어 산정되었다는 사실이
고려되지 않았다.

이 판결은 2008년 대선의 주요 쟁점이 되어 당시 대선 후보인 버락 오바마
는 관련 법을 개정할 것을 공약으로 내세웠고, 다른 후보인 존 매케인은 그에
반대했다. 2009년, 릴리 레드베터 공정임금법(Lilly Ledbetter Fair Pay Act)이 의
회에서 통과되고 오바마 대통령이 이에 서명하여 원고는 180일의 제소 기간
을 도과한 임금이라도 해당 임금이 최근의 임금격차와 관련이 되어 있고, 기
타 불평등을 초래하는 한 임금 관련 소송을 제기할 수 있도록 민권법 타이틀

VII을 개정했다. 2014년 오바마 대통령은 연방정부와 계약관계에 있는 업체의 경우 임금 정보를 연방정부에 보고하도록 하고, 임직원이 임금 정보를 동료 직원에게 공개한 것에 대해 보복 조치를 하지 못하도록 하는 2건의 행정 명령에 서명했다.

임신, 출산휴가 및 일과 가정 양립의 갈등

성별에 따른 신체적 차이와 문화적 차이를 처리하는 방식은 임직원들의 화합에 주된 장애물이 된다. 여성과 남성 사이에는 물론 어느 정도 차이가 *존재한다*. 신체적으로 여성만 자녀를 잉태하고 출산한다. (우리 삶 속에서 이러한 생물학적인 현실이 달라질 가능성은 없는 듯하다.) 또한 평균적으로 (물론 예외도 존재지만) 성인 여성은 성인 남성에 비해 체구가 작은 경향을 띤다. 문화적인 측면에서 여성은 지속적으로 육아와 가사의 상당 부분을 부담하고 있다. 물론 이러한 노동의 분담이 변하고 있긴 하지만, 모든 곳에서 변화가 일어나는 것은 아니며, 일반적으로 변화의 속도 또한 매우 느린 편이다. 법학자들은 차별금지법이 남성과 여성 간의 신체 및 사회적 차이에 대해 어느 정도 범위까지를 고려해야 하는지에 대해 일치된 의견을 갖고 있지 않다. 평균 신장 또는 육아 의무와 관련해서 법이 어떤 경우 차이를 인정해야 하는 걸까? 법은 어떠한 경우에 모든 사람을 정확히 똑같게 취급해야 하는 것일까? 달리 말하면, 어떤 경우 다름이 곧 차이를 만들어내는 것일까?

문화 페미니스트들은 여성들이 가사와 육아 같은 돌봄에 헌신했기 때문에 여성의 경제적 주변화가 초래되었을 수도 있다는 점을 강조했다. 그들은 보살핌 자체는 칭찬할 만한 대상이며, 여성을 직장으로 전적으로 통합시킬 해결책은 성별에 차이를 두지 않는 중립적인 원칙을 넘어선 것이어야 한다고 주장했다. 동등대우를 주장하는 페미니스트들은 여성들이 "이미 정해진 선호"를 가지고 직장에 가는 것은 아니라는 점을 주장하며, 고용주의 태도에 따라 여성이 선호하는 직종이 다르게 형성될 수 있다는 사실을 강조했다.[13] 동등대우를 지지하는 자들은 임신(또는 모유 수유나 육아)을 특별한 것으로 취급하는 것이, 곧 여성이 남성보다 강인하지 않다는 인상을 주는 것에 대해 우려한다. 일부 지배 이론을 주장하는 자들은 (현대의 인식 틀 자체를 바꾸려는) 불가능해 보이는 시도를 하기도 한다. 진짜 문제는 단순한 성차별주의를 초월하는 곳에 있다고 말한다. 그 문제는 바로 삶의 질에 대한 고려 없이 영혼이 잠식될 정도로 과도한 압박을 가하는 근대적 고용 방식이다. 그들은 별도의 파트너십 트랙이나 육아휴직과 같은 특별한 취급을 강요하기보다 모든 근로자에 대한 근로시간 단축 또는 일과 가정 양립의 갈등으로 인한 경력 단절에 대하여 실업 급여를 제공하는 법안을 마련하는 것 등 보다 구조적인 개혁을 추구한다.

이와 같은 논의의 한 갈래에서는 직장 내에서 임신이 어떻게 취급되어야 하는지를 중점적으로 논하고 있다. (특별한 취급 없이 임신을 다른 장애와 동일하게 취급해야 할지 아니면 특별히 취급해야 될지에 대한 논의이다.) 특별대우론자들과 동등대우론자 사이의 주요 토론 쟁점은 1987년 연방 대법원의 *California Federal Savings & Loan v. Guerra 사건*의 법적 분쟁에서 명확해졌다. 캘리포니아 주 법은 임신한 여성 근로자에게 특별한 대우를 제공하도록 했다. (특별한 대우란 4개월 이내의 임신으로 인한 무급 장애휴가 및 그 후 직장에 복귀할 권리를 일컫는다.) 그러나 남성에게는 이와 같은 출산 휴가가 인정되지 않았다. 이에 문제를 제기한 사람들은 임신차별금지법(Pregnancy Discrimination Act: PDA)은 민권법 타이틀 VII이 확장된 것으로, 고용주들이 임신을 다른 장애와 동등하게 대우하도록 강제하고 다르게 대우하지 못하도록 했다고 주장했으며, 해당 소송과 관련하여 페미니스트들이 양 당사자 측에서 각각 법정 조언자 의견을 표명했다.[14]

미국시민자유연합(ACLU), 여성유권자연맹(LWV), 전미여성기구(NOW), 그리고 미국국립여성법센터(NWLC)는 캘리포니아 주 법이 차별적인 보호주의적 입법을 했다고 주장했다.[15] 그들은 임신한 여성에게 해를 가하는 고정관념을 철폐하기 위해서는 임신이 기타 일시적인 장애와 동일한 방법으로 대우받아야 한다고 주장했다. 기타 페미니스트 단체는 임신이 여성에게만 해당되는 특별한 상황이고, 적절치 못한 휴가 정책은 남성들과 달리 임신 여성 근로자들에게만 출산을 할 권리와 직장 사이에 하나를 선택할 것을 강요하고 있음을 근거로 하여 캘리포니아 주 법안을 지지했다.[16] 연방 대법원은 궁극적으로 PDA가 장애에 대한 복지 혜택의 상한이 아닌 하한을 정한 것에 불과하다고 하면서 임신한 여성에 대한 특혜가 정당화될 수 있다고 판시했다. 연방 대법원은 "'캘리포니아 주의 임신장애휴가법은 '임신에 대한 고려로' 여성들뿐 아니라 남성들 역시 직장을 잃지 않고 가족을 유지할 수 있도록 도와주었다"고 판시했다.[17]

출산과 육아 문제가 일정 부분을 차지하는 일과 가정의 양립에 관한 갈등은 여전히 미국 가정과 이를 연구하는 페미니스트들의 골머리를 앓게 하고 있다. 이는 공적 영역과 사적 영역 사이의 갈등의 일부이기도 하다. 과거에는 법률을 통해 공적 영역과 사적 영역을 엄격히 구분해놓았다. 그러나 공사 영역을 구분하는 이데올로기는 여성을 가정으로 밀쳐내었고, 여성을 고등교육, 고용, 정치 등의 공적 영역에서 배제시키는 경향을 띠었다. 이러한 경향은 지금도 여전히 지속되고 있다. 법학 교수 조앤 윌리엄스는 "젠더 격차"라고 알려진 임금 차이는 그와 동등하게 중요한 "가족 구성원 격차(familly gap)" 문제를 숨기고 있었다고 언급했다.[18] 종전에 "마미 패널티"라 불리던 아이를 가진 여성과 일반 성인 간의 임금격차는 최근 "가족 구성원 격차"로 불리고 있다. 이와 같이 임금격차를 수치화함으로써 숨겨져 있던 가족 기여도와 차별 사이의 상관관계가 드러나게 된다. 아이가 없는 여성은 동등한 직역에 종사하는 남성에 비해 7% 정도 적은 임금을 받는 반면, 아이가 있는 여성과 동등 직역에 종사하는 남성 간 임금격차는 위의 세 배에 달한다. (이들 여성의 임금은 동등한 직역에 종사하는 남성에 비해 23% 더 적었다.)[19] 이는 직장 생활에서 중요한 시기에 (아빠들은 거의 해당되지 않으나) 많은 수의 엄마들이 직장 생활을 지속하지 못하기 때문이다. (대다수는 주 40시간 미만으로 일하거나 보다 시간적 유연성이 있는 직업을 택한다.)[20] 나아가 워킹맘들은 기본급이 낮은 편인데, 이는 그들이 임금보다는 복지로 임금을 대신하는 경우가 많기 때문이다.[21] 그러나 육아와 가사 노동과 같은 무급 업무를 모두 합하면, 공식적으로 고용이 되었는지 여부와 관계없이 여성들이 동일한 상황에 처한 남성보다 상당히 많은 시간 동안 더 일하는 것으로 나타났다.[22] 사실상 풀타임 워킹맘의 경우, 풀타임 워킹대디에 비해 육아에 50% 더 많은 시간을 할애하는 것으로 나타났다.[23] 미국 내 여성의 80% 정도가 엄마가 된다는 사실을 고려할 때,[24] 이 문제가 어느 방향을 향해 가는지 가늠해볼 수 있을 것이다.

나아가 출산은 배타적으로 여성에게만 해당되는 경험이지만 육아는 그렇지 않다. 실제로 2010년 기준, 18세 미만의 자녀를 혼자 키우는 한부모의 15%는 남성이었다.[25] 편부가 양육하고 있는 아이들은 건강보험을 보유하고 있을 확률이 더 낮다. 이는 편부가 택할 수 있는 직업 유형 때문이기도 하고, 편부를 대상으로 한 건강 교육 자료 프로그램이 더 적기 때문이기도 하다.[26] 전체적으로 미국 내 2백만 명 이상의 아동들을 편부 또는 남·남 커플이 양육하고 있다.[27] 그러므로 성별에 기한 노동시장이 대체로 여성에게 불리하게 작용하나 일부 "엄마와 같은" 역할을 하는 남성들 또한 고용 불평등과 저임금으로 인해 곤란을 겪고 있음을 알 수 있다.[28] 편부 사회운동가인 브라이언 테슬러는 미국공영라디오(NPR)와의 인터뷰를 통해 "편부들은 편모와 마찬가지로 차별을 직면하고 있으며, 여기에는 직장 내 차별도 포함된다"고 언급했다. 또한 그는 "엄마가 회사 내에서 회의에 참석 중이다가 갑자기 아이가 아프다는 연락을 받게 되면 아무도 놀라지 않지만 … 남성이 이러한 전화를 받고 자리를 뜨게 되면 사람들은 이내 '당신 부인은 어디 있는 거요?'라는 반응을 보인다"고 언급하기도 했다.[29]

2000년, 법학 교수 조앤 윌리엄스는 가정에서의 돌봄 역할과 관련하여 직장에서 받는 차별의 다양한 양상을 아우르는 "가족 돌봄으로 인한 차별(Family Responsibilities Discriminations: FRD)"이라는 매우 중요한 이론을 설시했다.[30] 고용주들은 "가족에 대한 책임과 관련하여 … 고정관념에 따라 인사 결정을 내리기 때문에" 어린아이를 가진 부모나 배우자 또는 노부모를 돌봐야 하는 직원들에 대해 불이익한 조치를 취할 수도 있다.[31] 직장 내에서 여성은 "유리천장"을 맞닥뜨릴 뿐 아니라, "육아 장벽"에 부딪히고 있다.[32] 일과생활 법률센터(Center for Worklife Law: CWL)는 17개의 서로 다른 이론에 기반을 둔 2,600건 이상의 FRD 사건을 데이터베이스화해서 분리했으며, 여기에는 연방(민권법 타이틀 VII, 동일임금법, 근로자퇴직소득보장법)과 주의 차별금지법부터 판례법에 근거한 사건들이 포함되어 있다.[33] FRD 사건은 매우 성공적이었으며, "그 성공률은 대략 일반적인 연방 고용 차별금지 사건에서 원고가 승소할 확률의 약 두 배에 달했다".[34]

FRD 소송과 같이 일과 가정이 양립하는 갈등 문제를 해결하기 위해서는 분리시킨 공적 영역과 사적 영역을 다시 이어줄 필요가 있다. 예를 들어, 가족들은 가사 분담에 있어서 아빠들이 파트타임을 더 하거나 엄마들이 회사의 중역에 더 도전하는 것과 같이 보다 큰 공평을 기할 여지가 있다. (주로 성평등이라는 공적 가치를 우리의 사적인 영역에 주입하는) 이러한 아이디어들은 매우 호소력이 있으나, 법제화하기에는 다소 어려움이 있다. 우리 전통적 법체계는 주로 가족 문제에 정부가 개입하는 것을 선호하지 않았기 때문이다.

두 번째 접근은 고용주들을 보다 "가족 친화적"으로 만드는 것으로, 사적인 가족적 가치를 공적인 직장에 주입시키는 것이다. 이러한 아이디어는 법을 통해 실천하기에 보다 용이한데, 이는 의류 공장 노동자들을 위한 초과근무 수당을 비롯해 사무실 공기청정 기준에 이르기까지 직장 관련 규제는 기존에도 강력히 존재해왔기 때문이다. 의회는 고용주들을 보다 가족 친화적으로 만들기 위한 노력의 일환으로 1993년 가족의료휴가법(FMLA)을 제정했다. FMLA는 (50명 이상의 직원들이 있는) 대형 업체의 경우, 출생 후 12개월 미만의 신생아를 돌보거나 입양 또는 위탁 자녀의 돌봄, 가족 돌봄, 혹은 근로자 개인의 중대한 건강상의 필요에 의해 남성과 여성 근로자 모두 12주 이내의 무급 휴가를 허락할 것을 규정했다.[35] FMLA는 대다수의 근로자에 영향을 미치지 못했다. (실제로 미국 내 근로자 전체의 절반 정도가 FMLA의 적용을 받는 회사에서 근무했지만, 가계 수입이 2,000달러 미만인 가구 중에서는 40% 미만이 FMLA의 적용을 받는 회사에서 근무했다.)[36] 이 법의 적용을 받는 근로자라 하더라도 휴가를 사용하지 않았다. "미국 노동부는 FMLA의 적용을 받는 근로자 중 3.2%에서 17.1% 사이의 근로자만이 휴가를 사용했다고 밝혔다. 휴가가 필요했으나 사용하지 않은 근로자 중 78%는 여력이 되지 않아 사용할 수 없었다고 밝혔다."[37] FMLA에 대한 비판 중 하나는 휴가 자체가 무급이라는 점이며, 이 때문에 FMLA 휴가를 사용하는 남성의 대부분은 가족의 필요에 의한 것이 아닌 본인의 건강상의 이유로 휴가를 사용하게 된다.[38] 따라서 남성에 비해 여성이 유아기가 지난 자녀를 돌보기 위해 FMLA 휴가를 현저히 높게 사용하고 있음을 알 수 있다.[39] 이는 FMLA가 가족 돌봄에 있어 동등한 의무를 이행하기에 불충분하다는 점을 시사한다. 이와 달리 대다수의 다른 산업화된 국가들은 엄마와 아빠 모두에게 평균적으로 36주의 유급 육아휴직을 제공한다.[40] 이러한 국가들에서는 3년 이상의 무급 또는 일정 부분만 유급인 휴직을 제공하는 것이 드문 일이 아니다.[41]

법정에서의 페미니스트 법 이론

페미니스트 법 이론은 고용 관련 소송으로부터 큰 영향을 받았다. 법여성학은 굵직한 사건을 변호하고 차별금지법안을 제정하는 인권 변호사 및 입법자들의 전략의 틀을 형성했을 뿐 아니라, 보다 덜 형식적이고 더 협조적인 분쟁 해결 방식인 "대체적 분쟁 해결(Alternative Dispute Resolution: ADR)" 활용을 촉진시키기도 했다. 페미니스트 이론의 가장 큰 공은 아마도 우리에게 익숙한 정형적 생각들이 실은 경제적 억압이라는 조건에서 형성되어 이로부터 자유롭지 않다는 점을 보여준 것이다. 종전에는 남녀 간의 생물학적 차이라고 여겨지던 것들이 실제로는 사회적으로 만들어진 성역할이었던 것이다.

고용에 있어서 역할의 고정관념을 잘 드러낸 미국 연방 대법원의 기념비적인 사건은 *Price Waterhouse v. Hopkins(프라이스 워터하우스 대 홉킨스) 사건*[42]이다. 앤 홉킨스는 대형 회계법인인 프라이스 워터하우스로부터 파트너십 인정을 거부당했다. 그녀는 사내에서 최고의 "거물급 영업 실적 보유자"였음에도 불구하고, 일부 파트너십 결정권자인 임원들이 그녀의 복장과 품행을 문제로 삼았다. 그중 한 임원은 홉킨스는 너무 "마초적 성향"을 띠고 있고, "과도하게 호전적"이므로 "숙녀 수업"을 받아야 한다고 언급하기도 했다. 다른 임원은 홉킨스는 "상스러운 언행을 일삼는 여자"라며 우려를 표명하기도 했다. 홉킨스를 지지하는 사람들은 그녀에게 "좀 더 여성스럽게 걷고, 복장도 더 여성스럽게 갖추고, 화장도 하고 스타일도 다듬고, 장신구도 착용하라"는 조언을 했다.

연방 대법원은 프라이스 워터하우스가 홉킨스의 파트너십을 거절하는 과정에서 성별에 관련된 사항을 언급하여 민권법 타이틀 VII을 위반했다는 판결을 했으며, 이는 성별에 관한 고정관념이 곧 성별에 근거한 차별의 한 유형으로 인정될 수 있음을 인정한 최초의 판결이었다. 사실 *Price Waterhouse 사건*에서는 비교적 쉽게 가시적인 성차별을 인정할 수 있었다. (홉킨스의 파트너십 관련 파일에 그녀가 성적 고정관념을 따르지 못했다는 언급이 명시적으로 드러나 있었기 때문이다.) 그러나 대부분의 사건에서 차별은 그 양상이 불분명하기 때문에 실제로 차별 사실을 입증하기가 더 어렵다. 남자답지 못하다는 이유로 동료들에게 저속한 야유 섞인 모욕을 받고 장난을 가장한 거친 몸싸움 공격을 받는 항만 노역자나, 금 귀걸이를 하고 다니는 여성적인 남자 초등학교 교사같이 충분히 "남자답지" 못한 남성 근로자가 그 한 예이다.[43] 다른 예로는 직장 밖에서의 연애사로 인해 비방과 모욕, 그 이상의 고역을 감내하는 게이와 레즈비언의 문제도 있으며, 보수적인 시청자들에게 보다 더 어필할 수 있도록 "여성적인 느낌"의 블라우스를 입을 것을 종용받는 TV 뉴스 리포터 문제와 같은 경우도 있다.[44] 기대되는 성역할을 따르지 않는 직원들에게 큰 상처를 주는 (당신은 도대체 "야망이 있긴 한가?"와 같은) 눈총과 제스처, 은어들을 떠올려보라.

비록 법학자들이 고용에 관한 사회적 고정관념의 일부 유형을 드러내고 바로잡는 데 진전을 보이긴 했지만, 다른 문제들이 여전히 남아 있다. 고용주들은 사업상 이미지를 위해 성별에 특화된 의상 및 옷차림을 요구할 수 있다. (예를 들면, 여성에게 화장을 할 것을 요구한다거나 남성에게 머리 길이의 제한을 둘 수도 있다.) 법원은 민권법 타이틀 VII이 사회가 용인할 수 있는 복장 기준을 변화시킬 의도를 가지고 제정된 것이 아니라는 점을 명시적으로 판시했다. 의상은 단순히 개인적 표현에 관한 선호의 문제에 불과할 뿐 자율성 또는 평등권의 문제는 아니라고 보았다. 이러한 아이디어는 "치마를 입는 남성을 직장에서 배제하는 것이, 곧 여성을 낮추는 것은 아니다"라는 것이다.[45] 그러나 이와 같은 개념은 애초에 남성과 여성 모두를 억압하는 것이다. 복장 규정과 관련하여 성차별이 문제된 사건 중 가장 유명한 판례는 *Jespersen v. Harrah's Operating Co.*(제스퍼슨 대 하라스 오퍼레이팅 컴퍼니) 사건이다. 해당 사건의 당사자는 여성 바텐더로 매일 머리를 꾸미고, 네일 매니큐어를 하고, 화장을 하도록("파운데이션, 컨실러 및/또는 파우더와 더불어 블러셔와 마스카라 … 그리고 …립스틱…을 항시 바르도록) 정한 고용주의 복장 규정을 준수하지 않아 해고되었다.[46] 법원은 "고용주의 성별에 차이를 둔 복장, 화장 또는 품행 규칙은 변경할 수 없는 특성에 기반을 둔 차별이 아니며, … 고용주가 양성 모두에게 동일하게 [품행유지 의무를 부담시키는 한 … 원고의 주장은 민권법 타이틀 VII의 보호 범위에 포함되지 아니하므로" 원고는 법적 구제의 대상이 되지 않는다고 보았다.[47] 이 부분에서 법원은 "불평등한 부담" 기준을 적용해서 청구인에게 부과된 부담이 남성에 부과된 부담에 비해 더 무겁지 않다고 판단했다. 실제로 해당 사건에서 남성 직원들에게는 면도를 하고 머리 길이를 어깨선 위로 유지해야 한다는 의무가 부과되었으나, 여성 직원에게는 그와 같은 의무가 부과되지 않았다.[48] *Jespersen 사건*의 다수 의견은 여성에게 부과된 화장을 할 의무에 관한 시간적·재정적·감정적 비용에 대한 사실인정을 거부했다. 코진스키 판사는 매우 심도 깊은 반대 의견을 통해 과학적 지식을 갖춘 화장품 전문가가 증명할 수 있는 증거를 제시할 수 있어야 한다는 견해에 반박했다.

제스퍼슨이 화장품을 사는 데 어느 정도의 비용이 소요되었는지 그리고 화장을 하기까지 얼마만큼의 시간이 소요되었는지에 관해 입증하는 데 실패한 것은 사실이다. 그러나 화장을 하는 데 돈과 시간이 소요된다는 사실 자체에 의심의 여지가 있는가? 하라 코퍼레이션은 여성 직원들로 하여금 파우더, 블러셔, 마스카라와 립스틱을 사용하도록 하는 정책을 취하고 있다. 그러한 아이템을 무상으로 얻을 수 없다는 점을 입증하는 데 전문가 증인의 도움을 얻을 필요는 없을 것이다. 또한 화장 자체가 매우 정교하고 시간을 많이 소모하는 과정이라는 점에 관해 의심의 여지가 없을 것이다.

화장을 하지 않는 우리 같은 사람들도 화장을 하고 있는 사람을 기다리면서 자꾸만 손목시계를 쳐다보고 초조하게 발을 동동 구르는 데만 족히 수백 시간은 썼으니, 화장을 하는 데 시간이 얼마나 오래 걸리는지 잘 알고 있다. 여성이 "화장을 하는 것"이 남성의 면도에 소요되는 시간과 동일할 것이라 상상하기는 어렵다. (아마 하라 코퍼레이션 측의 기대 요구에 상응하여 공을 들여 화장을 해야 하는 경우에는 더욱 그럴 것이다.)[49]

이와 유사하게 네바다 주 연방법원은 차별적인 요소가 있다는 반대 의견에도 불구하고, 지역 카지노 업체가 여성 카지노 딜러가 바비 인형과 얼마나 닮았는지를 보고 채용하는 것에 문제가 없다고 보았다.[50] 복장에 관한 성적 고정관념은 남성에게도 불리하게 작용했다. 예를 들어, 어떤 남성 바텐더는 업무 시간에 귀걸이를 하고 있다는 이유로 해고되었는데, 여성 바텐더들은 귀걸이를 하는 것이 허용되었다.[51] 원고는 고용주로부터 "사업가들은 … 바 뒤에서 일하는 남성이 귀걸이를 하고 있는 것을 보기를 원하지 않는다"는 말을 들었다고 전했다.[52] 고용주들은 직원들에게 고정관념에 따른 행동을 요구하고 있지는 않지만, 여전히 고정관념에 따른 외양을 요구하고 있을지도 모른다. 법원은 복장 규정 자체를 직장 내 양성평등 기회와 관련된 것으로 인식하기보다는 고용주가 사업 운영과 관련하여 갖는 권리에 관한 것으로 간주했다.[53]

귀걸이는 제거할 수도 있고 립글로스는 바르거나 바르지 않을 수 있으므로 위 사례는 가변적인 특성에 중점을 둔 사건이었다. 보다 문제가 되는 것은 가슴 사이즈나 미모와 같이 주로 변경할 수 없는 특성에 근거한 성별에 따른 고정관념을 따르거나 따르지 못하여 해고가 되는 사례들이다. 이는 이론적으로는 남녀 누구에게나 문제될 수 있지만 외모로 인해 해고를 당하는 여성의 사례는 극도로 많은 반면에 유사한 남성의 사례는 없다. 2012년, *Nelson v. Knight*(넬슨 대 나이트) 사건에서 아이오와 주 대법원은 남성 치과의사가 자신과 함께 10년 동안 일해온 자녀가 있는 기혼 여성 치위생사를 해고하지 않으면 그녀와 불륜에 빠질 위험이 있다는 이유로 직장에서 해고시킨 것이 정당하다는 판결을 했다.[54] 원고는 자신에 대한 해고는 성별에 "기한" 것이라고 이의를 제기했음에도 불구하고, 법원은 그녀가 상사와 기꺼이 오해를 살 만한 연락을 주고받았다면 그녀에 대한 해고는 허용 가능하다고 보았다. 고용주와 근로자 간의 자발적인 관계가 제3자의 질투심을 유발했다는 이유로 근로자를 해고하는 것은, 설령 그 근로자가 여성이었기 때문에 발생하게 된 상황이라 하더라도 성별에 근거한 차별을 행한 것이 아니라고 본 것이다.[55]

그러므로 아이오와 주 대법원의 법관들은 "불륜 관계로 나아가지 않은 직원이 … 단순히 그 상사가 해당 직원을 거부할 수 없는 유혹의 대상이라 여겼다는 이유로 합법적으로 해고가 될 수 있는가?"라는 질문을 했다.[56] 그리고 그들은 만장일치로, 가능하다는 대답을 한 것이다. 법원은 그러한 해고는 성별이 아닌 감정에 근거를 둔 것으로 성별에 근거한 고려사항이 아니며, 피고가 원고의 대체자로 여성을 채용한 것으로 미루어 보아 원고가 주장한 성차별 주장은 적절하지 않다고 판단했다.[57]

유사한 사건에서 씨티뱅크 직원인 데브라리 로렌자나는 자신이 "너무 매력적"이라는 이유로 해고를 당했다고 주장했다.[58] 그녀의 주장에 따르면, 로렌자나는 고용주로부터 해고 직전에 그녀가 입고 온 펜슬 스커트와 터틀넥 스웨터는 남성 동료들과 상사가 감내하기에 "너무나 집중력을 흐트러뜨리는" 복장이라는 말을 들었다고 전했다.[59] 온라인상에서 끝없이 논의되는 ("너무 매력적이라는 이유로 해고를 당할 수도 있나요?"와 같은) 잡담 게시판 주제들은 여성의 미모를 둘러싼 사회의 양가적 태도를 보여주고 있다. 매력적이거나 혹은 그렇지 않은 경우에도 여성 직장인들은 직장 내에서 미모로 평가하는 문제에 직면할 것이고, 이 중 어떤 이에게는 불운한 결과가 닥치기도 한다.

지난 20여 년간 여성과 게이, 레즈비언, 트랜스젠더들은 성별에 관한 고정관념에 대해 문제를 제기하고 법적 규정과 사회적 규범을 통해 지속적으로 거부되어온 평등의 가치를 얻고자 법원에 소를 제기해왔다. 이러한 소송들은 신분에 관한 법적 서류를 정정하는 것부터 직장이나 학교에서 성희롱을 피하기 위해 복장 규정을 문제 삼는 사건까지 광범위하게 우리 생활의 다양한 측면에 영향을 주는 사건들이었다. 비록 2011년에 이르러 "묻지도 말고 말하지도 마라(Don't Ask, Don't Tell)"는 정책은 폐지되어, 레즈비언, 게이 및 바이섹슈얼도 공개적으로 군복무를 할 수 있게 되었다. 그러나 2014년 기준 "현역과 예비역으로 약 1만 5,450명의 트랜스젠더 군인들이 복무 중인 것"[60]으로 추산됨에도 불구하고, 트랜스젠더 군인들에 대해서는 여전히 공개적으로 군복무를 하는 것이 금지되었다.[61]

직업 선택을 포함한 사회적 고정관념의 다른 예들도 있다. 일례로 백화점 판매 사원이 어떤 제품을 판매할지 선택해야 한다고 가정해보자. EEOC는 *EEOC v. Sears Roebuck & Co.* *(고용평등위원회 대 씨어즈) 사건*[62]에서 지원자들의 나이와 교육 수준, 자격 사항 통제를 바탕으로 한 다중 회귀분석을 통해 회사들이 고액의 수수료를 지급하는 판매직에 남성을 고용하는 경향이 드러난 강력한 통계적 사례를 확인했다. 씨어즈 사(社)는 남성들에게 가전제품과 보일러, 건축 자재, 하드웨어 등의 판매를 맡겼고, 수수료가 없는 의류나 화장품과 같은 상품 판매에 여성을 고용했다.

씨어즈는 설문조사 자료를 바탕으로 여성 판매직 지원자가 경쟁이 심하고 부담이 크며, 업무 시간이 정례적이지 않아서 수수료가 지급되는 영업 판매직에 대한 관심이 낮았다는 점을 근거로 제시했다 .여성들은 시계나 핸드백, 차 주전자 판매와 같이 더 여성적인 일을 선호하는 것으로 보였다.

연방 항소법원은 이러한 "선택" 또는 "관심 부족"이라는 회사 측 주장을 받아들여 수수료가 지급되는 판매직에 있어서 여성 고용이 낮은 이유는 여성들의 직업 선호도에 근거한 결과라고 판시했다. 법원은 여성들은 자연히 "씨어즈의 여러 상품 중 더 부드러운 것들"에 끌렸을 것이라 가정했고, 고용주가 취한 평가적 요소가 여성의 선호도를 형성하는 데 영향을 미쳤을 가능성은 배제했다. 씨어즈의 경우, 지원자들의 평가에 있어서 "활력"을 측정했는데, 인터뷰 담당자들은 축구를 한 경험이 있는지, 사냥을 한 경험이 있는지, 단언적인 언행을 자주 일삼는지, 저음의 목소리를 가지고 있는지 등 미리 짜인 질문을 바탕으로 하여 지원자의 점수를 매긴다. *Sears 사건*에서 법원은 여성의 선택은 고용 현장의 영향을 일절 받지 않는 것으로 간주했다. 즉, 고용주가 전통적이지 않은 직역에 대한 교육을 부족하게 했는지 여부, 임금 및 수수료 책정 구조상 드레스를 판매하는 것이 울타리를 파는 것보다 더 낮은 임금을 받게 되는 것 등의 영향을 전혀 받지 아니한다고 본 것이다.

*Sears 사건*에서 흥미로운 측면은 양 당사자가 모두 페미니스트 역사학자

를 전문가 증인으로 불렀다는 점이다. 로자린드 로젠버그 교수는 씨어즈 측을 대신하여 여성이 더 스트레스가 낮고, 덜 호전적이며, 덜 경쟁적인 의류 및 장신구 판매 직역을 선호하기 때문에 이러한 직역에 보다 더 쉽게 진입을 하고 이탈을 함으로써 가정과 일의 균형을 조율해갈 수 있다고 밝혔다. 앨리스 케슬러 해리스 교수는 EEOC 측의 입장에서 여성도 남성과 마찬가지로 자신의 이익을 생각하는 경제적 행위자이기 때문에, 고용주가 직업 선택의 기회를 제한함에 따라 여성의 선호가 바뀌는 것이지 여성이 남성보다 특정 제품 판매를 선호하도록 타고난 것은 아니라는 견해를 밝혔다. 그녀는 역사상 전통적으로 남성의 직역이라 여겨졌던 직업을 얻을 수 있을 때에 여성들이 그 직업을 수용하게 된다고 밝혔다. 결론적으로 그녀는 여성들은 주로 "기회가 구조적으로 열려 있는지"에 근거하여 직업 선택을 한다는 점을 시사했다.[63]

*Sears 사건*은 몇 가지 점에서 매우 흥미로웠다. 이는 법정 내에서 페미니스트 이론가들이 직접적으로 맞대결한 사건이었다. (페미니스트 연구자들은 서로의 입장 차가 확연한 사건에서 이론의 중요한 일부를 누락시키기도 하면서 법정에서 맞대결을 했다.) 씨어즈의 전략은 여성의 자율성 중 자신에게 유리한 부분만 콕 집어내어 차이 이론을 전개함으로써, 직장 내 (성차별적) 관행이 있다는 문제 제기를 성공적으로 피해 갈 수 있었다.

*Sears 사건*에서 발전된 "선택" 전략은 여성이 자발적으로 가족적 책무를 다하기 위해 경제적 불이익을 택했으며, 여성은 전통적으로 남성에게 속한 직업에 대한 흥미가 없다는 것이 주된 내용이다. 이후 이 전략은 민권법 타이틀 VII의 고용 차별 주장에 대한 반대 논리로 정립되었다. 여성들의 관심이 부족하다는 항변은 논리적으로 모순임에도 불구하고 법원에서 모순이 아닌 것처럼 받아들여지고 있는 것이 문제다. 여성들의 관심이 부족하다는 항변이 행해지는 대다수의 사건의 경우, 여성들은 해당 직역에 실제로 관심이 있었음에도 불구하고 취업이 좌절되었음을 입증해야만 한다. 그런데 단지 법원이 여성들은 그 직무에 관심이 없다고 판단하기만 하면, 실제 원고의 개인

적인 관심의 존재 여부와 관계없이 법적으로 구제를 받을 수 없게 되는 것이다. 사실상 1967년부터 1989년까지 제기된 성차별 소송 관련 연구에서 고용주들은 위와 같은 관심 부족 변론을 통해 40% 이상의 승소를 거둔 것으로 나타났다.[64] 일례로 1997년, 연방 제11항소법원은 차별적 효과와 관련된 소송에서 청구인이 마이애미 시 소방 당국 내 승진과 관련하여 여성의 관심 부족이 고려되었는지에 따라 다른 영향을 미친다는 통계 자료를 제시하지 못하자, 법원은 관심 부족 주장을 설명하는 전문가 증언이 부정확했고 법적 논증으로는 불충분했기 때문에, 피고를 대신해서 법원이 개입해야 한다고 판시했다.[65]

한편, 이러한 항변은 원고의 회복 청구를 절대적으로 제한하는 것은 아니다. 1998년, 연방 제2항소법원은 전자산업공동산업이사회(Joint Industry Board of the Electrical Industry) 산하 공동견습제도위원회(Joint Apprenticeship Committee)가 위원회의 견습 프로그램에 흑인 및 여성의 참여가 저조한 것에 대해 여성과 소수인종들은 전기기사 직역에 관심이 없다는 것을 이유로 든 주장을 배척했다.[66] 법원은 특정 집단의 관심 부족에 대한 "근거 없는 추측" 또는 고정관념에 기인한 주장은 (원고의) 차별 주장을 반박하는 유효한 방어 방법이 될 수 없으며, 고용주는 관심 부족을 주장할 때 그 직업에서 예상되는 여성의 수와 문제된 특정 프로그램의 여성 수 사이에 차이가 없거나 거의 없음을 입증해야 한다고 판시했다.[67] 그럼에도 불구하고, 멜리사 하트 교수는 관심 부족 변론에 대해 다음과 같이 언급했다.

이 변론은 일과 육아 사이의 긴장 상태나 여성의 선호와 특성에 대한 고정관념 같은 직장 밖의 제도적·사회적 요소에 주의를 기울이고, 이런 요소들이 직장 안의 권력관계와 독립적으로 존재한다는 생각을 강화한다. 문화적으로 만연한 현상에 주목하면서, 고용주들과 법원은 고용주들의 기준이 이런 사회규범을 만드는 데 어떻게 기여하는지 살펴보는 것을 회피한다.

"관심 부족"을 근거로 한 반론은 이후 5장에서 대학 스포츠에 관해 이야기하는 과정에서 재차 언급될 예정이며, 해당 부분에서는 위 반론이 다소 다르게 작용하는 것을 볼 수 있을 것이다.[68]

성희롱

성희롱 관련 법은 가장 직접적으로 법 이론이 법원칙으로 변모하는 양상의 전형 중 하나다. 1979년, 지배 이론을 주장하는 이론가인 캐서린 맥키넌은 주요 저서인 『일하는 여성의 성희롱』을 집필했다. 맥키넌은 성희롱 사례와 관련된 여성들의 이야기부터 시작했다. 그녀는 고용주로부터 내밀한 부부 관계에 대한 이야기를 듣는 것과 더불어 다양한 성관계 체위에 관한 의견에 대한 질문을 받아온 18세 여성 문서 정리원의 이야기를 전했다. 다른 이야기에서는 상사로부터 시외 출장에 동행할 것을 요구받고, 해당 출장에서 상사와 동일한 숙소를 사용할 것을 요구받은 여성 비서의 사례를 언급하며, 해당 여성 비서가 상사와의 성관계를 거절하자 그 대가로 업무의 일부가 축소되었다는 내용을 전했다. 또 다른 사례에서는 회사 내 최초의 여성 건물 관리인이 야간 교대 근무에 남자 화장실 청소 업무를 지시받았는데 그 과정에서 수차례 반복적인 성관계 요구가 있어 극도의 스트레스에 시달렸다는 내용도 언급했다. 이와 같은 사례는 단순히 성격의 충돌 문제나 "남성이 나쁘게 행동하는 것" 이상의 문제다. 사례자들은 모두 성적인 묘사로 가득한 (상스러운 것부터 시비조의 호전적인) 행동들이 전국에 걸친 여성들의 업무 환경을 바꾸어 놓았다고 말했다. 남성 청소 관리인들은 임금을 받기 위해 걸레질을 하고 바닥을 닦으면 되지만, 여성 청소 관리인들은 걸레질을 하고, 바닥을 닦으며, *그에 덧붙여* 포식자들의 성적 공격을 물리쳐야 한다. 남녀 관계에 관해 공적으로 언급하지 않는다는 사적인 보호가 (여성에게 급여 이상의 역할을 요구하며 착취한다는 점에서) 시장경제를 더욱 활성화하는 힘으로 재해석되는 것이다.

맥키넌은 그 당시 존재했던 고용, 계약 및 불법행위법은 여성이 직장에서 받는 특정한 유형의 성적 모욕에 대한 적절한 구제 수단이 되지 못했다고 주장했다. 맥키넌은 "불평등한 권력관계하에서의 원치 않는 성적 요구의 강요"는 민권법 타이틀 VII이 규정하는 성별에 따른 차별로 간주해야 한다고 주장했다. 맥키넌은 "조건형(quid pro quo)" 성희롱에 대한 개념을 착안해냈는데, 이는 고용 관계에 있어서의 혜택을 대가로 명시적인 성적 요구를 하는 것을 의미한다. 또한 그녀는 "환경형(sexually hostile environment)" 성희롱 개념을 고안했는데, 이는 직장 내에서 젠더에 근거한 위협이나 적대적 태도로 인해 근로 환경을 악화시키는 경우를 일컫는다. 맥키넌은 책에서 EEOC가 최대한 빨리 "성차별 가이드라인(Guidelines on Discrimination Because of Sex)"을 개정하여 조건형 성희롱과 환경형 성희롱을 민권법 타이틀 VII을 위반한 성차별의 유형으로 규정할 것을 촉구했다.

1986년, *Meritor Bank v. Vinson(메리터 저축은행 대 빈슨) 사건*에서 연방 대법원은 위 두 유형을 성희롱으로 인정한 바 있다. 1991년, 미국 상원 사법위원회가 클래런스 토머스 대법관 지명자에 대한 청문회를 진행하는 과정에서 아니타 힐이 토머스 대법관 지명자로부터 성희롱을 당했다고 주장하는 증언을 들으면서, 전 국민은 성희롱에 대한 공공 교육을 받게 되었다. 1992년 EEOC는 연간 약 1만 500건의 성희롱 사건을 다루었다. 관련 사건 수는 1990년대 말 매우 증가했으며, 이후 점차 줄어들었다. EEOC는 1995년부터 2001년까지 연간 약 1만 5,500건의 성희롱 사건을 접수받았고, 관련 사건 접수는 2008년 금융위기 무렵 급격히 감소하여,[69] 2011 회계연도에는 총 1만 1,364건이 접수되었다.[70] 이는 아니타 힐이 등장한 후 그 어느 때보다 낮은 수치였다.[71] 성희롱 관련 사건 접수가 급격히 하락한 것에 대해 이를 설명하고자 하는 이론들은 경제가 불황일 때에는 여성들이 일자리를 잃는 것이 두려워 좀처럼 성희롱 문제를 제기하지 않으려 들고, 고용주들 또한 직장 내에서 허용되는 행동이 무엇인지에 대해 잘 알게 되었음을 이유로 들었다.[72] 그럼에도 불구하고, 관련 사건의 총 수는 감소했지만, 남성들의 성희롱 사건 신고가 그 어느 때보다 증가해, 최근 성희롱 사건의 16.3%가 남성들이 제기한 것으로 나타났다.[73] 또한 직장에서 의사소통이 이메일 또는 문자 메시지로 이루어지는 경우가 증가하고 있기 때문에, 이러한 기술의 시대에서 소송을 결심한 자들은 성희롱의 증거 자료를 수집하기가 용이해졌음을 시사하는 자료들도 있다.[74]

조건형 성희롱은 보다 간명하다. 상사가 고용 관계를 조건으로 원치 않는데도 성적으로 접근하는 경우가 곧 이에 해당된다. 환경형 성희롱에 대한 입증이 보다 복잡한 편이다. 연방 대법원은 성희롱은 당사자가 원치 않아야 하며, 충분히 심각하거나 만연하게 "객관적으로 적대적이거나 폭력적인 업무 환경을 조성한 경우로 합리적인 사람이라면 누구나 그 적대성 또는 폭력성을 인지할 수 있을 정도"여야 하며,[75] 성희롱의 피해자가 주관적으로 폭력성을 인지할 것 또한 요한다고 판시했다. 원고는 주로 충분한 심각성을 입증하기 위해 직장 내 환경이 "차별적인 협박과 조롱, 모욕이 만연해 있음"을 설명해야 한다. 이때 원고가 구체적인 손해나 경제적인 손해를 입증할 필요는 없다.

원고가 직장 내에서 이루어진 희롱이 "원치 않은" 것임을 입증해야 한다는 말의 이면에는, 원고가 원치 않는다는 의사를 표하기 전까지는 직장 내 성적인 행동에 근본적으로 동의했다고 본다는 생각이 전제되어 있다. 이는 직장 내에서 일상적으로 성적인 행동을 묵인하고 있음을 의미한다. 비록 일부 학자들은 "(원고가) 기꺼이 원했다는 사실"을 상대방의 적극적 항변 사유로 보지만, 대부분의 판례는 원고가 이를 원치 않았다는 사실, 즉 부정적 요건에 대한 주장을 요구하고 이를 입증하면 반증이 없는 한 성희롱으로 판단한다.

"원치 않았는지 여부"에 관한 심사는 종종 원고가 희롱 행위를 일정 부분 자초했는지에 대한 검토를 통해 이루어진다. 이 과정에서 법원은 원고가 성적인 농담을 주고받은 적이 있는지, 성적으로 노골적인 발언이나 상스러운 용어 등을 사용한 적이 있는지, 동료와 데이트한 적이 있는지, 성적으로 짓궂은 농담에 참여한 적이 있는지, 또는 성적 욕구를 유발시키는 복장 등을 착용한 바가 있는지에 대한 조사를 거친다. 연방 대법원은 *Meritor Bank 사건*에서 심지어 "성적 욕구를 유발시키는 원고의 발언과 복장은 … 명백히 본 사건과 관련성이 있다"고 언급하기도 했다. 원고가 성희롱을 유발하거나 야기했는지에 대한 판단은 종종 피해자의 행동, 습관, 외모, 성격 또는 생활 습관 등에 관한 조사로 변모한다.

"원치 않음"을 요구하는 것은, 과거 강간 사건 실무에서 피해자에게 동의하지 않았다는 것을 적극적으로 소명하게 했던 것이나, 피해자의 과거 성경험을 증거로 제시했던 것을 떠올리게 한다. 1994년, 의회는 연방증거법을 개정하여 강간 피해자 보호를 성희롱 사건을 포함한 민사사건에도 확대 적용시키도록 했다. 미국 연방증거법 제412조(Rule 412)는 원고의 과거 성적 행동에 관한 사실은 증거의 증명력이 그로 인해 유발되는 불리한 편견보다 훨씬 크지 않는 한 그 증거능력은 배척된다고 규정하고 있다. 대부분의 법원들은 위 규정을 적용하여 원고가 업무 중에 일어난 행위였다고 주장하지 않는 한 직장 외에서의 행위를 소송의 증거로 삼는 것을 배제한다.

성적 특성에 관한 증거가 배제된다고 하더라도, 원고가 성희롱의 가해자로 지목된 자의 주목을 원했는지의 여부는 여전히 적절한 성별에 따른 행위에 관한 기존의 사회적 규범을 반영하여 판단된다. (공격적인 농담 또는 상사가 볼에 키스를 하는 등의) 곤란한 상황에서 침묵, 불편한 웃음, 또는 대화를 부드럽게 유지하고자 하는 등 문화적으로 바람직하다고 여겨지는 여성의 행동거지는 남성의 행위에 대한 동의 또는 부추김으로 해석될 여지가 있다.

생각해보라. 1984년, 메리 카는 제네럴 모터스(GM)의 가스 터빈 부서의 최초의 여성 판금공 견습생으로 일하게 되었다. 메리의 동료들은 모두 남성이었고, 그녀의 등장에 분통을 터뜨렸다. 5년 여에 걸쳐, 메리의 동료들은 지속적으로 그녀를 괴롭혔다. 동료 중 하나는 그녀의 공구 상자에 여자 성기를 뜻하는 "Cunt"를 써 놓기도 했고, 그녀의 작업 공간에 성적인 낙서를 남겨놓거나 누드 핀업 사진을 붙여놓기도 했으며, 메리에게 "우리는 Cunt와는 일하지 않을 것이다"라는 말을 일삼기도 했다. 동료들은 메리를 "창녀," "(여성의 성기를 뜻하는) cunt", "(여성의 성기를 뜻하는) split tail" 등으로 불렀으며, 작업복의 엉덩이 부분을 도려내 놓기도 하고, 그녀 앞에서 자주 옷을 홀러덩 벗었다. 또한 한 남성 동료는 그녀 앞에서 두 차례나 성기를 드러낸 적이 있으며, 그녀가 보는 앞에서 소변을 보기도 하고, 일부 동료는 "내가 높은 작업 현장에서 떨어지면, 메리가 '입으로 내 성기에' 인공호흡을 해줘야 한다"고 말하기도 했다.[76]

그러나 인디애나 주 남부 지방법원은 메리가 "성희롱을 유발했다"는 이유로 그녀가 제기한 성희롱 사건을 기각시켰다. 위 지방법원은 메리가 "F"로 시작하는 욕설을 일삼고, 음담패설을 주고받았으며, 상스러운 언어를 사용하고, 남성 동료들과 아귀다툼을 하고 다른 남성 동료의 허벅지를 만지기도 했으며, 동료가 시키자 여성 성기의 클리토리스를 묘사한 포르노 사진을 가리키는 등의 행위를 한 것을 그 이유로 삼았다. 지방법원의 판사는 그녀가 "숙녀답지 못한" 행위에 가담하여 희롱을 "야기했다"고 언급했다.

연방 제7항소법원은 메리가 동료들의 희롱을 달가워했다는 지방법원의 판결을 뒤집었다. 항소법원은 메리의 행위를 그 동료들의 행위와 비교하거나 동료들의 행위를 정당화하는 데 근거로 삼는 것을 받아들이지 않았다. 항소법원은 메리가 수많은 남성에 둘러싸인 유일한 여성으로서 주변 환경에 맞추어가고자 상스러운 말을 쓸 수밖에 없었던 사실을 인정했다.

대다수의 법원은 당해 사건에서 성희롱이 충분히 심각한지 또는 성희롱 환경을 형성할 만큼 널리 퍼져 있는지 판단하는 기준은 근무 환경에 따라 다르다고 판시했다. 이에 따라 일부 연방 항소법원에서는 고된 업무 때문에 거칠고 공격적인 언행이 어느 정도 용인될 수밖에 없는 "블루칼라"의 환경을 참작하기도 한다.[77] 다른 판결들에서 법원은 성희롱의 기준이 그 산업의 문화에 따라 달라진다는 생각을 거부했다. 이는 성차별이 받아들여져 온 직업들에서의 성차별 패턴을 영속시킬 것이기 때문이다. 연방 제6항소법원은 산업별로 성희롱 여부를 달리 판단하는 방식은 "비논리적"이라고 판단했는데, "왜냐하면 이 기준을 따를 경우 업무 환경이 더 적대적이고 성차별주의가 만연한 산업일수록, 민권법 타이틀 VII 소송 원고는 직장에서의 성적 행동들이 적대적인 업무 환경을 구성할 만큼 충분히 심각하고도 널리 퍼져 있다는 것을 증명하기 어렵다는 의미가 되기 때문이다".[78]

성적 괴롭힘 관련 법률은 원고가 주관적으로 업무 환경이 폭력적이라고 인식할 것뿐만 아니라, 객관적이고도 합리적인 사람 역시 원고의 입장에 처할 경우 동일한 결론에 도달할 것을 요구한다. 일부 페미니스트 이론가들은 "합리적 인간" 기준 배심원들로 하여금 원고의 입장에 합리적인 남성을 대입하여 생각하도록 유도한다고 주장한다. 이들은 성별에 따라 성적 괴롭힘에 대한 인식이 다를 수 있다는 것을 지적하고, 여성들이 성적으로 괴롭히는 행동에 더 민감하다고 주장했다. ─ 여성은 성적인 칭찬, 농담, 빈정거림, 또는 제안을 달갑지 않고 모욕적이라고 생각하는 경향이 있으며, 남성은 여성보다 성적 괴롭힘에 대한 책임을 피해자에게 지우는 경향이 있다는 것이다. 다른 페미니스트들은 합리적 인간 기준이 반드시 남성의 시각을 강요하는 것은 아니며, 추정된 취약성에 근거한 성별 기준은 여성을 너무 감정적인 존재로 낙인을 찍으면서 여성에 대한 고정관념을 영속시킬 위험이 있다고 주장했다.

1980년대 후반과 1990년대 초를 시작으로, 여러 연방 항소법원과 여러 주 법원에서 합리적 여성 기준을 받아들였다. 하지만, 대부분의 연방과 주의 항소법원에서는 합리적인 사람 기준을 계속하여 사용하고 있다.[79] 연방 대법원은 아직 이 쟁점에 대해 판단한 적이 없다. 1990년대 후반부터의 재판 모의실험 연구는 배심원의 결정에 미치는 여러 가지 법적 기준의 영향에 대해 조사했는데, 배심원들은 어차피 그들 자신의 기준을 사용하기 때문에 합리적인 사람 기준이 아닌 합리적인 여성 기준을 사용하는 것이 성희롱이 있었는지 여부에 대한 배심원의 결정에 영향을 미치지 않는다고 결론을 내렸다.[80] 최근 연구에 따르면 합리적인 여성 기준 선례의 영향을 받지 않은 경우 원고의 승소 확률은 24%에 불과하지만, 합리적인 여성 기준을 사용했거나 원고가 합리적인 여성 기준을 활용한 사례에 크게 의존하는 경우에는 원고의 승소확률이 50%로 증가한다.[81]

대법원은 1998년에서야 동성 간의 성적 괴롭힘이 민권법 타이틀 VII에 따라 제소 가능하다고 판결했다. *Oncale v. Sundowner Offshore Services(온칼리 대 선다우너) 판결*[82] 이전에, 연방 항소법원들은 민권법 타이틀 VII이 동성 간(주로 남성과 남성 간의) 성적 괴롭힘을 금지하고 있는지 여부에 관해 의견을 달리했다. 다수의 법원은 동성 간 성적 괴롭힘으로 인한 청구를 명백하게 거부했다. 이들은 민권법 타이틀 VII의 "성별을 이유로"라는 문언을 문제로 삼았고, 같은 성별을 가진 자들 간의 괴롭힘이 어떻게 "성별을 이유로" 한 것이 될 수 있는지 이해할 수 없었다. 일부 항소법원은 가해자가 동성애자인 경우에는 동성 간 성적 괴롭힘으로 인한 청구를 허용했지만, 가해자가 이성애자이고 피해자가 동성애자인 경우에는 허용하지 않았다. 몇몇 법원은 민권법 타이틀 VII의 문언이 "가해자 또는 피해자의 성별에 따라 원고 적격을 제한"하고 있지 않으며, 민권법 타이틀 VII은 가해자의 동기 또는 성적 지향과 관계없이, 본질적으로 성적(sexual)인 직장 내 괴롭힘을 없애고자 하는 목적을 가지고 있다고 판단했다.[83] 요컨대, 성적 욕망에서 비롯된 남성의 여성에 대한 과도한 관심이라는 전형적인 사건이 아닌 다른 사건을 성희롱으로 보는 데 어려움을 겪는 법원이 많았다.

근해 석유굴착 시설의 선원인 조셉 온칼리는 지속적으로 직장 동료와 감독자에 의한 성적 조롱, 신체적 폭행, 강간 위협에 시달렸다. 한 사건에서는 그의 감독자가 그를 억누르는 동안 한 동료가 그의 항문에 비누 1개를 밀어 넣었다. 온칼리는 직장을 그만두고 성적 괴롭힘으로 제소했지만, 연방 제5항소법원은 민권법 타이틀 VII은 동성 간의 성적 괴롭힘으로 인한 청구를 인정하지 않는다고 판결했다. 반면 대법원은 동성 간의 성적 괴롭힘도 타이틀 VII에 따른 성차별로 제소할 수 있다고 결정하면서 원심 판결을 파기했다. 대법원은 "성별을 이유로"라는 요건은 성적 욕구를 내보이는 것, 한 성별에 대해 적대감을 표시하는 것, 또는 "가해자로 지목된 사람이 혼성의 직장에서 남성과 여성을 어떻게 대우했는지 비교할 수 있는 직접증거"를 제시함으로써 만족시킬 수 있다고 언급했다.[84]

Oncale 사건 이후 불명확한 것은 피해자의 성적 지향 또는 성 정체성을 근거로 한 괴롭힘이 제소 가능한지 여부다.[85] 이 논점을 다루었던 거의 모든 연방법원들은 민권법 타이틀 VII의 성별을 이유로 한 차별 금지는 "섹슈얼리티" 또는 "성 정체성"에 근거한 차별을 포함하지 않으므로, LGBT 차별의 피해자들은 성적 지향에 따른 차별을 직접적 이유로 하여 소송할 수 없다고 결정했다. 하지만 연방 항소법원 중 절반은 여성스러운 남성 또는 근육질의 여성이 일반적인 성 고정관념에 따르지 못하여 괴롭힘을 당하는 경우와 같은 성 고정관념으로 인한 청구를 허용하고 있다. 그러나 이는 "차별의 피해자가 (남성의 경우) 충분히 화려하게 하고 다니거나, (여성의 경우) 충분히 남자같이 하고 다니지 않는 한, 게이 및 레즈비언 노동자들이 그들의 섹슈얼리티로 인해 해고 또는 강등되거나, 고용되지 않거나 공개적으로 괴롭힘을 당할 수 있다는 것을 의미한다."[86]

Oncale 사건은 만장일치였지만, 스칼리아 대법관이 작성한 법정 의견은 여러 가지 질문을 남겼다. 동성 간 성적 괴롭힘에 대한 진보적인 판시에도 불구하고, 스칼리아 대법관은 민권법 타이틀 VII이 "남성과 여성이 동성의 사람들, 그리고 이성의 사람들과 일상적으로 상호 작용하는 방식에 있어서의 순수하고도 무해한 차이에는 적용되지 않는다"고 주장하면서, 법률이 "예절 규범"이 되어서는 안 된다고 했다. 그는 "남성 대 남성의 거친 장난", "이성 간의 장난스러운 애정 표시", 그리고 "동성 간의 단순한 놀림이나 거칠게 다루는 것" 등 성적 괴롭힘으로 오해되어서는 안 되는 "직장에서의 일반적인 어울

림"의 예시를 여러 가지 제시했다. 스칼리아에 따르면, "프로 미식축구 선수의 업무 환경은, 예를 들어 선수가 경기장으로 나갈 때 코치가 그의 엉덩이를 때렸다고 해서 폭력성이 심각하다거나 만연하다고 볼 수 없다. ― 하지만 같은 행동도 사무실에서 코치의 (남성 또는 여성) 비서가 겪었다면 폭력적인 경험이 될 수 있다".[87] *Oncale 사건* 이후 하급심 법원들은 "놀림", "거칠게 다루기", 또는 "거친 장난" 등 허용될 수 있는 괴롭힘의 경계에 대해 다루었으며, (남녀 모두 동등하게 괴롭히는) "똑같이 괴롭히는 사람"에게 책임을 물을 수 있는지에 관해 다루었다.

마침내 1998년 *Faragher v. City of Boca Raton(패러거 대 보카 레이턴 시)* 판결[88]과 *Burlington Industries v. Ellerth(벌링턴 社 대 엘러스)* 판결[89]에서 대법원은 감독자에 의한 성적 괴롭힘에 있어 어떤 경우에 고용주에게 사용자 책임이 있는지를 명확히 했다. 두 사건에서 패러거와 엘러스의 항변 사유에 따르면, 직원이 강등, 승진 누락, 또는 해고와 같은 실체적인 고용상의 손실을 겪은 경우 고용주는 무과실책임이 있다. 그러한 실체적인 고용 조치가 없는 경우에는, 고용주는 괴롭힘 행위를 "즉시 예방하고 시정하기 위해 합리적인 주의를 기울였으며", 원고가 "고용주가 제공한 예방 또는 시정의 기회를 이용하거나 기타 위해를 피하지 않은 것은 합리적이지 않다"는 것을 적극적인 항변 사유로 증명하여, 책임을 회피할 수 있다.[90] 직장 동료들 간의 성적 괴롭힘의 경우, 만약 고용주가 성적 괴롭힘에 대해 알았거나 알았어야만 했으며 이에 대해 신속하고도 적절한 시정 조치를 취하지 못했다면, 고용주는 이에 대해 책임이 있다. 대법원은 2013년 *Vance v. Ball State University(밴스 대 볼 주립대학교)* 사건에서, 직원은 고용주에 의해 피해자에 대한 실체적인 고용 조치를 취할 권한을 부여받았을 때에만 감독자로 간주될 수 있다고 판결했다.*[91]

• (옮긴이 주) 직장 내 성적 괴롭힘 사건에서 가해자가 피해자의 동료였던 경우에, 고용주(회사)는

이 적극적 항변 사유는 고용주에게 직장 내 성적 괴롭힘 예방책을 마련하고 성적 괴롭힘이 발생했을 때 이를 심각하게 받아들이도록 독려하기 위한 것이다. *Faragher 판결*과 *Ellerth 판결*은 고용주가 감독자의 성적 괴롭힘에 대한 책임을 져야 하는 상황의 범위를 제한했지만, 이 판결들은 합리적인 관리를 통해서도 피할 수 없었던 해를 입은 직원도 보상을 받을 수 있도록 했다. 패러거와 엘러스의 적극적 항변 사유에 있어 한 가지 어려움은 만약 직원들이 차별을 고용주에게 보고하고 차별이 즉시 시정될 경우, 직원이 실제로 해를 입었던 경우에도 고용주는 약식 판결(summary judgment)을 얻을 수 있다는 것이다. 만약 직원이 사건을 고용주에게 보고하기를 지체하는 경우 또는 "고용주가 제공한 합리적으로 적절한 불만 접수 절차를 사용하지" 못한 경우, 하급심 법원들은 직원이 배상 청구를 할 수 없다고 했다.[92] 그 결과 고용주에 대한 사용자 책임 관련 청구 중 다수가 기각되었다.[93]

성적 괴롭힘 관련 법률은 상대적으로 짧은 시간 안에 급격히 발전했다. 페미니스트 이론은 직장 내 지배와 욕망의 패턴을 추적하는 데 일조하면서, 이를 비전통적 직업을 가진 여성이나 여성 일반에 대한 적대감과 연결시켰다. 페미니스트 이론들은 또한 비평가들로 하여금 남성과 여성이 그들 자신의 행동을 보는 시각의 불일치를 들여다볼 수 있게 했다. 무엇보다도 중요한 것은, 이 이론들은 법원들이 직장 내 일부 유형의 행동을 경제적 손해를 끼치며 배상을 받을 수 있는 법적 사안으로 보도록 했다는 것이다.

어떤 법적 권리를 획득하는 순간, 정치적으로 위축될 수 있는 위험성이 항상 뒤따른다는 것을 역사는 가르쳐주었다. 따라서 *Worcester v. Georgia*(우스

업무 환경을 관리하는 데 있어 과실이 있었던 경우에만 책임이 있다. 반면 가해자가 피해자의 감독자였던 경우에는 피해자에 대한 실질적인 고용 조치가 있었다면 고용주에게 무과실책임이 있고, 그러한 조치가 없었다면 고용주는 성적 괴롭힘 예방 및 시정을 위해 합리적인 주의를 기울였으며 피해자가 합리적이지 못하게 고용주가 제공한 기회를 이용하지 못했다는 적극적 항변 사유로 책임을 회피할 수 있다.

터 대 조지아) 사건[94]에서 대법원이 부족 주권을 원하는 아메리카 원주민들의 손을 들어준 다음에도, 조지아 주는 물론이고 앤드류 잭슨 대통령도 이를 집행하기 위해 아무런 조치를 취하지 않았다.[95] 오늘날, 일부는 1950년대, 1960년대, 그리고 1970년대의 민권운동 승리가 해이한 행정부 공무원들과 적대적인 법관들에 의해 조용히 되돌려지고 있다고 주장한다. 이 현상은 법학 교수 데릭 벨이 "이해 일치(interest convergence)"라고 했던 역학 관계에 기인한 것일 수도 있다.[96] 이 관점에서 볼 때, 정부는 단순히 "그것이 옳은 일이기 때문에" 무력한 사람들의 권리를 보호하지 않는다. 정부가 그렇게 하는 것은, 힘 있는 집단의 이해(죄책감을 달래는 것, 국제사회에 보이는 것 등)와 힘없는 집단의 이해가 정확히 "일치"하기 때문이다. 이렇게 일치하는 부분이 적어질수록, 평등권에 대한 헌신도 마찬가지로 줄어든다. 민권운동 타이틀 VII과 민권운동의 전성기가 지났을 때, 성별 간 평등에 대한 대중의 관심과 EEOC의 정치적 리더십도 줄어들었다. 직장 내 차별은 세대에 걸쳐 존재했으며, 고용주들은 지속적인 분리를 통해 경제적 이익을 가장 잘 얻을 수 있었다. 여성운동은 연료가 떨어졌고, 따라서 EEOC는 조심스럽게 나아갈 수밖에 없었다.

직업의 분리와 동일임금

2010년 기준으로, 남성보다 많은 수의 여성이 고등교육을 받았음에도 불구하고,[97] 미국의 노동인구 중 여성의 비율은 절반에 미치지 못하며(47%),[98] 일자리는 여전히 성별에 따라 뚜렷하게 분리되어 있다. 2011년, (전기기술자, 자동차 기술자, 배관공, 지붕 기술자, 목수, 소방관, 그리고 항공기 조종사를 포함하는) 70개 이상의 직업은 95% 이상이 남성이었고, (비서, 치위생사, 어린이집 및 유치원 교사를 포함하는) 10개의 직업은 95%가 여성이었다. 다른 많은 분야들 역시 90% 이상이 남성 또는 여성이다.[99] 여성은 낮은 임금, 낮은 지위, 그리고 높은 이직률을 가진 전통적으로 여성적인 직업에서 매우 과다하게 대표되고 있다. 사무 보조직을 포함해 행정 지원직 중 96.8%는 여성인 반면,[100] 건축 및 기계 분야의 일자리 중 99%와 자동차 영업 일자리 중 95%는 남성이 차지하고 있다.[101]

대부분의 직업 선택은 여러 복잡한 요소들에 의한 결과일 것이다. 성별에 따른 직업 분리 현상에 대한 전통적인 설명은 공급 측면의 이유에 중점을 두었다. 즉, 남성과 여성이 각각 다른 교육, 훈련 및 선호도를 가지고 노동시장에 진입하기 때문이라는 것이다. 소년 소녀들은 교육을 통해 수학이나 과학에 가깝게 혹은 멀게 유도되면서 직업적 포부를 일찍부터 형성한다. 사회적 기대는 남성과 여성에게 적절한 커리어 영역을 좌우할 수 있으며, 사람들은 전통적인 사회적 역할을 토대로 직업적 선택을 할 수 있다. 이러한 설명들은 어느 정도 타당성이 있을 수 있지만, 위에서 언급된 차별적 효과를 이유로 한 소송에서 "관심 부족" 항변과 동일한 추론을 기반으로 한 것으로 보인다. 하지만, 여성들이 전통적으로 남성적인 분야로 진출함에 따라, 초기 사회화는 최근 몇 년 사이에 다소 그 역할이 축소되었으며, 최근의 조사 자료에 따르면 여성은 지속적으로 전통적인 남성 직업에서 일하고자 하는 열망이 있다. 반대로, 남성들은 전통적으로 여성적인 직업에 뛰어들고 있다. 2000년과 2010년 사이에 전통적으로 여성적인 직업들은 남성들의 신규 일자리 증가에 있어 3분의 1을 차지했다.[102] 하지만, 사회적 압박은 여전히 남성들이 "핑크칼라" 직업에 종사하는 것을 방해하고 있다. 노동경제학자들에 의한 동시대 연구들은, 고용주들은 남성과 여성 모두를 전통적으로 그들의 성별에 맞지 않은 직업들로부터 배제하는 관행을 보이며, 기존의 직장 문화와 남성적 또는 여성적 용어가 사용된 직무 설명서를 통해 특정한 직업들에 대한 직원들의 선호를 형성함을 시사한다. 경제학자들은 또한 분리 현상의 자기 계속성을 논증했다. 즉, 여성들은 "다양성이 보장되는 수준을 통해 차별의 정도를 합리적으로 파악"하기 때문에 남성들로 가득 찬 직장을 멀리한다는 것이다.[103]

성별에 따른 분리는 직종 전반에 걸쳐 수평적으로뿐만 아니라 직장 내에서 수직적으로도 지속된다. 특정 분야에서 통합이 이루어졌더라도, 여성은 직장 내 권력을 가진 위치에서는 과소 대표된다. 실제로 학계에서 여성 교수는 남성 교수와 비교했을 때 종신 임기 보장을 받았을 확률이 절반에 불과하며, 이 격차는 박사학위를 취득한 종신 교수의 경우에 가장 크다.[104] 마찬가지로, 여성은 대형 로펌에서 스태프 변호사*의 70%를 구성하는데도 불구하고, 지분 파트너(equity partner) 중에서는 15%만을 구성한다.[105] 이는 (6%에서 상승한 것으로) 지난 20년간 법률 분야 파트너 변호사 직책에 있어 여성들이 늘어난 것을 보여주지만, 불균형은 여전히 심각하며, 연구에 따르면 모든 소속 변호사(associate attorneys) 중 절반 이상이 여성인데도 불구하고 이들은 보너스 중 40%만을 받는다고 한다.[106] 비즈니스 분야에서는 포춘 500대 기업과 포춘 1000대 기업의 CEO 중 4.2%만이 여성이다.[107] 또한 2005년부터 각 분야의 최고위 직책에서의 여성들의 증가는 1년에 0.5% 정도의 차이만을 보이는 답보 상태라는 점도 많은 것을 시사한다.[108]

여성 또는 남성이 전통적으로 반대 성별의 것으로 여겨지던 직업에 진출하고 성공을 거두는 데 한계가 있다는 것은 형식적 평등이 갖는 딜레마를 보여준다. 일상적인 장벽들은 장애물을 만들어내고 실질적 평등을 좌절시키는 "유리천장"을 만든다. 이러한 진출을 가로막는 인위적인 장벽은 역할, 능력 및 리더십 스타일에 대한 젠더 고정관념, 비공식적인 의사소통 네트워크로부터의 여성 배제, 여성 승진에 대한 회사의 노력 결여, 멘토의 부재 등을 포함한다. 상사와 점심을 먹지 않는다거나 라켓볼을 치지 않는 것을, 곧 "팀플레

• (옮긴이 주) 소속 변호사(associate attorney)와는 달리 처음부터 파트너를 목표로 하지 않는 변호사 트랙. 소속 변호사의 경우 6~8년 동안 일한 후 파트너가 되거나 되지 않는 반면, 스태프 변호사는 지속적으로 백오피스 업무를 하게 된다. 스태프 변호사는 업무 시간이 정해지고 정해진 월급을 받는 경우가 많으며, 보통 클라이언트와 직접 소통하지 않고 소속 변호사 혹은 파트너 변호사로부터 업무 지시를 받는다.

이어"가 아니라고 간주하는 것과 같은 미묘한 형태의 편견들은 일상적인 업무에서는 알아차리기 힘들 수 있다. 고위직의 리더들은 "여성들은 감정적이므로 효과적으로 관리자 업무를 할 수 없다"고 추정하거나, 여성은 남성에 대해 권력을 행사해서는 안 된다는 내면적인 규범적 기준을 따를 수도 있다.[109]

여기서 다시 한 번, (여성들이 그 일 자체를 좋아하기 때문에 여성이 다수인 산업에서 일하겠다는 독립적인 결정을 한다거나, 가족에게 더 많은 시간을 할애할 수 있는 직업에 머무르기 위해 승진을 포기한다는) "선택" 이론은 (태도 관련 편견, 차별적인 고용주의 관행, 그리고 유연 근무시간과 같이 가족 친화적인 정책이 없는 조직 구조는 여성의 진출을 방해한다는) 구조주의적 이론과 맞붙는다. 이러한 인과 이론들 간의 갈등은 종종 내면화된다. "서점 서가를 간략하게 살피면 유리천장에 관한 책들을 사는 중간 계층 여성들은, 제도화된 차별을 묘사하거나 인종, 성별, 계급 간의 교차점을 설명하는 책들보다는 어떻게 하면 더 나은 선택을 할 수 있는지 알려주는 책들을 원할 가능성이 더 높다는 것을 알 수 있다."[110]

성별에 따른 노동의 분업은 성별에 따른 임금의 격차와 직접적인 관련성이 있다. 문화적으로 여성들이 주로 수행하는 일의 가치는 과소평가된다. 노동시장은 간호나 사회복지 관련 분야 등의 돌봄 노동직을 평가 절하하는데, 이는 이 직업들이 집안일에 가까우며 연민, 양육 및 공감 능력과 같이 이 직업을 위해 필요한 지식과 기술은 여성과 연관되어 있기 때문이다.[111] 남성이 지배적인 직업들은 더 높은 임금을 요구한다. 임금의 격차에 있어서는 노동 패턴 역시 중요한 역할을 한다. 여성 근로자들은 "근무 경력이 더 짧고, 연간 근무시간이 더 적으며, 풀타임으로 일할 가능성이 더 낮고, 남성보다 더 오랜 기간 동안 노동시장을 떠나 있다".[112] 추정치는 다양하지만, 노동 사회학자들과 경제학자들은 성별 간 임금격차의 절반 이상은 특정한 직업(27%), 산업(22%), 그리고 노동조합 가입 여부(4%)로 설명 가능하다고 추정하면서도, 성별 간 임금격차 중 41%는 "성별 간 학력, 경험, 산업, 직업, 그리고 노동조합의 차이를 고려하고도 설명될 수 없다"고 지적했다.[113]

직업의 분리가 임금의 차별과 연관되어 있지만, 현재 차별 관련 법률의 구조에 따를 경우 성별에 따른 직업 분리에 의한 임금 불평등에는 이 법률을 적용할 수 없다. 민권법 타이틀 VII에 따른 차별 이론은 유사한 상황의 남성과 여성이 서로 다른 대우를 받는 개별적인 사례에 있어서 가장 잘 적용된다. *Sears 사건*과 같이 관심 부족 주장이 성공적인 항변 사유가 됨에 따라, 민권법 타이틀 VII은 직장 내 분리를 체계적으로 철폐하기에는 그 가능성이 제한적이다. 또한, 민권법 타이틀 VII은 "국가나 고용주가 제공하는 주간 보육, 어린이들의 필요에 부응하는 유연한 근무시간, 출산 및 육아 관련 복지 등이 아예 직장 내 존재하지 않을 때"는 적용할 수 없다.[114]

성별에 의한 임금 차별에 대처하기 위한 또 다른 중요한 연방 법률은 '동일임금법(Equal Pay Act)'이다. 이 법은 남성과 여성이 주어진 회사 내 "동일한 기술, 노력과 책임이 요구되고 유사한 근로조건하에서 수행되는" 직업에서 동일한 노동에 대해 동일한 임금을 받아야 한다고 규정하고 있다.[115] 동일임금 지급 원칙은 비교된 직업이 "상당한 정도로 동일"하지 않다면 발동되지 않는다.

1980년대 초반, 형식적인 평등뿐이 아닌 실질적인 평등을 원한 이론가들은 "동일가치(comparable worth)"라는 개념을 개발했다. 민권법 타이틀 VII의 임금차별 금지는 동일임금법에서 최소한의 요구사항인 상당한 정도로 동일한 노동에 있어서의 동일임금 지급 요건보다 더 넓은 범위를 다뤄야 한다는 개념이다. 이는 동일임금법은 남성과 여성의 직업이 충분한 정도로 동일한 경우에만 동일한 임금을 지급하도록 하고 있으므로, 이 법이 다루지 못하는 부분인 임금 차별 중 직업의 분리로부터 기인하는 부분을 해결하기 위한 노력이었다. 동일가치 이론에 따르면 "여성의 일로 인식되는 일자리는 격하되었고 여성이 대다수를 차지하는 직업에서 수행되는 일의 가치는, 그 일을 위해 필요한 상대적인 기술, 노력 및 책임을 고려했을 때, 남성 노동자와 여성 노동자로부터 모두 제도적으로 과소평가되었다".[116] 동일가치 이론은 가치면에서 비교할 만하지만 상당한 정도로 동일하지는 않은 일에 대해서, 고용주가 동일임금을 지급해야 한다고 제안한다.

1980년대에 여러 주에서는 공공 분야 일자리를 시장 임금이 아닌 요구되는 시간, 신체적 노력, 기술, 감독 책임, 그리고 근로조건과 같은 특성에 따라 표시되는 고용주에게 있어서의 상대적 가치를 기준으로 측정하는 연구를 실시했다. 각 요소에 가중치를 할당했으며 회귀분석을 사용하여 고용주에 대해 그 직업이 갖는 내재적 가치에 따라 임금이 알맞게 지급되는지 평가했다. 이런 식으로 평가자들은, 예를 들면 간호사와 트럭 운전사와 같은 다른 직종의 사람들에 대한 임금 지급 척도를 비교할 수 있었다.

비평가들은 직업들이 실제로 내재적이나 객관적인 가치를 가지는지에 대해 의문을 제기하고, 일자리의 요소들에 가중치를 할당하는 것은 주관적인 평가를 할 수밖에 없다고 주장한다. 이들은 수백만 개의 일자리를 평가하는 데 많은 비용이 들고 동일가치 이론을 널리 받아들일 경우 시장에 상당한 개입을 할 수밖에 없다고 주장한다. 동일가치 이론의 반대자들에 따르면 노동 시장에서의 수요 공급에 의한 힘은 직업의 가치 평가에 있어 중립적인 기준을 제공한다. 이 이론의 지지자들은, 당연하게도, 시장이 비차별적으로 움직인다는 전제 자체에 의문을 제기한다. 필리스 슐래플리와 같은 일부 평론가들은 동일가치의 적용은 여성들이 전통적으로 남성들이 일해온 분야에 진입할 경제적 인센티브를 없애기 때문에 오히려 직업의 분리 철폐를 약화시킬 것이라고 했다. "어쨌든 여성이 카펫이 깔리고 온도가 조절되는 사무실에서 일하면서 같은 임금을 받을 수 있다면 왜 전신주 수리공, 고속도로 배수로 공사 인부, 또는 교도관이 되고 싶어 하겠어요?"[117]

그럼에도 불구하고 일부 주들은 성별에 따른 임금격차를 최소화하기 위해 동일가치 이론을 성공적으로 사용했다. 전국임금평등위원회에 따르면, 최소한 14개의 주에서 동일가치 관련 문제를 해결하기 위해 어느 정도의 임금 조정을 시행했다. 또 다른 6개의 주에서는 동일가치 이론을 기반으로 한 임금

지급의 평등을 "완전히 도입했다".[118] 덴버와 캘리포니아 주의 산호세와 같은 일부 도시들 역시 동일가치 이론을 채택했다.[119] 하지만 연방 차원에서 보면 상황은 좋지 않다. 동일가치 패러다임을 어느 정도 포함할 수 있도록 동일임금법을 개정하고자 한 노력은 의회에서 실패로 돌아가거나 지연되었다. 전 EEOC 위원장인 엘리노어 홈즈 노튼 하원의원 등은 1994년부터 의회에서 임금지급 평등 관련 법안을 발의해왔다.[120] 이러한 조치 중 하나로 톰 대슐 상원의원이 발의한 '공정임금법(Paycheck Fairness Act)'은 동일한 가치에 대해 동일한 임금을 지급하겠다고 자발적으로 동의한 고용주들에게 연방정부 지원을 제공하도록 규정하고 있다.[121] 2009년 하원에서 이 법안을 통과시켰으나, 법안은 그 이후로 계류되어 있다.[122] 2014년, 상원이 동일임금법을 개정하는 공정임금법이 발효되는 것을 저지하자, 오바마 대통령은 전체 노동 인력 중 일부인 연방정부 계약업체들에게만 적용될 두 가지 행정명령에 서명했다. 첫 번째 행정명령은 연방정부 계약업체들로 하여금 인종과 성별에 따른 급여 정보를 노동부에게 보고하도록 했다. 두 번째 행정명령은 임금격차 해소에 기여한다는 생각으로, 동료들에게 자신의 연봉 정보를 공개하는 근로자에게 계약업체들이 보복 조치를 취하는 것을 금지했다.[123] 고용주들은 상당한 수준의 임금격차를 기록한 동일가치 평가를 의뢰했고, 원고들이 민권법 타이틀 VII에 따른 소송에서 이 연구들을 사용했음에도 불구하고, 법원은 동일가치에 따른 소송을 일관되게 거부했다. 연방 제9항소법원은 "민권법 타이틀 VII은 [고용주에게] 자신이 창출하지 않은 경제적 불평등을 제거할 의무를 부여하지 않는다"고 판시했다.[124] 또한 연방 제11항소법원이 2011년 언급한 바에 따르면 "윤리적인 측면에서 보면, 어느 정도 동등한 가치를 가지는 각기 다른 직업의 근로자들은, 비록 시장은 다르게 평가할지라도, 동일한 임금을 지급받아야 할지도 모른다. 하지만 '동일가치'는 연방 차별 소송의 근거가 되는 이론으로 인정되고 있지 않다".[125] 미국 법과 달리, 유럽연합(EU)의 법원들은 동일가치 이론을 받아들였다. '유럽경제공동체조약(European Economic Community Treaty)'의 제119조에 따르면 동일임금법은 "남성 노동자와 여성 노동자 간 동일한 노동에 대해 동일한 보상"을 할 것을 요구하는데, 이 문언은 동일임금법의 문언과 매우 유사하다. 유럽연합 각료 이사회는 동일임금 지침에서 제119조가 기본적으로 "동일노동 또는 동일한 가치를 갖는 노동"에 대한 동일임금을 지급하는 것을 의미한다고 해석했다.[126] 호주, 캐나다, 뉴질랜드, 독일, 이탈리아, 프랑스, 네덜란드, 벨기에, 룩셈부르크, 덴마크, 아일랜드, 그리스, 스페인, 포르투갈 및 영국도 의무적인 동일가치 또는 임금 형평 프로그램을 통해 여성이 지배적인 일자리들을 재평가하는 데 있어 어느 정도 성공을 거두었다.*[127]

다른 나라의 경험들이 보여주듯이, 동일가치 이론은 성별에 따른 직업의 분리에 의한 성별 기반 임금격차의 일부를 개선할 수 있다. 이에 대한 거부 반응의 원인은 직업의 성별에 따른 분리를 유지하는 원인과 어느 정도 동일하다. 남성과 여성이 근본적으로 다른 종류의 일에 본질적으로 적합하다는 매우 뿌리 깊은 문화적 신념이다.

• (옮긴이 주) 한국의 경우 남녀 고용 평등과 일·가정 양립 지원에 관한 법률에서 '동일가치노동 동일임금'을 법제화하고 있다.
제8조(임금) ① 사업주는 동일한 사업 내의 동일가치노동에 대해서는 동일한 임금을 지급해야 한다.
② 동일가치노동의 기준은 직무 수행에서 요구되는 기술, 노력, 책임 및 작업 조건 등으로 하고, 사업주가 그 기준을 정할 때에는 제25조에 따른 노사협의회의 근로자를 대표하는 위원의 의견을 들어야 한다.
제37조(벌칙) ② 사업주가 다음 각 호의 어느 하나에 해당하는 위반 행위를 한 경우에는 3년 이하의 징역 또는 3천만 원 이하의 벌금에 처한다.
제8조 제1항을 위반하여 동일한 사업 내의 동일가치의 노동에 대해 동일한 임금을 지급하지 아니한 경우.

군대에서의 고용

G.I. 제인

전쟁은 남자의 일이다. 전장에서의 생물학적 통합은 여성의 능력 측면에서 보았을 때 불만족스러울 것일 뿐 아니라, 남성은 여성과 함께 참호에 숨어 있는 것이 아니라 후방 어딘가에 존재하고 있는 여성을 위해 싸우고 있다고 생각하기를 원하는 남성들에게도 엄청난 정신적인 혼란을 초래한다. 이는 남성 자아를 짓밟는다. 근본적으로, 우리는 전쟁의 남성성을 보호해야 한다.

– 로버트 H. 배로우 장군, 케네스 카스트의 "남성성의 추구와 군대의 (성별) 분리 철폐"에서
  인용

미국에서 대부분의 군인은 남성이다. 1948년의 '여군 복무 통합법(Women's Armed Services Integration Act)'은 여성들이 (지원 부대뿐만 아니라) 군대에 복무하는 것을 허용했지만 여성의 수가 전체 군인들 중 2%를 초과하지 못하도록 제한했다. 이 법은 또한 여성이 전투 지역에서 복무하는 것을 금지했다. '징병법(Military Selective Service Act)'은 18세에서 26세 사이의 모든 남성에게 군복무를 위한 등록을 의무화하고 있다.[128] 1981년 연방 대법원은 *Rostker v. Goldberg(로스트커 대 골드버그) 사건*[129]에서 남성에게는 병역 등록을 의무화하면서도 여성에게는 의무화하지 않은 것은 평등권 위반이 아니라고 판단했다. 대법원은 군사 분야에 있어서는 의회의 판단을 존중해야 하며, 여성은 법률에 따라 전투병으로는 지원할 수 없으므로, 남성과 여성은 복무 등록 목적에 있어 유사한 지위에 있지 않다고 했다.

걸프전 이후, 1993년, 의회는 여성의 전투병과 복무 제외조항 중 일부를 폐지하여 여성을 전투선과 전투기에서 복무할 수 있도록 허용했다.[130] 하지만 군사정책은 여전히 여성을 잠수함과 지상 전투에서 적과 직접적으로 접촉

할 가능성이 있는 부대에서 복무하지 못하도록 했다. 하지만 2013년, 군대는 전투병과의 여성 복무 금지를 해제했다. 2013년 이전에는 여성은 "보병대, 전차부대, 단거리 대공방어, 포병대, 전투 공병대, 그리고 특수부대"에서 제외되어왔다.[131] 이는 곧 여성은 군대 내 직책 중 약 3분의 1로부터 배제되어왔다는 것을 의미한다. 전투 제한은 또한 여성을 군대 내 가장 높은 지위로 진출할 수 있는 커리어 패스로부터 제외시켰다.

2013년의 결정은 여성에게 군대의 20만 개 일자리를 더 열어주었다. 다만, 이 결정에는 남성으로만 구성된 직책을 2016년까지 유지할 수 있도록 하는 예외가 적용되었다.[132] 이 결정이 여성이 군대에서 리더로서의 역할을 맡을 수 있는 능력이 있다는 것을 인정했고 여성운동에 있어 승리라는 것은 분명하지만, 전투에서의 통합은 아직 초기 단계에 불과하다. 더구나, 여성의 전투병과 복무 금지 해제는 2013년 이전에는 여성이 전투에 참여하지 않았던 것처럼 생각하게 하지만, 이는 사실이 아니다. 이러한 일반화는 2013년까지 엄밀히 따지면 전투 참여가 금지되어 있었던 여성들에 의한 무수한 기여를 무시한다.[133]

더욱이, 보병 지위에 여성들을 포함시키는 것이 적절한 정책인지 여부에 대한 논쟁은 계속되고 있다. 일부 페미니스트들은 군대 내 모든 전투직에서 여성이 ─ 괴롭힘이 없으며, 경력 향상 기회가 있고, 군대 관련 문제들에 관한 이들의 의견이 진지하게 받아들여지는 환경 속에서 ─ 복무할 수 있도록 허용하는 것은 완전한 시민권에 있어 필수적이라고 주장한다. 다른 이들은 페미니스트들에게는 동일임금, 가정폭력(친밀한 관계 내 폭력), 그리고 성적 괴롭힘 등 더욱 긴급하게 대응해야 할 국내문제들이 있는데도 불구하고, 여성들이 계급제를 받아들이고 잔인성을 미화하는 제도에 참여하기 위한 권리를 위해 싸워야 하는지에 대해 의문을 제기한다. 모든 군대 내 직책들에 있어 여성을 완전히 통합시키는 것에 대한 현실적인 반대 논거는 여성에게 힘이 부족하다는 주장부터 이들이 특별한 사생활이나 위생 관련 필요들이 있거나 남성 군인들을 산만하게 하고 부대 내 결속을 파괴할 것이라는 우려까지 다양하다. 이에 대한 대응으로는 전쟁이 점점 기술적이 되어가고 있으므로, 힘의 강도는 이전보다 문제가 되지 않으며, 전투 활동과 비전투 활동 간의 경계를 구분하는 것이 점차 어려워지고 있다는 주장이 있다. 어떤 여성들은 체력 요건을 충족시킬 수 있으므로, 군대는 모든 여성을 제외할 것이 아니라 단지 정해진 요건을 적용하면 충분한 것이다. 또한 캐나다, 덴마크, 독일, 이스라엘, 노르웨이와 같은 다른 나라들은 여성이 전투원으로서 복무할 수 있도록 허용하고 있다.

"묻지도 말고 말하지도 마라"

여성이 역사적으로 군 복무를 할 수 없었던 유일한 성 소수자는 아니었다. 1993년 이전까지, 군대는 동성애자들의 군 복무를 금지하는 엄격한 규칙을 가지고 있었다. 클린턴은 대통령 선거운동 기간 동안 게이들의 군 복무 금지를 폐지하겠다고 약속했다. 그 대신, 그는 엄격한 금지를 완화한 것으로 추정되는 타협안인 "묻지도 말고 말하지도 마라" 정책에 서명했다.[134] 이 정책은 동성애 행위, 자신이 게이 또는 레즈비언이라는 진술, 또는 동성 파트너와의 결혼 시도를 금지했다. 묻지도 말고 말하지도 마라 정책하에서 약 1만 4천 명의 군인이 게이 또는 레즈비언이라는 이유로 군대로부터 퇴출되었다. — 이는 이전에 게이 또는 레즈비언의 군 복무가 금지되었을 때보다도 더 많은 숫자다.[135] 이 정책은 또한 수천 건의 동성애자로 의심되는 자들에 대한 괴롭힘 및 학대 행위로 이어졌다.[136] 법원은 게이와 레즈비언을 군대에서 배제하는 것을 "한결같이" 인정했다. 이들을 받아들이면 부대의 응집력을 약화시킬 것이라는 이유였다.[137]

하지만 또 하나의 군사 분야의 쾌거로서, "묻지도 말고 말하지도 마라" 정책이 2011년 폐기되었고, 여성의 전투병과 복무가 허용되기 이전에 게이인 군인들은 공개적으로 군대에 통합되었다. 폐기 1년 후인 2012년, 연구 결과에 따르면 공개적인 남성 또는 여성 동성애자의 군 복무 허용은 부대의 결속, 모집, 또는 사기 측면에서 부정적인 영향이 더 크지 않았으며, 전체적으로 "군대의 임무 수행 능력을 향상시킨 것으로 보인다".[138]

복지 개혁과 경제적 자립

1996년 의회는, 클린턴 대통령의 표현에 따르면 "우리가 아는 형태의 복지를 끝내기 위한" 법률인 '개인적 책임과 근로 기회 조정법(Personal Responsibility and Work Opportunity Reconciliation Act: PRWORA)'을 통과시켰다.[139] 이 법률은 '부양 자녀가 있는 가족 대상 지원금'으로 알려진 좀 더 큰 규모의 사회보장 프로그램(entitlement program)*을 복지 수급자들이 복지에 의존하지 않고 일하도록 유도하기 위해 설계된 좀 더 제한적인 보조금 기반 프로그램으로 대체했다. PRWORA하에서 수급자들은 보조금 혜택이 종료되기 전에 최대 연속 24개월 동안 지원금을 받을 수 있다. 개인의 평생 복지 혜택 수령은 5년으로 제한된다. 이 법이 통과된 지 거의 20년이 지난 후, PRWORA는 (일부 개정에도 불구하고) 여전히 정치인들과 대중에게 인기가 있다.

이 법률의 엄격한 근로 요건 및 기타 정책은 1995년에서 2008년까지의 복지 수혜자 수를 크게 줄였다. 수백만 명의 미국인들은 ─ 이 중 많은 수가 여자였다 ─ 다시 근로 인구로 편입되었다. 그러나 이 법률은 여성의 경제적 독립을 강화시키는 데는 큰 도움이 되지 못했다. 많은 신규 여성 근로자들은 낮은

• (옮긴이 주) 'Entitlement'란 (주어진) 자격을 의미하는데, 여기서 entitlement란 사회보장수급권을 말한다. 'Entitlement program'은 인구 중 정해진 특정 집단(예를 들어 n세 이상 노인, n세 이하 아동, 임산부, 신혼부부, n세 이상 n세 이하 청년 등)에게 정해진 복지 혜택을 보장해준다는 의미가 있다. 간혹 'entitlement program'은 직접 노동해서 벌지 않은 돈을 대가 없이 지급한다는 점에서 부정적인 의미로 쓰이기도 한다.

최저임금을 받고 일했으며 그들 자신 또는 가족을 부양할 수 없었다. 실제로, 이전에 복지 수혜자였던 가족들은 여전히 빈곤 상태에 놓여 있다.[140] 2007년, 경기대침체(Great Recession)의 시작에서, 복지 수혜자는 다시 증가하기 시작했고, 2007년에서 2010년까지 11% 증가했다.[141] 최근 연구에 따르면, 2012년을 기준으로 저소득층 싱글맘 4명 중 1명이 직업이 없고 현금 보조금을 받지 못하고 있으며, 여기에는 약 4백만 명의 여성과 아이들이 포함된다.[142] 그 해 애리조나 주의 피닉스에서 빈곤에 대해 조사한 ≪뉴욕타임스≫ 기자에 따르면, 현금 지원금 지급이 중단된 빈곤층에는 주로 식품 구매권 판매, 혈액 매매*, 좀도둑질, "병이나 깡통을 줍기 위한 쓰레기통 뒤지기", 그리고 폭력적인 파트너와의 재결합 등의 전략을 통해 생계를 이어가는 싱글맘이 많다.[143]

이전의 복지 수혜자들 중 현재 직업을 가진 이들의 경우 직업의 분리는 여전히 문제가 되고 있다. 대부분의 저숙련 직무는 서무나 돌봄 분야에 집중되어 있다. 연구 결과에 따르면 정부 사회복지사들은 여성들을 좀 더 수입이 높은 분야인 트럭 운전이나 건설업이 아니라 위 분야들의 업무로 강력하게 유도한다.[144] 그들 자신의 어린 자녀를 돌보기 위해 집에 머물던 많은 가난한 싱글맘들이 이제 다른 사람들의 어린 자녀를 돌보는 방법을 통해 근로 인구에 동참하도록 권장된다는 것은 역설적이다. PRWORA는 (아마도 다른 수준의 전문 도우미를 고용하고 있을) 복지 혜택을 더 이상 받지 않는 어머니들을 위해 어느 정도의 양육 수당을 제공하지만, 비평가들은 이 수당은 부족한 경우가 많다고 비판한다.

---

* (옮긴이 주) 우리나라 역시 예전에는 매혈이 성행했으나, 혈액관리법 제정에 따라 혈액 매매행위는 금지되었다. 미국에서도 혈액 매매행위는 금지되어 있지만, 일주일에 두 번까지 플라즈마(혈액에서 원심력으로 혈구를 제거한 것. 혈장/bloodplasma을 말한다)를 "기부"하는 것은 가능하고, 이 경우 은행이 회당 약 30달러 정도를 지급한다. 미국에서 플라즈마 매매는 빈곤층 사이에서 꽤 흔하다고 한다. 세계 플라즈마 공급량 중 약 60%가 미국에서 공급된다. (유상 플라즈마 중에서는 90% 이상이라고도 함.) Kathryn Edin and H. Luke Shaefer, "Blood Plasma, Sweat, and Tears", *The Atlantic* (2015.9.1.) 등 참조.

작가이자 활동가인 바바라 에런라이크는 이 법의 인기는 부분적으로 인종 차별적이며 성차별적인 이미지, 특히 복지 수급자는 "게으르고, 과체중이며, 끝없이 아이를 낳는다"는 고정관념에 기반하고 있다고 믿는다.[145] 그녀는 또한 복지 개혁 옹호자들이 아동 양육과 가사일을 평가 절하하는 동시에 여성들을 경제적 착취에 더 취약하게 만든다고 비난한다. 그녀의 말에 따르면, "실업 — 또는 좀 더 정확히는 가족을 위한 무급 노동 — 에 낙인을 찍는 것은 당연하게도 회사가 근로자에게 바라는 고분고분함을 장려하는 역할을 한다. 어떠한 직업도, 이 직업이 얼마나 위험하거나, 학대를 받거나, 또는 저임금인지와 상관없이, 무직보다는 낫다고 해석될 수 있다".[146] 에런라이크의 주장에 따르면 다양한 페미니즘 이론들은 위 정책을 공격하기 위해 촘촘하게 활용될 수 있다. 동등대우론자는 광범위한 고정관념을 비난할 수 있다. 문화 페미니스트는 "가족을 위한 노동"에 낙인을 찍는 것에 의문을 제기할 수 있다. 그리고 지배 이론가의 경우 직장 내 괴롭힘을 규탄할 수 있다. 복지 개혁에 대한 비판자들에게 있어서는, 복지 개혁은 누구에게나 싫어할 만한 부분이 있는 셈이다.

에런라이크의 비판을 설득력 있다고 생각하든 그렇지 않든, 다른 부유한 국가들의 복지 시스템은 빈곤을 줄이는 데 훨씬 더 효과가 있다는 점을 주목할 필요가 있다. 일반적으로, 이 나라들은 더욱 강력하게 근로자를 보호하며, 가족들에게 훨씬 더 관대한 복지 혜택을 제공한다. 그 결과로, 대부분의 산업화된 민주주의 국가에서의 빈곤율은 미국보다 최소 50% 이상 낮다.[147] 이 분류의 국가들 중 미국과 유사한 정도의 여성 빈곤율을 가진 국가는 거의 없다.[148] 국가 간 비교 연구는 높은 여성 빈곤율의 원인으로 미국의 높은 싱글맘 비율보다는 공적 부조의 부재와 저임금을 지목한다.[149]

생활임금법

이 글을 쓰는 시점에서, 연방 최저임금은 시간당 7.25달러다. "최저임금을 받는 풀타임 근로자는 1년에 약 1만 5천 달러를 받고 있다 … 이 중 많은 근로자들은 임금이 너무 낮기 때문에 식품 구매권 또는 근로소득보전세제*와 같은 공공 지원에 의존해야 한다."[150] 고용주들은 매우 전략적으로 직원들의 급여 인상, 전일제 근로, 건강 복지 제공을 피할 수 있다. 일부 고용주들은 근로자가 정규직으로 전환되는 것을 피하기 위해 계속하여 해고와 재고용을 반복하기도 한다. 생활임금 캠페인은 저임금 근로자들은 어떤 종류의 삶의 질을 높여주는 활동도 하기 어려울 뿐만 아니라, 기본적인 필요를 충족시키기도 불가능하다는 점을 강조한다. 19개 주에서는 그 주의 최저임금을 연방정부보다 높게 책정했으며, 1990년대부터 100개 이상의 지방자치단체가 생활임금조례를 제정했다. 이 법들은 지방정부와 계약된 업체들은 저임금 근로자들이 공적 원조 없이도 임대료, 식량, 의료비, 의복, 그리고 기타 필수품을 위한 비용을 지급할 수 있는 정도의 임금을 지급하도록 규정한다.[151]

생활임금조례를 통과시킨 도시들 ― 몇 개 이름을 대자면 버클리, 디트로이트, 뉴올리언스, 세인트루이스, 그리고 산타페 등 ― 에서 이 조례의 적용은 험난했다. 실제 집행이 잘 되지 않거나, 이보다 주 법이 우선한다는 이유로 무효화될 수 있기 때문이다.[152] 또한 이 캠페인은 직업의 분리 문제를 지적하기 때문에 흥미롭다. 예를 들어 조지아 대학교에서는 학생식당 직원들이나 미화원들의

---

* (옮긴이 주) 일정 소득 이하의 근로소득자를 대상으로 소득에 비례한 세액공제액이 소득세액보다 많은 경우 그 차액을 환급해주는 제도를 말한다. 이 제도는 소득에 따른 공제액을 설정하고, 공제액보다 세금이 적을 경우에는 차액을 현금으로 받을 수 있다. 미국은 1975년부터 이 제도를 시행하고 있으며 빈곤 제거를 위한 하나의 정책수단으로 활용하고 있다. 근로장려세제 또는 마이너스 소득세라고도 한다. 영국, 프랑스, 캐나다 등 7개국에서 운영하고 있으며, 한국에서는 조세특례제한법의 '근로 장려를 위한 조세 특례'에 따라 2008년부터 시행하고 있다. 이 제도는 모든 국민을 대상으로 하는 사회보험제도와 극빈층을 대상으로 하는 국민기초생활보장제도로 이원화된 기존 사회복지제도의 혜택을 받지 못하는 근로 빈곤층을 지원하기 위해 도입된 것이다.

저임금 문제에 대응하고, 그와 동시에 대학의 일상 업무에 있어 이들의 중요성을 강조하면서 생활임금 캠페인이 시작되었다. 이 캠페인은 대학교 교무위원들의 억대 연봉과 자신들 또는 가족들의 가장 기초적인 필요조차도 충족시킬 수 없는 근로자들의 저임금 간 차이를 강조했다. 누가 어떤 일을 하고 있는지, 무엇을 희생하는지, 어느 정도의 가치로 평가받는지 등 직업의 분리 관련 쟁점을 중시하는 것은 전형적인 페미니즘의 물음이다. 이 캠페인들은 또한 잠재적으로 다인종 조직, 그리고 다양한 배경을 가진 학생들, 대학교 교직원들, 그리고 교수들 간의 협력을 촉진할 수 있기에 유익하기도 하다.

"린 인(Lean In)" 운동

대중적인 페미니즘에서 가장 영향력 있는 새로운 활동가들 중 한 명이자, 혹은 의외의 사람이라고도 할 수 있는 사람을 빼놓고는 일터에서의 여성에 대한 논의를 마칠 수 없다. 페이스북의 최고운영책임자(COO)이자 첨단기술 업계에서 가장 영향력이 있는 여성들 중 하나인 셰릴 샌드버그다. 샌드버그는 2013년 저서 『린인(Lean In)』에서 개인적인 커리어 이야기, 젠더 연구, 그리고 "여성들이 자신들의 목표를 달성하기 위한 실질적인 조언"을 제공한다.[153] 인기 있는 TED 강연에서 파생된 그녀의 책은 온라인 리소스 센터, 힘을 나누는 소모임, 그리고 열정적인 "변화를 만드는 사람들"의 국제적인 네트워크와 함께, 이 책의 페이스북 페이지에 "좋아요"를 눌러서 참여할 수 있는 광범위한 사회적 현상으로 변모했다. 이 모든 것을 마케팅이라고 부를 수도 있고 사회운동으로 볼 수도 있으며, 혹은 둘 다라고 할 수도 있지만, 이를 무시할 수는 없고 무시해서도 안 된다. 샌드버그는 페미니스트 조직화에 있어 새로운 전환점을 제시하고 있는지도 모르기 때문이다.

페미니스트 비평가인 레베카 트라이스터는 린 인을 "직업 세계의 성 불평등에 관한 강력한 선언"이라고 찬양했다.[154] ≪타임≫도 여기에 동조했다. 이 잡지의 비즈니스 기자 중 한 명은 "샌드버그가 1971년 ≪미즈(Ms.)≫•가 창간된 이후의 페미니즘을 되살리기 위한 가장 야심 찬 임무에 착수하고 있다고 해도 과언이 아니다"라고 언급했다.

샌드버그는 50년 전 『여성성의 신화(The Feminist Mystique)』에서 중산층 교외 가정주부의 어려움에 관해 고발한 베티 프리단의 발자국을 따라간다. 프리단은 많은 여성들이 가정과 사무실 모두에 헌신하는 삶에서 더 큰 만족감과 자아 존중감을 찾을 것이라고 확신하면서, 여성들에게 믹서기를 서류가방과 교환하라고 권했다. 자수성가한 억만장자인 샌드버그 역시 이에 이의를 제기하지 않을 것이다. 하지만 그녀는 엘리트들이 모인 실리콘밸리에서조차도, 이중 잣대와 진퇴양난의 상황들이 여성의 잠재력을 희생시키고 끊임없이 자신을 의심하게 하는 악순환으로 이끌면서, 이들의 삶을 더 어렵게 만든다고 말한다.

샌드버그는 여성들에게 자신의 커리어 쪽으로 "달려들라(lean In)"고 지시한다. 이는 곧 자신의 직업 전문성 개발의 고삐를 잡는 것, 스타 멘토를 찾는 것, 제도적 장벽을 뛰어넘는 것, 그리고 가정에서 가사 역할을 재협상하는 것을 의미한다. 만화 〈피넛츠〉에서의 루시와 마찬가지로 여성들은 자신들의 "나댐"을 찬양해야 한다. ― 하지만 이는 개인적 다짐을 알리고 모두가 이를 북돋아주는 방식으로 기분 좋게 이루어져야 한다. 샌드버그는 여성들에게 참가자들이 매월 모여서 "함께 나누고 배울 수 있는" 소모임인 "린 인" 모임을 통해 "린 인" 전략을 탐구하라고 권한다. 샌드버그의 홈페이지에서 "소모임 설명서"는 "당신 자신의 소모임을 운영하기 위해서 필요한 모든 것"을 제공한다.[155] 샌드버그는 소모임의 분위기는 언제나 낙관적이어야 한다고 주장

• (옮긴이 주) 글로리아 스타이넘, 도로시 피트먼 휴즈 등의 제2세대(second wave) 여성주의자들이 창간한 진보적 여성주의 잡지.

한다. 규칙에 따르면 여성들은 서로 격려하고 "긍정적인" 이야기만을 나눠야 한다. 그리고 이 모임에는 남성들도 합류할 수 있다.[156]

이 책의 유명세는 여러 논평을 이끌어냈고, 필연적으로 페미니스트들로부터 비판도 받았다. 이론적으로 보면, 한 가지 비판은 이 이론에는 새로운 것이 아무것도 없다는 것이다.[157] 소모임을 통한 목표 설정, 이중 잣대 노출시키기, 그리고 의식 고양은 1970년대 스타일의 "2세대" 페미니즘의 특징이다. 샌드버그의 혁신은 내용 그 자체보다는 그것을 전하는 방식에 있는 것으로 보인다. — 긍정적인 것을 강조하고, 정치제도에 대한 직접적인 공격을 피하며, 남성을 대화로 끌어들이는 것이다. "린 인" 운동이 페미니즘의 활기를 회복시키는지 아니면 페미니즘을 물 탄 듯 희석시키는지 여부는 오늘날의 페미니스트들이 계속하여 논쟁하는 사항이다.

두 번째 비판은 누가 봐도 알아차릴 수 있는 전제에 초점을 두고 있다. 샌드버그의 업무를 위한 비서, 육아 도우미, 그리고 개인 트레이너가 있는 세상은 대다수 여성들의 경험을 반영하지 않는다. 샌드버그는 그 사실을 분명히 시인하면서도, 그녀의 의견들이 직장인 여성들에게는 여전히 유의미할 수 있다고 말한다. 그리고, 공정하자면, 1960년대의 비평가들은 베티 프리단에게도 비슷한 비판을 했다. 그녀가 젤리 만들기와 이부자리 개기에 초조해하는 것은 미국 여성들 중 특권층만을 반영하고 있다는 것이다. 이보다 더 큰 문제는 국내 언론들이 "린 인"을, 실은 그렇지 않은데도 불구하고, 직장 내 평등과 페미니즘에 대한 일반적인 의견으로 승격시킨 것이다.

사무실에서 적극적으로 행동하기 위한 샌드버그의 처방은 주의를 기울여야 할 또 다른 계층 문제를 제기한다. 사무실에서 "린 인(lean in)" 하는 것은 자주 육아 도우미들, 청소 도우미들, 요리사들, 간병인들 등 급여체계상 아래쪽에 위치에 있는 여성들에게 기대는(lean on) 것을 의미한다. 이들의 안위와 자기 계발을 좌절시키는 이중 잣대와 곤경들은 어떻게 해야 할까? 이들은 어떻게 달려들어야(lean in) 하고 누구에게 기대야(lean on) 하는가?

↘ 토론을 위한 질문

1. 성별과 노동 관련 이슈의 핵심에는 가사와 육아에 가치를 부여하는 것에 대한 사회적 거부가 있었다. 케이틀린 플래너건과 같은 일부 페미니스트들은 직업을 가진 백인 여성들이 제3세계 여성들을 육아 도우미와 가사 도우미로 착취하고 있다고 주장한다.[158] 어떤 여성들이 노동시장에 진입할 수 있는 능력은 보육 서비스를 제공하는 다른 시장을 이용하는 데 달려 있다. 이는 돌봄의 부담을 한 그룹의 여성들로부터 경제적으로 더 약한 그룹의 여성들로 이동시킬 뿐이다. 근로인구에 편입되기 위해 일부 여성들은, 여성들의 집에서 하는 일과 아이들과 함께하는 일을 경시하는 체제를 받아들여야만 한다는 것에 동의하는가? 이것이 반드시 착취적인 것인가? 이러한 고정관념을 사용하지 않고도 부모가 되고 밖에서 일하는 것이 가능한가? 이 문제는 개인들이 각자 책임을 지고 해결해야 하는가 아니면 정부는 사람들이 '홉스(Hobbes)'적인 선택을 하지 않아도 되는 시스템을 만들 책임이 있는가? 여성이 "다 가질 수" 있는가?

2. 당신의 의견에 따르면, 여성의 고위직 참여를 높이기 위해 고용주들은 무엇을 할 수 있는가? 이들은 무엇을 해야 하는가? 만약 고용주들이 해야 하는 것이 있다면, 정부는 고용주들에게 무엇을 하도록 해야 하는가? 기업, 군대 및 정부의 고위직에 여성을 좀 더 받아들이는 것이 일하는 여성들의 현재 근로조건을 어떻게 바꿀 것인가?

3. 성적 괴롭힘과 관련하여 대중의 의견과 법적 이론 및 법원칙 사이에는 상당한 간극이 있다. 많은 사람들은 성적 괴롭힘은 성적 욕망에만 관련된 것이라고 생각한다. 법원칙은 성적 괴롭힘이 성뿐만 아니라 권력에 관한 것이기도 하다는 점을 인정한다. 대중은 "정수기 옆에서 한 번 농담으로 '엉덩이 멋진데'"라고 말한 정도를 배심원들이 크게 처벌하고 있다고 믿는다.[159] 법은 괴롭힘이 처벌받으려면 심각하면서도 만연해야 한다고 정하고 있다. 법과 대중의 생각 사이에 이런 차이가 존재하는 이유는 무엇인가?

4. 우리는 "복장 규정" 사건들이 차별금지법과 근로자의 자율성 간 관계를 암시한다고 주장했다. 즉, 법원은 용모 관련 규정을 옹호함으로써 민권법 타이틀 VII이 외관에 있어서의 자율성 증진을 의도하지는 않는다고 판단했다. 탱크탑을 입을 권리, 플립플랍을 신을 권리, 코 피어싱을 할 권리? 생각도 하지 말라는 것이다. 그러나 *Sears 사건*과 같은 다른 사건들은 근로자의 자율성에 대해 좀 더 폭넓은 시각을 갖는 것으로 보인다. 예를 들어 *Sears 사건*에서는 EEOC가 시어스 백화점이 여성을 장래성이 없는 직무로 몰아넣고 있다고 주장하자, 법원은 이 여성들은 단순히 자신들의 자율성, 자신들의 선택권 — 법원이 민권법 타이틀 VII이 보호한다고 암시한 선택권 — 을 행사하고 있는 것이라고 했다. "복장 규정" 사건들은 *Sears 사건*과 모순적인가 아니면 조화될 수 있는가? 이 사건들을

과연 자율성에 관한 분쟁으로 보아야 하는가?

5. 법학 교수 잭 크라머는 성차별의 유형이 최근 몇 년 간 변화했다고 주장한다.

> 성차별은 매우 개별화되었다. 현대 성차별은 모든 남성 또는 모든 여성을 대상으로 하지 않으며, 공격적인 여성이나 여성스러운 남성처럼 남성의 하위 그룹 또는 여성의 하위 그룹을 대상으로 하지도 않는다. 현대 성차별의 희생자들은 직장의 규범을 따르지 않거나 따를 수 없기 때문에 차별을 받게 되는 특정한 남성들과 여성들이다. 차별을 받는 이들은 달린 제스퍼센*뿐만 아니라 여성 의류를 착용하는 남성 트럭 운전기사, 남성에서 여성으로 전환하는 동안에는 사용할 화장실을 찾을 수 없는 버스 운전기사, 시골의 위스콘신 공장에서 모난 정처럼 튀어나와 있는 여성스러운 남성, 영업일에 신생아를 위해 수유를 할 휴식 시간이 필요한 어머니, 부치 레즈비언이라는 이유로 미용실에서 해고된 헤어스타일리스트, 그리고 고객을 대하는 영업직을 하기에는 충분히 예쁘지 않다는 말을 듣는 과체중 텔레마케터다.[160]

> 차별의 유형에 관한 그의 의견이 맞는다고 가정할 때, 원고들이 집단적 종속에 기반한 고정관념을 증명하도록 요구하는 민권법 타이틀 VII의 논리하에서, 이렇게 개별화된 소송들은 어떤 결과를 가져올 것인가? 이렇게 새롭고 더욱 특수하며 개별화된 형태의 차별들을 포괄하기 위해 법원칙은 어떻게 변화해야 하는가?

• (옮긴이 주) *Jespersen v. Harrah's Operating Co.* 사건의 당사자.

4장

교육과 스포츠

한 명의 아이, 한 명의 선생님, 한 권의 책, 한 자루의 펜이 세상을 바꿀 수 있다.

– 말랄라 유사프자이, 『내 이름은 말랄라』

챔피언은 잘못을 바로잡을 때까지 멈추지 않는다.

– 빌리 진 킹, 제니스 엘릭의 "회의실에서 여자가 눈을 뜨는 순간"에서 인용

□ □ □

교육의 기회

남녀균등교육(coeducation)에 이르는 역사적 여정

미국을 포함해 세계 어느 나라에서든 여자아이보다 남자아이가 더 많은
교육의 기회를 제공받는다. 영국 식민지 시대의 미국에서는 공교육은 오직

남자들만 꿈꿀 수 있는 일이었다. 가족은 말할 것도 없고 온 마을 사람들이 아내나 엄마가 되는데 굳이 교육이 필요하다고 생각하지 않았다. 교육을 받는 경우에도 여자아이는 나이가 든 여성이 사는 가정집(dame school)에서 청교도 교리 습득을 위한 최소한의 교육을 받을 뿐이었다. 여자아이에게 문법 교육을 시켰던 마을에서는 남자아이와 여자아이를 분리해서 가르쳤다. 이런 분위기에서 흑인 또는 아메리카 선주민 여자아이가 교육을 받는 것은 언감생심이었다.

200여 년의 시간 동안 남녀균등교육을 뒷받침하는 사회·제도적 상황이 조금씩 개선되었다. 교육에 대한 부모의 생각이 바뀌면서 딸을 어떻게든 공립학교에 보내 수업을 듣게 하거나 비밀리에 과외를 시키는 부모도 나타났다. 직업훈련으로서 여성 교육에는 회의적인 부모조차 교육을 받으면 더 좋은 어머니나 반려자가 된다고 생각하게 되었다. 일부 농촌 마을에서는 학교에 다니던 남자아이들이 농장일을 하기 위해 빠지는 여름철에 여자아이와 일을 하기에는 아직 어린 남자아이를 봐줄 선생님을 채용하기도 했다. 1800년대 중반 무렵까지는 미국 인구의 4분의 3 이상이 농촌 지역에 거주했고 학생 수가 많지 않기 때문에 한 건물에서 남녀를 같이 교육시키는 것이 경제적이었다.[1] 조용한 변화의 물결이 공립 초등학교를 천천히 바꾸어갔고 19세기 중반에 이르면 여자가 공립 초등학교에 입학하지 못하는 경우는 거의 없었다. 물론 "이 학교를 다니는 아이들은 거의 다 백인이었다".[2]

고등학교에서는 일찍부터 남자와 여자를 분리시켰고 이러한 경향은 도시로 갈수록 심했다. "여자도 남자와 마찬가지로 교육받는 모습(coeducation)을 보려면 여자도 기초교육 이상으로 공부해야 한다는 생각이 일반적으로 수용될 때까지 기다려야 했다."[3] 1850년대 무렵 교육학자들 사이에서 남녀 모두에게 중등교육을 실시하는 것이 바람직한가에 관한 논쟁이 시작되었다. 반대론자는 "쓰레기 같은 남자애들에게 … 휩쓸리는 것"[4]으로부터 십대 여자아이들을 보호해야 한다고 주장했다. 반면 찬성론자는 여자아이 역시 남자아이와 마찬가지로 공교육을 받을 동등한 권리가 있고 이 권리는 같은 조건에서 교육받을 권리를 의미한다고 주장했다. 여기에 인종과 계급 같은 변수가 추가되면서 논쟁은 더욱 복잡해졌다. 남부 주에서는 백인이 다니는 학교에서만 남녀를 분리했다. "문명화된 상류계급은 어느 지역에서든 남녀를 분리하여 교육시키는 학교를 선택했다."[5] 교사가 곧 여성의 직업처럼 인식되기 시작되면서 이 저임금의 미래 교사들을 양성하기 위한 교육과정이 도시 지역 고등교육기관에 개설되었고, 이것이 남녀가 함께 교육받는 중등교육기관이 대세가 되는 데 결정적인 영향을 미쳤다. 19세기 후반에 이르면 도시 지역의 교사 중 90% 이상이 여성이었다.[6] 선생님이지만 여성이 한 교실에 함께 있게 된 이 변화가 이후 여학생도 같은 교실에서 수업을 받을 수 있는 가능성을 열어주었다.

이러한 변화에도 불구하고 고등교육기관은 여전히 요지부동이었다. 일부 대학 관계자들은 "교육을 받기에는 능력이 부족한 '여성의 성정(性情)'이 망가져서는 안 되기 때문에 여성을 위하는 마음으로"[7] 입학을 거부한다고 주장했다. 남북전쟁 이전에는 거의 대부분의 대학, 단과대학이 여성을 거부했다. 당시 여성들은 여섯 명 중 한 명 정도만이 남녀공학 대학에 다녔다.[8] 1800년 중반에서 후반으로 가면서 마운트 홀리요크, 바사, 스미스, 웰즐리, 브린 모어와 같은 여자대학이 설립되었다. 하버드나 컬럼비아 같은 유명 대학도 래드클리프나 바나드 같은 여자대학을 병설했다. 1867년 3천 명의 여학생이 전업으로 공부를 했고 이 중 "3분의 2를 약간 넘는 수가 전국 서른 남짓한 여자대학에서 수학했고, 나머지는 40개의 사립 남녀공학대학, 8개의 주 종합대학에서 수학했다".[9]

고등교육기관이 여성의 입학을 허용하게 된 데에는 사회의 전방위적 압박의 힘이 컸다. 여성 참정권 운동은 여성의 공교육 접근권에 대한 주장으로 이어졌다. 여성에게 고등교육의 기회를 제공하는 학교를 위해 연방정부가 주에 토지를 제공하는 연방 모릴법('Federal Morrill Acts')이 1862년 및 1890년에 시행되었다. 1945년에 이르러서는 종합대학과 단과대학의 70%가 남녀공학이었다. 물론 공식적으로는 남녀공학인 학교들도 여학생들이 공학, 의학, 법학보다 가정학, 재봉, 간호, 요리 수업을 듣게끔 유도했다.[10] 1960, 1970년대에 이르러 아이비리그 학교가 여성 입학을 허용하게 되었다. 프린스턴과 예일은 1969년, 브라운과 다트머스는 1972년, 하버드는 1976년, 컬럼비아는 1983년이 되어서야 남녀공학으로 바뀌었다.[11]

의사, 법률가 등을 양성하는 대부분의 전문 대학원은 여성 입학을 허용하지 않았다. 1893년 존스 홉킨스가 주요 의과대학으로는 처음으로 여성의 입학을 허용했지만 이는 평등을 위해서가 아닌 경제적 이유 때문이었다. 1915년 무렵부터 예일이나 유펜, 컬럼비아 의과대학이 소수의 여성 입학을 허용했지만 하버드는 1945년까지도 여성 입학을 허용하지 않았다.[12] 여성 입학을 허용해도 대부분의 의과대학은 여성 쿼터를 두고 그 수를 제한했다. 제2차 세계대전 전에는 평균 5%였고 그 이후로는 6~8%였다. 1970년에는 의사의 약 7.7%만이 여성이었다.[13] 1970년대 중반 여러 의과대학에서 성차별 소송이 벌어지자 비로소 학교들은 입학 관행을 바꾸기 시작했다. 1980년에는 의과대학 졸업생 중 23%가 여성이었고 1990년, 2013년에는 각 35%, 47%가 여성이었다.[14] 2003년에는 의과대학 지원자 중 여성이 과반이 되었지만 여전히 의사의 33%, 의과대학 부교수의 32%, 정교수의 20%만이 여성이다.[15]

여성을 배제하다 마지못해 받아들이는 이 모습은 로스쿨의 역사에서도 그대로 발견할 수 있다. 1868년까지 여성은 어떤 로스쿨에도 입학할 수 없었고, 그 이후로 반세기 동안 일 년에 한두 명 입학하는 꼴이었다. 컬럼비아나 듀크 같은 명문 로스쿨은 1920년 후반, 하버드는 1950년, 노틀담은 1969년이었고, 버지니아는 1970년에야 여성 입학을 허용했다. 1972년 마지막 남자 로스쿨이던 워싱턴 & 리 로스쿨마저 공학으로 전환했다.[16] 입학이 허용된 다음에도 1970년대까지 여성 등록률은 3%에 지나지 않았고, 학교 안에서도 환영받지 못했다.[17] 하버드를 포함한 일부 로스쿨의 교수들은 여학생들에게 수업

중 지정 질문을 일절 하지 않다가 봄 무렵 "숙녀의 날"이 도래하면 이날에는 여학생들에게만 괴팍한 질문을 던지는 식이었다.[18] 1968년 한 로스쿨 교과서에는 다음과 같은 문장이 실려 있었다. "어쨌든 모든 토지는 여성과 마찬가지로 소유의 대상이다."[19]

오늘날 여성은 로스쿨 신입생 중 47%를 차지하지만 여전히 학장 및 정교수 중 여성이 차지하는 비율은 각 20%, 29%에 불과하다.[20] 특히 명문 로스쿨일수록 여학생과 남학생은 서로 체험하는 학업 생활이 다르다는 증거도 있다. 여학생은 남학생에 비하여 수업에 적극적으로 참여하지 못하고, 자신감을 상실하며 그 결과 낮은 성적을 받아 소수의 여학생만이 학업 우등상을 받는다.[21] 로스쿨 입학에 있어서는 남녀 간 양적 평등을 달성했을지 모르지만 질적인 기회의 평등도 달성했다고 보기에는 아직 이르다. 2012년 상위 50개 로스쿨 중 단 29%만 여성이 ≪로리뷰≫ 편집장을 맡았다.[22]

미국에서 꽤 최근까지 남성과 여성은 양적·질적으로 다른 교육의 기회를 부여받았다. 중·고등학교, 종합대학과 단과대학, 의과대학·로스쿨은 마지못해 조금씩 여성에게 문호를 열었다. 역사적으로 미국의 학교는 사람들이 운동을 할 기회를 제공하는 중요한 통로이다. 때문에 위에서 살펴본 여성의 교육권을 제한해온 복잡한 관행들은 자연스럽게 여성이 정신, 감정, 신체의 발달을 촉진시키는 스포츠 활동에 참여할 기회 역시 제한해왔다. 이 챕터의 나머지 부분은 여성들이 교실과 운동장에서 마주친 교육 불평등을 살펴보도록 한다.

현시대의 불평등

아직도 끝나지 않은 남녀 간 불평등은 인종·교육과정의 다양성을 초월하여 남성과 여성이 학교에서 겪는 경험에 영향을 미친다. 1992년 미국대학여성협회(American Association of University Women: AAUW)•는 '학교는 어떻게 여학생들을 부당하게 대응하는가'라는 제목의 리포트를 출간했다. 리포트는 학교가 남녀 간에 학업 성취도에 대한 기대 및 교수 방법을 다르게 설정하고 있고 온갖 종류의 편견이 수업 커리큘럼, 시험 등 전반적인 교육에 광범위한 영향을 미친다고 지적한다. 예를 들어 여자 고등학생들은 수학 시험 점수 차이가 얼마 나지 않는데도 덜 어려운 수업을 듣는다. 십대 임신, 데이트 폭력, 섭식 장애와 건강 등 주로 청소년기의 여학생들이 고민하는 문제에 대해 학교는 부적절한 정보를 전달한다. 여성은 이제 학사(57.4%), 석사(59.6%), 박사(52.5%) 학위 취득자 중 다수를 점한다.[23] 그러나 "여자 고등학교 운동선수가 운동경기에 참가할 기회는 남자보다 130만 회 적고",[24] 여성은 SAT 점수가 남성과 같거나 근소하게 높아도 장학금 선정에서 밀리기 일쑤다.[25]

초·중등 교육과정에서 선생님은 여학생보다 남학생과 더 교류하고, 80% 더 많은 질문을 던지며, 그만큼 더 좋은 피드백을 준다. 교육학 교수인 미라(Myra)와 데이비드 새드커(David Sadker)는 "남학생 말이면 번뜩이는 아이디어든 뜬금없는 소리든 반응을 해준다. 그런데 여학생이 선생님을 부르는 순간 마법에 걸린 듯 흥미로운 일이 펼쳐진다. 선생님은 새삼스럽게 질문을 하기 전에 먼저 손을 들어야 한다는 규칙을 상기시키는 것이다. 그러면 보통 남학생만큼 주장이 강하지 않은 여학생은 도로 제자리에 앉는다".[26] 연구 결과에 따르면 교실은 남학생이 주도적으로 말하는 분위기가 형성되어 있고 남학생은 여학생보다 여덟 배 더 말을 많이 한다. 이는 20년 동안 진행된 장기 연구를 통해 재확인되었다.[27]

교사가 남학생에게 쏟는 관심은 긍정적·부정적인 것이 섞여 있다. 교사는 남학생을 여학생보다 여덟 배에서 열 배 가까이 더 많이 혼낸다. 웰즐리 대학 여성 연구소(The Wellesley College Center for Research on Women)는 "남학생과

• (옮긴이 주) AAUW는 1881년 설립된 비영리단체로, 대학 졸업 여성만을 위한 세계에서 가장 큰 재원 가운데 하나다. 여성 및 지역사회 활동 프로젝트를 위한 펠로우십, 보조금 및 상금을 제공하며, 여성과 소녀의 교육에 관한 선구적인 연구에 자금을 지원하고 있다.

여학생이 똑같이 잘못해도 남학생이 더 많은 훈계를 받는다"[28]고 밝혔다. 특히 소수인종 남학생일수록 여학생보다 유급, 강등, 퇴학, 정학을 당하거나 특수학급에 속할 확률이 높다.[29] 전국적으로 학습·발달·행동장애가 있는 특수학급 학생 중 3분의 2가 남학생이며,[30] 이 중 흑인 남성의 비율은 인구 대비 비정상적으로 높다.

교과서에는 남성의 경험이 과도할 정도로 많이 실려 있었다. 예를 들어 여성 과학자의 업적은 과학책에 잘 실리지 않고, 실려도 "과학에 발자취를 남긴 10명의 여성들" 같은 제목을 달고 "인기" 코너에서 떨어진 곳에 있는 식이다.[31]

초등학교부터 단과대학에 이르기는 전 기간 여성은 남성보다 전반적으로 높은 학업 능력을 보여준다. 미국 교육부 통계에 따르면 여고생 학점 평균은 3.10인 데 반해 남고생은 2.90이다.[32] 수학과 과학을 제외한 다른 과목에서 여고생이 남고생보다 학업 우수상을 더 많이 수상한다. 여고생은 남고생보다 우등상, 작문상을 더 많이 받고, 학급 대표로도 더 많이 선출된다. 전국 성취도 평가에서 성별에 따른 점수 차이는 매우 미미하다.[33] 비교 연구에 따르면 일부 나라의 경우 수학 과목에서 남녀 간 성적 차이가 존재하나 모든 나라에서 그런 것은 아니며 오히려 비슷한 경우가 다수이다.[34] 시간이 지날수록 성별 간 성적 차이를 가리키는 유의미한 지표들이 감소한다는 증거도 있다.[35]

스스로 젠더 중립적이라고 생각하는 교사조차 남학생과 여학생을 다르게 대한다는 증거는 차고 넘친다. 교사는 남학생은 읽기나 쓰기, 여학생은 수학과 과학에서 학업 성취도가 더 낮을 것이라고 짐작한다. 여학생에게는 어려운 질문을 삼가고 코멘트도 덜 해준다. 한편 교사는 열심히 공부한다고 생각하는 학생에게 좋은 성적을 주는 경향이 있는데 "많은 경우 여학생이 성실하다고 생각한다".[36] 요약하자면 선의를 가진 교사조차도 교실 안에서 다양한 방식으로 남학생과 여학생을 차별할 수 있다는 것이다. 이러한 교사의 편견은 남학생과 여학생들로 하여금 일정한 행동을 유도·강화하여 "전 과목이 A인 학생 중 57%가 여성이고, 자퇴학생 중 57%가 남성"인 상황[37]을 초래한다.

2000년대 초반 주로 페미니즘을 비난하거나 남녀 분리교육을 지지하는 부류에 의해 이슈가 된 남자아이가 교실에서 받는 차별이 큰 주목을 받았다.[38] 아무리 학교가 젠더 중립적이려고 애써도 학교의 남학생, 여학생은 매우 정형화된 문화나 규범에 따라 서로 다른 방식으로 불이익을 겪는다.[39] 하지만 남학생의 주변화는 여학생의 주변화에 비해 큰 주목을 받지 못했는데, 이는 아마 최근까지도 남학생의 주변화가 직장에서의 경제적 불이익으로 이어지지 않기 때문일 것이다. 과거 수년 간 남성보다 더 많은 수의 여성이 학사, 석사, 박사 학위를 취득했지만 "2012년 모든 교육 수준에서 남성의 중위 수준이 여성의 중위 수준보다 높았다".[40]

학술 분야에서도 여성의 발전을 막는 유리천장이 존재한다. 교수진 중 42%가 여성이긴 하지만 이들은 대부분 명망과는 거리가 먼 낮은 직위에, 정년이 보장되지 않는 직위에 몰려 있다. 정교수의 28%, 대학총장의 23%만이 여성이다.[41] 2010년 과학, 공학, 보건 부분의 4년제 단과·종합 대학을 조사한 통계에서 부교수 중 34%, 정교수 중 19%만이 여성이었다.[42] 이 중 소수인종 출신 여성 교수진은 말 그대로 실종 수준이었다. "천문학과의 흑인 '정'교수 단 한 명의 예외를 제외하면 물리학, 공학 분야에서 흑인 또는 아메리카 선주민 출신 여성 '정'교수는 존재하지 않는다."[43] 이러한 숫자만으로는 성과 인종에 따른 직업의 분리를 완벽하게 설명할 수 없다. 모든 직위에서 여성 교수 또는 소수인종 출신 교수는 백인 남성 교수에 비해 교수위원회 또는 봉사 업무, 학생 지도에 더 많은 시간과 노력을 기울인다는 증거가 많다. 이러한 불평등은 남녀 임금 불평등으로 이어진다. "어떤 기관이나 직위에 있든 평균적으로 여성은 남성보다 급여가 더 적다 … 여성은 남성보다 승진하기 어렵고 승진할 때에도 남성보다 시간이 오래 걸린다."[44] 어떤 기관 및 직위에 있든 여성은 같은 수준의 남성이 받는 급여의 80%만을 받는다.

2005년 초반, 하버드 대학교 총장이던 로렌스 서머스(Lawrence Summers) 교수가 촉발시킨 뜨거운 논쟁은 왜 남성과 여성 간의 차별이 없어지지 않고 끈질기게 지속되는지를 이해하는 데 도움을 준다. 한 학술 대회에서 서머스 교수는 과학 분야에서 여성 교수가 적은 데에는 이유가 있다며 가장 그럴듯한 것부터 시작하여 총 세 가지 이유를 제시했다. 첫째, 여성은 오랜 시간 연구하기를 꺼리거나 그럴 능력이 없다. 둘째, 태어날 때부터 수학과 과학에 소질이 없다. 셋째, 사회적으로 여성은 수학과 과학에 흥미를 갖도록 교육받는 일이 드물다.[45] 그는 실제로 그런 일은 거의 일어나지 않겠지만, 수학과 과학 분야에서 여성을 채용하거나 재임용할 때 차별이 발생할 수도 있다고 했다.

서머스 교수는 여기서 그치지 않고 자신이 젠더 중립적인 아버지로서 30개월 된 쌍둥이 딸들에게 트럭 장난감을 선물해준 일화를 덧붙인다. 쌍둥이들은 트럭에 사람처럼 이름을 붙여줬는데 그 이름이 "아빠 트럭"과 "아기 트럭"이었다는 것이다. 이 일화를 꺼낸 의도가 명확하지는 않지만 아마도 그는 여성이 기계 자체가 아니라 가족을 꾸리는 데 더 관심이 많다는 점을 이야기하고 싶었던 것 같다. 여성은 태어날 때부터 과학에 소질과 관심이 없다는 증거를 제시하고 싶었던 것이다. 그는 나중에 이 발언에 대해 사과하면서도 여전히 위 발언이 성이 사회적으로 구성된다는 이론에 대한 "학문적 문제 제기"였다고 주장했다. 그의 발언에 대한 비판과 총장직 사임 요구가 빗발침과 동시에 사람들은 하버드 내 여성의 승진 현황을 주목하기 시작했다. 서머스 교수가 총장으로 취임한 2001년부터 그가 위 발언을 한 2005년까지 문리학부에서 여성 교수에게 종신 교수를 준 비율은 37%에서 11%로 매년 떨어졌다.[46] 서머스 교수는 2006년 총장직에서 물러났지만 그 후 오바마 대통령의 수석 경제고문으로 일했다. 2013년 "(하버드에서) 종신 재직권을 보장받은 문리학부 교수진 중 23%가 여성이다". 모든 교수진을 포함할 때 여성 비율은 25%이고, 이 수치는 2007~2008년도 이후 꾸준하게 현상 유지되고 있다.[47]

단성(single-sex)교육

남학생과 여학생이 교실 안에서 다른 대우를 받고 있다는 비판에 대한 응답으로 1990년대 초반부터 단성학교나 남녀분반을 만들자는 주장이 일기 시작했다. 1970, 1980년대에 남녀공학보다는 여자학교에 다니는 여학생이 자긍심이 높고 성적도 더 좋다는 일부 연구 결과가 발표되었다. 단성교육의 지지자들은 남학생과 여학생은 배우는 방식이 다르고 한 교실에 이성이 존재하는 것만으로 서로 방해가 된다고 주장했다. 여성의 임신을 어떻게 볼 것인가를 두고 페미니스트들이 동등대우, 특별대우 이론 같은 이데올로기 이분법에 따라 대립했던 것과 유사한 양상이 단성교육 문제에서도 나타났다. 한쪽은 동일성 이론에 기초하여 동화주의적인 입장을, 다른 한쪽은 여성의 특수성에 비추어 분리를 지지하는 입장을 보여주었다.

뉴욕 주는 1996년 이스트 할렘(East Harlem) 지역에 젊은 여성 리더십 스쿨(Young Women's Leadership School)을 설립했다. 캘리포니아는 1997년 6개 구역에 시범적으로 남자학교, 여자학교를 설립했다. 수학 PLUS(Power Learning for Underrepresented Students, 성적이 낮은 학생들을 위한 집중 수업)는 원래 "수학 공포증"이 있는 여학생을 위해 고안되었지만, 차별로 인한 소송에 휘말릴 수도 있다는 염려 때문에 남학생도 들을 수 있게끔 바뀌었고, 전국의 중학교에서 수학 PLUS를 비롯한 다양한 남녀분반 시범 교육이 시작되었다. 2002년 여대 출신의 민주당 상원의원 힐러리 로댐 클린턴과 공화당 상원의원 케이 베일리 허치슨이 공동 발의하고 단성학교, 남녀분반 등 시범 교육을 위해 4억 5천만 달러의 연방기금을 지원하는 내용이 담긴 아동낙오방지법(No Child Left Behind Act)이 국회를 통과했다. 2006년 교육부는 학생들이 "완전히 자발적(completely coluntary)"인 의사로 등록할 것, 단성반의 수업 내용과 "실질적으로 평등(substantially equal)"한 혼성반 수업이 같은 과목 내에 개설되어 있을 것, 단성반 개설과 중요한 교육적 목적 달성 사이에 "상당한 연관 관계

(substantially related)"가 있을 것[48]과 같은 조건을 충족하면 단성반을 개설할 수 있는 규칙을 제정했다. 2002년 어떠한 형태든 단성수업을 운영한 학교는 단 12개에 불과했지만, 이후 단성반 또는 단성학교의 수는 가파른 속도로 증가해 2011년부터 2012년 사이에 단성 공립학교의 수가 116개에 이르고 390개 공립학교에서 단성반을 운영하게 되었다.[49]

전미여성기구(NOW), 전국교육연합(National Education Association), 페미니스트재단(Faminist majority foundation), ACLU는 "분리는 불평등의 씨앗이다"[50]라고 주장하며 이러한 현상을 비판했다. 이들은 남녀 학생 간 불평등한 대우에 따른 문제점은 인정하면서도 단성교육은 이에 대한 잘못된 해결책이라고 주장한다. 일부 페미니스트는 교육위원회가 단성학교나 남녀분반의 형식으로 분리를 승인한 것이 하필이면 *Brown v. Board of Education(브라운 대 교육위원회)* 판결의 50주년이 되는 해라는 역설을 그냥 웃고 넘어갈 일이 아니라고 경고한다.

헌법적 배경: 평등한 보호

지난 40년간 단성교육에 관한 여러 연방 대법원 및 하급심 판결이 있었다. 일부는 평등보호조항인 수정헌법 제14조가 지금 우리가 알고 있는 의미로 해석되기 이전의 판결이어서 참고할 가치가 적다. 근래의 판결은 눈여겨볼 가치는 있으나 그 내용을 살펴보면 남녀를 분리하거나 불평등하게 대우한 결과 여성이 불이익을 받은 것이 오늘날 기준에서 명백한, 소위 "쉬운 사건"이다. 이 때문에 기존의 판례를 토대로 실질적으로 평등한 시설과 교육과정을 갖추었다고 인정할 수 있는 프로그램이 남성과 여성에 모두 제공되며 학생들이 자발적으로 선택할 경우 단성교육을 운영하는 현재의 방식이 헌법에 부합하는지를 판단하는 것은 쉬운 일이 아니다.

이에 관한 최초의 연방법원의 판결은 1970년대에 나온 *Kirstein vs. Uni-*

versity of Virginia(커스테인 대 버지니아 대학교) 판결이다. 위 판결에서 버지니아 연방 지방법원은 샬럿츠빌(Charlottesville)에 위치한 버지니아 대학이 남학생 입학만 허용하는 것은 수정헌법 제14조에 위반된다고 판단했다. 법원은 위 판단을 위해 특별한 심사 기준을 사용하진 않았으나 판결문에는 "성별을 차별하여 교육의 기회를 제공해서는 안 된다는 꽤 최근의 생각"이란 표현이 들어 있다.[51] 반면 같은 해 사우스캐롤라이나 연방 지방법원은 여학생만 입학을 허용하는 윈스럽 단과대학의 정책에 대해 다른 결론을 내렸다. *Williams v. McNair(윌리엄스 대 맥네어) 사건*에서 법원은 남녀공학이 점점 늘어나는 추세라고 하더라도 단성교육은 "아무 근거도 없이" 유지되는 게 아니라 나름의 긴 "역사와 전통"을 가지고 있다고 설시했다. 위 법원은 전통에 따른 사회적 역할에 비추어 남녀를 분리한 교육기관을 세울 수 있는 입법자의 권한을 승인한 것이다. 예를 들어 남자만을 위해 주립 군 사관학교 시타델을 세우고, 여자만을 위해 "젊은 숙녀들을 위한 학교로 설립"되어 "여학생에게 특히 도움이 될 만한 교육과정"인 "바느질, 옷 만들기, 모자 제작, 예술, 봉제, 요리, 가사 및 기타 여성에게 적합한 과목"[52]을 가르치는 윈스럽을 세울 수 있는 것이다. 위 판결은 가장 낮은 수준의 위헌 심사 기준을 사용했을 뿐만 아니라 전통적으로 여성의 직업으로 분류되는 일을 가르치는 것이 여성에게도 유리하다는 논증에 기초하고 있기 때문에 이를 선례로서 인용할 일은 거의 없을 것이다.

필라델피아에서는 그때까지도 남아 있었던 남성 교육기관, 여성 교육기관에 대한 법률 분쟁이 각 1976년과 1984년에 제기되었다. 당시 같은 학군 내에 성적이 우수한 학생들이 진학하는 남학교로 센트럴 고등학교(Central High School), 여학교로 필라델피아 여자고등학교(Philadelphia High School for Girls)가 있었다. 1976년 연방 지방법원은 *Vorchheimer v. School District of Phila-delphia(볼치하이머 대 필라델피아 교육청)*에서 수잔 볼치하이머(Susan Vorchheimer)라는 여학생이 제기한 소를 인용하며 센트럴 고등학교는 여학생의 입학을 허용하라는 판결을 내렸다. 법원은 인적·물적 자원, 교육 여건, 유명도 등에서 위의 두 학교 사이에 격차가 존재한다는 증거에 주목했다. 법원은 남녀가 섞여서 발생하는 악영향으로부터 여학생을 보호하기 위함이라는 교육위원회의 주장에 대해 "만약 남녀공학이 여학생에게 해가 된다면 모든 공교육기관에서 성별을 분리해야 한다. 만약 해가 되지 않는다면 위원회가 주장하는 교육목적과 남녀 분리 사이에 '공정하고 상당한(fair and substantial)' 관계를 인정할 수 없다"[53]고 반박했다.

항소심은 비록 두 학교 간 인적·물적 자원이 다르기는 하지만 "남학생과 여학생에게 제공되는 교육의 기회는 본질적으로 동등하다"며 1심을 파기했다. 항소심의 핵심 근거는 남녀 분리교육의 관행이 "전 세계적으로 발견되는 오랜 역사"를 가진 "유구한 교육의 방식"이라는 것이다. 항소심은 남학생이 남학교 입학을 선택할 수 있는 것과 마찬가지로 원고는 "강요에 의해서가 아니라 자발적"으로 여학교 입학을 선택할 수 있다고 보았다.[54] 반대 의견을 작성한 존 깁슨(John Gibbon) 판사는 볼치하이머의 선택이 "자발적"이라고 본 다수 의견은 매우 편협한 해석이라고 비판했다.

다수 의견은 '플레시(Plessy)가 루이지애나에서 자발적으로 기차에 탑승하기로 선택했다'는 문장 속 "자발적"이라는 단어와 같은 의미로 이 단어를 해석한다. * 그런데 볼치하이머는 뛰어난 학우들과 경쟁할 수 있는 우수한 교육을 받고 싶어서 이 기차를 타고 싶다고 말하고 있다. 지금 필라델피아 주는 1896년에 루이지애나 주가 했던 방식 그대로 볼치하이머가 남녀 분리교육에 순응해야만 교육을

---

* (옮긴이 주) "separate but equal" 법리가 탄생한 *Plessy v. Ferguson 사건*(1896)의 이야기를 인용한 것이다. 루이지애나 주가 1890년 제정한 — 흑인 칸과 백인 칸을 분리할 것을 규정한 — 차량 분리법에 의해 1등석 표를 구매해서 백인 칸에 앉은 플래시(Plessy)가 차량에서 쫓겨난 다음에 수정헌법 제14조 위반을 주장하며 제기한 소송이다. 즉, 플래시 판결의 "흑인과 백인을 분리했지만 흑인은 흑인 칸을 자발적으로 선택할 수 있기 때문에 평등원칙에 위반되지 않는다"는 논리와 항소심의 논리가 유사하다는 비판이다.

제공 하겠다고 제안하고 있다. 볼치하이머는 플레시처럼 분리에 순응하거나, 아니면 원하는 교육을 받을 수 없다는 허울뿐인 선택권만을 가질 뿐이다. [55]

위 판결 이후에도 남학교와 여학교는 필라델피아 시에서 계속 존속되다가 1984년 *Newberg v. Board of Public Education(뉴버그 대 교육위원회) 사건*에서 같은 쟁점으로 다시 한 번 법정에서 다투어졌다. 펜실베이니아 주 법원은 위 판결에서 연방 대법원의 변경된 법리에 따라 여자란 이유로 학생 입학을 거부하는 센트럴 고등학교의 처분이 수정헌법 제14조에 위배된다고 보았다. [56]

두 판결의 중간 즈음인 1982년 연방 대법원은 *Mississippi University for Women v. Hogan(미시시피 여자대학교 대 호건) 판결*에서 성차별 사건은 더 강도 높은 "중간 단계"의 심사를 해야 한다고 설시했다. *Hogan 사건*에서는 오직 여자만 입학할 수 있는 간호학교의 입학 정책이 문제되었다. 비록 위 판결에서 법원은 단성교육이 그 자체로 위헌인지에 대해서는 판단하지 않았지만 여성이 간호사가 되는데 차별을 받고 있다는 점을 주가 입증하지 않는 이상 여성만 입학할 수 있는 간호학교는 적극적 평등 실현 조치로서 허용될 수 없다고 보았다.

조 호건(Joe Hogan)이 살고 있는 지역 인근에는 남자가 입학할 수 있는 간호학교가 하나도 없었다. 이 때문에 *Hogan 사건*은 어떤 자원을 오직 한쪽 성별만 사용할 수 있을 때 문제되는 형식적 평등원칙의 문제로 귀착된다. 하지만 *Hogan 판결문*에는 단순히 차별이 나쁘다는 가치판단뿐만 아니라 한 성별이 다른 성별에 종속되어서는 안 된다는 가치판단도 담겨 있다. 다수 의견은 어떠한 결정이든 "남성과 여성의 고정된 역할과 능력"에 근거해서는 안 되고, 여자 간호학교란 여성만이 간호사가 될 수 있다는 "틀에 박힌 구닥다리 사고"의 반영물이며, 주 간호학교에서 남성을 배제할수록 "간호사는 여성의 전유물이라는 고정관념을 지속시키고" 이러한 사고는 "자기 충족적 예언"이 된다고 설시한다. [57]

Hogan 사건 이후 수년 동안 남녀 분리교육의 위헌성을 다투는 소송이 제기되었다. 예를 들어 1991년 미시간 연방 지방법원은 *Garrett v. Board of Education of the School District of Detroit(개릿 대 디트로이트 교육위원회)* 사건에서 아프리카계 미국인 남성의 심각한 실업, 중퇴, 자살률에 대처하기 위해 아프리카계 미국인 중심으로 커리큘럼을 만든 유치원 및 초등학교를 설립하려는 계획을 취소했다. 디트로이트의 공립학교에 입학했던 여학생들은 비슷한 처지에 속한 여자들을 배제하고 남자만 입학을 허용하는 것은 헌법에 위반된다고 주장했다.

*Garrett 사건*의 헌법적 쟁점은 성별 배타성을 어떻게 평가할 것인가였다. 첫째로 위원회는 남녀공학 체제가 남학생에게 악영향을 미친다는 점을 입증하지 못했다. "위원회는 한 교실 안에 남학생과 여학생이 같이 있는 것이 어떻게 높은 자퇴율, 실업률, 자살률 등 도시에 거주하는 남성들이 겪는 문제점과 실질적으로 연관(substantial relationship)이 있다고 볼 수 있는지를 입증할 아무런 증거도 제시하지 않았다." 둘째, 디트로이트 교육위원회는 아프리카계 미국인 남성이 교육 영역에서 입는 불이익을 보충할 방법만 고려했을 뿐 비슷한 처지에 있는 아프리카계 여성들은 신경 쓰지 않았다. 교육위원회가 남자학교 여자학교 양쪽 모두 지원을 한다면 두 번째 문제는 해소될 수 있지만 여전히 첫 번째 문제는 극복하기 어렵다. *Hogan 사건*과 유사하게 법원은 *Garrett 사건*에서 성별 배타적인 커리큘럼이 자칫 "소년, 소녀의 역할과 책임이 다르다는 잘못된 이분법"[58]을 사회에 전달할 수도 있다는 점을 고려한 것이다.

연방 대법원은 1996년에도 단성교육에 관한 사건을 심리했다. *United States v. Virginia(미국 대 버지니아)*는 공공 자금을 지원받아 운영되고 있으나 남학생만 있는 버지니아 군사학교(VMI)에 여학생이 입학할 수 있는지를 다룬 판결이다. 1990년 VMI가 여고생의 입학 지원을 거부하자 연방 법무부는 학교의 거부 처분을 다투기 위한 소를 제기했다. 버지니아 주는 VMI의 훈련

법은 스파르타식 병영 생활, 계급 체계, 삭발, 한계를 뛰어 넘는 신체 훈련, 정신적 고통, 상관들의 군기 잡기가 포함되고 조금의 사생활도 보장되지 않고 단체규칙 위반에 일절 예외를 인정하지 않는 "극기식(adversative)"이라고 부를 수 있는데, 이러한 "엄격한 군사훈련"은 여성들에게 적합하지 않고 훈련 대상이 오직 남자로만 구성될 때 제대로 작동할 수 있다고 주장했다.[59]

연방 지방법원은 VMI가 이러한 특유의 교육 훈련법을 제공함으로써 학생들의 "선택지"를 풍부하게 해준다며 VMI의 손을 들어줬으나,[60] 연방 제4항소법원은 이와 반대로 판단했다. VMI의 단성 훈련법은 "기관의 목표에 비추어 정당화"되지만 버지니아 주는 "왜 이런 특유한 훈련에 따른 혜택은 여자한테는 부여되지 않고 남자에게만 주어지는지"[61]를 입증하는 데 실패했다고 보았고, 따라서 평등원칙에 부합하는 구제 조치를 강구하라며 이를 1심에 돌려보냈다. 버지니아 주는 법원의 요구에 따라 여성들만을 위한 프로그램을 갖춘 버지니아 여성 리더십 학교(Virginia Women's Institute for Leadership: VWIL)를 설립했다.

메리 볼드윈(Mary Baldwin) 대학 인근에 위치한 VWIL은 VMI의 엄격한 교육 프로그램과 거리가 멀었다. 메리 볼드윈의 학장이 주도한 TF 팀은 "군대식, 특히 고통과 역경을 훈련의 근간으로 삼는 VMI 방식의 대부분은 여성 리더십 교육 프로그램으로서 완전히 부적절하다"[62]고 결론 내렸다. VWIL 프로그램은 군사교육을 완화하는 대신 자긍심을 강화하는 협동적 교육 방법을 사용했다.

VWIL와 VMI는 입학 기준, 재정 자원, 시설, 학업 프로그램, 교수진의 자격, 제공되는 교육, 커리큘럼 등에서 현격하게 차이가 났다. 사관 후보생이 되는 "의식적 절차라고 보아도 무방한" ROTC에 지원하는 것을 제외하면 VWIL의 여성은 군사교육을 경험할 수 없었다. VMI에 입학하는 학생보다 SAT 성적이 100점 이상 낮은 VWIL 여학생은 병영 생활을 하지도, 함께 식사하지도, 제복을 입지도 않았다. VWIL은 이학 또는 공학 학사 학위도 수여하지 않았다. 메리 볼드윈 대학 교수진 중 박사학위 소지자 비율은 68%로 VMI(86%)보다 낮았으며 급여도 상당히 낮았다. 이후 1,900만 달러가 추가 지원되기는 했지만 개교 당시 VWIL을 위해 배정된 540만 달러는 VMI가 받는 1억 3,100만 달러와 비교조차 불가능한 수준이었다. 메리 볼드윈의 교육 시설은 "다목적 운동장 둘, 체육관 하나"이지만 VMI는 "수 개의 다목적 운동장, 농구장, 축구장, 라크로스장, 장애물 코스, 넓은 복싱장, 레슬링장, 무도장, 한 바퀴가 약 150m인 실내 육상코스, 실내 수영장, 실내·외 사격장, 축구 스타디움 등 전미대학체육협회(NCAA) 수준의 실내 트랙과 실내 운동장"을 가지고 있었다. VWIL는 VMI가 자랑하는 졸업생 네트워크, 역사, 학교 평판, 이 학교 출신이라는 사회적 인정과는 거리가 멀었다. 연방 지방법원은 버지니아 주가 "여성을 위해 또 하나의 VMI를 복제"[63]해야 되는 것은 아니라며 위의 VWIL 설립 방식을 용인했고, 연방 제4항소법원 역시 VWIL과 VMI가 "상당히 동등하다"[64]며 1심과 견해를 같이했다. 이에 연방정부는 다른 판단을 구하기 위해 대법원에 상고 허가를 신청했다.

연방 대법원은 VWIL에서 제공되는 교육만으로는 여성이 입는 불이익이 해소되지 않기 때문에 남학생만 받는 VMI의 입학 정책은 위헌이라고 판단했다. 버지니아 주는 군사교육을 위해 남녀를 분리해야 하는 이유에 대한 "충분히 설득력 있는 정당화"에 실패했다. 여성을 배제하는 조치는 "남성과 여성이 각자 재능, 능력 및 선호가 다르다는 매우 큰 차원의 일반화에 의존한다". 자신들의 정책은 교육의 다양성을 증진시킨다는 버지니아 주의 주장은 수준 높은 교육을 남성만 독점해온 역사를 사후적으로 정당화하는 것에 불과하다. 연방 대법원은 "주의 아들들은 그야말로 '자유롭게' 이 정책의 혜택을 누릴 수 있어도, 딸들에게는 그림의 떡"이라고 설시했다.[65]

하지만 긴즈버그 대법관이 집필한 다수 의견은 단성교육을 완전히 배제하지는 않는다. 법원의 판결이유에서 VWIL가 VMI의 "흐릿한 그림자"에 불과하기 때문에 버지니아 주는 VWIL의 존재를 근거로 "분리된 교육 기회의 실질적 평등"을 입증할 수 없다고 보았다. 다수 의견은 각 주에서 주가 "편파적이지 않은 방식으로" 단성교육을 "다양한 교육 방법"[66]중 하나로 제공할 수 있는 가능성을 열어놓았다. *United States v. Virginia 판결* 이후에도 진정으로 동등한 수준의 여성판 VMI가 존재한다면 이로써 단성교육이 헌법적으로 정당화되는지에 대한 의문은 여전히 남아 있다.

법률적 배경: 타이틀 IX

단성교육을 실시하기 위해서는 헌법상 평등조항(수정헌법 제14조)은 물론 의회와 교육부가 정한 기준에도 부합해야 한다. 이 기준은 1972년 교육에 관한 타이틀 IX(Title IX)이 개정되면서 정립되었다. 타이틀 IX은 교육과 관련된 다양한 모습의 성차별을 금지한다. 즉, "미국의 어느 누구도 성별을 이유로 연방의 보조를 받는 교육 프로그램이나 활동에 대한 참여로부터 배제되거나, 그 혜택을 받는 데 거부되거나, 차별받지 않는다".[67] 최근 연방 대법원은 위 법이 직접적인 차별뿐만 아니라 학내 차별의 존재를 폭로한 교사처럼 제3자가 받은 차별에 맞서 싸우는 "내부 고발자들"이 겪는 차별도 보호한다고 선언했다.[68] 타이틀 IX은 주로 체육 활동에서 자주 문제되지만 그 밖의 사건에도 적용될 수 있다. 이 법이 시행된 1972년 당시에는 의학 및 법학 학위를 가진 여성의 비율은 각 9%, 7%에 불과했으나 1994년 위 비율은 각 38%, 43%까지 올랐다. 이 장 뒷부분에서 살피듯 학내 성폭력에 관한 법률은 이 기념비적인 타이틀 IX에 기초하고 있다.

평등조항은 (이 장에서는 공립학교와 관련하여 이루어지는) 정부의 행위만을 규제한다. 그러나 타이틀 IX은 연방정부의 보조를 받는 교육 프로그램이기만 하면 공·사립을 불문하기 때문에 평등조항보다 적용 범위가 넓다는 장점이 있다. 타이틀 IX의 또 다른 장점은 그 형식이다. 평등조항 등 헌법 규범은 특정 쟁점이 소송의 형태로 발전되면 관련 사건에서 헌법이 보호하는 범위를 법원이 구체화하는 방식으로 작동한다. 즉, 헌법은 사후적이고 사건별로 적용되는 방식으로 디자인되었다. 이와 대조적으로 법률은 입법 목적을 달성하기 위해 그 내용을 구체적으로 규정하고 이를 집행할 여러 연방기관을 지정하는 등 헌법에 비해 더 포괄적인 해결책을 제시할 수 있다. 즉, 법률은 헌법보다 더 사전적이고 일반적인 해결 방법을 제공할 수 있다.

당신이 가진 교육관에 부합할 수도 역행할 수도 있긴 하지만, 공적 논의의 흐름에 따라 변화한다는 점은 타이틀 IX이 가진 또 다른 장점이다. 대표적으로 초·중등교육 단계에서의 단성교육 실시 여부를 살펴보자. 타이틀 IX 채택 이후 연방정부는 교육위원회가 무분별하게 단성 시범교육을 실시하지 못하도록 규제하기 시작했다. 교육위원회는 다른 성별이 다닐 수 있는 "필적한" 수준의 공립학교가 보장되지 않는 이상 단성 공립학교의 설립을 허가하지 않으며,[69] 남녀공학에서도 단성수업을 개설하는 데 많은 제약을 가한다. 합창반, 성교육, 체육 수업같이 특수한 예외를 제외하고, 공립학교는 오랜 성차별의 영향을 상쇄할 필요성이 있고 동시에 단성수업을 듣지 못하는 성별이 듣는 다른 수업의 수준이 단성수업에 "필적한" 경우에만 단성수업을 개설할 수 있고 그 이외의 경우에는 성별을 분리해서는 안 된다.[70] 이는 "중요한 목적"을 증진시킨다면 오랜 성차별이 상쇄하는지 여부와는 상관없이 단성수업을 허용하는 것처럼 보이는 평등조항보다 더 엄격한 기준이다.

하지만 그동안 정치적 지형이 많이 바뀌었다. 아동낙오방지법(No Child Left Behind Act) 이후 교육부는 위 규제를 완화시키는 방향으로 타이틀 IX을 개정했다. 개정법은 여성이 여학교 또는 남녀공학에서 신설되는 남학교와 "상당히 동등한 수준의 교육 기회"를 제공받을 경우 공립 남학교의 설립을 허용하며 그 반대도 마찬가지다. 즉, 낙오 위험군에 속하는 여성 청소년이 다닐 "상당히 동등한 수준의 교육 기회"를 제공하는 여학교 또는 남녀공학이 있으면 교육위원회가 낙오 위험군에 속하는 남성 청소년만을 위한 남학교를 설립할 수 있는 것이다. 이후 매우 빠른 속도로 500여 개가 넘는 단성학교나 남녀분반이 생겨난 것은 위의 법 개정에 힘입은 바가 크다.

개정법은 남녀공학 내 단성수업 개설을 더 용이하게 만들어주었다. 개정법에 따르면 학생들의 특정한 교육적 수요를 충족시키*거나* "다양한 교육적 선택지"를 제공하는 데 상당히 관련이 있으면 단성수업을 개설할 수 있다. 개정 전에는 단성수업을 개설하려면 다른 성별의 학생이 듣는 단성수업의 수준에 "필적"해야 했으나, 이제는 그 뜻이 명확하지 않은 "상당히 동등한(sub-stantially equal)"[71] 수준이면 충분하다. 따라서 남학생이 남자반 또는 남녀합반에서 "상당히 동등한" 수준의 수업을 들을 수만 있다면 여학생들만 모아놓은 AP 미적분학 수업을 개설할 수 있는 것이다. 이때 남학생이 들을 수 있는 "상당히 동등한" 수업이란 반드시 AP 수업이거나 미적분 수업이어야 하는가? 이와 유사한 의문들뿐만 아니라 이 개정된 기준이 적용되면서 평등조항에 위반되는 것은 아닌지가 법정에서 문제되기 시작했다.

개정법 시행 이후 이와 관련된 연방법원의 결정은 세 차례 있었다. 2012년 웨스트버지니아 연방 지방법원은 수학, 독해, 과학, 사회 수업의 경우 단성수업이 원칙이지만 희망한다면 남녀합반으로 옮길 수 있는 옵트 아웃(opt-out) 방식을 채택한 반 디벤더 중학교(Van Devender)의 프로그램을 금지했다. 법원은 이 학교가 택한 옵트 아웃 방식은 교육부가 요구하는 자율성을 갖추지 못했다고 반복적으로 지적했다. 학부모는 심사숙고하거나 옵트 아웃 방식을 고려해볼 시간이 거의 없었다. 법원은 "학생들이 이미 등록을 마쳤고 학기 시작이 거의 얼마 남지 않았을 때 학교가 이와 같은 내용을 담은 통지서를 보냈다면 학생 및 학부모의 선택이 완전히 자율적이라고 볼 수 없다"고 지적한다. 만약 어떤 학생이 단성수업을 수강하지 않겠다고 했는데 "남녀합반을 신청한" 학생의 수가 적어서 한 수업을 구성할 수 없으면 이들은 "다른 학교로 가서" 수업을 들어야 했다. 하지만 법원에게 있어 이러한 징벌적 성격은 일종의 고려사항에 불과했다. 법원은 반 디벤더 중학교의 프로그램이 "모든 학부모의 명백한 동의"가 필요한 "완전히 자율적인 교육 프로그램"에 근본적으

로 배치된다고 보아서 이를 금지한 것이다.[72]

켄터키 서부 연방 지방법원은 *A. N. A v. Breckinridge(A. N. A 대 브레킨리지 카운티 교육위원회) 사건*에서 학생에게 "선택권"이 있었기 때문에 "공립학교에서의 선택적 단성교육"은 합헌이라고 보았다.[73] 위 결정의 내용은 연방 대법원이 40년도 더 전에 *Green v. County School Board of New Kent Count(그린 대 뉴 켄트 카운티 학교위원회) 사건*[74]에서 기각한 "선택의 자유" 논변과 본질적으로 다를 것이 없다. 외관상 브렉큰리지를 다니는 학생들은 남녀 분반과 합반 중 하나를 선택할 수 있었다. 그러나 학생들은 무작위로 남녀분반에 배정된 다음에서야 다른 반으로 이동을 할 수 있는 선택권을 행사할 수 있었고 막상 선택을 하려고 하면 학교에서는 대놓고 눈치를 주었다. 특히 학생들은 공부 환경이 좋은 남녀분반과 공부를 포기한 남녀합반 중 하나를 선택할 수밖에 없었다. 원고들은 학교가 준 선택권이란 말 그대로 빛 좋은 개살구에 불과했다고 주장했으나 법원은 이러한 강제적 성격을 간과했을 뿐만 아니라 그 결과 원고의 주장에 대한 합당한 답변을 내놓지도 못했다. 법원은 중학교 교장이 학생들에게 남녀분반에 가만히 있도록 독려하면서 여기서 이탈하는 것을 매우 어렵게 만들어놓았다는 점을 완전히 무시했다. 이 학교는 학부모들에게 남녀분반을 선택하라는 내용의 편지를 보냈고 교장은 그 편지 속에서 단점은 쏙 빼고 장점만 이야기하며 남녀분반을 홍보했다.

위 법원은 단성교육이란 선택의 여지가 없는 완전한 남녀분반을 의미한다는 전제에서, 학생들은 합반을 선택할 수 있었다는 점에서 교육의 기회를 박탈당한 것이 아니라는 논리를 펼친다. 법원의 이러한 논리가 다음과 같은 헌법적 의문에 제대로 응답하고 있는지 의심스럽다. 주 정부는 남녀 분리수업을 개설하면서 이 분리를 정당화하기 위한 충분히 설득력 있는 이유를 제시하고 있는가? 법원은 학생들은 합헌성에 의심이 있는 남녀 분반과 합반 중 하나를 선택할 수 있었다고 말하는데, 이것이 헌법이 묻고 있는 질문에 대한 올바른 답인가? 공적 재원이 남녀 분리교육에 사용되는 것이 헌법적으로 정당한지에 대한 고민은 생략한 채 단지 선택권이 있다는 이유로 분리교육을 승인하는 것은 타당한가? 성별이 아니라 인종이 문제되는 경우였다고 생각해보자. 주 정부가 학생들에게 백인반, 흑인반, 혼합반 중 하나를 선택할 수 있는 정책을 만들었다면 우리는 이에 대해 뭐라고 말할 것인가? 성별 대신 인종을 대입하면 이를 헌법적으로 정당하다고 말할 수 있는 사람은 거의 없을 것이다.

A.N.A. 판결에서 법원은 "공립학교에서 인종에 따라 학생을 분리하는 것과는 달리, 성별에 따른 분리는 기본권 침해 가능성이 없다"[75]며 이 사건은 *Brown v. Board of Education*(브라운 대 교육위원회)과 사안이 다르다고 보았다. 정부는 정체성과 밀접한 특성에 근거한 차별을 옹호한다는 메시지를 주어서는 안 되고 인종은 위 정체성과 밀접한 특성에 해당한다. 그런데 인종과 달리 성별은 여기에 해당하지 않는다고 본 법원의 결론은 정당한가?

세 번째 판결인 *Doe v. Vermilion Parish*(도우 대 버밀리언 패리시)에서 연방 제5항소법원은 희망자에 한하여 남녀분반을 선택할 수 있는 옵트 인(opt-in) 방식일지라도 불평등과 강제성의 문제가 드러난다면 간단하게 판단할 사안이 아니라는 점을 잘 알고 있었다.[76] 이 사건은 로스트 중학교의 교장이 버밀리언 패리시의 교육위원회에 2008~2009학년도에 8학년 중 몇 개 반을 남녀분반으로 지정하여 "자신의 박사학위 논문을 위해 시범 운영해볼 수 있도록" 허용해달라고 요청한 것에서 시작되었다. 이 시범 교육이 끝날 무렵 교장 데이비드 듀퓌스(David Dupuis)는 남녀분반 학생들의 학업 및 태도 모두 개선되었다고 교육위원회에 보고하며 2009~2010학년도에는 남녀분반을 확대해줄 것을 요청했다. 위원회는 이 교장이 제시한 데이터와 이를 찬성하는 의견만 듣고 여자반 둘, 남자반 둘, 남녀합반 하나를 만들 것을 허용했다.

항소심은 다음과 같이 교장이 제공한 데이터의 부정확성을 지적했다.

제1심 법원은 단성교육이 학업 성취에 도움이 된다는 결론을 지지하기 위해 "교장이 수치를 조작한 것이 확실하다"고 보았다. 전문가들이 분석한 결과 단성교육이 실시되는 동안 성적은 실제로 하락했다. 학업 태도에 관한 교장의 분석 역시 부정확하다. 그는 법정에서 학생들의 태도가 개선된 원인은 모든 주에서 실시되는 "긍정적 행동 지원" 시스템 때문이지, 단성교육 때문이 아니라고 시인했다.[77]

학생들은 그들의 의사와 상관없이 임의로 반을 배정받았지만 교육위원회는 교육부의 규정을 찾아본 후에야 뒤늦게 남녀분반에 배정된 학생들에게 동의서를 돌림으로써 등록이 자발적 의사에 기한 것처럼 보이도록 애썼다. 교장은 처음부터 남녀합반에 배정된 학생의 부모들에게도 위 동의서를 보내면서 "남녀분반으로 이동"하도록 부모들을 설득했고 그 결과 30명 이상의 학생이 이동했다. 교장이 학생들을 만나고 다니며 남녀합반은 곧 "특수학급"으로 운영될 것이기 때문에 남녀합반 학생은 분반으로 옮기고 분반 학생은 그대로 있으라고 이야기했다는 증거도 있다. 2009~2010학기에 "전체 학교의 성비가 남학생 55%, 여학생 45%임에도" 남녀합반의 최종 성비는 "남학생 73%, 여학생 27%"였고, 이 "남녀합반에는 특수 교육이나 개별 지도가 필요한 학생들이 비정상적으로 많았다".[78] 로스트 중학교에서 "중증 장애"로 인해 개별 지도를 받아야 하는 학생 38명 중 37명이 남녀합반에 배정되었고, "재능과 영재성이 있다"고 평가받는 학생들 모두가 남녀분반에 배정되었다.

*Vermilion Parish 판결*을 간단히 요약하면 실질적으로 동등하게 구성되지 않은 남녀분반과 남녀합반은 학생들의 기본권을 침해한다는 것이다. 나아가 이 판결은 선택의 여러 층위에서 강제력이 작용할 수 있기 때문에 선택권의 성질이 판결의 향방을 가를 수 있음을 제대로 인식하고 있었다. 예를 들어 부정확하고 조작된 증거를 동원하여 교육위원회를 설득하고, 학생과 학부모를 남녀분반으로 유도하며, 학업 성적이 우수한 학생은 처음부터 남녀분반에, 성적이 낮거나 특별 관리가 필요한 학생은 합반에 배정한 다음에 부여된 선택권은 진짜 선택과는 거리가 멀 수 있다. 설령 원칙적 수준에서 "선택권"이

성별분리의 위헌성을 줄여준다는 점을 인정한다 해도 우리는 이 개념이 가진 까다로움을 지적하는 마사 미노우의 말에 주의를 기울일 필요가 있다. 선택권은 중립성을 함축하고 있지만 "실제로는 중립적이지 않다. 선택권은 교육을 사적인 욕망으로 변질시키고 교육 접근권, 교육에 대한 의욕이 불평등한 현실을 은폐한다. 전체적으로 통제되지 않는 한, 사람들은 스스로 불평등한 현실에서 벗어나려고 할 것이다. 상호 독립적인 각 선택들의 총합이 자유와 평등을 저해하는 결과로 이어진다 하더라도 이 결과는 자유의 소산인 것이다.[79]

단성교육에 관련된 증거

이 논쟁에서 양측 모두는 자신의 주장을 방어하기 위해 교육적 연구 조사를 활용한다. 단성학교 지지자들은, 남녀공학 교실에서 여학생들이 경험한 불이익을 치유하기 위해서는 단성교육이 필요하다는 것을 주장하기 위해 1992년 미국대학여성협회(American Association of University Women: AAUW)의 연구인 「학교는 어떻게 여학생을 부당하게 대우하는가: 여학생과 교육에 관한 중요한 발견 연구(How Schools Shortchange Girls: A Study of Major Findings on Girls and Education)」를 이용했다. 그러나 1992년 보고서는 단성교육을 실험해볼 수도 있다는 입장으로 보였지만, 단성학교를 적극적으로 지지하지는 않았다. AAUW는 단성학급과 단성학교에 관한 수십 여 개의 조사 연구를 종합적으로 검토한 끝에 1998년 단성교육을 주제로 한 보고서를 발간했다. 그 보고서는 단성학급이 어떤 학생들에게 특정한 주제에 있어서는 장점을 제공할 수 있는 가능성을 인정했지만, 단성교육이 일반적으로 남녀공학에 비해 '효과가 있거나' '더 좋다'는 증거는 없다고 결론지었다.[80]

학회에서 발표된 연구에 기초한 1993년 정부 보고서는 "단성교육이 어떤 학생들에게는 교육적 혜택을 제공한다"는 점을 발견했다.[81] 교육부가 단성교육을 정당화하기 위해 타이틀 IX이 요구하는 기준을 완화한 조치는 한참 전에 발간된 위 보고서의 내용에 부분적으로 근거한 것이다. 그것은 어떤 연구 결과를 선택하고 이를 어떻게 해석하는지에 따라 전국에 걸쳐 법을 바꿀 수도 있다는 사실을 보여주는 좋은 예이다.

단성교육이 여학생들에게 "더 낫다"는 인식은 교육사회학 분야에서 보다 최근의 연구와 세밀한 방법론적 통제를 거친 연구에서는 거의 지지를 얻지 못한다. 단성학교의 장점이라고 주장된 많은 것들은 1970년대 여자대학과 남녀공학 대학 비교 연구에 기초한다. 조사자들은 이 연구들의 데이터를 검토했고 상당한 비율의 성공한 여성들이 세븐 시스터즈 학교* - 바나드, 브린 모어, 마운트 홀리요크, 래드클리프, 스미스, 바사, 웰즐리 - 에 다녔다는 것을 입증했다.[82] 이들은 "특권층 집안 출신이었고, 엄청난 자원을 가졌으며, ⋯ 여대와 남녀공학을 불문하고 어디로 갔든지 성공할 것이었다. 결국, 이 연구들은 사회경제적 지위를 통제하지 않았다".[83]

단성교육 지지자들은 뉴욕의 청년여성리더십학교(the Young Women's Leadership School: TYWLS)와 같은 현대적 프로그램의 성공을 언급한다. 사적 기부금으로 예산을 충당하는 소규모 공립 고등학교인 TYWLS은 1996년 가을 동부 할렘에서 50명의 7학년 여학생들과 함께 문을 열었다.[84] 그 학교에는 7학년부터 12학년까지 거의 400명의 학생들이 있는데[85] 학생들은 대개 소수 인종이다. 그 학교는 도시 전체 평균보다 높은 표준 시험 점수를 기록했고, 첫 번째 졸업생 32명 전원이 4년제 대학에 합격했다고 발표했다.[86]

뉴욕 시의 다른 학교에 비해 성취도가 차이나는 꽤 좋은 증거가 있음에도, 핵심 질문 - 그 결과가 교육의 성별 배타적 속성 덕분인지 - 은 답변되지 못한 채 남아 있다. 그 숫자는 다른 영향력 있는 변수들을 통제하지 못하는 이상 단지 도표에 불과하다. 예컨대, 2001년에 졸업한 학급 정원은 50명이었다.[87] 따라서 원래 집단 중 18명이 사라진 것인데, 이는 36%의 감소율이며, 다른 도시

---

* (옮긴이 주) 미국 북동부에 위치한 7개의 명문 여대를 일컫는다.

학교들의 감소율 또는 전학률과 대강 비슷하다.[88]

연구 조사 등을 통해 보고된 성공률은 아마도 다른, 심지어 겉으로 드러나지 않는 방법에 의해 영향을 받았을 수 있다. 리더십 학교는 극단적으로 선별적이다. "2002~2003년에 60명의 7학년 입학 정원을 두고 550명이 이상이 지원을 했고 3명을 뽑는 9학년 편입을 위해 1,200명이 대기자 명단에 이름을 올렸다."[89] 부모의 참여는 필수적이고 학생의 역량도 요구된다. "수업을 따라갈 수 없거나 따라가지 않는 여학생들은 더욱 자격 있는 학생들이 그 자리를 대신할 수 있도록 자퇴를 요구받게 된다."[90]

TYWLS의 성공은, 지지자들이 주장하는 성별분리 덕분이 아니라, 아마도 경제적 자원의 투입(할렘에 있는 이 학교는 심지어 학생들을 위해 아침에 차와 머핀을 제공한다),[91] 학생들의 자기 선별, 교육과정, 아주 작은 학급 규모(원래는 학급당 10명을 넘지 않았다),[92] 매일 모든 학생을 만나는 학업 지도교사[93] 덕분일 수도 있다. 지금 TYWLS에 다니는 여학생들의 학업 성취도를 저해했던 요인이 정말로 학급 내 남학생의 존재 때문이었을까?

여학급 또는 학교에서 여학생은, 그 학급 또는 학교에 오직 한 성별만 있기 때문에 확실히 활동에서 더 많은 참여의 기회를 누린다. 여학생의 개인적인 진술이나 기록을 통한 연구는 여학생만 있는 환경의 따뜻함이나 친근함으로 인해 학생들이 다소 높은 자존감과 만족감을 누린다고 말한다.[94] 단성학급이 어떤 여학생들의 자신감을 증진시킬 수 있지만, 이것이 곧 분석력 또는 학업적 이점으로 이어지지는 않는다. 미국대학여성협회는 수많은 연구의 결과를 검사하여 다음과 같이 결론지었다. "여학생들이 대체로 단성 교실을 남녀공학 교실보다 우수하다고 여기고, 자신감이 증진되었다고 인식할 수 있는 반면, 이러한 이익이 성취도에서 측정되는 개선으로 이어지지는 않았다."[95] 연구들에서 학생들의 배경 차이(이전의 학업 성취, 점수, 인종, 사회경제적 지위, 교육적 열망), 학교의 선별성, 명성, 학급 규모, 교육과정, 투입 자원을 통제하면, 그 결과는 단성 학교나 학급이 교육의 질적 측면에서 일관해 우위에 있지 않다는 것을 보여준다. 실제로 가변 변수가 통제되면, 대부분의 연구는 남녀공학과 단성학교 간의 성취도 차이가 완전히 사라진다는 것을 보여준다.[96]

어떤 조사자는 단성교육이 소수인종 남학생들에게 어떤 장점을 제공할 수 있다는 것을 발견했다.[97] 그러나 일반적으로 남성은 남성들만 있는 환경에서는 높은 성취도를 보이지 못한다고 알려져 있다. 대다수의 연구는 남학생들에게 학문적으로나 사회적으로 남녀공학 환경이 가장 효과적이라고 말한다.[98] 남성만 있는 교육 프로그램의 한 가지 중대한 문제점은 그것이 성차별주의를 조장할 수 있다는 것이다. 남성만의 단결심은 "남성들로 하여금 그들이 여성에 비해 우월하다고 느끼게 만들고, 인종차별주의나 동성애 혐오적 태도를 조장하는 '마초적인 기풍'"을 만들어낼 수 있다.[99] 스포츠 팀과 남학생 사교 클럽과 같은, 남성만 있는 다른 집단에 대한 관찰 연구는, 여성이 배제된 과정에서 남성 정체성이 형성되면, 남성성은 여성 혐오와 남성 우월주의로 정의되게 된다고 말한다.[100] 통합되기 전, 시타델*의 학생들은 여성들을 종종 "돼지"와 "창녀"로 불렀다. 증거는 혼재되어 있지만, 성별분리 학급의 설치는 양성 모두에게, 그러나 특히 남학생들에게 전통적이고 심지어 정형화된 젠더 역할의 관점에 우호적인 태도를 조장할 가능성이 있다.[101]

캘리포니아의 실험적인 교육기관들에 관한 연구는 성별에 기반한 분리가 젠더 고정관념을 강화할 수 있다는 우려를 강화한다. 1997년, 캘리포니아는 시범 기획으로 연필 숫자까지 똑같은 12개의 단성 공립학교를 도입하기 위해 5백만 달러를 제공했다. 포드와 스펜서 재단 양쪽의 후원을 받은 어떤 연구는 1998년부터 2000년까지 이 학교들을 평가했고, 조사자들은 수업을 관찰하고 300명이 넘는 학생, 부모, 교사, 행정가들을 인터뷰했다.[102] 이 연구의 중요한 결론은, 비록 캘리포니아 행정가들이 동등한 자원 투입을 주장했지

• (옮긴이 주) 사우스캐롤라이나 주립 사관학교(정식 명칭은 Military Academy of South Carolina, 1842년 설립).

만, 교육자들은 남학생과 여학생이 각기 다른 교육적 필요를 가질 것이라는 가정에 따라 전통적 젠더 고정관념을 분명히 강화했다는 것이다.[103] 교사들은 남학생들을 엄격하고 경쟁적인 방식으로 가르치고, 여학생들에게는 양육 준비와 협동 기술을 가르친다. 개척 탐험단 활동을 하는 동안, 남학교는 생존 기술을 배웠고 여학교는 누빔과 바느질을 배웠다.

흥미롭게도, 단성교육에 대한 매스컴의 보도는 매우 편파적이다. 뉴스 보도는 정부가 후원한 분리주의에 관한 연구 또는 통합의 혜택에 관한 조사에 대해 체계적인 정보를 거의 제공하지 않는다. 신문 기사는 단성교육에 관한 복잡하고 미묘한 연구를 지나치게 단순하고 호의적인 안내문으로 축소시켜 버린다.[104] 그들은 단성학교의 가장 최근의 시범 운영 또는 단편적인 결과를 보도하면서 조사 전반에 관해 겉보기에만 그럴듯한 발표를 한다. 단성 학교 또는 학급에서의 이러한 실험들은 그 실험에 영향을 줄 수 있는 다른 변수에 대해 어떤 고려도 없이 단순히 성공으로 보도된다. 대부분의 사람들은 통계학에 관해 거의 교육을 받지 않는다. 만약 그들이 제대로 교육을 받았다면 대표성이 없는 개개 연구나 경험을 낮게 평가했을 것이다. 휴리스틱* 분야의 연구 결과는 "사람들이 하나의 사례 정보에 의해 과도하게 영향을 받는다"는 것을 입증하고 있다.[105]

대중매체의 기사는 인간이 흥미를 느끼는 이야기에 초점을 맞춘다. 이 초점은 사람들이 정보를 받아들이고 싶어 하는 방식을 충족시킨다. 신문과 인기 출간물 기사는, "모든 사람은 승자를 좋아한다"는 전통하에서, 단성학급과 여대에서의 경험에 만족하는 여학생에 관한 보도와 같은 성공적인 이야기를 보도한다. 수많은 신문 보도는 사건 위주로 이루어진다. 예컨대, 문을 닫는

• (옮긴이 주) 시간이나 정보가 불충분해 합리적인 판단을 할 수 없거나, 굳이 체계적이고 합리적인 판단을 할 필요가 없는 상황에서 신속하게 사용하는 어림짐작. 휴리스틱은 큰 노력 없이 빠른 시간 안에 대부분의 상황에서 만족할 만한 정답을 도출해낸다는 점에서 긍정적이지만, 때로는 터무니없거나 편향된 결과를 가져오기도 한다.

단성학교와 같이 작동하지 않는 프로그램은 조용히 사라지면서 사건이 되지 않는 경향이 있다. 캘리포니아 남학교와 여학교의 개교 소식은 귀가 따갑게 보도되는 것에 비해 두 학교를 제외한 모든 학교의 폐교 보도는 없는 것을 비교해보라. 신문 기사는 캘리포니아 시범 학교의 폐교에 대한 소식을 전혀 보도하지 않는다.[106] 대중매체는 단성교육 실험이 마치 성공한 것처럼 보도하여 사람들을 끌어들이지만, 이는 교육사회학 연구로부터 나오는 누적되는 증거와 상반된다.

지난 10년간, 교육사회학의 실증적 연구는 앞서 본 결론을 공고히 해왔다. 다시, 지금까지의 연구 결론과 같은 패턴이 나타났다. 잠재적인 가변 변수에 관한 적절한 방법론적 통제를 거친 연구들은 학교의 성별 유형이, 남학교이든, 여학교이든, 남녀공학이든 간에, 학문적 결과에 아주 적은 영향을 주고, 다른 변수들이 훨씬 큰 문제라는 것을 보여준다.

2005년에, 국립교육통계센터(National Center for Education Statistics: NCES)는 미국조사협회(American Institutes for Research: AIR)로부터 단성교육에 관한 연구들의 검토를 의뢰받았다. 2,221개의 연구를 검사한 끝에, NCES 검토 보고서는 오직 40개만이 방법론적으로 적절하다고 결론을 내렸다. 연구들에 대한 이 검토 보고서는 극적으로 혼합된 결과들을 보여준다. 현존하는 학술적 결과들 가운데, 절반 이상(53%)의 연구는 단성교육과 남녀공학 사이에 아무런 차이가 없음을 보여주었던 반면, 35%는 단성학교에 우호적인 몇몇 결과를 보고했고, 2%는 남녀공학에 우호적이었으며, 10%는 양쪽으로 모두 해석되는 결론을 내렸다.[107] AIR에 따르면 장기 학업 성취와 관련해서는 공집합이 더욱 크다. 75%의 연구들에서는 "대학 입학시험 점수, 대학 졸업률, 대학원 진학률"에 있어 차이가 없었다. 사회적이고 감정적인 결과와 관련해서는, 절반 이하가 단성교육을 선호했고, 대부분 결과가 아무런 차이가 없거나, 남녀공학의 우월성 또는 혼합적 결과를 보여주었다.[108] 이 AIR 보고서의 적지 않은 어려움은, 이 보고서가 가령 인종이나 사회경제적 지위 또는 심지어

"종교적 가치의 효과"와 같은 지극히 중요한 몇몇 변수를 통제하지 못했던 연구들에 기반하여 결과를 도출했다는 것에 있다.[109] 마지막으로 AIR의 연구자들은 상대적으로 새로운 단성교육 프로그램에 관한 연구를 수행하거나 관찰할 때, 연구의 결론이 어떤 것이든 "단성으로 분리되어 중요한 실험을 한다고 느끼는 정신적 자극이 학생 성취도 향상으로 나타날 수 있는 호손 효과(Hawthorne effect)*의 가능성"을 고려할 필요가 있음을 환기함으로써 적절하게 주의사항을 지적하면서 끝을 맺었다.[110] 게다가, 투입된 자원을 배제한 채 단성 환경이 결과에 미치는 영향만을 평가하는 것은 점점 더 불가능해지고 있다.[111]

가장 종합적인 최근 메타 분석 중 하나는, 단성교육에는 아무런 교육적 또는 태도적 혜택이 없다는 무위 가설(null hypothesis)**에 대한 지지를 뒷받침한다. 데이터 측면에서 가장 큰 규모의 연구 중 하나에서, 에린 팔케, 재닛 시블리 하이드, 칼리 M. 앨리슨은 184개의 개별 연구에 대한 메타 분석을 수행했는데, 이는 21개국 160만 명의 초중등 학생들을 아우르는 것이었다. 이 새로운 연구는 단성교육과 남녀공학 교육을 학업 성취도와 태도적 측면에서 폭넓게 비교하는 선행 연구의 질을 점검하고, 그 연구들을 통제되었는지(무작위 배정 또는 선별 효과에 대한 통제를 포함해) 또는 통제되지 않았는지(이러한 지표들의 결여)를 기준으로 분류한다. 저자들은 방법론적으로 연구들을 구별하면서, 단성교육 지지자들이 단성교육의 이점을 주장하기 위해 인용한 연구들이 "선별 효과가 통제되지 않았다면, 부적절한 방법으로 이루어진 연구"라고 지적했다. 조사자들은 (56만 명이 넘는 학생을 아우르는) 높은 수준의 통제된 연구들에 관해, "[단성] 교육은 일반적으로 [남녀공학]에 비해서 오직 사소한 이점만을 산출했고, 대부분의 효과 크기(weighted effect sizes)는 (미국과 세계를 통

• (옮긴이 주) 실험에 참가한 개인이 자신이 관찰되고 있다는 사실을 알 때, 자신의 행동을 바꾸거나 작업의 능률이 올라가는 현상.
•• (옮긴이 주) 실험 집단과 통제 집단 사이에 관계가 없음을 증명하는 것을 말한다.

틀어) 0.10을 넘지 못했다"고 결론을 내렸다. 어떤 결과를 들더라도 여학생 또는 남학생에게 단성교육이 이롭다는 증거는 거의 없다.[112]

요약하자면, 가장 큰 규모로 이루어진 가장 최근의 수많은 연구들의 결론은, 단성학교와 남녀공학 사이의 성취도 차이를 나타내는 결과는 학교의 성별 구성이 아닌 다른 요인에 기인했을 가능성이 매우 높다는 점을 지적한다.

궁극적으로, 어떠한 성별 배제적인 교육 프로그램의 합헌성 문제는 그것을 지지하는 사회과학적 증거에 달려 있게 된다. 여기서 위헌 심사는 단성학교와 단성학급의 잠정적인 교육적 혜택이 주(州)가 후원하는 성별분리 정책에 "매우 설득력 있는 정당성"을 제공하는지 여부이기 때문에, 이러한 공공 단성 프로그램을 옹호하는 것은 헌법적 정당화의 엄중한 부담을 마주하게 될 것이다.

차터 스쿨과 바우처

새롭거나 적어도 재포장된 아이디어들이 미국 교육을 뒤흔들려고 폭넓게 노력하고 있고, 단성교육은 그 일환으로 다시 주목받고 있다. 두 가지 인기 있는 개혁인 차터 스쿨과 등록금 바우처는 공적 자금이 들어간 교육을 매우 다양한 방식으로 할 수 있도록 함으로써 단성 운동에 신빙성을 더해줄 수 있었다. 단성교육과 마찬가지로, 차터 스쿨과 바우처 관련 법률도 최근까지 개정을 거듭하면서 계속적으로 발전하고 있다.

차터 스쿨

차터 스쿨은 정부기관이나 지역학교위원회와 맺은 계약 또는 "차터"를 기초로 자금을 지원받는 공립학교이다. 차터는 그 학교에 운영 통제권을 부여하고 다른 공립학교가 준수해야만 하는 주(州)나 지방의 복잡한 규칙을 면제해준다. 이렇게 유연성을 부여함으로써 학생들의 성적을 향상시키기 위해 더욱 민첩하고 혁신적인 방식으로 경영할 수 있도록 하는 것이다. 차터 스쿨은 42개 주와 컬럼비아 특별구(워싱턴 D.C.)에서 운영되면서 매우 인기를 얻게 되었다.[113] 2012년 기준으로, 약 2백만 명의 학생들이 차터 스쿨에 다니는데, 이는 모든 공립학교 학생의 4.2%에 해당한다.[114]

몇몇 활동가들은 차터 운동이 단성교육 실험을 위한 매력적인 기회를 제공한다고 믿는다. 그러나 주 법률이 차터 스쿨에 대한 주와 지방의 규제를 많이 면제해줄 수 있지만, 차터 스쿨은 여전히 타이틀 IX와 같은 *연방* 법률 및 차별을 금지하는 주와 연방의 헌법적 보호에 구속된다. 여기가 법률적 논쟁이 일어나는 지점이다.

타이틀 IX의 규제가 역사적으로 단성학교를 저지해왔다는 것을 상기해보자. 앞서 살펴본 것처럼 교육부는, 배제된 성별의 학생들이 학군에서 다른 단성학교 또는 남녀공학에서 "상당히 동등한 기회"를 제공받는 한 단성학교를 허용하도록 규정을 수정하고 있다. 그러나 대부분의 차터 스쿨은 주 학군과는 독립적으로 운영된다. 따라서 차터 스쿨이 오직 여학생들 또는 오직 남학생들에게만 문호를 개방하는 경우, 반대 성별의 학생들은 평등한 기회를 제공받을 방법이 없다. 교육부의 규정은 차터 스쿨 입학이 완전히 자발적이라는 이유에서 공립 차터 스쿨이 단성학급을 위한 기회를 제공할 모든 의무를 면제하고 있다.[115]

이러한 면제 규칙의 비판자들은, 정부가 지금 반대 성별의 아이들이 같은 기회를 누리도록 요구하지 않으면서 한 성별의 아이들이 차터 운동으로부터 이익을 얻도록 허용함으로써 심지어 "분리되지만 평등한" 정책에서조차 후퇴하고 있다고 주장한다. 면제 규칙의 지지자들은 교육에서 발전이 있으려면 유연성과 실험이 필요하다고 주장한다. 게다가 상당히 동등한 대안을 제공하는 것은 단성학교의 일이 되어서는 안 되고, 오히려 전적으로 주의 임무가 되어야 한다. 이 주장은, 차터 스쿨이 소속 주의 부족한 점 때문에 처벌되어서는 안 된다고 한다.

더 많은 단성 차터 스쿨이 문을 열면서, 이 논쟁은 거의 확실히 법정으로 옮겨 갈 것이다. 첫 번째로, 타이틀 IX의 문구가 (교육부가 믿고 있는 것처럼) 차터 스쿨이 만족스러운 대안을 제공하지 않고 성별을 기초로 학생들을 배제하는 것을 실제로 허용하는지가 쟁점이 될 것이다. 두 번째 쟁점은, *United States v. Virginia 사건*과 같은 판결에서 설시했던 것처럼 평등보호조항이 이러한 제도를 허용하는지가 될 것이다.

바우처

등록금 바우처는 미국 교육에서 열기를 더해 가는 또 다른 운동 가운데 하나다. 주는 바우처 프로그램을 통해 자녀를 지역 사립학교에 보내려고 하는 가족에게 재정적 지원을 제공한다. 종종 그 지원은 가족의 경제적 수요와 주변 공립학교의 수준에 연계된다. 바우처 프로그램은 교육의 질을 높임으로써 공립학교가 학생을 놓고 경쟁하도록 강제할 뿐만 아니라 가난한 학군의 가족들에게 사립 교육의 기회를 제공하는 것을 목표로 한다. 현재 13개 주(애리조나, 플로리다, 조지아, 인디애나, 루이지애나, 메인, 미시시피, 노스캐롤라이나, 오하이오, 오클라호마, 유타, 버몬트, 위스콘신)와 컬럼비아 특별구가 일정한 종류의 등록금 바우처 프로그램을 진행하고,[116] 14개 주(앨라배마, 애리조나, 플로리다, 조지아, 인디애나, 아이오와, 캔자스, 루이지애나, 뉴햄프셔, 오클라호마, 펜실베이니아, 로드아일랜드, 사우스캐롤라이나, 버지니아)[117]가 세금을 공제한다.

바우처 프로그램이 논란이 되는 이유는 무엇보다도, 이런 보조금을 받는 사립학교들이 공립학교를 구속하는 차별금지규칙에 구속되지 않는다는 점 때문이다. 그 논란은 종교적 사례의 경우 가장 명확하다. 미국 사립학교의 절대다수가 특정 종교에 소속되어 있기 때문에, 바우처 프로그램은 공립학교와 달리 종교에 초점을 두는 학교에 다니는 학생들을 지원하는 데 세금을 사용하는 것이 된다.

바우처 프로그램은 젠더와 관련된 영역에서 유사한 긴장 상태를 나타낸다. 단성학교는 공립학교 시스템에서도 존재하지만, 사립학교에 훨씬 더 널리 퍼져 있고, 덜 통제받는다. 이것은 바우처 프로그램이 평등보호조항의 제한 없이 훨씬 더 많은 숫자의 학생들이 단성학교에 다니도록 장려할 수 있다는 것을 의미한다. 사적인 차별은 공적인 차별보다 더 견딜 만한가? 만약 그렇다면, 사적인 차별은 공적 보조금 지원을 받는 경우에는 경우 덜 견딜 만한가? 이러한 질문은 페미니스트 이론에서 정말 중요한 공(公)-사(私) 구별로 되돌아가는데, 이는 허용되는 사적인 선택과 허용되지 않는 제도화된 차별 사이에 선을 그으려고 시도하는 것이다.

헌법상의 문제에서, 연방 대법원은 바우처와 관련된 사건에서 허용할 수 있는 사적인 선택 쪽을 고른 것으로 보인다. 2002년 *Zelman v. Simmons-Harris(젤만 대 시몬스-해리스) 사건*에서,[118] 연방 대법원은 지나치게 종교적 이익을 앞세웠다는 비난에 맞서 오하이오의 등록금 프로그램을 지지했다. 법원은 자녀가 종교학교에 다닐지를 궁극적으로 결정한 것은 주가 아니라 가족이었기 때문에 오하이오의 프로그램이 종교를 지지하지 않았다고 판시했다. *Zelman 사건*은 종교의 자유에 관한 수정헌법 제1조에 근거한 결정이지만, 주의 바우처를 사립 단성교육에 사용할지를 궁극적으로 결정하는 주체는 주가 아니라 가족이라고 보았기 때문에, 이러한 논리에 따르면 평등보호조항에도 위반되지 않는다고 해석할 수 있는 것으로 보인다.

체육과 타이틀 IX

어쩌면 당신은 여기까지 교육과 타이틀 IX에 대한 우리의 검토를 따라오면서 스포츠는 어떠냐는 질문을 제기했을지도 모른다. 타이틀 IX이 미국 교육의 풍경을 탈바꿈해 왔지만, 대부분의 사람들은 그 법률을 축구공이나 9번 아이언, 얼티밋 프리스비 경기장, 하키 링크와 연관시켜 생각한다. 심지어 유명한 "타이틀 나인" 스포츠웨어 카탈로그도 있다. 운동복과 요가 팬츠를 연상시키는 다른 법률을 본 적이 있는가?

타이틀 IX은 학교가 여학생에게 평등한 체육 기회를 제공하도록 함으로써, 학생 운동선수의 새로운 세대를 길러냈으며 여성의 힘과 지구력에 관한 전통적인 고정관념에 도전해왔다. 그 법률은 체육 프로그램에서의 자원 투쟁 역시 촉발했고 성별 사이의 평등을 어떻게 정의해야 하는지에 대한 의문을 제기했다.

학교 체육의 중요성

체육은 인간적 관계성과 개별적 자율성, 즉 페미니스트 이론의 두 가지 관심사 모두를 함양한다. 스포츠를 통해서 참가자들은 한 팀으로서의 협력을 통해서 또는 개인적 라이벌과의 경쟁을 통해서 공동체 안에서 잘 살아가는 방법을 배운다. 스포츠는 살아가면서 필요한 수많은 사회적 교훈을 가르쳐준다. 집단의 이익을 위해 개인적 욕심을 희생하는 방법, 동료를 지지하고 상대방을 존중하는 방법, 대중의 관심 속에서 품위 있게 경기하는 방법, 위험을 감수하는 방법, 이기고 지는 방법을 말이다.

또한 스포츠는 개인의 정신력과 체력을 쏟는 것과 관련이 있다. 운동선수가 되기 위해서는 한 사람의 몸과 마음의 명확한 의식, 뭐랄까 자기 자신에 대한 "주인의식"이 필요하다. 이러한 이유에서 페미니스트들은 페미니즘에서 스포츠의 역할에 거대한 잠재력이 있다고 본다. 트랙 위에서, 농구 골대 아래서, 수영장 안에서, 여성 운동선수는 자신을 위해 그들의 신체를 격렬히 되찾고 있다.

스포츠를 하는 것은 여성과 여학생들에게 여러 가지로 좋다. 여성 스포츠재단(Women's Sports Foundation)이 후원한 한 연구는 청소년 여성 운동선수들이 성행위를 적게 하고 상대적으로 낮은 임신율을 보인다는 것을 밝혀냈다.[119] 미국국립여성법센터(National Women's Law Center: NWLC)에 따르면, "소수인종의 여성 운동선수는 운동을 하지 않는 소수인종 여학생들에 비해 더 높은 성적을 받는다. 특히 흑인 여성 운동선수는 대학을 졸업할 확률이 15% 더 높으며, 히스패닉 여성 운동선수는 고등학교를 졸업하고 대학에 입학할 가능성이 더 높다".[120] 운동선수는 팀과 함께 일하고, 중압감을 견디면서 경기하며, 목표를 정하고, 비판을 받아들이는 능력을 포함해, 중요한 생활기량을 배운다. 게다가 "스포츠를 하는 것은 젊은 여성이 자신감, 인내심, 헌신, 그리고 '경쟁력'을 함양하도록 돕는다".[121]

규칙적이고 엄격한 신체 운동이 건강에 미치는 이점은 엄청나다. 젊은 여성이 스포츠에 참여하면 심장병, 골다공증, 그리고 다른 심장 질환에 걸릴 확률이 줄어든다. 스포츠에 참여하는 여성들은 유방암에 걸릴 위험이 유의미하게 낮다. 체력 수준이 향상되면, 자세가 좋아지고, 요통이 감소하며, 적절한 힘과 유연성이 발달하고, 여학생들은 직업이나 오락 활동에 참여할 수 있는 자질을 기를 수 있다.[122] 스포츠는 정신적인 이익도 가져다준다. 스포츠를 하는 젊은 여성은 자존감이 높고, 우울증이 덜 발생하며, 더욱 긍정적인 신체 이미지를 가지는 것으로 보인다.

스포츠에서 타이틀 IX의 평등 의무는 유색 여성과 여학생들에게 특히 중요하다. 소수인종인 여성 운동선수는 더욱 높은 수준의 자존감을 경험하고, 과외활동에 참여할 가능성이 더 높으며, 스포츠를 하지 않는 소수인종 여학생에 비해 그들이 속한 공동체에서 대표가 될 확률이 높다.[123] 그들은 15%나 더 대학을 졸업한다.[124] 소수인종 여학생들이 사적인 조직보다는 학교를 통해 스포츠에 참여할 가능성이 높다는 것은 중요한 의미가 있고, 따라서 교육을 통한 접근이 가능하도록 하는 것이 특히 중요하다.[125]

실증적 증거: 좋은 것, 나쁜 것, 이상한 것

여성의 운동 기회를 확장하는 수단으로서 타이틀 IX은 의미 있는 수준의 진전을 이루었다. 그 법이 시행되기 전에 여성들은 대학 운동선수 중 오직 2%에 불과했다.[126] 2001년이 되자 여성은 대학 운동선수의 43%를 차지하게 되었다.[127] 절대치로 본다면 여성 운동선수의 숫자는 3만 2천 명에서 15만 명으로 뛰었고,[128] 이는 거의 500%의 증가율이다. 이야기는 고등학교 수준에서도 마찬가지로 인상적이다. 타이틀 IX 이전에 여학생들은 고등학교 운동선수의 오직 7%에 불과했다.[129] 2011년까지 여자 고등학생 운동선수는 거의 41% 또는 약 320만 명으로 상승했다.[130] 절대치로 본다면 고등학교 스포츠를 즐기는 여학생 수는 29만 5천 명보다 적었다가 거의 280만 명으로 폭발적으로 증가했는데,[131] 이는 800%가 넘는 증가율이다. 같은 기간 동안 남성과 남학생들의 운동 참여도 비록 완만하지만 증가했는데, 기회가 이미 널리 퍼져 있었고 전 학년에 걸쳐 남성들에게 기회가 계속해서 제공되었기 때문임에는 의심의 여지가 없다.[132]

이러한 추세에 대해, 법학 교수 캐서린 맥키넌은 드물게 자축 세리머니를 허락한다.

남성 대비 여성의 소득은 거의 변동이 없다. 직역 분리는 모든 여성들에게 변함 없이 완강하게 남아 있다. 여성과 그 자녀들은 이혼 후 여전히 가난하다. 성적 괴롭힘은 현재 법으로 금지되지만 불법이 되기 전과 마찬가지로 흔하다. 그러나 여성의 일상적 운동에 관한 현실은 바뀌었다.[133]

그러나 아직 많은 일이 남아 있다. 여성은 전체 대학생의 53%지만 오직 45%만이 디비전 I 프로그램(가장 경쟁력 있는 디비전)에 참여할 기회가 있다.[134] 나아가 미국국립여성법센터에 따르면, 여성의 디비전 I 프로그램은 단지 "운동에 쓰이는 전체 돈의 34%, 전체 운동선수 장학금의 45%, 신입생 모집 비용의 32%"만을 받는다.[135] 초등학교와 중등학교에 관한 국가적인 데이터는 존재하지 않지만, 일화적 증거는 여학생과 남학생의 학교 대항 스포츠 프로그램 사이에 유사한 불평등이 있음을 암시한다.[136]

타이틀 IX이 여성 운동선수의 기회를 극적으로 확장하는 동안, 역설적이게도 여성 관리자와 코치의 기회는 줄어든 것으로 보인다. 타이틀 IX이 시행된 이후 대부분의 대학 스포츠 담당 부서는 남성과 여성 부서를 하나로 통합했고, 많은 여성 관리자는 쫓겨났다. 타이틀 IX이 여성 스포츠에 가져온 새로운 명망 (그리고 돈) 역시, 정상급 여성 스포츠 프로그램에서 지도자 역할로 여성 코치에 비해 남성 코치를 우위에 서도록 더욱 격려한다. 오늘날 운동경기 행정직원의 36.2%가 여성이고, 대학 대항 여성 스포츠에서 행정 책임자 또는 운동부 감독의 오직 22.3%만이 여성이다.[137]

코치에 관해 말하자면, 여성 팀의 여대 코치의 비율은 타이틀 IX 이전의 90%에서 감소하여 2014년에는 43.4% 미만이 되었다.[138] 남성 팀을 코치하는 여성의 비율은 전혀라고 해도 좋을 만큼 거의 늘지 않았는데, 타이틀 IX 이전부터 지금까지 2%에서 3.5% 사이를 맴돌고 있다.[139] 전망은 유색 여성에게 특히 암울하다. 1999년 데이터를 기초로 한 디비전 I 학교의 조사에 따르면, 아프리카계 미국인 여성은 여성 운동부에서 수석코치 지위 중 1.9%를 차지하고 있었다.[140] 2012년과 2013년 사이에 아프리카계 미국인 여성은 디비전 I 에서 선임 관리자 지위 중 9.1%를 차지했는데, 이것은 2011년과 2012년 사이에 비해 0.2% 감소한 것이다.[141] 대학 스포츠의 수석코치 지위에서 아프리카계 미국인의 비중은 여전히 미미하다.

법학 교수 데보라 브레이크(Deborah Brake)는 이러한 퇴행적 추세로 인해 여성 스포츠가 보기 싫게 변할까 봐 우려한다. 그는 지배 이론가로서 우려를 표하며, 여성 코치와 관리자의 결핍이 여성의 운동 프로그램을 단지 "남성이 여성에 대한 통제 권한을 행사하는 또 다른 경기장"으로 변질시키고 있다고 주장한다. 그는 다음과 같이 쓴다.

여성 운동선수는 코치가 남성일 때 코치와 운동선수 관계에서 특유한 위계적인 권한의 남용에 더욱 취약할 수 있다. 남성 코치에 의한 여성 운동선수의 성적 학대는 여학생과 여성 스포츠에서 널리 퍼진 문제로서 점차 크게 인식되고 있다 … 남성 코치와 관리자가 여성 운동선수에게 그들의 권한을 남용할 때, 신체적이고 정신적으로 해방적인 활동이었던 운동은 여성의 남성에 대한 상대적 무력감을 악화시키는 것으로 변질될 가능성이 있다.[142]

타이틀 IX 준수하기

1972년 교육 개정법의 타이틀 IX은 연방 재정 지원을 받는 교육 프로그램에서 성차별을 금지하지만, 구체적으로 스포츠를 지목한 것은 아니다. 그러나 운동경기는 학교의 교육 내용 중 하나로 여겨지고 있기 때문에, 타이틀 IX의 차별 금지가 적용된다. 1979년, 현재는 미국 교육부의 한 부서가 된 민권 사무국(the Office of Civil Rights: OCR)은 대학 수준의 스포츠에서 타이틀 IX의 준수를 위한 개설서를 발행했다. '대학 대항 운동경기 정책의 해석'이라 불리는 그 개설서는 오늘날까지 유효하게 남아 있다. 그것은 세 가지 영역에서 타이틀 IX 준수가 필요하다고 하는데: (1) 운동 재정 지원, (2) "다른 프로그램 영역들"(장비, 훈련시설, 의료 자원, 지도, 신입생 선발), (3) 남학생과 여학생의 관심사와 능력 충족이 바로 그것이다.[143]

_ "관심과 능력" 3단계

남학생과 여학생의 관심사와 능력을 충족시켜야 한다는 마지막 준수 요건은 수많은 소송을 촉발시켰다. OCR의 정책 해석하에서, "관심과 능력" 심사를 통과하기 위해서는 대학의 운동경기 프로그램이 아래 중 하나의 요건을 만족해야 한다. (1) 여성과 남성에게 제공되는 스포츠의 기회는 여성과 남성 등록자의 숫자와 "실질적으로 비례"하여 제공되어야 한다. (2) 기회가 "실질적으로 비례적"이지 않다면, 대학은 과소 대표된 성별의 관심과 능력을 개발하기 위한 "프로그램을 확장시켜온 역사와 지속적인 사례"를 보여줘야 한다. 또는 (3) 기회가 "실질적으로 비례적"이지 않고 프로그램 확장의 역사와 사례도 없다면, 그 대학은 과소 대표된 성별의 "관심과 능력"이 "충분히 그리고 실질적으로 수용"되어왔음을 보여주어야 한다.[144]

민사소송을 당한 대부분의 학교들은 세 번째 기준 준수를 입증하려고 노력한다.[145] 그러나 여성의 운동에 대한 관심이 "충분히 그리고 실질적으로 수용"된다는 말은 무슨 뜻인가? 브라운 대학교 사건에서 보는 바와 같이, 그 답은 법의 역할에 대한 관점에 달려 있다.

_ 코헨 대 브라운 대학교(COHEN V. BROWN UNIVERSITY)

1990년대, 브라운 대학교에 다니는 일군의 여학생들은 학교의 체육 정책이 타이틀 IX을 위반했다고 주장하면서 학교를 상대로 집단소송을 제기했다. 문제가 된 것은 여성 체조 팀과 배구 팀을 대학 지원 대표 팀 프로그램에서 기부자 지원 대표 팀 프로그램으로 강등함으로써 비용을 삭감한 학교의 결정이었다. 그 결정의 일환으로 브라운 대학교는 두 개의 남성 팀인 수구와 골프의 지위 역시 강등했다. 그렇기는 하지만, 원고들은 대학의 결정 당시 "브라운 대학교의 [남]학생들은 이미 운동에 배분된 대학의 자원과 학생 운동선수에 제공된 대학 대항 운동경기 참가 기회에서 비례적이지 않게 큰 지분의 혜택을 누렸기" 때문에, 그 처우가 공정하지 않았다고 주장했다.[146]

제1심 법원은 다음과 같이 분명히 밝혔다.

1993~1994년, 대학 지원과 기부자 지원 스포츠를 모두 포함하는 브라운 대학교의 대표 팀 프로그램은 여성에 비해 남성에게 200개 이상의 포지션을 더 많이 제

공했는데, 이는 여학생 비율과 대학 대항 운동경기에서의 여성 참가 비율 간 13.01% 차이를 [나타낸다]. 그리고, "남성에게 제공되는 대표 팀 스포츠의 수는 동일하지만, 각 성별에 제공되는 스포츠 종목들은 여성 선수보다 남성 선수에게 훨씬 더 많은 개개의 포지션을 만들어낸다".[147]

그리고 제1심 법원은, 브라운 대학교가 OCR의 3단계 "관심과 능력" 심사를 위반했다고 판시했다. 첫 번째 원칙과 관련하여, 대학이 자체적으로 산정한 수치는 스포츠의 기회가 여성과 남성 등록자의 숫자와 "실질적으로 비례"하도록 제공되지 않았음을 보여주었다. 두 번째 원칙에 관해서, 제1심 법원은 여성 프로그램을 강등시키려는 브라운 대학교의 의도가, 비록 남성 프로그램도 강등했다고 하더라도, 여성을 위한 "프로그램 확장"으로 해석될 수는 없다고 보았다. 마지막으로, 제1심 법원은 브라운 대학교가 여학생의 "관심과 능력"을 "충분히 그리고 실질적으로 수용"하지 않았기 때문에 세 번째 원칙 역시 준수하지 못했다고 판시했다.

브라운 대학교는 주로 마지막 지점을 다투며 항소했다. 브라운 대학교의 관점에서, 대학은 여성의 체육 활동에 대한 관심을 *있는 그대로* 충분히 수용해왔다. 브라운 대학교는 젠더 불균형이 차별의 결과가 아니라 오히려 여학생의 스포츠에 대한 상대적 무관심 때문이라고 주장했다. 학생들의 관심과 상관없이 수치적 균형을 요구하는 것은, 대학의 관점에서 보면, 적극적 평등 실현 조치 형식의 "쿼터" 제도로 귀결되고 만다.

항소심 법원은 이를 받아들이지 않았다. 첫째, 법원은 여성의 스포츠에 대한 관심이 결여되어 있었는지를 의심했는데, 강등된 배구와 체조 팀은 사실 여성들에게 인기가 많았다. 둘째, 그리고 더욱 중요한 것으로, 법원은 여성의 스포츠에 대한 욕구가 남성의 그것보다 낮더라도 그 사실 자체만으로 상대적으로 빈약한 운동경기 프로그램을 정당화하지는 못한다고 판시했다. 법원은 다음과 같이 썼다.

[스포츠에서] 관심과 능력은 진공 상태에서 개발될 수 없다. 그것은 기회와 경험과 비례하여 발달한다. [OCR의] 정책 해석은, 여성이 운동에 낮은 참여율을 보이는 것은 여성이 역사적으로 스포츠에 참여할 기회가 없었다는 것을 반영한다는 점을 인정한다 … 여성의 관심을 반영하는 취지의 통계적 증거가, 스포츠에 대한 여성의 관심의 진정한 기준으로 제공되기보다는, 오히려 지금까지 스포츠에서 여성의 참여 기회 결핍의 기초였고 지금도 기초가 되고 있는 바로 그 차별의 기준으로 제공될 위험이 존재한다.[148]

법원의 판결이유는 세상을 현재 상태대로 받아들이기를 거부하는 역동적인 법 개념을 반영한다. 이러한 관점에 따르면, 법원은 여성과 남성의 개인적 선호를 있는 그대로 따를 필요가 없고, 그것의 모양을 바꾸기 위해 법의 힘을 사용할 수 있다. (이런 사전적 관점을, 앞서 3장에서 논의되었고, *EEOC v. Sears Roebuck & Co. 사건*에서 제시되었던 관점과 대조해보라.) *코헨 결정*은 우리가 여성의 스포츠 프로그램에 대해 *꿈의 구장(Field of Dreams)* 접근법이라고 부를 수 있는 전형적인 예이다. "만들면, 올 것이다(If you build it, they will come)."* 그것은 역시 3단계 심사의 (세 번째 원칙의) "실질적인 수용" 조항을 더욱 만족하기 어렵게 함으로써 (첫 번째 원칙의) "실질적이고 비례적인" 조항을 더욱 강조한다.

그러나 3단계 심사를 어떻게 해석할 것인지의 문제는 아직 끝나지 않았다. 2005년, 교육부는 *코헨 결정*과 어긋나 보이는 일련의 내부 지침을 발간했다. 그 지침은 운동에 대한 여성의 욕구가 충족되고 있음을 보여주기 위해 학생들에게 이메일 조사를 사용할 수 있도록 함으로써 대학이 "실질적인 수용"을 보다 쉽게 입증할 수 있도록 하고 있다. 어떤 비평가는 이메일 조사가 스포츠에 대한 여성의 관심 정도를 모두 반영하지 못할 수 있다고 우려한다. 예컨대

• (옮긴이 주) 1989년 영화 〈꿈의 구장〉의 대사인 "If you build it, he will come"을 차용한 것이다.

이 지침하에서는 어떤 학생이 조사에 응답하지 못하면 이는 스포츠에 대한 무관심으로 계산될 수 있다.[149]

그러나 그 지침은 *꿈의 구장* 원리의 근간을 흔드는, 보다 깊은 철학적 변화를 암시한다. *코헨 판결*은 심지어 현재 여성의 욕구가 만족되었다고 하더라도, 대학은 운동장에서의 남성 대비 여성 비율이 캠퍼스에서의 남성 대비 여성 비율과 같아질 때까지 여전히 여성의 욕구를 증진시킬 의무를 부담할 수 있다고 판시했다. 2005년 지침은 그 관점을 거부한다. 대신 오직 학생 만족도라는 "통계적 증거" ─ 여기서는 이메일 조사에서 추출된 ─ 가 충분한 수용을 어쨌든 대표할 수 있다고 보며, 이는 성비를 덜 유의미하게 만들고 있다. 이 모든 것에도 불구하고, 교육부는 그 지침이 타이틀 IX 준수 심사를 어떤 형태로든 변화시킨 것은 아니라고 주장한다.[150]

_ "여학생 대 남학생"

대학 스포츠 프로그램이 타이틀 IX을 준수하기 위해서는 여성에게 제공된 운동의 기회가 "실질적으로 비례적"으로 남성에게 제공된 것만큼 되도록 때때로 자원의 이동이 필요하다. 그것은 여성용 몫이 늘어나거나 남성용 몫이 줄어드는 것 또는 양자 모두를 의미한다. 남성 프로그램과 여성 프로그램 사이에서 균형을 잡는 것은 때로 "여학생 대 남학생"의 어린아이 같은 경쟁으로 퇴보할 수 있다. 브라운 대학교에 타이틀 IX 위반이 선고된 이후, 그 첫 번째 개선안은 남성 프로그램을 여성 규모로 축소하기 위해서 무려 213명의 남성 대표 팀 포지션을 감축하려 했다.[151] 이 개선안은 후에 여성 프로그램을 확대하고 남성 프로그램을 감축하는 정책으로 대체되었다.

대부분의 연방법원 관할 구역들은 학교가 여성 프로그램을 조금씩 증가시키거나 남성 프로그램을 하향하는 방식 중 하나로 타이틀 IX을 준수할 수 있다는 것에 동의한다. *Neal v. Board of Trustees of the California State Universities(닐 대 캘리포니아 주립대학 이사회) 사건* 에서,[152] 연방 제9항소법원은 현존하는 여성 팀의 규모를 늘리고 현재 남성 팀의 규모를 제한하는 내용의 캘리포니아 주립대학교 ─ 베이커스필드가 제안한 개선안을 옹호했다. 몇몇 학교는 더 멀리 나갔는데, 새로운 여성 팀이 사용할 자원을 마련하기 위해 남성 팀을 실제로 축소했다. 성별 균형이 전체 운동선수 숫자로 측정되기 때문에, 새로운 프로그램은 큰 팀을 요구하는 스포츠를 선호하는 경향이 있다. 이러한 이유에서 여성 조정(보트 하나당 아홉 명!)과 같은 몇몇 덜 전통적인 스포츠가 극적으로 성장하고 있다. ≪뉴욕타임스≫의 한 리포터는 비꼬는 투로 말했다. "여성들은 그들이 시도하지도 않았고, 아마도 심지어 들어보지도 않았던 스포츠에서 장학금을 획득하고 있다."[153]

타이틀 IX의 비판자들은 그 법률이 성비를 강조함으로써 남성 스포츠를 두들겨 팬다고 비난한다. 그들은 많은 학교가 남성과 여성에 대한 스포츠 공급을 동등하게 하기 위해, 남성 육상, 남성 레슬링과 같은 돈이 안 되는 스포츠를 희생양으로 삼았다고 주장한다. 실제로 1970년부터 대학은 45개의 육상 팀을 포함해 350개가 넘는 남성 스포츠 팀들을 없앴다.[154] 이들은, 남성 운동선수의 희생을 발판 삼아 젠더 정의의 균형을 맞추는 것은 불공정할 뿐만 아니라 장기적 관점에서 보면 정치적으로 역효과를 낳는다고 말한다.

타이틀 IX의 수호자들은 이런 공포가 지나치게 과장되었다고 대답한다. 몇몇 남성 팀이 없어졌지만, 그런 이야기만 있는 것은 아니다. 회계감사원(GAO)에 따르면, 1992년부터 2000년까지 여성 팀을 증설한 대학 중 72%가 남성 팀의 감축 없이 그렇게 했다. 게다가, 남성을 위한 스포츠 기회는 타이틀 IX의 시행 이후 전체적으로 완만히 증가해왔다.[155] 여기에 악역이 있다면 그것은 여성 조정이 아니라, 오히려 100명 혹은 그 이상의 선수들이 필요한 매머드급 선수단으로 인해 성별 균형을 극도로 어렵게 만드는 남성 풋볼이라는 것이 이들의 주장이다. 대학이 기꺼이 그들의 풋볼 팀 규모에 합리적인 제한을 두려고 했다면, 여성 스포츠를 위한 공간을 마련하기 위해 돈이 안 되는 남성 팀을 폐지하지는 않았을 것이다.

어느 쪽을 택하든 간에, 타이틀 IX이 미국 스포츠에서 여성과 여학생의 역할을 변화시켜 왔음을 부인하기는 어렵다. 이제 운동경기에 관한 우리의 논의를 마치면서, *Neal v. Board of Trustees of the California State Universities 사건*에서 연방 제9항소법원 판사인 신시아 홀콤 홀(Cynthia Holcomb Hall)이 타이틀 IX에 보편적 중요성을 부여한 고무적인 판결을 소개하기로 한다.

[1999년 여름에] 9만 185명의 열성적인 팬들이 여성 월드컵 축구 경기 결승을 보기 위해 파사디나(Pasadena)*의 역사적인 로즈 볼(Rose Bowl) 경기장에 운집했다. 4천만 명으로 추정되는 텔레비전 시청자들 역시 미국과 중국 팀 간의 긴장감 넘치는 싸움을 보기 위해 채널을 맞췄다. 그 경기는 미국 수비수 브랜디 차스테인(Brandi Chastain)이 중국 골키퍼 가오 훙(Gao Hong) 뒤로, 4 대 4의 난타전 무승부를 끝내는 공을 꽂아 넣음으로써 끝났다. 이 승리는 국가적인 축하 행사를 가져왔고, 많은 사람들은 여성 스포츠가 남성 스포츠처럼 흥분되고 경쟁력과 수익성이 있다는 사실을 깨달았다. 그리고 승리한 선수들은 [당시] 27세가 된 법률이 여성 운동경기에서 명백한 성과를 이끌어냈다는 것을 누구보다도 더 잘 이해했다.[156]

학교에서의 성적 괴롭힘(Sexual Harassment)

8학년인 젊은 여학생은 유서를 써 내려가고 있다. 동물 인형은 엄마에게, 레코드 소장품은 가장 친한 친구에게 남긴다. 학교생활은 살아 있는 지옥이고 삶은 견딜 수 없을 것만 같다. 더 이상 그녀가 학교에서 남학생들을 마주할 수 없을 때까지 그들은 끊임없이 그녀의 가슴 크기를 가지고 놀려대왔다. 그녀는 학교로 가는 길에 갑자기 한 무리의 남학생들

* (옮긴이 주) 미국 캘리포니아 주 서남부, 로스앤젤레스 근처의 도시.

이 "음매"하고 소리치는 것을 듣고는 한다. 이런 행동은 학교 갈 때, 학교 마치고, 쉬는 시간에, 수업 중에, 점심시간에 일어난다. 그녀의 어머니는 문제를 제기했지만 학교는 아무런 조치를 취하지 않았다. 학교 이사회의 응답: "사내아이들이 그렇죠 뭐."

   — 모니카 L. 셔러, "더는 아이들의 장난이 아닌"

7학년부터 12학년까지 1,900명이 넘는 학생들에 대해 미국대학여성협회가 수행한 2011년 조사는 거의 절반의(48%) 학생들이 그 해 학교에서 어떤 형태의 성적 괴롭힘을 경험했으며 남학생보다는 여학생이 피해자가 될 가능성이 높다는 사실을 보여준다.[157] 이 정의는 신체적인 괴롭힘 — 만지고, 움켜쥐고, 쓰다듬고, 꼬집는 것, 브라 잡아 빼기, 치마 들쳐 올리기, 성폭행, 심지어 의도적인 강간 — 과 비신체적인 괴롭힘, 예컨대 성적인 말, 조롱, 몸짓, 농담, 낙서, 소문을 포함하는데, 후자는 대면하여 이루어질 수도 있고 페이스북이나 문자 또는 다른 소셜 미디어로 표현될 수도 있다. 이러한 괴롭힘의 절대다수는 동료 학생들로부터 나온다. 여학생 중 3분의 1 이상은 학교에 가는 것이 두려울 정도로 심한 괴롭힘을 받았다.

게이, 레즈비언, 바이섹슈얼, 트랜스젠더 학생들은 더욱 악질적인 괴롭힘을 경험한다. 2011년에 '게이 레즈비언 그리고 이성애자 교육 네트워크(GLSEN)'는 레즈비언, 게이, 바이섹슈얼, 트랜스젠더 학생들에 대한 전국적인 조사를 수행했다. 85%의 응답자들이 "자주 또는 종종" 학교에서 반동성애 발언을 들었고, 57%가 "교사 또는 다른 학교 직원으로부터 동성애 혐오 발언을 들었다고 보고"했으며, 82%는 언어적 괴롭힘을, 38%는 신체적 괴롭힘을 받았고, "63.5%는 자신의 성적 지향 때문에, 43.9%는 자신의 젠더 표현 때문에 안전하지 않다고 느꼈다". 나아가 폭행당하거나 괴롭힘을 받은 학생들 중 60% 이상이 학교에 사건을 신고하지 않았는데, "대부분이 어떠한 조치도 취해지지 않을 것이라거나 신고하면 상황이 더 악화될 것이라고 믿었기 때문이다". 폭행이나 괴롭힘 사건을 신고한 36.7%의 학생들은 "학교 직원이 아무런

대응을 하지 않았다고 말했다".[158]

만연하는 괴롭힘에 관한 가장 놀라운 통계 가운데 하나는, 교사들이 얼마나 개입하지 않는지를 보여준다. 신체적·비신체적 모두를 포함해 괴롭힘의 절대다수는 교실과 복도에서 일어난다. 그러나 교사가 가해자와 맞서기를 꺼리든지 아니면 성적 조롱 또는 동성애 혐오 발언이 야기하는 피해를 인식하지 못하든 간에, 교사의 개입은 거의 이루어지지 않는다. "매사추세츠 교육부에 의한 연구는 게이 학생이 동성애 혐오 발언을 하루에 25차례 이상 듣지만, 교사는 오직 약 3%만 개입한다는 사실을 밝혀냈다."[159]

타이틀 IX은 교육 환경에서 성적 괴롭힘을 금지하고, 위반자들에 대한 책임 기준을 마련하고 있다. 교육에서 성적 괴롭힘에 관한 법률은, 앞서 3장에서 설명했던 주제인 직장 내 성적 괴롭힘의 처리에 관한 타이틀 XII에 크게 의존하고 있다. 1992년 미국 연방 대법원은 교사에 의해 성적 괴롭힘을 받은 학생이 학교 당국에 그 사실을 알렸고 학교가 "의도적으로 무관심"하게 행동하여 그 괴롭힘을 막지 못했다면, 타이틀 IX에 따라 학교위원회에 손해배상을 청구할 수 있다고 최초로 판시했다.[160] 7년 후 연방 대법원은 타이틀 IX에 따라 동료 *학생*에 의한 성적 괴롭힘이라는 유사한 소송 사유를 인정했다. *Davis v. Monroe County Board of Education(데이비스 대 먼로 카운티 교육위원회) 사건*에서,[161] 조지아 초등학교 5학년인 라숀다 데이비스는 같은 반 친구로부터 5개월 동안 움켜쥐고, 쓰다듬어졌으며, 반복적으로 성적이고 노골적인 발언의 대상이 되었다. 가해자 G.F.는 그녀의 가슴과 음부를 만지려 했다. 체육 수업시간에 G.F.는 발기한 것처럼 꾸미려고 문버팀쇠를 자신의 팬티 속에 넣은 채 라숀다를 향해 외설적인 행동을 했다. 또 다른 때, 그는 그녀에 몸을 비비면서 "네 가슴을 느끼고 싶어"라거나 "너랑 자고 싶어"라고 말했다. 라숀다는 G.F.에게 그만두라고 말했고, 이 모든 사건을 그녀의 교사와 어머니에게 알렸다. 한번은, 라숀다와 몇몇 다른 여학생들이 G.F.의 행동을 고발하기 위해 교장을 만나러 갈 수 있는지 교사에게 물었다. 선생님은 "[교장 선생님이] 필요하다고 생각하면, 그분이 너희를 부르실 거야"라고 말했다. 라숀다의 어머니는 학교에 전화했고 교장과 통화했는데, 교장은 "그 녀석을 조금 더 엄하게 꾸짖어야 할지도 모르겠군요"라고 말했다. 몇 달 동안 괴롭힘을 견딘 끝에, 라숀다의 성적은 떨어졌고 그녀는 유서를 썼다. 마침내 그녀의 부모는 학교위원회를 상대로 이러한 성적 괴롭힘으로부터 그녀를 보호하지 못한 책임을 묻는 형사소송과 민사소송을 제기했다. G.F.는 소년법원에서 최종적으로 성폭력 혐의를 인정했다.

5년 후 이 사건은 미국 연방 대법원에 도착했다. 대법원은 학교위원회가 동급생에 의한 성적 괴롭힘에 관해 책임을 질 수 있지만, 오직 학교 당국이 그것을 알고 있었고, 그것에 "의도적으로 무관심"했으며, 그 괴롭힘이 매우 "심각하고, 만연하며, 교육 기회나 혜택에 대한 피해자의 접근을 사실상 가로막을 정도로 객관적으로 모욕적인 경우"여야 한다고 판시했다.

교사와 학생, 학생과 학생 사이의 괴롭힘에 관해 학교의 책임을 묻기 위한 이러한 기준을 원고가 갖추기는 굉장히 어렵다는 점이 드러나고 있다. *Davis 판결* 이래로, 연방법원은 얼마간의 학교 성적 괴롭힘 사건들을 판단해왔다. 그 판결들은 이 기준이 얼마나 만만찮은지를 분명히 했다. 어떤 사건에서, 법원은 ─ 만약 부적절한 행동을 관찰한 교사가 학생들을 훈육할 권한을 가지고 있지 않았다면 ─ [162] 학교가 그 행동에 관해 충분한 정보를 가지지 못했거나 그 행동이 심각하거나 만연하지는 않았다고 판단했다. 다른 사건에서 법원은 학교가 가해자를 훈육하는 데 있어 미약한 노력을 기울인 것이 명확히 비합리적이라거나 의도적인 무관심에 이르렀다고 할 수 없다고 보았다. 예컨대 *Wills v. Brown University(윌스 대 브라운 대학교)*[163] 사건에서, 한 학생이 수업에서의 어려움에 관해 교수에게 도움을 요청했을 때, 그는 여학생을 무릎 위로 끌어당겨서 그녀의 가슴을 쓰다듬었다. 학교는 그 사건에 관해 교수에게 견책 처분을 했지만, 3개월도 되지 않아서 그와의 강의 계약을 1년 갱신했으며 연봉도 올려주었다. 여섯 명의 다른 여학생들이 유사한 성폭행을 신고한 후에야 그는 다음 해에 해고되었다. 법원은 한 번의 괴롭힘은, 그것이 비록 심각할지라도, 피해자의 교육 기회를 박탈하기에 충분히 만연한 것은 아니라고 결정했다. 법원은 또한 "선례의 관점에서 보면, 브라운대학교의 절차는 아쉬운 점이 많았지만", 대학의 "상당히 단호한 견책"은 의도적인 무관심에 이르지는 않았다고 판단했다.

타이틀 IX 규정은 학교가 성적 괴롭힘 대책과 고충처리절차를 개발하도록 요구한다.[164] 연령에 적합한 성적 괴롭힘 대책과 교육을 개발하는 것은 쉽지 않고, 초등학교에서는 특히 그렇다. 모든 장난이 괴롭힘은 아니고, 모든 괴롭힘이 성적인 것도 아니다. 노스캐롤라이나의 6세 소년인 조너선 프레벳이 반친구인 여자아이의 볼에 키스했을 때, 그 사건은 전국 헤드라인을 장식했다. 미디어는 난리법석을 떨었고 소년이 "성범죄"로 "정학"을 당했다고 보도했다. 조너선의 어머니는 CNN, 투데이쇼, NBC뉴스의 토크쇼를 순회하듯 출연했고, 이 사건은 성적 괴롭힘이라는 낙인이 적용된 것처럼 보였다. 그 부모는 학교가 공식적으로 사과하지 않으면 고소하겠다고 위협했다.

보수적인 집단들은 이 사건을 "정치적 올바름"과 "광신적 페미니즘"의 한 사례로 포착한다.[165] 실제로는, 교장은 조너선에게 부적절한 접촉에 대해 분별 있게 말했고, 조너선이 학급 아이스크림 파티를 빠지도록 함으로써 학교 내 정학 처분을 내렸다. 슬프게도, 부모들과 미디어는 훨씬 더 심하고 만연한 괴롭힘 행동을 평가 절하하는 방법으로 조너선 프레벳 같은 사건을 이용할 수 있다. 성적 괴롭힘에 관한 법률에 대한 이러한 잘못된 정보와 조롱은, 사람들로 하여금 어린 여학생과 남학생들에게 좋은 접촉과 나쁜 접촉의 차이를 가르치는 일의 섬세함과 극도의 중요성을 간과하도록 만든다.

↘ 토론을 위한 질문

1. 전국의 거의 5천만 공립학교 학생들 중 수천 명이 실험적인 단성학교 또는 단성학급에서 교육받도록 허용하는 것에는 어떤 해악이 있는가? (단성교육과 혼성교육 중) 선택권을 부여한다는 의미에서 단성교육을 허용하는 방안이 "다양성"을 증진시킨다는 주장은, 학생들에게 인종적·민족적·사회적·경제적 배경이 다양한 길동무를 제공한다는 헌법상 다양성 개념과 무슨 관계가 있는가? 남성과 여성의 분리된 영역이라는 전통적 관념을 강화하지 않는 성별분리 프로그램을 상상하는 것은 가능한가?

2. 스포츠가 문제되는 영역에서, 타이틀 IX은 '분리가 평등할 수 있다'는 철학에 특히 관용적이다. 법 규정은 "경쟁적 기술에 기초해서 각 팀의 선수를 선발하거나 관련된 활동이 신체 접촉이 있는 스포츠인 경우" 학교에서 남녀를 위한 별도의 팀을 운영할 수 있도록 분명히 허용한다.[166] 그 규칙의 옹호자들은 여학생들이 남성 팀의 자리를 두고 경쟁할 기회를 받을 경우 아주 소수의 여성 또는 여학생만이 통과할 수 있을 것이라고 주장한다. 결과적으로, 매사추세츠 공과대학교 스키 팀이나 버지니아 주립대학교 골프 팀과 같은 "혼성" 운동선수단은 상대적으로 희귀하다. 그래야만 하는가? 페미니스트 법 이론은 스포츠 팀의 분리 운영을 어떻게 옹호할 것인가? 동등대우 이론? 지배 이론? 문화 페미니즘? 포스트모던 페미니즘? 분리된 팀이 자리를 잡았다고 가정할 때, 만약 예외적으로 뛰어난 여성 선수가 남성 선수만큼 충분히 잘한다면, 여성 팀에서 남성 팀으로 옮겨가는 것을 허용해야 하는가?

5장 젠더와 몸

자신의 몸을 소유하지 않고 통제할 수 없다면 그 어떤 여성도 스스로를 자유롭다 여길 수
없다. 어머니가 될 것인지 말 것인지에 대해 의식적으로 선택할 수 있지 않는 한 어느 여
성도 자유롭다 할 수 없다 … 자기 스스로 생계를 유지하는 여성은 일종의 자유를 얻게
된다 … 그러나 … 경제적 자유가 있는 여성이라 할지라도 결혼과 출산을 스스로 결정할
수 있는 것은 아니다.

― 마거릿 생어, 『여성과 신인종』

□ □ □

아이를 가질 수 있는 여성의 능력은 남녀 간의 가장 큰 신체적 차이에 해
당한다. 여성들이 그들의 재생산 과정을 통제하는 능력은 아이를 가질 것인
지 여부에 대한 선택의 차원을 훨씬 넘어선 문제다. 재생산의 자유는 여성들
에 대한 다른 측면 ― 직업을 유지하고, 교육을 받고, 스포츠에 참여할 능력 또는 배
우자나 파트너, 혹은 낙태에 반대하는 시위자로부터의 젠더 기반 폭력에서 벗어날 능

력 등 — 에서의 평등과도 연결되어 있다.

다수의 국가들에서는 여성들을 주로 어머니로서 인식한다. 국가가 성적 행동 및 재생산 행위와 관련되어 합법적으로 규제할 이익을 가진다는 가정은 오래 간 지속되어왔다. 주와 연방 정책은 성교육과 피임, 낙태를 제한하거나 약화시켜 출산을 장려했다. 어떤 주에서는 대리모 계약을 제한하기도 하고, 또 다른 주에서는 포르노그래피를 금지 또는 제한하고자 노력을 기울이기도 한다. 이러한 모든 활동들은 성적 자유 및 재생산 자유의 문제와 관련되어 있다. 앞으로 살펴보겠지만, 이와 관련된 이슈에 관해서는 페미니스트들조차도 하나의 목소리를 내고 있지 않다.

낙태

19세기 중반경까지 대다수의 주들은 낙태를 허용했다. 1840년대 후반, 미국의사협회(American Medical Association: AMA)는 낙태가 여성들을 위험에 빠트릴 수 있고, 낙태로 인해 여성들이 "혼인 계약상 부과된 의무를 간과"할 수 있다는 이유로 낙태에 반대하는 입장을 제기했다.[1] 이 무렵, 미국 내 여러 주들은 낙태를 범죄로 규정하는 법률을 제정하기 시작했다. 중상위 계층 백인 여성의 감소하는 출산율에 비해 상대적으로 높은 흑인 여성의 출산율에 대한 인종차별주의자들의 우려는 이 시대에 제정된 낙태 금지 입법의 숨겨진 원동력 중 하나였다. 1873년 미국 의회는 피임 또는 낙태에 관한 정보 또는 그에 사용되는 기기에 대한 출판, 배포 및 소지 자체를 범죄로 하는 연방 음란 규제법 또는 속칭 컴스톡 법(Comstock Law)을 통과시켰다. (이 법은 포르노물 및 성인 용품도 불법화했다.) 이 법은 주간(州間) 경계를 넘나드는 거래 활동뿐 아니라 워싱턴 D.C. 및 연방 "영토" 지역 내의 활동에도 적용되었다. 절반 이상의 주(州)들이 이러한 법에 따라 각 주 고유의 컴스톡 법을 통과시켰다. 20세기에 접어들자, 미국 전역에서 모체의 생명을 구하기 위해 필요한 경우를 제외한 낙태를 금지하는 법을 제정했다.

1950년대 중반에서 후반 무렵, 인구 제한 단체와 인권 단체 또는 기구 그리고 가족계획연맹(Planned Parenthood)은 구속적인 낙태법에 대해 변화를 촉구했다. 1959년, 법적 문제를 명확하게 만드는 등 법 개정에 관심 있는 변호사, 법관 및 학자로 구성된 단체인 미국법률협회(American Law Institute: ALI)는 모범 형법전(Model Penal Code)의 개정을 통해 임신한 여성의 신체적 또는 정신적 건강을 위해 필요하거나 강간 또는 근친상간에 의한 임신, 그 밖에 태아에 심각한 장애가 있는 경우에는 낙태를 허용할 것을 제안했다. 1967년, 콜로라도 주는 ALI의 위와 같은 제안에 따라 법을 개정했고, 그 외 수십여 개의 주들도 그에 따라 개정을 했다.

1973년의 *Roe v. Wade(로 대 웨이드) 판결* 이후, 13개의 주들이 ALI가 제안한 모범 형법전을 일부 변경한 개정안을 채택했고, 30개 주에서는 모체의 생명을 구하기 위해 필요한 경우에만 예외적인 낙태를 허용했으며, 2개 주에서는 모체의 생명 또는 건강을 위한 경우에 낙태를 허용했고, 1개 주는 모체의 생명을 구하기 위하거나 강간에 의한 임신의 경우에 낙태를 허용했고, 나머지 4개 주에서는 24주 이내의 낙태를 허용했다.

낙태와 헌법

*Roe v. Wade 사건*에서 법원은 주 정부가 여성이 스스로 임신을 종결하는 것을 금지할 수 있는지에 대해 판단했다. 연방 대법원은 모체의 생명을 구하기 위한 예외적인 낙태는 인정하지만 건강상의 이유로 인한 예외는 인정하지 아니하면서 예외 사유에 해당하지 않는 낙태를 시술한 의사를 처벌하는 텍사스 주 법의 위헌성에 대해 검토했다.

철학자, 의사, 신학자들도 생명이 언제부터 시작되는지에 관한 합의점에

도달하지 못했기 때문에 법원은 그에 관한 문제는 피하고자 했다. 그 대신 *Roe 사건*에서 법원은 상충되는 이익을 형량하는 방법으로 불확실성을 해소하려고 시도했다. *Roe 사건*에서 해리 블랙먼(Harry Blackmun) 대법관은 7인의 대법관들을 대표하여 프라이버시에 관한 기본권은 "여성이 그 스스로 임신의 종결 여부를 판단하는 것을 아우를 만큼 충분히 넓게 인정된다"는 다수의견을 작성했다.[2] 그러한 권리는 절대적이지 않으며, 필히 잠재적인 생명을 보호하고, 임신한 여성의 건강을 보호하며, 의료 진료의 완전함을 보호하고 규제할 주 정부의 중대한 이익과 균형을 맞추어야 한다. 블랙먼 대법관은 주 당국이 언제 여성의 낙태에 대한 결정을 통제할 수 있는지를 판단하기 위해 삼분기 구분법(trimester framework)을 개발했다.

임신 삼분기 중 첫 번째 시기에는 "낙태 결정과 그 실시는 전적으로 여성의 주치의의 판단에 맡겨야 한다". (비록 실제 *Roe 사건*에서 사용된 용어는 ― 법률이 임신한 여성이 아닌 낙태를 시술한 의사를 처벌하고 있어 ― 임신한 여성의 지위를 방관자로 격하시킨 듯이 보이나, 뒤따른 결정에 의해 낙태에 관한 결정은 임신한 여성과 그 주치의에 의한다는 점이 명확해졌다.) 임신 초기 이후, 주 당국은 임신한 여성의 건강을 위해 합리적인 규제를 가할 수 있다. 임신 중기 말 무렵에는 대략적으로 태아의 독립생존가능성(viability)으로 인해 주 당국이 잠재적인 생명을 보호할 필수 불가결한 이익을 보유하게 되기 때문에 모체의 생명 또는 건강을 보호하기 위해 필요한 경우를 제외한 모든 낙태를 금지할 수 있다.

*Roe 판결*은 낙태할 권리를 헌법상의 프라이버시 보호의 일종으로 구조화했다. 몇몇 페미니스트 법이론가들은 재생산권을 프라이버시 보호와 관련해 논의하는 것에 대한 비판을 제기했다. 낙태를 할 권리가 프라이버시 법리 위에 기초하면 낙태는 곧 개인의 선택이라는 생각이 강화되고, 이는 페미니스트들이 오랫동안 비판해온 공과 사의 이분법 이데올로기를 승인하는 것이기 때문이다. 재생산권이 주 당국의 간섭을 피하기 위해 반드시 사적인 영역에 속해야 하는 것이라면, 주 당국으로서는 공공의 재원을 통해 이들의 사적인

선택을 지원할 의무가 없게 된다. 실제로 1977년의 *Maher v. Roe(마 대 로) 사건* 및 1980년의 *Harris v. McRae(해리스 대 맥레)* 사건을 포함한 두 건의 연방 대법원 사건에서 법원은 주 당국의 지원 없이는 낙태를 할 자력이 없는 여성에 대해 치료 목적이 아닌 낙태는 물론이고 의료적으로 필요한 낙태에 대해서도 자금을 지원할 필요가 없다고 판시했다.[3] 캐서린 맥키넌은 "프라이버시 법리는 자유와 자기 결정이라는 미명하에 주 당국이 여성들을 포기하게 만드는 성과를 거두었다"고 비난했다.[4] 프라이버시 법리는 주 당국으로 하여금 여성들이 집단으로 짊어지고 있는 불이익에 대한 책임을 모면하게 해주었다.

이와 같은 견해에 따르면, 프라이버시 법리는 이미 부와 취업 능력, 삶의 선택의 폭이 남성들에 비해 열등한 현실에 처한 여성들을 기망한다. "프라이버시라는 단어는 여성들이 수많은 현실적이고 매력적인 대안들로부터 선택권자가 될 것이라는 암시를 준다. 낙태를 고려하는 여성들은 그다지 그런 위치에 있지 않다. 프라이버시, 자유와 선택의 개념들은 낙태를 원하는 여성들이 실제로 느끼는 선택의 여지가 없다는 느낌과 배치된다."[5]

낙태 옹호자들은 낙태할 권리에 대한 근거를 동등하게 보호받을 권리에서 찾고자 할 수도 있다. 그러나 임신에 관해서 여성과 남성은 유사한 상황에 놓여 있지 않다. 나아가 동등한 보호에 대한 침해는 성별에 근거한 의도적인 편견이 있을 것을 요건으로 하지만, 일부 법원에서는 그러한 사실의 존재를 인정하지 않을 것이다. 그럼에도 불구하고, 연방 대법원은 1992년 판결에서 법원에 익숙한 프라이버시 분석을 적용하면서 "여성이 임신을 종료할 수 있는 권리에 대한 주 당국의 제한 역시 성평등에 대한 헌법적 보장과도 관련이 있다"고 판시했다.[6]

*Roe 판결*이 있은 후로부터 16년 뒤, *Webster v. Reproductive Health Services(웹스터 대 재생산 건강 서비스) 판결*[7]을 통해 연방 대법원은 *Roe* 사건에서 잠재적인 생명을 보호할 이익이 여성이 그 스스로 임신을 중단시킬 권리보다 우선하는지를 판단하기 위해 제시한 삼분기 구분법을 태아의 독립생존가능

성 발생 시점으로 대체했다. *Roe 판결* 이후의 사건들은 여성들의 결정에 영향을 미치거나 여성의 선택권을 방해할 정도로 강력하게 낙태 절차를 규제하고자 하는 정부의 시도들을 중점적으로 다루었다. 1992년 *Planned Parenthood of Southeastern Pennsylvania v. Casey(사우스이스턴 펜실베이니아 가족계획협회 대 케이시)* 사건에서 법원은 24시간의 숙려 기간과 의무적인 상담, 배우자에 대한 통지 요건을 부과하여 낙태를 제한하는 펜실베이니아 주 법에 대해 검토했다. 첫 부시 행정부(아버지 부시 행정부)에 의해 작성된 서면을 포함한 다수의 법정 조언자 의견은 *Roe 판결* 의 결정을 뒤집을 것을 촉구했다. 즉, 각 주 당국이 스스로 낙태를 범죄로 할 것인지 여부에 대해 판단하게끔하자는 것이다. 법원의 다수 의견은 *Roe 판결* 을 번복하는 것에 반대했다. *Casey 사건* 에서 법원은 선례 번복을 "정당화할 수 있는 충분히 설득력 있는 이유" 없이는 선례의 구속력 및 법원의 정통성에 따라 *Roe 판결* 을 유지한다고 판시했다.

Casey 사건 에서 연방 대법원은 *Roe 판결* 의 중요한 판시 사항을 재확인했으나, 기존의 판결에서 두 가지 중요한 지점으로부터 후퇴했다. 법원은 삼분기 구분법은 "생존가능성 획득 이전의 규제에 대한 엄격한 금지"이며, *Casey 사건* 법원이 임신 과정 내내 존재한다고 판단한 "여성 안에 존재하는 잠재적인 생명에 대한 주 당국의 이익을 과소평가"하므로 폐지되어야 한다고 판시했다.

법원은 또한 주 당국의 규제는 여성의 선택권에 대한 "과도한 부담(undue burden)"을 야기하는 경우에만 위헌적이라고 판단했다. "과도한 부담"이란 "태아가 생존가능성을 획득하기 전에 낙태를 원하는 여성에게 실질적인 방해를 가할 목적을 가지거나 그러한 효과를 야기하는" 규제를 일컫는다.[8] 이러한 기준에서 법원은 여성들이 임신을 중단하기 전에 배우자에게 그 사실을 통지할 의무를 부과한 펜실베이니아 주 법은 여성에게 과도한 부담을 주게 되며, 특히 가정폭력을 당하는 여성에게 있어 큰 부담이 된다는 점을 이유로 위헌이라고 판단했다.

　그러나 법원은 낙태 관련 상담을 받도록 요구하는 조항과 낙태 절차 시행 전에 최초 상담으로부터 24시간 숙려기간 조건을 둔 조항에 대해서는 합헌이라고 판단했다. 법원은 비록 숙려기간 요건이 두 번 내원하도록 정하고 있고 이는 일부 여성들에게는 "특정한 부담"이 되지만 그러한 부담은 실질적인 방해에 해당하지 아니하고, "출생 전 태아의 생명에 대한 주 당국의 이익을 위한 합리적인 조치"에 해당한다고 판시했다.[9] 법원은 또한 주 당국이 낙태를 원하는 여성에 대해 낙태의 위험성과 가능한 대안에 대해 정보를 주는 상담을 강제하는 것은 합법적이라고 판단했다. (Casey 사건에서 합헌이라고 판단된 법률 조항 역시 낙태 시술을 제공하는 이들로 하여금 임신한 여성에게 낙태를 철회할 것을 독려하기 위해 태아의 발달 단계 사진을 보여주는 것을 요건으로 하고 있다.) 성평등을 주장하는 학자들은 의무적인 상담과 필수적인 숙려 기간을 지정하는 것은, 곧 여성들은 주 당국이 "집에 가서 하룻밤 자고 고민해보라"고 말해주지 않으면 자신들의 인생에 있어 가장 중요한 결정을 독립적으로 할 수 없다고 보는 것이라고 지적했다.[10] 지난 몇 년 간, 일부 주들은 더 긴 숙려 기간을 부과했다. 사우스다코타 주와 유타 주는 여성들이 낙태를 시행하기 전 의무 상담을 받은 뒤 72시간 동안 숙려 기간을 가질 것을 요구했고, 2014년 미주리 주 역시 72시간의 숙려 기간을 두는 법안을 통과시켰다.[11]

　35개 주들은 낙태를 고려하는 여성들에게 낙태와 연관된 위험과 대안에 대한 정보를 주는 상담을 받을 것을 강제했다. 26개 주들에서는 상담과 낙태 절차 사이에 (대체로 24시간의) 숙려 기간을 두었다. 5개 주에서는 낙태를 고려하는 여성에게 수정 시부터 인간으로 볼 수 있다는 점을 말해주도록 했고, 다른 5개 주에서는 주에서 발표한 자료를 통해 (실증적으로 거짓에 해당하는) 낙태와 유방암의 상관관계에 대한 정보를 고지하도록 했다.[12]

　Roe 판결과 Casey 판결 이후 다수의 판결들은 낙태 결정에 대한 주 당국의 허용 가능한 규제에 대한 윤곽을 그려나가고 있다. 그 예로 법원은 주 당국이 대안적인 사법절차를 제공하는 한, 부모 1인 또는 2인의 동의 또는 통지를 요구할 수 있다는 판결을 내렸다. 그 대안적 사법절차에서 미성년자는 그가 충분히 성숙했고 스스로의 결정에 대해 충분한 정보를 갖고 있다는 것을 법원에 입증함으로써 부모에 대해 통지하는 것을 피할 수 있다.[13] 이에 따라 38개 주에서는 미성년의 임신 여성들에게 법관의 승인을 받았거나, 부모 중 한 명 또는 양쪽에게 통지했거나(12개 주), 한 명 또는 양쪽 부모의 동의(26개 주)를 받았다는 증빙을 요건으로 하는 법을 시행했다.[14] 판결과 평론가들은 청소년들에게 낙태 그 자체보다 사법적인 우회 절차가 감정적으로 더 큰 트라우마로 작용할 수 있다는 점을 인정했다.

헌법적인 문제에 있어서, 2006년 미국 연방 대법원은 *Ayotte v. Planned Parenthood(에이요트 대 노던 뉴잉글랜드 가족계획협회) 사건*에서 부모에 대한 통지를 규정한 뉴햄프셔 주의 법이 모체의 건강상 필요한 예외를 두지 않아 문면상 위헌(facial challenge)이라는 결정을 했다. 낙태죄에 있어 법원은 역사적으로 *Roe 사건*의 엄격심사요건을 근거로 하여 문면상으로 법률 조항을 무효화했다. "법률 조항이 필수불가결한 정부의 이익에 맞추기 위하여 세심하게 조정되어야 하는 경우, 법원은 입법부를 위해 그 조정을 하지는 않을 것이다."[15] 그러나 *Ayotte 사건*에서 법원은 만장일치로, 법 자체를 위헌적으로 적용하는 사례가 많지는 않을 것이기 때문에 전체 법률 조항에 대해 위헌 결정을 하는 것은 "도매금식 처방"이라는 판결을 내렸다.[16] 실질적으로 *Ayotte 사건*이 의미하는 바는 위헌적인 법률 조항조차도 유효하게 존재하게 되며, 이에 부정적인 영향을 받는 여성 개개인이 그 "적용"에 관한 개별적인 소송을 제기하는 것은 그 개인의 몫이 된다는 것이다.

다른 판결들도 낙태 시행에 있어서의 여러 절차적인 제한에 대해 합헌이라고 보았다. 비록 여성들의 신분은 비공개로 할지라도 주 당국은 여성들의 연령, 결혼 여부, 기존의 임신 경험, 낙태 경험 등을 포함한 구체적인 의료 정보의 수집을 요구할 수 있다. 주 당국은 또한 낙태를 수행한 의료 시설에 대해 낙태 시술한 의사 정보, 의뢰 기관, 태아의 주수 및 중량, 의학적 상태 등과 같은 특정한 기록 작성 의무를 수행할 것을 요구할 수도 있는데, 이러한 정보들이 모체의 건강에 영향을 미치기 때문이다. 독립생존가능성을 가진 태아를 보호하기 위한 주의 이익을 위해서는 태아의 독립생존가능성이 인정된 후의 낙태에 대해서는 (주치의 외에) 제2의 의사가 있어야 하도록 하고, 임신 중기의 낙태는 상급 병원에서만 수행될 수 있도록 하며, 수행된 모든 낙태에 대해 병리학적인 조직 검사가 이루어지도록 요구하는 것은 합헌이다.[17]

주 당국은 공무원 및 공립 병원에 대해서는 낙태 절차 수행을 금지할 수 있다.[18] 그러나 법원은 주 당국이 갖는 보건 관련 이익을 넘어서서 부담을 주거나 침해적인 "지불 방법 [및] 여성의 개인적인 진료 이력" 등과 같은 사항을 알릴 의무를 두는 것은 위헌이라고 판시했다.[19]

지난 20년 동안, 낙태에 반대하는 자들의 전략 중 하나는 낙태 수술을 수행하는 의사들에 대해 불필요하고 비용이 높고 부담스러운 의무를 부과하여 낙태 절차에 대한 접근권에 지장을 주는 것이었다. 이러한 낙태 수술 제공자에 대한 표적 규정법(Targeted Regulation of Abortion Provider Laws: TRAP)은 낙태를 수행하는 의사와 의료 기관에 대해 엄격한 유지, 기록, 건물, 조경, 고용, 시설 관리 규칙을 부과하고 있다. 일부 관할 지역에서는 의료 기관이 환자들을 보는 시간에도 공무원들의 불시 조사를 허용했다.[20] 이러한 규정은 다른 의료 실무에는 적용되지 않았다. 재생산 자유(Reproductive Freedom)의 프로젝트 디렉터인 캐서린 그리니어(Katherine Greenier)와 미국시민자유연합 버지니아 지부(American Civil Liberties Union of Virginia)의 법률 담당 디렉터인 레베카 글렌버그(Rebecca Glenberg)는 다음과 같은 내용을 언급했다.

낙태반대운동의 지도자들은 소송, 협박 및 드물게는 폭력을 이용하여 낙태를 금지하려 했지만 실패했고, 이들은 낙태 수술을 제공하는 자들이 설 곳이 없도록 규제하는 간접적 전략을 찾는 방법으로 전환했다. 특히, *Roe v. Wade 사건*을

통해 널리 보호를 받고 있는 임신 초기의 낙태와 관련해서는 더욱 그러했다.[21]

일례로 사우스캐롤라이나는 임신 중기의 낙태 또는 한 달에 다섯 건 이상의 임신 초기 낙태를 시술하는 시설을 낙태 시행 의원으로 정의하여, 해당 의원에 한하여 적용되는 27면에 이르는 면허 규제 법안을 통과시켰다. 일련의 벌금형을 통해 집행 가능한 이러한 구체적인 규제들에는 점검, 시설 관리 및 직원 교육, 응급 의료키트 구비, 동물들이 쓰레기통을 엎고 내용물을 뒤지는 것을 방지할 수 있는 "인증을 받은 받침대", 광범위한 의료 기록 및 신고의무 등이 있다. 해당 법은 또한 보건부의 조사관의 환자 의료 기록 복사를 허용했으나, 보건부 측에 환자 의료 기록과 관련된 비밀 유지 의무를 부과하지 않았고, 모든 환자들에 대해 의학적으로 필요한지 여부에 무관하게 성관계를 통해 전염될 수 있는 질병 감염에 대한 검사를 받도록 했다.

위 면허 관련 규제 조항 중 결핵 피부 반응 검사나 감염 통제 절차와 같은 일부는 — 그러한 검사 의무가 낙태 시술을 하는 의원 외에 다른 의원에는 부과되지 않았다는 점 외에는 — 합리적인 듯했다. 사우스캐롤라이나 주의 TRAP의 위헌 여부를 검토한 연방 지방법원은 (정밀하게 공조 시스템을 규제하거나 재난 대비책을 요구하는 법, 실내용 유리 자재를 특정하거나 특정 조경을 지정하는 법, 시설 외부의 잡초 및 조경을 규제하는 법과 같은) 다수의 법들은 "터무니없는 것"이라고 보았다.[22] 법원은 비용을 증가시키고, 시술 제공자와 환자들에 대해 의학적으로 불필요한 요구를 하는 규제는 제1삼분기에 임신중절을 원하는 여성들에게 과도한 부담을 준다고 판단했다. 법원은 TRAP 법 제도에 의할 시에는 같은 주 내에서도 어떤 지역인지에 따라 낙태 비용은 최소한 30달러 내지 300달러만큼 증가하게 되거나 낙태 시술 자체가 완전히 사라질 수도 있다는 점을 지적했다. 또한 법원은 이러한 법은 그 자체로서 합법적인 주 당국의 목적과 합리적인 관련성을 갖고 있지 않기 때문에 의사들이 주장할 수 있는 각 주법 및 연방법에 따른 평등보호조항을 침해했다고 판시했다.

연방 제4항소법원은 사우스캐롤라이나 주 당국이 임신중절 환자의 건강 보호와 관련이 있다고 생각되는 규제를 위해 낙태 수술 의원들을 선별해낼 수 있다고 판시하면서 연방 지방법원의 위 판결을 뒤집었다. 항소법원은 또한 낙태 시술의 비용 증가는 "부수적인 효과"이므로 여성의 낙태 여부에 대한 과도한 부담을 주지 않는다고 판시했다. 연방 제4항소법원의 판결에 대한 연방 대법원의 검토를 요청하는 신청서에서 재생산 권리 센터(Center for Reproductive Rights)는 다음과 같은 내용을 언급했다.

이런 법들은 모체의 건강을 보호한다는 미명하에 임신한 여성들의 안전하고 합법적인 낙태에 대한 접근을 상당히 차단하여 실질적으로 여성 건강을 위협하고 있다. 이 법들은 또한 낙태를 특정 수준의 정부의 개입과 감독하에 두면서 사실상 의사들이 의원에서 의료 활동의 일환으로 낙태 시술을 제공하는 것을 불가능하게 했고, 낙태는 보다 복잡한 수술을 수행하는 별도의 의료 시설에 떠넘겼다.[23]

연방 대법원은 상소 허가 신청을 기각했다.

연방 지방법원과 항소법원에 TRAP 법에 관한 다른 사건들이 쇄도했고, 그 결과는 각기 달랐다.[24] 현재 미국 내 27개 주에서 TRAP 법을 시행하고 있고, 이들 가운데 거의 대부분은 임신 초기 낙태도 적용 대상 범위에 포함시키고 있다.[25] 해당 법은 일부의 경우에 있어서 원하던 결과를 낳기도 했다. 그 예로 2013년에는 40년 동안 안전한 재생산 보건 서비스를 제공해온 의원이 "양질의 의료 서비스를 제공하기 위해 꼭 필요하지는 않았지만, 위 법 규정에 따른 새로운 환기 및 온도 조절 장치 등을 포함한 50만 달러 상당의 새로운 장비"를 마련할 여유가 없어서 폐업을 하게 되었다.[26] 과중한 규제를 부과하여 낙태 시술에 대한 접근권을 차단하는 것은 효용에 관한 문제 중 하나에 지나지 않았다.

2011년 미국에서는 106만 명의 여성이 낙태를 했는데 이러한 수치는 2003

년의 130만 명, 1990년의 160만 명에 비해 낮아진 것이다.[27] 이는 1973년 *Roe v. Wade 사건* 이후, 낙태 절차가 합법화된 이래로 가장 낮은 수치이다. 대다수의 낙태(89%)가 임신 제1삼분기에 시행되었고, 전체 중 99%가 임신 20주 이내에 시행되었다.[28] 더 오랜 시간을 견뎌온 여성은 주로 "어린 여성이 거나 가난한 여성 또는 둘 다 해당되는 여성이었고, 자신의 신체에서 일어나 는 현상을 부정하려고 하는 십대 청소년, 학대를 받아 몸이 자유롭지 않은 여성, 병원에서 멀리 떨어진 오지에 살고 있는 여성, 임신 제1삼분기에 낙태를 하기 위해 돈을 마련하다 시기를 놓쳐 더 큰 비용을 필요로 하게 된 여성들"이었다.[29] 미국 전역의 90%에 가까운 카운티에는 낙태 시술을 제공하는 시설이 없었다.[30]

입법 및 정치적 전략

1970년에 이르기까지 미국의 생명권을 주장하는 낙태반대운동은 조직적인 모습을 갖추고 있지는 않았다. 그 해 뉴욕은 미국에서 처음으로 낙태를 합법화한 주가 되었다. 그로부터 3년 뒤, *Roe v. Wade 사건*은 낙태에 반대하는 사람들에게 큰 충격이 되었다. 낙태에 반대하는 프로-라이프(Pro-Life) 운동은 법정에서 *Roe 판결*의 의미를 서서히 침식시키고자, 공공 모금의 적법성을 문제 삼거나, 낙태와 관련된 절차에 다양한 제약을 부과하려고 했으며 이 중 다수의 시도가 성공을 거두었다. 낙태 반대론자들은 1970년대 초반, 낙태에 찬성하는 프로-초이스(Pro-Choice) 성향의 정치 후보에 반대하는 운동을 성공적으로 수행했다. 1980년대에는 자금모금운동을 기획하고 네트워킹 캠페인에 착수했다.

1980년 조셉 샤이들러(Joseph Scheidler)는 프로-라이프 행동연맹(Pro-Life Action League)을 창립했고, 1988년 랜달 테리(Randall Terry)는 낙태에 반대하는 단체인 수술 구조대(Operation Rescue)를 설립했다. 1980년대 후반, 위 단

체와 다른 단체들은 상위 조직인 프로-라이프 행동 네트워크(Pro-Life Action Network: PLAN)를 설립하여 낙태 시술 클리닉을 폐쇄시킬 목적으로 연간 집회를 개최하고 시위를 계획했다.[31]

미국에만 5천만 신자를 보유하고 있는 로마 가톨릭 교회는 "살인"을 지지하는 자들을 규탄했다.[32] 미국 가톨릭 주교 회의(U.S. Conference of Catholic Bishops)와 국가생명권위원회(National Right to Life Committee) 및 기타 낙태 반대 단체들은 각 주 당국이 낙태 행위를 범죄로 볼 것인지 여부를 결정하게 두는 것이 좋을 것이라는 견해를 지지했다. 이 단체들은 낙태는 강간이나 근친상간 또는 모체의 생명을 구하기 위해 필요한 경우를 제외하고는 불법으로 규정되어야 한다고 믿었다. 현재 프로-라이프 운동은 매우 잘 조직화되어 있고, 재정도 잘 지원되고 있다.[33]

2011년과 2013년 사이, 낙태에 반대하는 집단은 주 의회를 설득해 낙태에 대한 접근성과 효용성을 제한하는 205개 법안을 통과시켜, 지난 30년 동안 한 해에 가장 많은 법안을 통과시켰고, 이는 지난 몇 십 년 간 통과된 법안의 수보다도 많았다. (2001년부터 2010년 사이에 총 189건의 제한법이 통과되었다.)[34] 2011년부터 2013년까지 같은 기간 동안, "낙태에 대한 접근성과 가족계획사업, 종합적인 성교육을 개선하기 위해 … 통과된 신규 법안은 없었다".[35] 이와 같은 규제에는 가족계획 및 낙태 시술 의원에 대한 자금 지원 제한, 숙려기간의 연장, "사전 동의(informed consent)" 조건 부과나 낙태와 유방암의 상관관계 주장과 같이 부정확한 정보를 제공하는 편향된 상담 제공, 임신 20주 이후 낙태의 전면 금지, 임부로 하여금 낙태 시술 이전에 초음파를 듣거나 영상을 보도록 강제하는 것, 미성년 임부의 낙태 결정에 있어서 부모의 개입을 강화하는 것, TRAP 법의 규제를 따를 것 등을 포함한다.[36] 최근까지도 낙태를 반대하는 사람들은 지방자치단체 내의 법을 통해 임신 20주 이후의 낙태 전면 금지 또는 재생산권 관련 정보 등을 제공하는 의료 기관에는 특별 세금을 부과하는 등 시 단위에서 다양한 이슈를 제기했다.[37]

미국 국민들은 낙태에 관해서 양가적인 감정이 병존하는 입장을 가지고 있다. 대다수의 여론조사에 의하면 미국 국민의 60%는 여성의 초기 임신 단계에서 낙태할 권리를 지지한다고 하면서도 국민의 70%는 24시간의 숙려 기간과 부모에게 통지하는 것을 강제하는 법안을 지지한다는 입장을 밝혔다.[38]

_ "부분 출산(Partial Birth)" 낙태 관련 논쟁

정치적 공작에 힘입어 만들어진 법적 제한의 좋은 예 중 하나는 "부분 출산 낙태"와 관련된 논쟁이다. 부분 출산 낙태는 의학 서적에서는 사용된 바가 없지만, 낙태 반대론자들이 만들어낸 용어이다.[39] 해당 용어는 의학 서적에는 무손상 확장 추출술(Intact Dilation and Extraction: 'D&X')*이라고 언급되고 있으며, 매우 드물게 사용되는 방법이다. 시술 과정 중에 태아에게 해를 입히지 않기 위해서, 의사는 자궁 경부를 확장시키고, 사산아를 모체 밖으로 꺼내기 전에 태아의 두개골을 와해시킨다.[40] 이 방법은 임신 4개월 이후 경우에만 사용되며, 주로 뇌수종과 같이 태아에게 드문 이상 증상이 있을 때 자궁 내 사용되는 기구와 뾰족한 뼛조각이 임부의 건강에 위험을 야기할 경우에 사용된다. (전체 낙태의 약 1%에 해당하는) 임신 21주 이후에 시행되는 낙태 시술 중 1% 만이 D&X를 사용하므로, 전체 낙태 중 약 1만 분의 1 정도만이 이 방법으로 진행된다.[41] 낙태 반대를 지지하는 사람들은 D&X 시술 장면을 이용하여 부분적으로 출산된 태아를 죽이는 것의 잔인함을 설명하기도 한다.

30개의 주 의회는 부분 출산 낙태를 금지하는 법안을 통과시켰다. 연방 대법원에서도 문제가 된 네브라스카 주 법은 "D&X"라는 의학 용어를 언급하는 대신에 "태아를 부분적으로 산모의 몸 밖으로 나오게 한 상태에서 사산시켜 분만을 완료하는 낙태 방법"이라 정의한 "부분 출산 낙태"를 금지한 대표적

• (옮긴이 주) 무손상 확장 추출술은 포셉으로 태아의 다리를 잡고 모체 밖으로 신체 일부를 꺼낸 후 태아의 머릿속에 튜브를 삽입하여 뇌를 빨아내 두개골을 와해시킴으로써 태아의 배출을 용이하게 하는 낙태 수술이다.

인 예이다. 1999년 *Stenberg v. Carhart(스텐버그 대 칼하트) 사건*에서 연방 대법원은 5 대 4로 네브라스카 주 법을 무효화했는데, 그 이유는 문제가 된 법의 불명확한 정의 조항으로 인해 다른 낙태까지 제한 범위에 포함될 여지가 있어 여성의 선택권에 과도한 부담을 주었기 때문이다. 또한 해당 법은 모체 건강을 보존하기 위해 D&X가 필요한 예외를 상정하고 있지 않았다.

2003년 미국 의회는 위 *Carhart 사건*에서 위헌 결정을 받은 네브라스카 주 법과 유사한 부분 낙태 금지법(Partial-Birth Abortion Ban Act)[42]을 통과시켰고, 부시 대통령은 해당 법안에 서명했다. 이 법은 낙태 금지에 관한 최초의 연방법이었다. 2004년 캘리포니아 주 연방 지방법원의 판사들은 다수의 의학 전문가들의 증언을 바탕으로 해당 법안에 위헌 결정을 내렸다. 법원은 법률의 용어가 불명확하고 광범위해 의사들이 태아의 독립생존 이전에 수행하는 낙태 시술도 포함시킬 여지가 있고, 모체의 건강을 위한 예외를 두고 있지 않다는 점을 언급했다. 법원은 "제한되는 절차를 '신생아를 살해'하는 것이라 표현한 것은 과도한 오해의 소지가 있고, 이러한 부정확한 용어 사용은 의도적인 것으로 보인다"고 판시하여 부분 출산 낙태에 대한 규제가 정치적인 측면을 담고 있다는 점을 지적했다.[43] 이 연방법의 위헌성을 다툰 *Gonzales v. Carhart(곤잘레스 대 칼하트) 사건*의 상고 신청이 접수되었고, 연방 대법원은 사무엘 알리토 대법관의 취임일에 그 신청을 받아들였다. (알리토 대법관은 *Stenberg v. Carhart 판결*에서 네브라스카 주 법을 무효화하는데 다섯 번째 찬성표를 던진 샌드라 데이 오코너 대법관의 뒤를 이어 취임했다.) 2007년 연방 대법원은 앞선 *Stenberg v. Carhart 사건*과 반대로 5 대 4로 연방법에 대해 합헌 결정을 내렸다.[44]

연방 대법원은 부분 출산 낙태 금지법이 모체 건강상의 예외를 두고 있지 않았던 점은 인정되지만 임신한 여성의 선택권을 위헌적으로 제한하거나 "낙태할 권리 행사에 실질적인 방해"를 주지는 않았다고 보았다.[45] 과도한 부담 기준에서 위헌성을 검토하는 과정에서 법정 의견을 작성한 케네디(Kennedy)

대법관은 "입법 목적이 정당하고 규제의 합리성이 인정되는 경우, 위험을 형량하고 부차적으로 안전을 고려하는 것은 입법기관의 권한에 속한다"라며 합리성 심사 기준을 암시하는 언어를 구사했다. 그는 또한 "어느 절차가 다른 절차와 다른 위험을 가지고 있다면, 그것은 국가가 합리적인 규제를 부과하는 것이 전적으로 금지되지는 않는다는 것을 의미한다"고 판시했다.[46]

안전하고 합법적인 낙태가 갖는 공중보건적 효과는 아무리 강조해도 지나치지 않다. 1970년대에 이루어진 낙태 수술의 거의 25%는 임신 주수 13주 이후에 수행되었고, 1980년대에는 낙태 수술의 10%가 임신 주수 13주 이후에 수행되었다. (다음 항목에서 논의할 RU-486과 같은) 비수술적인 낙태가 가능해짐에 따라 낙태가 실시되는 임신 주수가 더 빨라지게 될 것이다. 또한 합법적인 낙태는 질병 발생률과 사망률을 현저히 감소시켰다. "오늘날, 합법적인 낙태로 인한 사망률은 페니실린 주사로 인한 사망률보다 더 낮다 … *Roe v. Wade 판결*은 안전하지 않고 비밀리에 행해지던 낙태 수술을 안전한 의료 환경에서 행해지는 시술로 전환시켰다."[47]

_ 약물에 의한 낙태

약물에 의한 낙태는 유산을 시키기 위해 환자에게 승인된 약물을 계속해서 복용하게 하는 비수술적인 낙태 방법이다. 1980년 프랑스 제약 회사가 최초로 개발한 RU-486[현재는 미페프렉스(Mifeprex)라는 명칭으로 유통된다]은 두 가지 다른 약물이 복합된 알약 형태의 약물이다. 첫 번째 약물인 미페프리스톤(Mifepristone)은 임신 유지를 위해 필요한 프로게스테론의 수용을 차단하고, 수정란이 착상될 수 있도록 자궁 내막이 두꺼워지는 것을 방지한다. 사흘 후 두 번째 의사의 진료 기간 중에 처방되는 두 번째 약물인 미소프로스톨(Misoprostol)은 태아를 배출시키는 역할을 한다.

미페프렉스는 반드시 여성의 마지막 월경일로부터 7주 내지 9주 이내에 복용해야 한다. 실험 결과 이는 95~96%의 효과가 있는 것으로 나타났다. 임

신중절수술의 성공률은 98% 정도이다.[48]

RU-486은 1989년 프랑스에서 처음 시판되었다. 같은 해, 조지 H. W. 부시 대통령은 RU-486의 미국 내 수입을 금지시켰고, 4년 후 클린턴 대통령이 수입 금지를 해제했다. 20개국에서 1백만 명 이상의 여성들이 복용한 경험이 있음에도 불구하고, 미국 식품의약국(FDA)은 2000년 가을경 최종 승인에 이르기까지 약 8년에 걸쳐 미국 여성들을 대상으로 임상 실험을 진행했다.

출산 선택권을 지지하는 사람들은 RU-486이 낙태 관련 논쟁에 대변혁을 가져올 약물이라 선전했다. RU-486은 비교적 덜 침해적인 비수술적 절차로서 가정이나 의원에서 쉽게 복용할 수 있었다. RU-486은 임신 사실을 안 즉시 복용하여 낙태를 할 수 있게 해주므로, 최소 7주차부터 실시할 수 있는 낙태 수술처럼 여성들에게 기다림을 요구하지 않았다. 가장 중요한 것은 "낙태가 주류 가정의학의 일부가 된다면 낙태 반대론자들이 어디서 시위를 해야 할지 모르게 되기 때문에" 여성들이 낙태 반대론자들로부터의 압박을 피할 수 있는 점이었다.[49]

미국 내 약물에 의한 낙태는 의료 기관 외에서 이루어지는 전체 낙태 시술의 약 4분의 1을 차지하며, 임신 주수 9주 이내에 이루어지는 낙태의 3분의 1을 차지한다.[50] 낙태 반대 세력들은 5개 주에서 낙태를 위한 약물 두 가지 중 미페프리스톤의 허가 사항 외 사용(off-label use)을 전면 금지하도록 의회에 압력을 가했다. 이들은 FDA 규정은 임신 7주 이내의 낙태를 유도할 경우에만 미페프리스톤을 사용할 수 있도록 하고 있는데, 현행 의료 실무에서는 임신 9주차까지 해당 약물을 사용하고 있다고 주장했다. 문제가 된 주 법들은 법원에서 각기 다른 결론을 얻었다. 노스다코타 및 오클라호마 주와 연방 제9항소법원은 관련 법률이 과도한 부담을 주어 위헌적이라 본 반면, 연방 제6항소법원은 오하이오 주 법은 낙태를 희망하는 대부분의 여성에게 실질적인 장애물이 되지 아니했다는 오하이오 주 연방 지방법원의 판결을 확정했다.[51]

_ 낙태반대운동의 폭력성과 낙태 시술 의원의 접근성

낙태반대운동 투쟁 세력의 다른 정치적 전략은 낙태를 단순히 불법적인 것으로 만드는 것뿐만이 아니라 합법적이라 할지라도 불가능한 것으로 만드는 것을 목표로 한다.

1980년대부터 낙태 반대 시위자들은 위협적이고 선정주의적인 전략을 사용하여 낙태 시술 의원들을 와해시키고 여성들을 겁박했다. 그 예로 사산아를 병에 담아 의원 밖에서 피켓 시위 하기, 의원 출입구를 막기, 협박 편지 보내기, 귀찮게 전화 걸기, 의원에 들어가는 여성에게 확성기로 소리치기, 의원에 가짜 탄저균과 폭탄 소포를 보내고 야간에 불 지르기를 일삼았고, 낙태 시술 의사와 의원 직원들을 미행하며 괴롭히고 심지어 살해하기도 했다. "하나님의 군대(Units of Army of God)" 측에서 보낸 서신은 폭탄 테러에 대한 부분적인 책임을 인정하기도 했다. 2013년 한 해에만도 낙태 시술 의원에서 6,484건의 소동이 벌어졌고, 그 내용은 귀찮은 전화 문제, 폭탄 위협부터 기물 파손, 강도, 방화, 살인 협박까지 있었다. 이는 2006년에는 1만 4천 건으로 집계된 것에 비해 줄어든 수치이다.[52] 폭격이나 방화, 피켓 시위 피해를 겪거나 직원이 살인 협박을 받은 낙태 시술 의원 중 일부는 폐원을 했다.

몇몇 놀라운 사건들에서는 낙태 반대 폭력이 암살의 형태로 나타나기도 했다. 플로리다 주 펜사콜라 소재 낙태 시술 의원에서 일하던 데이비드 건 박사는 의원 밖에서 낙태 반대 시위가 벌어지던 중 총에 맞아 피살되었다. 2009년 캔자스 주 위치타에서 미국에서 임신 후기 낙태 수술을 하는 몇 안되는 의사 중 한 명인 조지 틸러는 일요일 아침 교회에서 안내 봉사를 하던 중 낙태반대운동가의 총에 맞아 암살되었다. 틸러가 살해되고 나서, "'틸러의 얼굴에 커다랗게 x자가 그려진 사진을 붙인 트럭이 자신의 창 밖에 주차되어 있었다'고 토로하는 다른 낙태 시술자도 있었다".[53]

(일각에서 테러라고 지칭하는) 이러한 폭력으로 인해, 1994년 미국 의회는 낙태 시술 의원 출입에 대한 접근 자유법(Freedom of Access to Clinic Entrance

Act: FACE)을 통과시켰다. 이 법은 재생산 보건 서비스에 대한 접근을 막기 위해 "폭력 또는 폭력을 행사할 것이라고 위협하거나 … 물리적인 방해"를 하는 것을 금지했다.[54] 이와 관련해서는 초범의 경우에도 10만 달러 이하의 벌금 및 징역 1년에 처했다.

범죄의 기소 가능성이 높아지자, FACE로 인해 더 심각한 낙태 시술 의원 대상 폭력 중 일부가 감소하게 되었다. 법 제정 이래로 살인, 살인 미수, 살해 협박, 스토킹, 의원 입구 봉쇄, 폭탄 설치 등은 감소했다. 그러나 업무 방해, 무단 침입, 피켓 시위, 환자들의 사진 및 동영상 유출, 전화와 이메일을 통한 업무 방해 사례는 더 증가했다.[55]

FACE는 새로운 인터넷 괴롭힘 사건에도 적용되었다. 미국생명운동가연합 (American Coalition of Life Activists: ACLA)은 뉴렘버그 파일(Nuremburg Files)이라는 웹사이트를 개설했다. 해당 웹사이트에서는 피가 뚝뚝 떨어지는 낙태 시술자들의 "현상 수배" 포스터가 게재되어 있었고, 그들을 "인류에 대한 범죄자"라고 지칭했다. 웹사이트상에는 낙태 시술 의원의 의사 및 직원들 수백여 명의 이름, 사진, 집 주소, 자동차 등록 번호, 가족 관계 등이 게시되어 있었다. 목록에 있는 의사들이 상해를 입거나 죽게 되면, (부상을 당한 경우) 글자 색깔을 회색으로 바꾸거나 이름에 줄을 그어 표시하기도 했다.

관련 사건의 배심원들은 해당 웹사이트가 사실상 FACE를 위반한 공격 대상 명단이라 보았고, 원고인 클리닉의 의사와 직원들에게 실질적인 손해배상 및 징벌적 손해배상의 일환으로 1억 9백만 달러를 지급하고, 추후 정보의 공개를 금지하는 결정을 내렸다. 연방 제9항소법원의 3인 재판부는 연방 수정헌법 제1조는 그 자체로서 "직접적인 위협"이 되지 않는 표현의 자유를 인정한다는 이유로 앞선 배심원 평결을 뒤집었다. 이후 연방 제9항소법원의 전원합의체 판결*은 문제가 된 현상 수배 포스터가 FACE에서 언급하고 있는 위

---

* (옮긴이 주) 연방 제9항소법원의 경우 3인 재판부의 판결 후 당사자의 신청 또는 판사의 직권으로

협을 발생시킨다고 보아 위 배심원 평결을 회복시켰다. 전원합의체 판결에서는 "이전에 '현상 수배' 형태의 포스터로 특정 의사를 지정하고, 그 의사가 살해된 바 있으므로, 재생산 보건 서비스 업계에 속한 의사로서는 '현상 수배' 유형의 포스터를, 곧 살해 위협 또는 심각한 신체의 위해로 해석할 여지가 있기 때문"이라고 판시했다.[56] 연방 대법원은 해당 사건의 상고 신청을 기각하여, 연방 제9항소법원의 전원합의체 판결이 확정되었다. 이 책을 쓰고 있는 현재에도 문제의 웹사이트의 내용은 인터넷상에서 찾아볼 수 있으며, 공격 대상 목록은 미국의 관할권 외에 있는 다른 웹사이트에 그대로 옮겨져 있다.

법원은 FACE는 내용 중립적인 법안으로 표현보다는 행동을 규율하기 때문에 합헌성을 인정할 수 있으며, 연방 수정헌법 제1조에 위배되지 아니한다고 보았다. 반대 피켓 시위자들은 여전히 평화로운 시위와 위협적이지 않은 "낙태반대운동"을 통해 보호된 언론 활동을 할 수 있다. 그러나 2014년 연방 대법원은 만장일치로 낙태 시술 의원에 35피트(약 10.6m)의 완충 지대를 확보해주어야 한다는 매사추세츠 법을 위헌이라 결정했다. 연방 대법원은 비록 해당 완충 지역은 (어떠한 이념을 가진 활동가도 배제하도록) 내용상 중립적으로 적용되지만, 해당 완충 지역은 낙태 반대 시위자들이 개별적인 대화를 하고 유인물을 나누어주는 데 있어 필요 이상의 실질적인 부담을 주고 있다고 보았다.[57] 이 2014년 판결은 시위자와 병원에 드나드는 환자 사이에 8피트(약 2.5m)의 "유동적인" 완충 지대를 인정한 2000년의 판결은 유지했다.[58] 법원은 매사추세츠 주는 (완충 지대를 두는 대신) 낙태 시술 의원의 의료진이나 환자의 접근권을 방해하고 위협할 경우 형사 및 민사적 제재를 가하는 연방 FACE와 유사한 주 법을 통과시킬 수 있다고 보았다. 공격적인 낙태 반대 세력들은 최근 새로운 전략을 도입하여 낙태 시술 의원에 간 여성들의 사진, 스트리밍 동

사건을 전원합의체에 회부할지 여부를 표결하고, 과반수가 찬성하는 경우 전원합의체에서 다시 판결할 수 있다.

영상, 자동차 등록번호, 이름 등을 인터넷에 게시하고 있다. 이 게시물들은 이들 환자의 정보를 "살인을 하는 엄마들"이라는 제목으로 게시하여 어디까지가 표현의 자유이고 선동의 시작인지에 대한 성가신 질문을 다시 제기하고 있다.

_ 아버지의 권리

연방 및 주 법원들은 대체로 낙태 문제와 관련해서는 아버지의 의견 결정권은 거의 없다는 데 동의한다. 연방 대법원은 낙태를 위해 남편의 동의를 구할 것을 요구하는 법과 배우자에 대한 통지를 요건으로 하는 법에 대해 위헌 결정을 내렸다.[59] 주 법원들은 아버지가 낙태를 위해 금전을 제공하겠다고 제안했다 하더라도, 이로 인해 향후 그가 법적인 양육비 지원 의무를 거부할 수 있는 것은 아니라고 판시했다.[60] 아버지들은 여성들의 낙태를 막기 위해 금지명령을 신청하기도 했고, 일부 하급심 법원은 가처분을 하기도 했으나 이후 항소법원은 여성의 헌법적 권리와 상충됨을 이유로 하급심의 결정을 뒤집었다.[61]

재생산권과 페미니스트 법 이론

_ 문화 페미니즘의 긴장

대부분의 서구 페미니스트들은 경제 및 정치적 평등을 얻기 위한 수단으로서 또는 자율성 증진 또는 종속의 회피를 추구하기 위한 수단으로서든지 간에 사회적·경제적 영역에서의 재생산권의 중요성을 인지해왔다. 그러나 문화적 페미니즘 이론에는 재생산적 선택권을 지지하는 잠재적 효용과 동시에 이를 저지할 위험요소가 팽팽히 맞서고 있다. 일부 문화 페미니스트는 정확히 여성들은 심도 깊은 유대감과 돌봄 능력을 가지고 있으므로 사회는 낙태에 관한 그들의 독립적이고 도덕적인 책임 있는 결정을 신뢰해야 한다고 주장했다.[62] 다른 이론가들은 이와 같은 문화적 페미니즘의 개념은 선택권에 깔려 있는 자율성의 이념에 반할 수 있다는 우려를 표명했다.[63] 이러한 주장이 있었던 예로 *Hodgson v. Minnesota(호지슨 대 미네소타) 사건*이 있으며, 이판결에서 4인의 대법관은 미성년자의 낙태 결정에 있어 부모 2인에게 통지를 요하는 법률은 "모든 부모로 하여금 자녀를 돌보고 양육하는 데 참여할 기회를 줌으로써 부모-자녀 간의 관계"를 증진시키고자 하는 주 당국의 합법적인 이익을 나타내고 있다고 보아 관련 법을 특정하여 승인했다.[64]

다른 예로는 생명을 위한 페미니스트(Feminists for Life)와 같은 일부 단체에서, 낙태를 선택할 권리에 반대하기 위해, 여성은 출생 전의 자녀를 보호할이익과 의무가 있다는 문화 페미니즘의 개념을 사용했다는 점을 들 수 있다. (낙태가 가능하다는 것은 어머니들에게 그들의 아기들을 죽이라고 부추기는 횡포한 제도인 셈이다.) 그러나 대다수의 법적 문제에서, 여러 이론을 지지하는 페미니스트들은 보다 넓은 재생산적 자유의 결과를 획득하기 위해 단합했다.

_ 여성들의 이야기와 재생산권

페미니스트 법 이론가들은 입법 분야에 있어서 여성들의 목소리는 오랫동안 무시되어 왔다는 점을 지적한다. 이러한 침묵에 답하는 페미니즘 방법론의 전략은 여성들의 경험을 법 안에 담아내고자 하는 것이었다. 그 예 중 하나로 전미낙태권행동연맹(National Abortion Rights Action League: NARAL, 현행 Pro-Choice America)이 주요 연방 대법원 사건에 대해 법정 조언자 의견서 형태로 합법적 또는 불법적 낙태를 경험한 여성들의 서신과 이야기를 제출한 것을 꼽을 수 있다. "여성들의 목소리를 담은 의견서(Voices Briefs)"로 알려진 해당 서면에는 여성들의 실제 일상생활에서 추상적인 낙태 선택권이 어떠한 의미를 갖는지 설명하고자 했다.[65] 이 서면에 사용된 스토리텔링 기법은 "도덕적 신념은 주장이 아니라 경험적으로 또는 공감을 통해 변화될 수 있다"는 생각에 기반을 두었다.[66] 해당 서면은 여성이 직접 노년 남성 7인과 노년 여성 2인으로 구성된 법원에 낙태 결정은 장난 삼아 내린 것이거나 쉽게 내린 것이 아님을 전하고, 낙태가 정당화될 수 있는 여러 가지 상황을 설명하고자 노력했다.

연방 대법원이 이 의견서를 인용한 적은 없다. 그러나 일부 증거들을 미루어 볼 때, 해당 서면이 몇몇의 대법관들에게 공감이 되는 심증을 형성하게 해 주었음을 알 수 있다. 그 예로 *Planned Parenthood of Southeastern Pennsylvania v. Casey 사건*에서 법원이 펜실베이니아 주 낙태 관련 법의 배우자 통지 조항을 위헌이라 판시할 때, 다수 의견은 가정폭력의 만연함에 대해 논의했고, 배우자로부터 폭력에 시달리고 있는 기혼 여성은 임신 사실을 남편에게 알리지 않을 만한 이유가 있다는 점을 인정했다.[67] "여성들의 목소리를 담은 의견서"에 대한 답변으로 낙태에 반대하는 자들은 생명을 위한 페미니스트 등의 단체를 앞세워 법정 조언자 의견을 작성하여 1989년 *Webster v. Reproductive Health Services 사건*에 제출했고, *Doe v. Bolton(도 대 볼턴) 사건*의 "Mary Doe"(법률 가명)였던 산드라 카노와 낙태 시술로 인해 상해를 입은 180인의 여성의 의견을 담은 법정 조언자 의견을 작성하여 *Gonzales v. Carhart 사건*의 청구인을 지지하기 위해 제출했다.

낙태 반대론자들이 제출한 서면들은 많은 여성들이 낙태 결정 이후 후회하고 있음을 드러내고, 시술 이후 깊은 정신적 해를 입었음을 보여주고자 했다. 케네디 대법관은 해당 서면의 입장을 받아들였다. 그는 *Gonzales v. Carhart 사건*에서 법정 의견을 작성하면서 낙태를 선택한 여성 중 일부는 그 생각을 재고할 수 있다는 180인의 여성의 법정 조언자 의견을 인용했다. 그는 "우리는 현상을 가늠할 수 있는 믿을 만한 자료를 찾지 못했으나", "일부 여성들이 그들이 생성하고 유지해오던 태아의 생명에 대해 낙태를 결정했을 때 후회하게 된다고 결론짓는 것은 별로 새로울 것이 없는 듯하다"라고 판시했다.[68]

낙태 논쟁의 다른 이야기가 미디어의 주목을 끌었다. 이는 *Roe v. Wade 사*

건의 원고였던 여성의 이야기다. 제인 로(본명은 노마 맥코비)는 고등학교를 중퇴한 21세 여성으로, 축제에서 호객 업무를 하고 있었다. 그녀는 1970년 당시 세 번째 뜻하지 않은 임신을 하게 되어 낙태를 원하고 있었다. 낙태 제도 개혁을 추진하고 있던 여성 변호사 린다 커피와 사라 웨딩턴은 텍사스 낙태금지법 관련 사건을 맡고자 했다.

1980년 맥코비는 자신의 신원을 밝혔고, 비록 낙태 찬성 진영에 의해 이용 당한다고 느꼈다는 회고를 쓰기는 했으나 낙태 찬성 활동가가 되었다. 그녀는 자신의 이야기가 여성들의 집단소송을 대표하여 *Roe v. Wade 사건*에서 다루어질 것이라고 인지하지 못했고, "원고"라는 단어가 무엇을 의미하는지 조차 몰라 사전을 찾아보아야 했다. 그녀는 변호사들이 자신을 낙태 시술자에게 인도해줄 것이라 생각했고, 판결이 나고 나면 낙태 시술을 받기에는 너무 늦게 된다는 것을 알지 못했다. 맥코비는 아이를 낳고 입양시켰다.

15년이 지나 그녀는 개신교로 개종을 했고, 낙태 반대 진영으로 옮겨 수술구조대(Operation Rescue)를 위해 일했다.[69] 부분 출산 낙태 금지법에 관한 미국 상원 사법위원회 증언을 통해 맥코비는 "나는 앞으로의 여생을 내 이름이 쓰인 법을 무효로 만드는 데 바칠 것이다"라고 밝혔다.[70] *Roe v. Wade 판결*이 있은 후로부터 30년이 지나고, 맥코비는 보수적인 텍사스정의재단(Texas Justice Foundation)의 재정 지원을 받아 텍사스 주 연방 지방법원에 대해 *Roe v. Wade 판결*을 재고하고 번복할 것을 청구하는 소송을 제기했다. 2004년 연방 항소법원의 3인 재판부는 (그녀가 실제로 하지 않은 낙태에 관한) 해당 문제를 다시 논의하는 것에 대해서는 *Roe v. Wade 사건*에서 문제가 된 법률은 이미 폐지되었으므로 받아들여질 수 없다고 결정했다.[71]

_ 다문화적 측면

여러 국가의 낙태 정책은 복잡한 사회적·지정학적 요인에 영향을 받게 된다. 그 요인에는 학살의 역사를 가진 국가(독일의 경우, 독일 형법전은 낙태는 어느 때에나 불법적인 것으로 규정하고 있으나 임신 초기 12주 이내에 행해진 낙태에 대해서는 처벌을 할 수 없다), 만연히 행해지는 강간(남아프리카에서는 원할 경우 낙태할 수 있다), 인구 제한 문제(중국의 경우, 1979년 이래로 모든 경우에서 낙태가 허용된다), 정치적 불안정(인종적 또는 민족적 우위를 차지하기 위해 낙태가 강제될 수도 있다), 지배적인 종교(이슬람 국가에서는 종교적 가르침을 통해 낙태를 규탄하고, 입법을 통해 범죄시한다), 의료 수준과 보건 위험 및 낙태 시술 제공자에 대한 접근성 등이 포함된다. 서구 페미니스트들이 재생산의 자유를 전 세계 공통의 인권으로 주장하자, 제국주의자라는 비난을 받기도 했다.[72]

서구 페미니스트들이 다른 목소리와 접근에 더 기민하게 반응해야 하는 것인가? 그들은 인류 공통의 권리에 관한 개념을 거부하고 다원주의와 서로 다른 문화적 시각에 대한 포용을 해야 하는 것인가? 아니면 전 세계적 차원에서 재생산 자유의 결핍과, 전 세계 대다수의 여성이 이를 수용한다는 것은 그릇된 자각에서 비롯된 문제인 것인가? 수년 전 정치철학가 주디스 슈클라는 부정의의 얼굴은 낮은 곳에서 가장 잘 볼 수 있다는 유명한 주장을 한 적이 있다.[73] 그러나 모던 페미니즘에 큰 영향을 미친 수잔 몰러 오킨은, "우리는 고통받는 듯한 사람들에게 무엇을 원하는지 질문을 함으로써 정의에 대해 깨닫게 되지는 않는다"라고 언급하며 한계를 지었다. 그녀는 "억압받는 사람들은 종종 억압을 매우 잘 내재화하여 그들이 인간으로서 정당하게 얻어야 할 자격들을 알지 못하게 된다"고 언급했다.[74] 두 학자 모두가 옳을 수는 없는가? 둘 중 하나를 선택하는 것을 피할 길은 없는가?

_ 프로-라이프 페미니즘

몇몇 "생명을 위한 페미니스트(Feminists for life)" 단체들은 여성들은 선택권이 있어서 낙태를 하는 것이 아니라, 선택권이 없어서 낙태를 한다는 입장을 가지고 있다. 여성들은 임신을 유지할 교육, 사회적 지원 또는 경제적 자원을 가지고 있지 않다는 것이다.

미국 내 낙태에 반대하는 페미니스트 모임(Feminists for Life of America)은 엘리자베스 케이디 스탠턴과 수잔 앤소니 등과 같은 다수의 초기 페미니스트들은 모든 인간의 생명에 대한 가치를 신뢰하고 낙태는 여성의 착취를 조장한다는 이유로 낙태에 반대했었다는 점을 지적했다.[75] 이러한 단체들 중 다수는 여성들이 어머니가 될지 여부에 대한 선택을 할 수 있도록 최저임금 인상 및 가족 휴가 복지 혜택 등과 같은 더 포괄적인 사회적 프로그램을 위한 캠페인을 했다. 이들 단체 중 일부는 또한 임부에 대한 폭력이 있을 시 임부와 태아에 대해 별개의 범죄를 구성한다고 보는 태아보호법(Unborn Victims of Violence Act)과 같은 법안을 지지하기도 했다.[76]

일각에서는 "프로-라이프 페미니즘"은 모순적이라 여기며 여성은 자신의 신체에 대한 통제권을 갖기 전까지는 실질적인 평등을 얻지 못한다고 주장한다. 프로-라이프 페미니스트들은 문화적 페미니즘 원칙을 끌어들여 비폭력적인 양육자인 여성은 태아를 보호해야 한다고 주장한다. 일부는 낙태를 가능하게 하는 것은 "여성을 낙태로 몰아가는 사회를 변화시키는 것"이 아니기 때문에 오히려 여성을 억압한다는 더 극단적인 주장을 하기도 했다.[77] 프로-라이프 페미니스트들은 복지 대상 여성이 아이를 더 갖는 경우 추가적인 복지 혜택을 받는 것을 주 당국이 금지할 수 있도록 하는 복지 조항을 다투기 위해 가족계획연맹(Planned Parenthood), 전미여성기구(NOW), 전미낙태권행동연맹(NARAL)과 같은 기성 페미니스트 단체들과 일시적인 동맹을 맺었다.

_ 반본질주의

재생산권은 주로 젠더 이슈 측면에서만 논의된다. 반본질주의론을 취한 비평가들은 재생산적 자유를 전적으로 젠더(또는 여성이 자신의 신체에 대해 무엇을 할지에 대한 선택권)에 관해서 고려하는 것이 문제를 더욱 본질화한다는 점을 언급했다. 재생산권은 젠더, 연령, 인종 및 계급의 교차점에서 발생된다. 빈곤한 여성들, 특히 가난한 청소년의 경우에는 행사할 권한이 없는 한 선택권은 무의미하다. 여성들이 낙태를 할 형편이 되지 않는다면, 그들은 낙태권을 획득할 수 없다. (연방 대법원은 원칙상 주 당국은 비치료적인 낙태뿐 아니라 의학적으로 필요한 낙태의 비용도 지급할 필요가 없다는 입장을 밝혔다.)

반본질주의론자들은 계속해서 재생산적 자유는 다수의 요인의 영향을 받게 된다는 점을 비판했다. 인종은 무수한 방법으로 문제가 된다. 예를 들어, 피임약 사용은 명백하게 인종과 사회경제적 환경에 관련되어 있다.[78] 연구에 따르면 저소득층의 아프리카계 미국인 여성들은 피임약 사용률이 낮고 의도하지 않은 청소년기 임신율이 높은 것으로 나타났다. 유색인종 여성들은 또한 강제 불임 수술, 친권 상실 및 임신 중 약물중독으로 태아 학대 또는 태어난 아이를 위험에 빠뜨렸다는 혐의로 기소당하여 곤란을 겪는 경우가 불균형적으로 많았다.[79]

피임

정부는 출산을 장려하고, "적절한" 종류의 사람들(즉, 백인, 부유층, 또는 지식인 계층)이 자녀를 가지도록 장려하고, 성관계를 결혼한 관계 안으로 한정하는 등 여러 가지 이유로 오랫동안 출산 선택을 통제하기 위해 노력해왔다. 재생산과 관련된 자기 결정이 문제된 많은 사건들에서, 국가는 이것이 중요한 국가적 이익과 관련되어 있다고 주장해왔다. 이러한 국가적 이익은 시민들이 충분히 정보를 접한 상태에서 의사 결정을 할 수 있도록 보장하는 것부터 태아의 생명을 보호하는 것과 출산을 권장하는 것까지 다양하다.

피임 관련 정보

최초의 재생산권 사례 중 하나는 피임약에 대한 접근성과 관련이 있다.

1965년 *Griswold v. Connecticut(그리스월드 대 코네티컷)* 사건[80]에서 대법원은 피임약의 유통과 사용을 금지하는 주 법이 부부 관계의 프라이버시를 침해한다고 결정했다. 7년 후, 법원은 결혼하지 않은 사람들의 피임약 사용에 대해서도 이 권리를 확장했다.[81] 1977년, 법원은 미혼의 미성년자들 역시 부모의 허락 없이 피임약을 사용할 권리가 있다고 하면서, 국가가 16세 미만의 미성년자들에 대한 일반 의약품 피임약 판매를 금지할 수 없다고 판시했다.[82]

피임과 관련해 보다 어려운 문제는 이를 사용하기 위한 권리가 아니라 물리적, 그리고 경제적 접근권이다. 미국에서 "성생활을 하는 여성 중 약 99%는 어떤 시점에서는 피임법을 사용하며, 이 중에는 성생활을 하는 가톨릭 여성 중 98%를 포함한다". 이들 중 약 1,740만 명은 피임법 사용을 위해 보조금이 필요하다.[83] 공중보건서비스법(Public Health Services Act) 타이틀 X[84]은 1970년부터 약 1백만 명의 여성 청소년을 포함해 연간 약 5백만 명의 저소득층을 대상으로 (낙태를 제외한) 가족계획 서비스를 위해 연방기금을 제공했다.[85] 피임 서비스에 지출되는 1달러는 산전 건강관리 및 신생아 치료에 필요한 공공기금에서 5.5달러를 절약할 수 있다.[86] 클린턴 행정부 때 타이틀 X에 대한 예산이 증가했지만, 인플레이션과 보조를 맞출 정도로 충분히 증가하지는 않았다. 두 번째 부시 행정부는 2001년 이후 타이틀 X을 위한 기금을 인상하려 하지 않았으며, 대신에 금욕을 권장하는 성교육*에 자금을 지원하기로 결정했다. 이 시기의 실질적인 자금 조달 수준은 20년 전보다 60% 더 낮았다.[87] 오바마 행정부는 "혼전 금욕" 프로그램을 줄이고 포괄적인 성교육으로 자금을 전환했다. 질병 통제 및 예방 센터에서 발표한 보고서에 따르면 2007년부터 2011년까지 십대 임신율이 역사적으로 떨어졌으며, 이는 개선된 성교육과 피임에 대한 접근 덕분일 것이다.[88]

• (옮긴이 주) "abstinence-only sex education"은 금욕만을 강조하는 성교육 형태로서, 피임이나 안전하고 건강한 성관계 등을 포함하는 '포괄적인 성교육(comprehensive sex education)'과 대조된다.

그러나 공적 자금을 제공한다는 것은, 곧 정부가 정보를 통제하고 재생산과 관련된 선택을 조정하려고 시도하는 것을 의미한다. 페미니스트들은 오랫동안 "개인적인 것이 정치적인 것이다"라고 주장해왔다. 피임에 있어서는 정치적인 것 역시 개인적인 것이 된다. 2012년, 조지타운 대학교 법학과 학생인 샌드라 플루크는 하원 민주당 운영집행위원회에서 피임 관련 보험을 제공하는 보험 계획의 중요성에 대해 증언했다. 이는 공화당 의장인 대럴 아이사(Darrell Issa)가 여성의 건강에 대해 증언할 증인들의 명부를 남성들로만 작성하면서 그녀가 하원 정부와 감독위원회에서 증언하는 것을 막은 직후였다. 그녀의 증언에 응해 보수적인 토크쇼 진행자인 러시 림보(Rush Limbaugh)는 그녀를 "창녀"와 "매춘부"라고 불렀다. 그는 "그녀는 성관계를 하기 위해 돈을 받고 싶어 해요"라고 설명했다. "그녀는 성관계를 너무나 자주 하고 있어서 피임을 할 돈이 없죠. 그녀는 당신과 납세자로 하여금 그녀의 성관계를 위해 돈을 지급하기를 원하는 거예요."[89]

레이건과 첫 번째 부시 행정부 산하 보건복지부가 발표한 일련의 규제들은 미국의 연방기금을 수령한 (미국 내 또는 다른 어떤) 기관이 환자에게 낙태와 관련된 어떠한 정보도 제공하거나 소개도 할 수 없도록 하는 전 세계에 걸친 침묵의 규칙을 만들었다. 이 규정은 대법원에 의해 유지되었고, 나중에 클린턴 행정부에서 행정명령을 통해 중단했지만, 조지 W. 부시 대통령이 취임한 후 몇 시간 만에 다시 도입되었다.[90] 2002년부터 2004년까지 매년 부시 대통령은 "세계에서 가장 가난한 여성들에게 출산 계획과 (낙태를 제외한) 기타 재생산 보건 서비스를 제공하는 국제기구인 유엔가족계획 프로그램에 대한 미국의 모든 기여를 일방적으로 취소했다".[91] 2009년, 오바마 대통령은 행정명령을 통해 세계적 침묵의 규칙을 철회했다.

2012년, 런던가족계획에 관한 정상회의에서 선진국의 지도자들은 2020년까지 26억 달러를 지원하여 세계 최빈국의 1억 2천만 명의 여성들에게 피임 정보와 물품을 제공하기로 약속했다.

지난 10년 동안, 많은 주 의회들은 미성년자들이 피임약 또는 피임 도구를 받기 위해서는 부모에게 통지하거나 또는 동의를 받아야 한다는 법안을 검토했다. 2003년 텍사스 주는 미성년자가 피임에 접근하기 위해서는 부모의 동의가 필요하다는 법을 시행하기 시작했다. 노팅엄 대학교에서 두 명의 연구자가 텍사스에 초점을 맞추어 실시한 연구에 따르면, 예상과는 달리, 주 정부 지원 클리닉의 내방률은 줄어들었지만, 십대 임신율은 증가하지 않았다. 연구자들은 미성년자들이 주 바깥으로 떠나거나, 가게에서 콘돔을 구입하거나, 주 규정이 적용되지 않는 연방정부 지원 클리닉으로부터 피임약을 찾는 등 대안을 찾아 피임약에 접근했을 수 있다고 언급했다.[92]

　전국 몇몇 학교구 교육위원회는 학생이 요청하는 경우 콘돔을 제공하는 콘돔 배포 프로그램을 도입했다. 콘돔 배포 프로그램이 십대들의 성적 활동을 유발하지 않는다는 여러 연구 결과[93]에도 불구하고, 학부모들은 이러한 프로그램 중 하나를 뉴욕 주에서 저지하는 데 성공했다. 해당 프로그램이 부모의 동의 없는 보건 서비스를 포함하며, 부모의 거부권 조항이 없다는 이유에서였다. 필라델피아 연방법원과 매사추세츠 주 법원은 순수하게 요청에 따라 제공되는 프로그램이라는 이유로 유사한 배포 프로그램을 합헌으로 판단했다.[94]

사후 피임약

　사후 피임약(긴급 피임약)은 수년 동안 높은 용량의 경구 피임약 형태로 제공되어왔다. 많은 여성들이 이 약품에 접근하는 데 어려움이 있었다. 만약 금요일 밤에 콘돔이 찢어진다면, 응급 피임 효과가 있는 사흘이라는 짧은 기간 내에 의사에게 진료를 예약하여 처방전을 받는 것은 어려운 문제가 될 수 있다.

　당초 미국 식품의약국(FDA)은, 적절하게도 "플랜-B"라고 불리는, 성관계

후 72시간 내 배란과 착상을 막는 사후 피임약인 "모닝 애프터 필"의 처방전 없는 판매를 허용하지 않았다. FDA는 약품이 남용될 수 있으며, 젊은 십대들이 의사의 지시 없이 약품을 안전하게 사용할 수 있는지 알 수 없다는 우려를 제기했다.

FDA는 이후 17세 이상의 소녀들과 여성들에 대한 플랜-B의 처방전 없는 판매를 승인했다. 2013년 연방 지방법원은 FDA가, 구매 시의 어떠한 연령 제한도 없이, 가임기 여성에 대한 처방전 없는 사후 피임약의 판매를 허용하도록 명령했다.[95] 재생산권 관련 단체들은 플랜-B의 광범위한 접근성은 이 나라에서 3백만 건 이상의 의도치 않은 임신 중 절반 이상을 줄일 수 있고 이로 인해 임신중절 횟수를 크게 줄일 수 있다고 주장한다. 낙태 반대 단체들은 플랜-B는 수정란의 착상을 막을 수 있으므로 사실상 낙태약이며, 사후 피임약에 대한 접근 용이성은 안전하지 않은 성관계를 증가시킬 것이라고 주장한다. 예측 가능하게도, 보수적인 의원들이 17세 미만의 소녀들에 대한 사후 피임약 판매에 있어 처방전을 요구하는 법안을 발의하는 등 주(州)들은 다시 전장에 뛰어들고 있다.[96]

피임 비용과 보험 적용 범위

피임약과 피임 도구를 얻는 데 있어 접근성이 유일한 장애물은 아니다. 피임 비용 역시 접근에 있어 상당한 장애가 된다. 보험 적용 범위와 유형에 따라 경구 피임약과 피임 패치는 1년에 160~600달러, 자궁 내 장치(IUD)는 500~1,000달러를 선지급해야 하지만 최장 12년간 사용할 수 있으며, 콘돔은 평균적으로 1년에 약 150달러, 그리고 데포-프로베라(Depo-Provera) 주사*[97]는 220달러에서 460달러 정도의 비용이 소요된다.[98] 비록 전체 여성 중 3분

---

* (옮긴이 주) 배란 억제제로, 3개월마다 한 번 주사한다.

의 2 이상이 고용주를 통해 건강보험을 가지고 있지만, 최근까지 대부분의 단체 보험 약관에는 피임에 대한 보장이 포함되지 않았다.[99] 1993년에는 고용주 제공 건강보험플랜 중 28%만이 피임 기구를 포함했다. 미국에서 발기부전 치료제 비아그라가 소개된 1998년, 직장과 관련된 보험은 이 약에 대한 처방전 중 절반 이상을 커버했다.[100] 2000년대 초반, 3개의 연방 지방법원들은 다른 처방약들은 포함하는 고용주의 건강보험 상품이 처방 피임약/기구를 제외하는 것은 타이틀 VII과 임신차별금지법을 위반한다고 판결했다. 이런 제외는 성별 중립적인 표현을 사용했지만, 법원들 중 하나가 인정한 것과 같이, "법률은 여성들만이 임신하거나, 아이를 낳거나, 처방 피임약/기구를 사용할 수 있다는 사실을 더 이상 간과하지 않는다. 여성의 고유한 성 기반 특성과 관련된 특별하거나 증가된 보건 의료 요구는 다른 보건 의료 요구와 동일한 수준, 그리고 동일한 조건으로 충족되어야 한다".[101] 이 사건들에서 법원들은 고용주가 여성들을 이들의 가임 능력에 기반하여 남성과 달리 대하는 것을 거부하는 동등대우 원칙을 사용하고 있는가, 아니면 여성들의 뚜렷이 구별되는 생리적 특성에 대응하는 특별대우 원칙을 사용하고 있는가?

1998년 연방공무원 건강보험 상품은 연방공무원들에 대해 피임약과 피임 기구도 보험 적용 범위에 포함하기로 했다. 2002년이 되자, 고용주 제공 보험 상품들 중 86%가 사실상 모든 가역성(reversible) 피임법을 커버했다.[102] 몇 년 동안, 연방의회는 모든 민간 건강보험들이 피임약과 피임 기구의 비용을 커버하도록 요구했을 '처방 보험 및 피임 도구의 보험 적용에 있어서의 형평성에 관한 법률(Equity in Prescription Insurance and Contraceptive Coverage Act)'을 통과시키지 못했다. 하지만, 28개의 주들은 이러한 결과에 도달할 수 있도록 하는 '피임형평법(contraceptive equity laws)'을 통과시켰다. 2012년, 연방의회는 2012년 8월 1일 이후 만들어진 민간 의료보험 상품들이 피임약과 피임 도구를 보험 적용 범위에 포함하도록 의무화하는 '환자 보호 및 적정가 보장법(Patient Protection and Affordable Care Act)'을 통과시켰다. 그 이전의 상품

들 역시 몇 년 후에는 의무를 부담할 것으로 기대된다.[103]

2014년, 미국 연방 대법원은 특정 기업이 종교적 사유로 적정가보장법의 적용을 받지 않기로 선택할 수 있는지 다루었다. 이 사건에서 기독교 가족 기업인 하비 로비(Hobby Lobby)의 소유주들은 자신들의 종교적 신념으로 인해 낙태를 유발하는 약과 서비스에 대한 접근을 제공할 수 없다고 주장했다. 이에 대해 법원은 '1993년 종교의 자유 회복법(1993 Religious Freedom Restoration Act)'을 들어 하비 로비가 고용주 건강보험 상품의 보장 범위에 사후 피임약을 포함해 인공임신중절약으로 여겨질 수 있는 피임약을 포함하지 않아도 된다고 판단했다.[104] 비록 5 대 4 결정의 다수 의견이 이 결정은 "비공개" 회사("closely held" corporation)에만 적용된다고 했지만, 반대 의견에서 루스 베이더 긴즈버그 대법관은 다수 의견이 이 용어를 정의하지 않았다는 점을 지적하고, 이 결정은 "회사, 그리고 합명회사와 개인기업을 포함해 영리기업들은, (세법을 제외하면), 진심으로 믿는 종교적 신념과 양립할 수 없다고 자신들이 판단한 어떤 법으로부터도 적용받지 않을 수 있다는 것을 의미하기에 이 결정이 '놀라울 정도로 광범위한' 결정이라고 논평했다".[105] 흥미롭게도, 하비 로비는 "성경의 원칙들과 일치되지" 않는 피임 방법을 보험 보장 범위에 포함하기를 거부하지만, 이 회사의 은퇴 연금은 이 회사가 종교의 자유 관련 소송에서 반대했던 (사후 피임약을 포함해) 피임약과 피임 기구를 생산하는 회사들에 수백만 달러를 투자했다.[106] 이 결정에서 중요한 것은 종교의 자유 회복법의 보호를 영리회사에까지 확대했다는 것이며, 달리아 리트윅 기자의 말에 따르면, 법원은 "고용주가 강력한 종교적 신념에 기반하여 근로자들에게 예방접종이나 정신과적 치료, 동등한 급여를 제공하는 것을 거부할 때에도, 이것이 일련의 비참한 결과로 이어지지 않을 것이라고 (새끼손가락 걸고) 약속"[107]하면서 그렇게 했다는 것이다.

대리모(Surrogacy)

어머니는 여전히 어머니/ 살아 있는 가장 거룩한 것

　－ 새뮤얼 테일러 콜리지, "3개의 무덤"

우리는 두 다리를 가진 자궁이고, 그것이 전부다. 신성한 그릇, 걸어 다니는 성배

　－ 마거릿 애트우드, 『시녀 이야기』

대리모 약정(Surrogacy Arrangements)

　대리모 약정, 혹은 계약 임신은 "유상인 경우를 포함해, 타인에게 인도하기 위해 아기를 만들기로 하는 합의"를 말한다.[108] 다양한 종류의 대리모 계약은 수천 년 동안 존재해왔다. 가장 잘 알려진 예시로는 남편의 대를 잇기 위해 아내 사라의 하녀인 하갈의 도움을 받은 아브라함과 사라(구약성서의 인물)를 들 수 있다.[109] 1980년대, 소위 *베이비 M 사건*에서는, 각각 적법한 부모라고 주장하는 두 부부 간 양육권을 지정하기 위해 법원이 고심하면서, 대리모 관련 법을 현대사회에 새로 태어나도록 했다.[110]

　오늘날 대리모 약정은 보통 두 가지 형태 중 하나를 취한다. 첫 번째 형태에서는, 계약자 부부가 "대리모"라고 불리는 다른 여성을 모집하는데, 이 여성은 수정란을 착상시키고 태아를 품고 있다가 출산한 후 그 아기를 계약한 부부에게 넘겨줄 것이다. 정자는 계약자 부부의 남편이 제공하므로, 그가 유전적이자 법적인 아버지가 된다. 계약자 부부의 아내는 아이와 유전적 연관이 없으며, 아이의 법적인 어머니로 간주된다. 아이와 법적 관계가 없도록 의도되는 대리모는 유전적 어머니가 된다. [이는 "대리(surrogate)"라는 용어를 다소 부정확한 호칭으로 만든다.] 대리모의 두 번째 형태는 "임신 대리모(gestational surrogacy)"*라고 불리며, 체외수정과 관련이 있다. 이 방식에 따르면, 이 수

정란(잠재적인 배아)은 계약자 부부가 제공하는 난자와 정자를 이용하여 실험실에서 형성되고 수정란은 대리모의 자궁에 착상되며, 대리모가 태아를 품은 후, 출생 시, 그 아기를 계약자 부부에게 인도한다. 이 삼각관계에서, 계약자 부부의 남편은 아기의 유전적, 그리고 법적 아버지가 된다. 계약자 부부의 아내는 유전적, 그리고 법적 어머니가 된다. 때로 "임신 대리모"라고 불리기도 하는 대리모는 자녀와 유전적 또는 법적 연관성이 없게 된다.

이러한 약정은 거의 항상 서면계약에 명시되어 있으며, 변호사, 알선 기관, 그리고 난임 클리닉 등을 모두 포함해 상당히 정교할 수 있다. 일반적인 대리모 계약에서, 대리모는 임신을 하고, 임신을 지속하며, 아기의 출생 후 아기에 대한 모든 권리를 이전하는 것에 동의한다. 그 대가로, 계약자 부부는 모든 비용을 지급하고, 출산모의 임신 "서비스"에 대해 보상하기로 동의한다. (입양 관련 법률이 "아기 판매"를 금지하고 있으므로, 대리모 계약은 아이 그 자체에 대해 금원을 지급할 수는 없다.) 대리모 계약은 또한 의료보험 관련 희망사항, 임신 중 대리모의 행동(예를 들어, 술을 피할 것 등), 당사자들이 임신중절에 동의할 수 있는 조건 등을 정할 수 있다.

오늘날 미국에서는 매년 1,600명 이상의 아기들이 임신 대리모를 통해 태어나고 있으며, 구약성서 스타일의 대리모 계약을 구식으로 만들었다.[111] 임신 대리모를 이용한 유명인들은 그들의 이야기를 공개함으로써 이 과정을 일반적으로 만드는 데 도움을 주었다. 엘튼 존과 데이비드 퍼니시, 지미 팰론과 낸시 조보넌, 닐 패트릭 해리스와 데이비드 버트카, 니콜 키드먼과 키스 어반, 리키 마틴(싱글 파더) 등 다수가 이 명단에 포함되어 있다.[112] 그러나 그 과정은 저렴하지 않다. 처음 난자를 기증하는 사람은 8천 달러에서 1만 달러를 받을 수 있다. (만약 아이비리그 출신이나 운동을 잘하는 사람을 원한다면 그 이상이다). 이들 서비스에 대한 대가로, 처음 대리모를 하는 사람은 3만 달러 이상

• (옮긴이 주) 출산 대리모 혹은 자궁 대리모라고도 한다.

을 요구한다. 의료비, 법적 비용, 그리고 행정적 비용을 더하면, 기본적인 계약 임신으로 예비 부모들은 7만 5,000달러에서 12만 달러의 비용을 지불해야 한다.[113]

자유인가 노예제인가?

대리모 이용을 옹호하는 사람들은 그러한 약정이 사람들에게 힘을 준다고 본다. 대리모는 아이를 낳을 수 없는 부부에게 재생산의 자유를 제공하여, 이들이 유전적으로 관련이 있는 자손을 가질 수 있도록 해준다.

이로 인한 수혜자는 동성 커플을 포함하는데, 주 법들과 문화적 규범이 동성 부모의 자녀 양육에 좀 더 개방적이 되면서 이들이 대리모 시장에 참여하는 경우가 급증했다. 만약 우리가 그렇게 가족을 만들고자 매우 노력한 사람들이 좋은 부모가 될 확률이 높다고 가정한다면, (이에 대해서는 연구가 많이 이루어지지 않았지만,) 대리모 제도는 관련 아이들에게 이득이 될 수 있다.

대리모에 대한 논쟁들은 그보다는, 제한적인 수입, 경력 및 교육 수준을 가지는 대리모들의 복지에 초점을 맞추고 있다.[114] 찬성론자들은 대리모 제도는 대리모들이 다른 사람들을 돕거나 돈을 벌기 위해 이들의 생식능력을 사용할 수 있게 함으로써 그러한 여성들에게 힘을 실어줄 수 있는 잠재력을 가지고 있다고 주장한다. 법대 교수인 로리 앤드류스는 그녀가 인터뷰한 대리모들이 "누군가가 즐거운 삶의 목표를 달성하도록 돕고 있다는 느낌에서 받는 엄청난 정신적 이점"에 대해 자주 언급했다고 말한다.[115] 그녀는, 많은 대리모들이 "자신을 재생산에 있어 선택권을 행사하고 '돌봄 윤리'를 보여주는 페미니스트라고 생각했다"라고 쓰고 있다. 성차별과 인종차별로 인해 경제력이 약해진 여성들에게 대리모는 생식 노동을 시장 자산으로 바꿀 수 있는 방법을 제공한다.

어머니가 되는 것과 출산의 위상을 높이려는 문화 페미니즘과, 경제력을 통한 힘을 강조하는 지배 이론에서 모두 이 같은 주장이 나온다. 대리모를 찬성하는 견해는 또한 낙태권 지지자들이 취하는 자율성 접근 방식과도 유사하다. 대리모 이용을 좋아하든 좋아하지 않든, 궁극적인 선택은 국가가 아니라 해당 여성에게 맡겨야 한다는 것이다.

비판론자들은 대리모 계약이 여성을 착취하고 개인의 자유를 침해한다고 주장하며 대리모 임신을 정확히 정반대로 바라본다. 이들은 일부 대리모들은 이 경험을 선물을 주는 것으로 볼 수도 있지만, 다른 대리모들은 착취당하고 대상화된다고 느낀다고 지적한다. ("제가 마치 탈 것인 것 같아요. 암소처럼요. 그들의 아기이고, 그의 정자죠.")[116] 어떤 대리모들은 아기를 포기해야 할 때가 오면 상당한 정신적 충격을 경험한다. 경제력 강화에 관해서도 비판론자들은 계약자 부부보다 가난하고 세상 물정에 어두운 대리모들이 권리나 법적 보호를 받지 못하는 익명의 "자궁 대여자들"이라는 하위 계층이 될 위험이 있다고 우려한다. 논쟁의 이 부분을 요약하면서, 법학 교수 마거릿 제인 라딘은 다음과 같이 쓰고 있다. "경제적으로 어려운 상황에서 자신의 지위를 낮춰서 시장에 진입하는 것은 자유로워지는 것이라고 볼 수 없다 … 여성들은 언제나 자기 자신을 팔아왔고 이로 인해 그 지위가 격하되어왔다. 더 이상 그렇게는 하지 말아야 한다."[117]

대리모 이용에 대한 찬성 주장과 마찬가지로, 반대 주장 역시 문화 페미니즘과 지배 이론에서 도출되는데, 이는 페미니스트적 사고의 유연성을 시사한다. 일부 문화 페미니스트들 사이에서 공유되는 착취에 대한 우려는, 출산 행위가 셔츠를 다림질하거나 바닥을 청소하는 것과 같은 서비스로서 판매될 때 그 가치가 손상될 수 있다는 두려움을 나타낸다. 하위 계층화에 대한 우려는 변호사들, 의사들, 그리고 베이비 브로커들로 이루어진 새로운 "업계"가 대리모들이 고립되고 낮은 대가만을 지급받게 유지할 수 있도록 공모해, 대리모들의 경제적 희망사항을 좌절시키고 이들의 억압을 증가시킬 수 있다는 가능성에서 비롯된다. 대리모가 될지 여부는 개인의 선택사항으로 해야 한다는 주장에 대해서 대리모 회의론자들은 대리모가 되고자 하는 "선택"은 이를 선택하는 여성들에게 경제적 선택권이 없을 때는 의미가 없다고 응답한다.

베이비 M 사건과 존슨 대 칼버트 사건

법원은 대리모 제도를 어떻게 규제할지를 결정하기 위해 고심해왔다. 매우 최근까지도 이 주제에 관한 법률이 거의 없었기 때문이다. 판사들은 그들의 법학 도구 상자를 살펴보았지만 아동 양육권이나 계약집행에 관한 일반 원칙들과 공정성과 자유에 대한 추상적인 원칙들밖에 찾을 수 없었다. 그들은 최선을 다했지만, 이들이 찾은 사례들은 주로 그 사실관계에 한정되는 세부적인 결론이었고 다음 사건에도 적용하기는 어려웠다. 또한 사법적 분석은 대부분의 경우 전체적으로 보고 판단한 것이 아니라 해당 대리모 사건의 단편적인 특징에만 집중한 분석이었다. 우리는 이 현상을 두 가지 잘 알려진 사례들인 *베이비 M 사건*[118]과 *Johnson v. Calvert(존슨 대 칼버트) 사건*[119]에서 볼 수 있는데, 두 사건 모두 대리모와 관련된 삼각관계하에서 부모의 권리가 누구에게 있는지에 대한 판단을 필요로 했다.

1988년 결정된 *베이비 M 사건*은 대리모 계약의 유효성에 대한 미국 법원의 최초의 판결이었다. 1985년 윌리엄과 엘리자베스 스턴은 메리 베스 화이트헤드와 계약을 맺었다. 이 계약에서 화이트헤드는 윌리엄 스턴의 정자를 인공수정하여, 그 결과로 생긴 태아를 임신하고, 그 아이를 스턴 부부에게 인도하는 데 동의했다. 이에 대한 대가로 스턴 부부는 화이트헤드에게 1만 달러를 지급했다. 아이가 태어나고 나서, 화이트헤드는 아기를 포기하는 것을 거부했고, 본명은 멜리사인 아기 "베이비 M"에 대한 권리를 갖기 위한 소송이 이어졌다. 법원은 결국 스턴 부부의 편을 들었지만, 계약의 강제집행을 명령하지는 않았다. 대신에, 법원은 대리모 계약이 공공 정책에 반해 무효라고 판시했다. 법원의 관점에서 보았을 때 대리모 약정은 단순히 아이들의 판매를 금지하고 생모들에게 출산 후 합리적인 기간 내에 마음을 바꿀 수 있는 기회를 주는 뉴저지의 입양 관련 법을 회피하려는 숨겨진 시도였다.

대리모 계약이 무효이므로, 이 분쟁은 주의 가족법 조항들에 의한 "아이의 최선의 이익" 기준에 의해 판단되는 "자녀 양육권" 사건이 되었다. (법원이 화이트헤드의 정서적 안정에 의문을 제기한) 사실관계에 대한 면밀한 분석 끝에, 법원은 아이의 최선의 이익은 아이가 스턴 부부와 함께 살 때 가장 크다고 판단했다. 윌리엄 스턴은 아기 멜리사의 주양육권자가 되었고, 아이의 "자연적," 그리고 "법적" 어머니인 메리 베스 화이트헤드는 면접 교섭권을 부여받았다.

Johnson v. Calvert 사건은 이와 유사한 분쟁을 아주 다른 방식으로 접근했다. 그 사건에서 마크와 크리스피나 칼버트는 애나 존슨과 계약을 체결했다. 이 계약에서 존슨은 체외수정을 통해 자신들의 유전자를 가진 아기를 갖기를 원하는 칼버트 부부를 위해 임신 대리모가 되는 것에 동의했다. 임신 중 칼버트 부부와 존슨은 계약상 의무와 1만 달러의 수수료 지급에 관해 논쟁하게 되었다. 존슨은 그녀가 원하는 조건으로 돈을 지급받지 않는 경우 아이를 넘기지 않겠다고 위협했다. 칼버트 부부는 이후 소송을 제기하여, 법원에 크리스피나 칼버트가 아이의 법적 어머니라고 확인해달라고 청구했다. 이에 대해 애나 존슨은 그녀 역시 아이의 법적 어머니라고 주장했다. 법원은 이 당황스러운 상황을 이렇게 요약했다. "우리는 크리스피나가 아닌 애나가 아이를 낳았으며, 애나가 아닌 크리스피나가 아이와 유전적으로 관련이 있다는 논란의 여지가 없는 증거를 가지고 있다 ⋯ 하지만 캘리포니아 법은, 생물학적으로 다른 결과를 가능하게 하는 생식 기술의 발전에도 불구하고, 어떤 아이에게도 오직 한 명의 자연적 어머니만을 인정하고 있다."[120]

어떻게 해야 하나? 법원은, 법률을 확장하여 (미국시민자유연합이 "법정 조언자"로서 권고한 바와 같이) 두 명의 어머니가 존재한다고 선언하라는 유혹을 물리치고, 계약법의 전통적 원칙으로 돌아갔다. 당사자들의 원래 의도를 검토한 결과, 법원은 세 명의 계약 당사자들이 크리스피나가 유일한 어머니가 되는 것에 동의했기 때문에, 애나가 현시점에서 다르게 주장할 수는 없다고 판결했다.

*베이비 M 사건*과 *Johnson v. Calvert 사건*에서 흥미로운 것은 이 사건들이 근본적인 분쟁을 평면적으로 접근한 방식이다. *베이비 M 사건*에서, 계약으로 정해진 약속, 부모의 자율성, 그리고 어머니의 후회가 담긴 드라마는 전통적인 가족법 기준인 "아이의 최선의 이익"에 따라 해결되었다. *Johnson v. Calvert 사건*에서, 유전적 모성과 임신을 통한 모성 간의 형이상학적 투쟁은 한 계약의 내용으로 요약되었다. 재생산을 통한 권한 부여, 어머니가 되는 것의 위대함, 대리모가 되는 하위계층의 폐해는 어떠한가? 두 의견이 모두 이 쟁점을 종종 제기하기는 했지만, 이를 정면으로 다루지는 않았다. 판사들은 이런 물음들에 무관심했을지도 모른다. 어쩌면 이들은 대중이 의회를 통해 형량하기를 기다리고 있었을지도 모른다. 이유가 무엇이든 간에, 법원은 일반적으로 법학의 이 분야에서는 깊이, 통일성, 혹은 예측 가능성을 부여하지 못했다.

대리모에 대한 규제

*베이비 M 사건*이나 *Johnson v. Calvert 사건* 같은 유명한 사건들에도 불구하고, 대부분의 주에서 대리모와 관련된 법은 여전히 모호하다.[121] 이는 대리모 약정과 관련된 모든 이들을 불확실한 상황에 처하게 한다. *Johnson v. Calvert 사건* 이후, 캘리포니아 주는 "대리모에 우호적"이라는 평판이 생겼고, 그러한 약정을 전문적으로 다루는 변호사들과 알선 기관들을 끌어들였다. 일리노이 주와 네바다 주 역시 캘리포니아 주와 마찬가지로, 상세한 규제에 따라 대리모 계약을 허용하고 집행할 수 있는 소위 "그린라이트 스테이트"가 되었다.[122] 코네티컷 주, 아이오와 주, 그리고 뉴멕시코 주를 포함한 몇몇 주에서는 대리모 계약을 허용하지만, 그 절차를 바르게 진행하기 위한 지침은

거의 제공하지 않는다.[123] 뉴욕 주, 미시시피 주, 그리고 애리조나 주 등 다른 주들은 대리모 계약이 무효라고 선언하며, 그 계약의 집행을 금지한다. (뉴욕 주 법의 예외 규정은 무상인 경우 계약을 허용한다.)[124] 워싱턴 D.C.에서는 모든 형태의 대리모 계약이 금지되고, 대리모 계약 체결에 대해 형사상 처벌을 부과한다.[125] 적어도 20개 주에서는 대리모 계약의 적법성에 관한 법률이나 판례법을 전혀 가지고 있지 않다.[126]

미국은 유상 대리모 계약을 위한 합법적 시장이 존재하는 몇 안 되는 나라 중 하나다. (다른 나라로는 인도, 태국, 우크라이나, 그리고 멕시코가 포함된다.)[127] 이 때문에 미국은 대리모를 찾고 있는 유럽, 아시아, 그리고 호주의 부유층 부부들을 자석같이 끌어들였다. 이러한 국제적인 측면은 때때로 시민권 문제를 야기했다. 미국 땅에서 태어난 아이는 물론 미국 시민권을 받을 자격이 있다.

일부 외국인 부모들은 그들의 자녀가 그 지위를 얻기를 원한다. 하지만 대부분은, 당연하게도, 자녀가 부모와 같은 시민권을 갖기를 원한다. 이를 실현하는 것은 까다로울 수 있다. 예를 들어 최근 프랑스는 미국에서 미국인 대리모에 의해 태어난 아기의 생물학적 아버지인 프랑스 남성의 친권을 인정하지 않았다. 이는 아이의 프랑스 시민권 취득을 어렵게 만들었다. 2014년, 유럽 인권재판소는 프랑스가 아이의 정체성에 대한 이익을 침해함으로써 유럽인권협약을 위반했다고 판결했다.[128]

물론 대리모 시장은 양방향으로 작동한다. 샌디에이고에서 대리모 계약을 체결할 경제적 여유가 없는 미국인 커플은 이를 대신하여 방콕 또는 뉴델리에서 절반의 비용으로 그러한 서비스를 받으려 할 수도 있다. 위에서 논의된 권리의 확장과 노예화 사이의 긴장 상태는 세계 부의 불평등이 전시된 곳에서 더욱 명백해진다. 특히, 규제가 심하지 않은 인도의 대리모 시장은 좌우 양쪽의 비평가들로부터 자궁의 현대판 식민지화라는 비난을 받아왔다.[129]

포르노그래피에 대한 논쟁

> 남성은 여성들을 어떤 존재로 보는지에 따라 여성들을 대우한다. 포르노그래피는 그 여성
> 상을 구성한다.
> — 캐서린 A. 맥키넌, 『수정되지 않은 페미니즘』

> 인간은 성적 행위(sex stuff)를 할 것이다. 그리고 이는 이 시대에 있어 디지털 성적
> 행위를 의미한다.
> — @SwiftOnSecurity*

    표준적인 정의에 따르면 포르노그래피는 "미적 또는 정서적 감정보다는
에로틱한 감정을 자극하기 위한 성적 신체 부위 또는 성 활동의 노골적인 묘
사를 포함하는 인쇄물 또는 시각적 자료"[130]를 말한다. 브리태니커 백과사전
은 유용하게도 "포르노그래피(불법적이고 비난 가능성이 있는 자료)와 (넓게 허용
되는) 에로티카(성애물) 간의 구별은 대체로 주관적이며, 변화하는 공동체의
기준을 반영한다"[131]고 언급한다. 페미니즘은 여러 세대에 걸쳐 에로티카와
포르노그래피의 구별에 관해 고심해왔다. 이 논의는 많은 경우 권력, 프라이
버시, 그리고 표현 간의 관계, 그리고 그 삼각관계를 규제하는 데 있어서 법
이 어떤 역할을 취해야 하는지에 관한 질문으로 이어졌다.

    이하에서는 두 가지 형태의 성적 표현과 이를 둘러싼 법률에 관해 검토한
다. "전통적인 포르노", 즉 이를 제작하는 자들에 의해 음란물로 의도된 포르
노그래피, 그리고 대상자의 동의 없이 배포된 성적 이미지인 "리벤지 포르노"
를 말한다.

• (옮긴이 주) 테일러 스위프트를 사칭하는 트위터 패러디 계정으로 컴퓨터 보안에 관해 알려주는
  계정이다.

전통적인 포르노

1983년, 안드레아 드워킨과 캐서린 맥키넌은 특정 유형의 포르노그래피를 성차별이자 민권 침해로 분류하는 반포르노그래피 조례의 표준안 초안을 만들었다. 드워킨과 맥키넌은 포르노그래피는 개인으로서의 여성과 집단으로서의 여성에게 모두 해가 된다고 주장했다. 이들은 포르노물이 남성으로 하여금 여성을 지배하고자 하는 충동이 일게 하고, 남성들이 실제로 여성을 지배하는 수단 중 하나라고 주장했다.[132] 일부 포르노는 여성을 순종적이고 성적 학대를 받아도 되는 존재거나 이를 즐기는 것으로 묘사한다. 그들은 주장하기를, 여성에 대한 이러한 묘사는 다른 분야에서도 여성들의 종속에 기여한다고 했다.

> 포르노그래피는 이를 소비하는 자들로 하여금 여성이 학대받고, 강간당하고, 고문당하고, 심지어 살해당하는 것을 보면서 성적 흥분을 느끼도록 길들인다. 성적 학대의 피해자들은 포르노 사진이나 영화에서 묘사된 행위를 행동으로 옮기도록 강요당했다고 말한다. 포르노는 성희롱의 일환으로 직장에서 여성을 위협하고 비하하는 데 종종 사용되기도 한다. 포르노그래피가 성적 학대 또는 성희롱에 직접적으로 사용되지 않을 때에도, 그 메시지(맥키넌은 이를 "그녀를 정복해"라고 묘사한다)는 소비자들이 여성을 성적 대상으로 취급하도록 길들일 수 있다.[133]

여성의 섹슈얼리티에 대한 이러한 구성은 남성의 지배와 여성의 종속을 강화하며, 불평등을 에로틱하게 만든다.

인디애나폴리스에서 제정된 이 조례는 "사진 영상 또는 글을 통한 사실적이고 성적으로 노골적인 여성의 [또는 남성의, 아동의, 혹은 트랜스젠더의] 종속(subordination)"이 있고, 종속되는 대상이 "고통이나 굴욕을 즐기거나",

"강간을 당하면서 성적 쾌락을 경험한다거나", "결박당하거나, 상처를 입거나, 불구가 되거나, 타박상을 입거나, 물리적으로 다치거나", "물건 또는 동물로 인한 삽입이 있거나", "수모를 당하거나, 상처를 입거나, 굴욕을 당하거나, 고문당하는 시나리오로 표현되거나", "지배, 정복, 모독, 착취, 소유, 또는 사용을 위한 성적 대상으로 표현되는 경우"를 포르노그래피로 정의했다.[134]

이 법규는 포르노그래피의 "유통"을 금지했고, 포르노그래피를 강제로 접하게 되었거나, 그 제작에 참여하도록 강요당했거나, "특정한 포르노그래피로 인해 직접적으로 초래된" 공격 또는 폭행을 당한 사람이 가처분("중지" 명령) 및 그 포르노그래피의 제작자 또는 판매자에 대한 금전적 손해배상 청구를 할 수 있도록 했다.

미니애폴리스 시의회는 이 조례 표준안을 변경하여 통과시켰으나, 시장은 거부권을 행사했다. 인디애나폴리스에서 통과된 이 조례는 이후 연방 항소법원에서 수정헌법 제1조 위반으로 위헌 결정되었다. 캐나다는 다소 다른 버전의 법률을 통과시켰고, 캐나다 대법원은 포르노그래피는 여성들을 열등한 존재로 대우하여 여성들에게 해를 끼친다고 판단하면서, 따라서 폭력을 동반하는 노골적인 성행위 또는 모멸적이고 인간성을 상실시키는 노골적인 성행위에 대한 묘사를 금지하는 이 법은 합헌이라고 판단했다.[135]

이 조례안은 국가가 포르노를 규제해야 하는지에 대한 페미니스트들 간의 논쟁을 촉발시켰다. 지배 이론을 따르는 자들은 포르노그래피가 여성을 도구화하고 여성의 자율성을 침해한다고 생각했지만, 동등대우 원칙에 대한 지지자들은 여성들은 자기결정권을 가져야 한다고 반응했다. 동등대우 지지자들에게 있어서 포르노그래피에 대한 법적 규제는, 여성을 수동적인 피해자로 취급하며 보호주의적이었다. 이들은 상정된 조례안이 남성들 및 여성들 모두에 대한 최악의 고정관념들 중 하나인, 모든 남성은 나쁘고 여성들은 국가에 의한 보호가 필요하다는 고정관념을 암묵적으로 장려했다고 주장했다.

검열에 대한 반대자들은 포르노를 규제하는 조례들은 그 포함 범위가 너무 넓기도 하고 너무 좁기도 하다고 반응했다. 포르노 억제 전략은 게이 레즈비언 포르노, 정치적 표현, 그리고 (로버트 매플소프의 사진처럼) 다양한 형태의 예술적 표현을 망라했기 때문에 너무 광범위했다. 또한 이는 텔레비전 광고, 바비 인형, 드라마 연속극, 스포츠 일러스트레이티드 지의 수영복 에디션, 코치들의 선수들을 위한 동기 부여의 말들, 그리고 랩 음악의 가사 등 여성에 대한 종속적 이미지를 창출하는 다른 많은 문화적 산물들을 다룰 수 없기에 그 포함 범위가 너무 좁았다. 동등대우 이론가이자 전 미국시민자유연합의 회장인 나딘 스트로센의 설명에 따르면, 표현의 자유는 "여성 혐오적인 차별과 폭력에 맞서는 가장 강한 무기이며, 검열은 지속적으로 여성의 권익을 억제하는 강력한 도구였다. 성적인 표현의 자유는 여성의 자유와 필수적으로 연결되어 있다."[136] 동등대우 이론가들은 검열을 위한 노력이 보수적인 이념을 고취시킬 것을 우려했다. 왜냐하면 이들은 캐서린 맥키넌, 필리스 슐래플리, 에드윈 미즈 법무부 장관, 그리고 정치단체인 '도덕적 다수(the Moral Majority)'* 간의 터무니없는 동맹이 형성되는 것을 보았기 때문이다. 그들은 "포르노를 포함하여 성적인 담론이 금지되지 않는 문화의 여성들에 비해서, 섹슈얼리티와 그 이미지가 억압되는 문화의 여성들이 모든 방면에서 훨씬 더 침묵을 강요당하고 있다"는 것을 보여주는 문화적 증거를 지적했다.[137]

지배 이론 지지자들은 현행 수정헌법 제1조는 협박, 뇌물, 위증, 명예훼손, 노조 비방 연설, 외설, 혐오 표현 등 다양한 종류의 표현을 이들이 야기하는 해악에 근거하여 이에 대한 내용 규제를 허용하고 있다고 답변했다. 이들의 주장에 따르면, 포르노그래피와 위와 같이 헌법상 제한될 수 있는 해로운 표현들의 유일한 차이는 대중이 포르노그래피가 여성들에게 끼치는 피해를 인식하지 못하기 때문이라는 것이다.

미국에서는 어떤 (포르노 규제) 조례도 살아남지 못했지만, 포르노에 대한

• (옮긴이 주) 보수 기독교 단체.

토론은 그 자체로 큰 교훈이 되었다. 조례들이 수정헌법 제1조에 의거하여 무효가 되었기에, 이 토론은 되돌아보면 포르노 억제 대 표현의 자유의 싸움으로 볼 수 있다. 보다 미묘하게는, 그 토론과 이로 인한 논란은 대중에게도 영향을 미쳤으며 사람들로 하여금 젠더가 어떻게 사회적으로 구성되는지 생각하게 만들었다. 이는 사회적·문화적 이미지와 문학이 어떻게 여성에 대한 인식을 형성하는지 매우 구체적으로 묘사함으로써 사람들이 좀 더 이에 대해 의식하도록 만들었다. 다소 역설적이지만 이 토론으로 인해 섹슈얼리티, 그리고 여성의 신체에 대한 통제에 관한 논의가 시작되었다.

리벤지 포르노

한 브로드웨이 노래에 따르면, 인터넷은 포르노를 위한 것이다.• [138] 이는 과장된 표현이기는 하지만 사실 세계 웹사이트들 중 성(sex)과 관련된 것은 5% 미만이다.[139] 인터넷이 휴대전화와 함께 성적 기반 커뮤니케이션의 내용과 문화를 변화시켰고, 의회 의원들과 페미니스트들이 이를 따라잡기 위해 전력투구해야만 하게 된 것은 사실이다.

이런 현상의 한 예는 흔히 "리벤지 포르노"라고 불리는 것을 포함한다. 이 표현은 촬영 자체는 동의하에 이루어졌더라도 촬영 대상자의 동의 없이 그 사람의 나체 또는 성적으로 노골적인 이미지를 온라인에 게시하는 것을 말한다. 배우자 또는 애인으로부터 차인 사람은 사진 또는 영상을 그런 자료들이 모여 있는 웹사이트에 게시함으로써 복수를 꾀할 수도 있다. 게시물은 때로 대상자의 이름, 주소, 근무처 및 기타 개인 정보를 포함하기도 한다.

이런 종류의 포르노그래피가 인터넷과 함께 시작한 것은 아니다. 1980년

• (옮긴이 주) 「애비뉴 큐(Avenue Q)」라는 브로드웨이 뮤지컬 노래 중에 "인터넷은 포르노를 위한 것(The Internet is for Porn)"이 있다.

대에 ≪허슬러≫ 잡지는 이와 유사한 쓰레기를 유포했다는 이유로 소송을 당했다. 하지만 인터넷 기반 섹스 사이트들은 이런 일을 점점 더 흔하게 만들었고 시장은 그 어느 때보다 풍요로워졌다. 사이버 보안 전문 컨설팅 회사인 매카피(McAfee) 사의 2013년 연구에 따르면, 전 파트너 중 10%가 그들의 전 애인의 "야한 사진"을 온라인에 노출시키겠다고 위협했고, 이 위협은 "거의 60%의 경우" 실제로 실행되었다.[140] 그 결과는 파괴적일 수 있다. 피해자들은 자신들이 일자리를 잃었고, 가족들로부터 외면당했으며, 공황 발작을 경험하고, 자신의 신체적 안전을 걱정했다고 전한다.

리벤지 포르노는 또한 피해자의 개인 이메일 계정 또는 웹 기반 파일을 해킹하여 얻어낸 유명인들의 노골적인 이미지들을 온라인에 유포하는 것을 말할 수도 있다. 이때 실행 동기는 보복보다는 금전과 관련된 것이지만, 그 효과는 그와 유사하게 파괴적일 수 있다. 2014년 9월, 익명의 해커들은 배우 제니퍼 로렌스와 슈퍼 모델 케이트 업튼을 포함해 100명이 넘는 여성 유명인들의 이미지들을 훔쳐 유출했다. 이 사건은 인터넷 보안과 분별 있는 침실 예절의 범위에 대한 전국적인 토론을 촉발시켰다. 언론 보도는 유출된 이미지들을 "창피한 일" 또는 "스캔들"이라고 묘사하면서 먼저 후자(분별 있는 침실 예절의 범위)에 집중하여 다투어 보도했다. ≪뉴욕타임스≫의 기술 전문 기자인 닉 빌튼은 인터넷 보안에 관해 다루는 대신, 트위터에서 가벼운 농담을 했다. "최근 유출 이후 유명인들에 대한 조언 목록을 작성했다. 1. 누드 셀카를 찍지 마라 2. 누드 셀카를 찍지 마라 3. 누드 셀카를 찍지 마라." (빌튼은 나중에 사과했다.)

하지만, 우리는 메시지가 "누드 셀카를 *훔치지* 마라"가 되어야 하는 것은 아닌지 의아해할 수도 있다. 어찌 되었든, 훔치는 것은 범죄이기 때문이다. ≪포브스≫ 지의 기술 기자인 카슈미르 힐(Kashmir Hill)은 기업의 클라우드 서버가 자신들의 네트워크를 감시해야 할 의무를 강조하면서, 누드 셀카를 찍지 말라고 하는 것은 비현실적이라고 주장했다. 그녀에 따르면, "[성병

(STD)], 임신, 그리고 실연으로부터 자신을 보호하기 위해 결혼 전 성관계를 갖지 말라고 사람들에게 말하는 것과 마찬가지로, 이는 대부분의 사람들에게 실용적인 조언이 아니다". "디지털 시대는 여러 방면으로 구애의 양상을 변화시켰는데, 이것도 그중 하나다".[141] 조심성, 성적 자유, 그리고 소유물의 안전에 추가하여, 리벤지 포르노는 우리에게 성에 기반하는 폭력의 본질을 고려하라고 요구한다. 피해자가 오스카 상 수상자인지, 알려지지 않은 시민인지에 관계없이, 타인의 사적인 성적 이미지를 널리 퍼뜨리는 것은 의심의 여지 없이 *공격적인* 행동이며, 다른 사람의 신체를 통제하거나 그 신체에 대해 어떤 자격이 있는 것처럼 행동하는 것을 의미한다.

위협받는 이익을 어떻게 구성하는지에 따라, 법률이 이런 종류의 자료를 처리하는 방법과 범위가 결정된다. 해킹당한 유명인들의 사진에 적용되는 법률은 사유재산을 보호하기 위한 것이며, 따라서 매우 강력하다. 2011년 크리스토퍼 채니가 유명인 50명의 이메일 계정을 해킹해 이들의 나체 사진을 인터넷에 올린 혐의로 구속되었을 때, 그는 컴퓨터 사기, 신분 도용, 도청 등 여러 가지 혐의로 기소되어 10년간 수감 생활을 하게 되었다.[142]

그러나 복수심에 불타는 파트너가 연인의 나체 사진을 전송하는 경우에 있어, 법은 덜 명확하다. 첫 번째로, 해킹과 관련된 경우와는 달리, 복수심을 가진 파트너는 보통 적어도 이미지를 가지고 있을 권리는 있고, (그 또는 그녀가 사진을 찍은 경우에는) 그 이미지에 대한 소유권이 있을 수도 있다. 두 번째로, 그 이미지의 유포 금지에 대한 대상자의 이익은, 복수심을 가진 파트너가 그 이미지를 공유하는 데 있어 가지는 이익, 즉 "표현의 자유"와 정면으로 부딪쳐야 한다. 재산권에 대한 논의를 더욱 쫓으면, 강간 법리를 연상시키는 "동의"에 관한 논의에 빠질 것이다. 만약 당신이 파트너에게 야한 사진을 문자로 전송한다면, 정확히 어느 정도를 승낙한 것인가? ≪슬레이트≫ 지의 아만다 마르콧은 아래와 같이 쓰고 있다.

여성이 스스로 흔쾌히 알몸 셀카를 찍는다 해도, 그것이 그 여성이 나중의 착취를 자유로이 허락하는 것을 의미할까? 두 사람이 합의된 성관계를 가졌다는 것이, 나중의 관계 역시 반드시 합의되었음을 의미하지는 않는다는 것을 우리가 인식하듯이, 우리는 합의된 성적 의사 표현으로 제공된 사진이 나중에는 괴롭히고 학대하는 도구로 바뀔 수 있다는 것을 인식해야 한다. — 그리고 이에 대해서는 처벌이 있어야 한다.[143]

처벌 규정은, 만약 있다 하더라도, 대부분 주 법(state law)에 마련되어 있다. 리벤지 포르노 사이트가 급증하면서, 법학자들과 여성주의자들은 노골적인 이미지를 동의 없이 게재하는 것을 형사 처벌하기 위해 의원들에게 압력을 가하고 있다. 캘리포니아 주, 조지아 주, 뉴욕 주, 그리고 위스콘신 주를 포함하는 13개 주에서는 리벤지 포르노를 막기 위한 법률을 시행하고 있다.[144] 범죄의 형량은 그 구성요건만큼이나 매우 다양하다. 또한 법률 전문가들은 그러한 법률들이 이미지에 대한 법적 소유권에 있어 피고인이 제기하는 수정헌법 제1조에 따른 심사에서 살아남을 수 있는지에 대해 계속하여 다른 견해를 보이고 있다. 드워킨-맥키넌 반포르노그래피 조례에 대한 논란과 마찬가지로, 그 해답은 표현의 자유와 괴롭힘 또는 학대 사이의 선을 긋는 것과 관련이 있을 것이다.

↘ 토론을 위한 질문

1. 만약 여성들이 자신의 몸을 통제할 권리가 있다면, 그 권리는 출산 직전까지 행사할 수 있는 것인가? 만약 아니라면, 그 이유는 무엇인가? 임신 2개월 시점과 임신 8개월 시점의 낙태를 구분할 수 있는 원칙적인 근거는 무엇인가? 현재 헌법 법리가 강조하는 독립생존가능성에 근거해서인가? 도덕적으로 모호한 상황에서는, 극단적인 결정을 허용하는 것이 더 도덕적으로 옳지 않을 가능성이 높다는 생각에 근거해서인가? 혹은 다른 원칙에 근거해서인가?

2. 최근 많은 입법자들이 남성의 재생산권을 규제하기 위해 재생산권 법안에 보조조항을 추가했다. 예를 들면 조지아 주에서는, 한 민주당 의원이 임신 20주 이상의 여성에 대한 낙태금지법안의 수정안으로, 사망이나 심각한 상해를 입는 것을 피하기 위해 필요한 경우가 아니라면, 남성들의 정관수술을 금지하는 법안을 발의했다. 수정안에서 든 이유 중 하나는 젠더 균형이었다. 또 다른 이유는 "수천 명의 아이들…에게 출생이 부정되는 것"을 피하기 위함이었다. 버지니아 주에서는, 의회가 낙태를 하고자 하는 여성이 초음파 검사를 받도록 의무화하는 법안을 검토하고 있을 때, 민주당 상원의원이 발기부전 치료제를 복용하고자 하는 남성은 전립선 검사와 심장 스트레스 검사를 받도록 하는 수정안을 발의했다. 이렇게 발의된 수정안들에게 언론의 주목을 끄는 것 이상의 의미가 있는가? 비록 이들이 주로 미디어 전략이라 할지라도, 이 접근법이 여론에 영향을 미치는 유용한 전략인가? 이런 방법이 의식 고양으로 이어질 것인가? 현재의 재생산권에 대한 법은 이들 중 하나를 지지하기 위한 법률적 또는 법리적인 지원을 제공할 것인가?

3. 당신이 주 의회에 대리모를 규제하는 새로운 법에 대해 조언해달라는 요청을 받았다고 상상해보라. 무엇을 조언하겠는가? 당신의 법률은 대리모를 허용할 것인가? 만약 그렇다면 어떤 상황에서 허용하겠는가? 금전적 대가를 주는 것은 허용할 것인가? 전통적인 대리모와 체외수정을 사용한 대리모를 구별할 것인가? 만약 당신의 법이 일부 또는 모든 상황에서 대리모 이용을 억제하고자 한다면, 어떻게 그렇게 할 것인가? 이 법률은 그런 계약을 집행할 수 없도록 할 것인가? 계약의 당사자들에 대한 형사처벌을 규정할 것인가? 반대자들에게 당신의 입장을 정당화하기 위해 어떤 주장을 할 수 있겠는가?

6장

결혼과 가족

우리는 인간이 결합할 수 있는 조건을 얼마나 자유롭게 다시 구상할 수 있는가?

– 클레어 달튼, "계약법의 해체"

□ □ □

결혼과 그 대안들

헌 것, 새 것

철학자 오킨(Susan Moller Okin)은 책에서 "결혼의 역사는 매우 길고", "우리
는 그 역사의 그늘 속에서 살고 있다"라고 말했다.[1] 19세기 초반 영국 보통법
은 싱글 여성에게 일반 남성과 동등하게 계약을 체결할 권리, 사유재산을 소
유하고 관리할 권리, 재판을 청구하고 재판의 상대방이 될 권리를 부여했다.
하지만 여성이 결혼을 하면 (1장에서 간단히 논의했던) 유부녀의 법리(Doctrine

of Coverture)에 따라 이 권리는 모두 남편에게 귀속되었다. 남편은 부인의 대리인과 같은 역할을 수행하며 거의 제한 없이 부인의 모든 재산권, 계약권을 행사할 수 있었다. 법적으로 결혼을 통해 남성과 여성은 하나가 되는데, 여기서 하나란 바로 *남성*이다. 결혼을 하면 남성과 여성 모두 일정한 의무를 지게 된다. 남편은 그의 부인(그리고 자식)에게 최소한의 경제적 부양의무를 진다. 부인은 가사를 책임지고 남편에게 순종해야 한다. 보통법은 배우자가 사망한 자에게 사망한 배우자 재산의 전부 또는 일부를 가질 이익을 부여한다. 남자에게는 환부산(鰥夫産, curtesy) 여자에게는 미망인 상속분(dower)이라고 이름 붙여진 이 이익은 남성에게 대체로 유리했다. 간단히 말해서 이 시대의 결혼법은 여성을 법인격보다 법적 소유물에 가깝게 취급했다고 말할 수 있을 정도로 가혹했다. 이러한 풍조는 당시에 너무 널리 퍼져 있어서 1808년 메사추세츠 법원은 "노예가 처한 상황은 남편에게 예속된 부인 그리고 아버지에게 의지하는 아이와 유사하다"라고 판결하면서 어색함조차 느끼지 않았다.[2]

19세기 후반 이 같은 흐름이 조금씩 변하기 시작했다. 페미니스트들은 주 의회를 설득해 유부녀 보호의 원칙을 폐지하고 결혼 전과 마찬가지로 기혼 여성이 재산권, 계약권을 행사할 수 있는 기혼여성재산법(Married Women's Property Acts) 제정하는 데 성공했다. 이 법이 여성들에게 일부 도움이 된 것은 사실이지만 핵심은 비어 있었다. 대다수의 기혼 여성은 재산적 가치가 있는 독립 재산을 가지고 있지 않았기 때문에 재산권을 보장해줘도 큰 의미가 없었기 때문이다. 개인적 수입이 있는 여성들도 있었지만 대부분의 주는 남편에게 이 수입을 통제할 권한을 부여했다. 시간이 더 흘러 대부분 주에서 환부산과 미망인 상속분 사이의 차별이 폐지되고 더 평등한 상속 체계가 그 자리를 대신했다.

미국 역사 중 대부분의 시간 동안 백인과 흑인 간의 결혼은 불법이었다. 캘리포니아 대법원이 이 같은 제한이 위헌이라고 선언한 1948년에서야 합법의 물꼬가 텄다.[3] 1967년 후속 사건에서 미국 연방 대법원은 50개 모든 주에서의 인종 간 결혼을 합법화했다.[4] 거의 곧바로 간통, 유기 및 기타 부정행위가 없어도 남녀 일방의 요구로 결혼 관계를 해소할 수 있는 "무책" 이혼법이 통과되었다. 이러한 변화가 쌓임으로써 동등한 대우와 개인의 선택에 기반을 두는 새로운 결혼 개념이 대두했다. 연인들은 예전보다 쉽게 결혼을 하고 또 헤어질 수 있게 되었다. 사상 최초로 남성과 여성은 누가 돈을 벌고, 누가 돈을 관리하고, 채무자 명의를 누구로 할지를 결정할 법적으로 동등한 지위에 서게 되었고, 어느 한쪽이 전담할 수도 있었지만 보통은 남녀 함께 생활을 영위해나갔다.

오늘날 세속화된 결혼 개념이 지나치게 선택에 관대하고, "사용자 친화적"이라는 점을 두려워하는 사람들도 있다. 그 대안으로 아칸소, 애리조나, 루이지애나에서 시행 중인 "언약(言約, covenant)" 제도*를 드는 사람도 있다. 이 주에서는 결혼을 생각 중인 연인들이 언약 제도를 선택할 수 있는 기회를 준다. 언약 제도를 선택하면 결혼 전후로 카운슬링을 받는 것을 포함해 결혼을 유지하기 위해 필요한 모든 노력을 다하는 데 동의한 것으로 간주된다. 무책 이혼과 대조적으로 언약을 해소하기 위해서는 상대방의 학대, 간통, 유기 또는 이혼의 이유가 되는 특별한 사유를 증명해야만 한다. 이 제도를 지지하는 자들은 언약이 연인들에게 서로에 대한 헌신과 관계를 유지하는 것이 얼마나 소중한 가치인지를 깨닫게 해준다고 믿는다. 이를 비판하는 자들은 언약 제도가 연인들에게 종교적 가치의 굴레를 씌우고, 문제가 있거나 위험한 관계를 청산하는 절차의 문턱을 높일 위험이 있다고 염려한다.

언약을 제도화하는 법률안이 아이오와, 미주리, 텍사스, 버지니아 등 여러 주에서 제출되었으나 모두 부결되었다. 이를 최초로 채택한 루이지애나에서 언약 제도를 선택한 비율은 1%를 조금 넘는다.[5]

• (옮긴이 주) Covenant는 원래 협약이라는 의미로 국내에서는 이를 '협약 혼인'이라고 번역하는 경우도 있으나, 이 제도가 결혼 당사자 간에 갖는 종교적·정신적 의미를 감안해서 '언약'이라고 번역한다.

언약의 수용이 더딘 것과 달리, 미국 결혼 제도의 가장 중요한 발전은 동성 결혼의 빠른 확산이다. 이 주제를 곧 다룰 것이다.

백년가약에 대한 찬성과 반대

언약이 아닌 일반적인 결혼 제도에서도 결혼 당사자들은 서로에 대한 법적·사회적 책무가 있다. 자유와 선택 같은 관념이 문화 속에 뿌리 깊게 박힌 미국인들이 도대체 왜 결혼을 하는 것인지는 고민해볼 가치가 있다. 그 대답은 선택과 자유를 일부 포기함으로써 다른 부분에서 더 큰 이득을 얻는다는 것이다. 가장 기본적인 혜택은 재능, 노동, 자산을 공동으로 관리함으로써 경제적 복지를 최대화하고 합가(合家)에 대한 사회적 인정을 획득한다는 것이다. 결혼은 스트레스를 풀고 낭만적인 시간을 함께 보내며 동반자 관계를 형성할 수 있는 기초가 된다. 또한 결혼은 육아를 위한 최적화된 환경이기도 하다. 심지어 결혼한 커플은 결혼하지 않은 커플보다 이유는 알 수 없지만 어쨌든 행복하다는 연구 결과도 있다.[6]

Griswold v. Connecticut(그리스월드 대 코네티컷) 사건에서 더글라스 대법관(William O. Douglas)은 "결혼은 좋을 때도, 나쁠 때도 있지만 희망을 가지고 버티며 서로가 서로에게 희생할수록 친밀해지는 결합이다. 결혼 속에서 두 사람은 정치적 신념이 아니라 삶의 조화가 필요하다. 결혼은 주판을 굴리거나 친소 관계를 따지는 것과는 다른 상호 헌신을 약속하는 관계이다. 결혼은 이러한 삶의 모습을 보증해주지는 않지만 적어도 고취한다"고 흡사 시적인 말을 남겼다.[7] 분명 "삶의 조화"나 경제적 안정성 등을 결혼을 통해서만 얻을 수 있는 것은 아니다. 하지만 미국 법은 결혼을 사회적으로 성장하는 한 방법이라고 보고 지속적으로 장려해왔다. 20여 년 전만 해도 20대 남녀 중 90%는 일생 동안 한 번 이상 결혼을 했다. 오늘날 이 수치는 떨어졌고, 특히 경제적 하층계급에서 하락세가 더 컸다.[8]

이러한 낙관적인 평가와는 반대로 많은 페미니스트들은 결혼 제도가 여성이 자신의 잠재력을 십분 발현했을 때 돌아갈 평등한 몫을 가져가는 것을 막아왔다고 지적한다. 예를 들어 오킨은 결혼과 가족이라는 형식은 "여성을 종속, 착취, 학대의 늪에 내던지는 사회 시스템의 축"이라고 본다.[9] 여성들이 늪에 빠지는 이유는 여성은 아이 양육을 챙기면서 남편의 경제적 부양에 의지하거나, 맞벌이여도 여성의 가사 부담이 남편보다 더 많기 때문이다. 결혼에 관한 법률 규정들은 대놓고 이러한 결과를 지향하지는 않는다. 하지만 페미니스트 법 이론이 주장하듯 취업, 교육, 재생산권에 관한 법률들이 여성의 경제적·사회적 힘을 지속적으로 약화시켜왔기 때문에 결혼의 국면에서 이 같은 힘의 불균형은 누구나 쉽게 목도할 수 있다. 곧 살펴보겠지만 많은 페미니스트들은 이혼과 자녀 양육권에 관한 법률 역시 여성을 또 다른 늪에 빠지게 만든다고 믿는다.

동성 결혼

많은 게이-레즈비언 커플들은 이성애자 커플들과 똑같은 이유로 결혼을 하고 싶어 한다. 애정 관계를 더 높은 차원으로 끌어올리고, 살림을 하나로 합치며, 자녀들을 위한 안정적 토대를 제공하고 싶어 한다. (동성 커플의 약 4분의 1이 자녀들과 함께 생활한다.)[10] 게다가 게이-레즈비언은 결혼을 한 부부들에게 제공되는 수많은 법적·경제적 혜택을 누리고 싶어 한다. 배우자 직장의 복지 혜택, 부양가족 세금 공제, 산업재해로 사망한 근로자의 배우자에 대한 보상, 배우자가 부당하게 사망한 경우 이에 대한 재판을 청구할 권리, 생존배우자를 우대하는 상속법, 식물인간이 된 배우자의 연명 치료 여부를 결정할 권한, 가족으로서 수감자를 면회할 수 있는 자격, 다양한 여가 활동에서 받을 수 있는 가족 할인 제도 등은 결혼을 한 사람들한테는 당연한 혜택들이다. 이성 커플에 비해 동성 커플의 수입이 더 적기 때문에[11] 결혼이 주는 경제적 혜택은 동성 커플에게 특히 더 중요하다.

동성 결혼에 반대하는 사람들은 다방면으로 비판의 화살을 돌린다. 동성 결혼은 종교적 가치에 위반되기 때문에 주가 이 관계를 "승인"해서는 안 된다거나, 동성 결혼이 동등하게 허용되면 이성 커플만이 배타적으로 누리던 결혼의 "가치가 절하"된다고 주장한다. 동성 결혼이 자식들에게 영향을 미칠 것이라고 두려워하는 사람도 있고, 제도를 입안하는 민주적 과정에 초점을 맞추어 동성 결혼을 허용하는 문제는 법관이 아니라 선출된 입법기관이 결정해야 한다고 주장하는 사람도 있다.

결혼을 어떻게 이해하는지에 따라 사회보험, 이민 등 다른 제도의 규율 양상이 달라짐에도 불구하고[12] 최근까지도 연방법은 결혼의 정의(定意)와 관련된 문제를 회피해왔다. 하지만 평등한 결혼 관계를 위한 정부의 노력이 급진전되면서 1996년 의회는 결혼보호법(Defense of Marriage Act: DOMA)을 통과시켰다.[13] 이 법률은 연방법 차원에서 결혼을 남성과 여성의 결합(union)으로 정의했고 이로써 주 정부가 동성 결혼을 허용할 가능성을 차단했다.

결혼보호법이 통과되면서 외국이나 진보적인 주에서 혼인신고를 마친 동성 커플들은 이제 결혼한 이성 커플이 당연하게 누릴 수 있는 무수한 권리를 행사할 수 없게 되었다. 그리니치 빌리지에 거주하는 은퇴한 IBM 프로그래머 에디스 윈저는 이들 중에서도 가장 큰 피해를 입은 사람이었다. 그녀는 84세 되던 해에 아내를 다발성경화증으로 떠나보냈다.[14]

윈저와 테아 스파이어는 캐나다가 동성 결혼을 합법화하고 2년 뒤인 2007년에 토론토로 휴가를 떠나 혼인신고를 마쳤다. 그들은 맨해튼에서 40여 년 이상을 같이 살았고 뉴욕 주는 이들의 결합을 법적으로 인정했다. 그러나 스파이어가 그의 전 재산을 윈저에게 남기고 2009년 사망하자 윈저는 연방 세금 서류 형식상 자신이 배우자 세금 공제를 받을 방법이 없다는 사실을 알게 되었다. 그녀는 소를 제기했고, 2013년 미국 연방 대법원은 *United States v. Windsor(미국 대 윈저) 사건*에서 결혼보호법상 제한을 위헌이라고 선언하면서 36만 3,053달러 상당의 혜택을 그녀에게 제공하라고 국세청에 명령했다.

법정 의견을 작성한 케네디 대법관은 결혼보호법이 결혼에 관한 사항을 주(州)가 결정하도록 해온 전통에서 "이례적으로 벗어나" 있다고 강조했다. 수정헌법 제5조에서 도출되는 평등보호원칙을 적용하면서, 케네디 대법관은 결혼보호법의 "목적과 현실에서 나타난 효과"는 "주의 당연한 권한에 의해 적법하게 동성 결혼 관계를 승인받은 자들에게 불이익을 가하고, 지위를 격하시키며 낙인을 찍는"[15] 것이라고 했다. 이러한 반감은 헌법에 반하는 것이었고, 이 판결에 의해 동성 결혼에는 연방 수준의 혜택을 줄 수 없었던 장애물이 사라졌다. 십 년 묵은 체증이 시원하게 풀렸다.

그 결과 결혼한 동성 커플은 어느 주에 살든 세금, 고용, 퇴역군인 복지 제도, 간병 휴가 제도, 건강보험, 생존배우자 보험, 파산 보호, 병원 면회권, 수감 면회권 등 연방 차원의 많은 혜택을 받을 수 있다.

여기까지는 연방법 차원에서 일어난 일들이다. 동성 결혼을 찬성하는 진영에 손을 들어준 주 차원의 법률 또는 판례들은 봇물처럼 쏟아져서 이를 다 거론하기조차 어렵다. *Goodridge v. Department of Public Health(굿리지 대 공중보건부)*[16]는 그 시발점이 된 사건이다. 2003년 매사추세츠 대법원에서 나온 위 결정은 미국 상급심 법원이 동성 커플의 결혼할 권리를 인정한 첫 결정이었다. 이 사건에서 게이-레즈비언 커플은 자신들에게 혼인 허가서를 발급해주지 않은 공중보건부를 상대로 소를 제기했다. 원고들은 주의 위 행위가 헌법이 보장하는 개인의 자유와 평등보호원칙을 침해한다고 주장했다. 이에 대해 보건부는 "걱정 없이 출산을 할 수 있는 토대"를 만들고 "이상적인 양육 환경을 조성할" 주의 이익이 존재하기 때문에 동성 커플에게 결혼을 인정하지 않는 제한이 정당화된다고 주장했다.[17]

"합리적 심사(rational basis)" 기준을 적용한 주 대법원은 보건부의 두 주장을 모두 배척했다. 주 대법원은 결혼이 출산의 토대라고 볼 수도 있지만 그 본질은 "부모가 되는 것이 아니라, 서로에게 영원히 헌신하는 것"이라고 했다.[18] 주 대법원은 동성 결혼을 금지함으로써 이성 결혼이 증가한다는 증거는 없으며 동성 커플 또한 "훌륭한" 부모가 될 수 있기 때문에 동성 커플은 자녀 양육에 서투를 것이라는 우려에 일침을 가했다. 동성 결혼을 제약할 어떤 확실한 논거도 없기 때문에 이를 제한하는 법률은 "공동체의 가장 값지고 소중한 제도 중 하나를 구성원으로부터 자의적으로 박탈"한다.[19]

1년 후 몇 개 도시에서 (특히, 샌프란시스코와 뉴저지의 애시버리 파크의 경우) 동성 커플에게 혼인 허가서를 발급해주기 시작했지만, 이 허가서들 대부분이 얼마 지나지 않아 무효화되었다. 2006년 뉴저지 대법원은 만장일치로 결혼에 대한 평등한 권리를 인정했고, 4 대 3으로 나뉜 표결 중 다수 의견은 동성 결혼 또는 시민 결합(Civil Union) 중 하나를 법률로서 인정하라고 판결했다.[20] (반대 의견은 시민 결합이란 선택지도 불필요하며 동성 결혼을 법률로 인정해야 한다고 보았다). 뉴저지 주는 다른 주에서도 일종의 절충안으로 시행 중인 시민 결합을 선택했다.

2008년 캘리포니아 대법원은 캘리포니아에서 동성 결혼을 합법화하는 판결을 선고했다.[21] 주 대법원은 결혼을 이성 간의 결합으로 정의하는 캘리포니아 주 법은 게이-레즈비언을 차별하고 결혼할 권리를 박탈함으로써 주 헌법에 위반된다고 판결했다. 캘리포니아의 유권자들은 이 판결 이후 (주민발의안 제8호로 이름 붙여진 주민 투표를 통해) 동성 결혼을 금지하는 내용으로 주 헌법을 개정하려고 시도했다. 하지만 연방 제1심 법원은 이러한 주민 투표는 미국 연방헌법의 평등보호조항에 위배되기 때문에 무효라고 판시했고, 2013년 연방 대법원이 절차법적인 사항에 관한 판결을 내린 이후 연방 제1심 법원의 판결은 그대로 유지되었다.[*22]

• (옮긴이 주) 2000년 가족법에 "캘리포니아에서는 오직 남성과 여성 간의 결혼만이 법적으로 유효하고 인정된다"는 내용을 삽입하는 캘리포니아 주 주민발의안 제22호가 주민 투표에서 찬성 61%, 반대 39%의 큰 차이로 통과되었다. 그러나 2008년 캘리포니아 주 대법원은 In re Marriage Cases 에서 4-3으로 주민발의안 제22호를 포함해 동성 결혼을 금지하는 주 법이 동성 커플의 주 헌법상

2008년 코네티컷 대법원도 평등보호에 관한 주 헌법에 반한다는 이유로 동성 결혼을 금지하는 주 법을 폐지했다.[23] 이후 5년간 여러 주가 법원 판결이나 입법을 통해 동성 결혼을 찬성하는 방향으로 돌아섰다.[24] 하지만 이와 반대로 오직 이성 커플만 결혼할 수 있다는 점을 확고히 하는 방향으로 법률이나 헌법을 고치는 주도 있었다.[25]

이 지점이 주 차원에서의 결혼법과 윈저의 법적 투쟁이 관련된 부분이다. *United States v. Windsor(미국 대 윈저) 사건*에서 연방 대법원이 결혼보호법이 동성 커플과 이성 커플을 동등하게 대우하지 않은 것은 연방헌법상 자유를 침해한다고 판시한 점을 상기해보자. *Windsor 판결*에 뒤이어 연방법원은 같은 논리에 따라 오리건 주, 인디애나 주, 플로리다 주 등 동성 결혼을 금지하는 주 법을 잇달아 무효화했다.[26]

현대에 가장 존경받는 법학자 중 한 사람이자 연방 제7항소법원 판사인 리처드 포스너는 이에 대해 매우 재치 있고 정곡을 찌르는 논평을 남겼다. *Baskin v. Bogan(배스킨 대 보건) 사건*[27]의 만장일치 판결문을 집필하면서 그

의 결혼할 권리를 침해한다고 보아 무효화했다. 그러자 동성 결혼에 반대하는 사람들은 즉시 무효화된 주민발의안 제22호의 내용을 캘리포니아 주 헌법에 추가하는 내용의 주민발의안 제8호를 주민 투표에 부쳤고 2008년 11월 4일 찬성 52%, 반대 47%로 발의안이 통과되어 다음 날인 2008년 11월 5일 즉시 주 헌법으로서 효력이 발생했다. 2009년 캘리포니아 주 대법원은 Strauss v. Horton 사건에서 주민발의안 제8호가 주 헌법상 기본권을 박탈하는 것으로 무효인지에 대해서 심리했다. 주 대법원의 다수 의견은 "주민발의안 제8호는 주 헌법을 침해하는 것이 아니라 '결혼'이라는 용어를 적용할 수 없는 특정한 예외를 지정한 것이다. 이로써 '결혼에 결부된 전통적 특성이나 기본적 법적 권리의 본질'이 침해되지 않는다"며 주민발의안 제8호가 합헌이라고 판단했고, 다만 주민발의안 제8호가 유효하기 전에 합법적으로 이루어진 동성 결혼은 여전히 유효하다고 보았다. 이에 동성 결혼에 찬성하는 사람들은 주민발의안 제8호가 미국 연방헌법을 위반한다고 주장하며 소를 제기했고, 연방 지방법원은 주민발의안 제8호가 미국 연방헌법상 적법절차원칙, 평등원칙 등을 위반해 위헌이라고 선언했다. 캘리포니아 주 정부는 연방 지방법원의 판결에 항소할 의사가 없었으나 주민발의안 제8호 발의자들이 항소해 소송은 연방 제9항소법원으로 넘어갔고, 이 법원은 2-1로 연방 지방법원의 판결을 유지했다. 2013년 연방 대법원은 *Hollingsworth v. Perry 사건*에서 주민발의안 제8호 발의자들은 연방 대법원은 물론이고 연방 제9항소법원에 소를 제기할 수 있는 청구인 적격(standing)이 없다는 이유로 원심을 파기했고, 파기환송심에서 연방 제9항소법원은 연방 대법원의 취지에 따라 주민발의안 제8호 발의자들의 항소를 기각함으로써 주민발의안 제8호는 위헌으로 확정되었다.

는 인디애나와 위스콘신 주를 대리하는 변호인단이 동성 결혼을 금지하는 법률을 정당화할 "그럴듯한" 설명조차 해내지 못했다고 지적했다.[28]

포스너 판사는 예기치 못한 임신 문제가 불거지는 경우 두 사람을 법적으로 결속시킬 필요가 있다는 점에서 이성애자 커플은 동성 커플과 구별된다는 주 변호인단의 주장에 대해 다음과 같이 되받아쳤다. "이성애자는 술기운에 원치 않는 아이를 임신하고 그 보상으로 결혼을 허락받는다. 동성애 커플은 원치 않은 아이가 생길 수 없고, 그 대가로 결혼을 할 권리를 부정당한다. 이것이 납득이 되는가?"[29]

주 변호인단은 수 세기를 이어온 전통에 호소했지만 이 주장을 탐탁지 않게 여겼던 포스너는 "좋은 전통도 있고, 식인 문화, 전족, 순장 등 나쁜 전통도 있으며, 좋고 나쁨과 관계가 없는 전통(핼러윈에 사탕을 얻으러 장난을 치며 다니는 풍습)도 있다. 전통이 제아무리 오래되었건 그 자체로는 차별의 적법한 근거가 될 수 없다"라고 답했다.[30] 연방법원은 민주적으로 선출된 입법기관의 결정을 함부로 뒤집어서는 안 된다는 주장에 대해 포스너는 또 한 번 명언을 남긴다. "민주적인 의사 과정에서 상처 입은 소수자들은 법원에 억울함을 호소할 수 있다. 이들을 보호하는 것이 바로 헌법이다."[31]

*Baskin v. Bogan 판결*의 내용은, 포스너 판사가 약 20여 년 전 한 학술지에 "사법부가 조심성 없이 행동"[32]하는 예로 결혼을 재정의하는 것을 들었던 전력이 있기 때문에 더욱 빛을 발한다. (최근 포스터 판사에게 이에 대해 질문을 하자 그는 일을 해오면서 그의 견해가 "아주 많이 바뀌었다"고 말하며 덧붙이기를 "당신은, 생각을 바꾸는 것이 아주 잘못된 행동이라고 생각하기 때문에 한번 입장을 정하면 무조건 관철하는 판사로부터 재판 받고 싶지는 않을 것이다.")[33]

2015년 6월 미국 연방 대법원은 *Obergefell v. Hodges(오버거펠 대 호지스) 사건*[34]에서 최종 판결을 내렸다. 그 당시 37개 주와 워싱턴 D.C.에서는 법률이나 사법적 결정을 통해서 동성 결혼이 허용된 상황이었으나,[35] 나머지 13개 주는 헌법 또는 법률로 이를 금지하고 있었다.[36] 이에 따라 전체 미국 시민 중 71% 이상이 동성 결혼을 할 수 있는 지역에 거주하는 셈이었다.[37] (2015년 5월 당시 전 세계 19개국에서 동성 결혼을 허용했다. 여기에는 아르헨티나, 브라질, 캐나다, 남아프리카 공화국 및 유럽 몇 개국이 포함되었다.[38])

*Obergefell 결정*에서 대법원은 평등보호 및 적법절차를 선언하는 수정헌법 제14조에 의해, 법적 관할이 다른 주에서 두 사람의 결혼이 적법하게 성립되었음을 확인한 주는 동성 커플에게 혼인 허가서를 발급해줘야 한다고 판결했다. 5인의 다수 의견을 작성한 케네디 대법관은 "그 속에서 살고 있으면 둔감해지는 것이 바로 부정의의 본질이다"[39]라고 적었다. 이는 게이와 레즈비언에게도 평등한 권리와 존엄을 인정한 기념비적인 사건이다. 판결문은 다음과 같이 결론짓는다.

결혼보다 숭고한 결합은 존재하지 아니한다. 결혼은 사랑, 충성, 헌신, 희생, 가족과 같은 이상을 가장 높은 차원에서 구체화한다. 결혼을 통해 결합함으로써 두 사람은 서로 떨어져 살았던 때보다 더 나은 존재가 된다. 이 사건 청구인 중 일부가 말하듯, 피안으로 건너가도 사그러들지 않는 사랑은 현생에서 결혼의 모습으로 꽃을 피운다. 남성과 여성이 섞인 청구인들이 결혼이라는 관념을 모독하고 있다고 보는 것은 오해다. 결혼을 끔찍이도 소중히 여기는 이들은 온몸을 바쳐 결혼에 헌신하겠다고 말하고 있다. 이들은 문명에서 가장 오래된 제도에서 자신들을 배제하지 말고, 평생 외톨이로 사는 저주를 끊어달라고 요청한다. 이들은 법이 같은 눈높이에서 자신들을 동등하고 존엄한 존재로 봐주도록 요청한다. 헌법은 이들에게 그러한 권리를 부여했다.[40]

헌법상 혼인에 관한 권리는 매우 중요하지만 완전히 평등한 수준에 이르지는 않았다. 그 이유는 이 책에서 밝히고 있듯 대다수의 주가 고용, 주거에 있어서 성 소수자(LGBT)에 대한 차별을 금지하고 있지 않기 때문이다. "인권 캠페인(HRC)의 아담 탈봇에 따르면 '(게이가) 오전 10시에 결혼식을 올리고 결혼 사진을 페이스북에 게시하면 정오에 성적 지향을 알게 된 사장님이 그를 해고하고, 오후 2시에는 살던 집에서도 쫓겨난다".[41] *Obergefell 판결*이 내려지고 나서 곧 남부 주 일부 도시에서 (동성 커플만을 표적으로 하거나 아예 모든 커플을 대상으로) 혼인 허가서 발급을 거부하거나,[42] 공무원이 종교적인 이유로 동성 커플에 대한 결혼 허가서 발급 업무에서 회피할 수 있는 내용의 주 법률을 제정하거나,[43] 공공시설차별금지법(public accommodation laws)에 저촉되지 않고 동성 커플에게 서비스 제공을 거부하는 방식을 인터넷에 공유하는 등 연방 대법원 판결에 대한 반격이 시작되었다.

동성 커플과 이성 커플 간 동등한 대우를 강조하는 동성 결혼 옹호 캠페인은 1970년대의 여권신장운동, 1950, 1960년대의 시민권 운동의 연장이라고 볼 수 있다. 캠페인 지지자들은 평등원칙을 강조하며 동성과 이성 커플의 동질성에 초점을 맞춘다. 동성이든 이성이든 안정성, 가족, 반려 관계 등 본질적으로 동일한 대상을 원한다면 결혼이란 울타리 안에 동성 커플이 포함된다고 해서 이성애자들에게 어떤 위협이 되지 않는다. 인종 간 결혼을 허용했지만 결혼 제도에 큰 변화가 없었듯 동성 결혼을 허용해도 결혼 제도는 별반 다르지 않을 것이다. 이런 생각은 동등한 대우를 주장하는 페미니스트들이 초기 고용 차별 사건에서 여성은 그 직업의 본질을 바꾸겠다는 것이 아니라, 단지 그 직업을 얻고 싶은 것일 뿐이라고 주장한 것과 유사하다.

하지만 일부 페미니스트는 동성 결혼 속에는 더 급진적인 폭발력이 있다고 본다. 조지타운 대학교의 법학 교수인 낸 헌터(Nan Hunter)는 동성 결혼이 "같은 사회적 지위에 속한 구성원들이 만들어가는 관계로서 결혼"을 제시하기 때문에 "결혼의 문화적 의미를 송두리째 흔들어버릴 수 있다"며 그 지지를 밝힌다.[44] 헌터는 동성 파트너들은 상대적으로 지배 및 종속 관계를 전제로 한 성적 역할을 답습할 확률이 적기 때문에 동성 결혼이 더 자유로운 미래 사회상에 가깝다고 본다. 동등한 대우 관점과 달리 헌터는 동성 결혼이 결혼 제도에 대한 과감하고 새로운 개혁을 일으킬 가능성을 암시한다.

다른 사회운동과 마찬가지로, 대중이 늘 사법부의 생각과 같은 속도로 변화하는 것은 아니다. 선거로 뽑지는 않지만 대체로 존경받는 연방 판사가 최전선에서 사회를 선도해도 되는지에 대한 우려는 늘 존재한다. 긴즈버그 대법관이 2012년 한 강연에서 1973년 *Roe v. Wade 판결*에 대해 "시대를 너무 앞질렀고, 정도도 지나쳤다"[45]고 한 발언이 세상을 시끄럽게 한 적이 있다. 긴즈버그는 만약 대법원이 대중의 눈높이에 맞춰서 조금씩 낙태권을 확장해왔다면 수십년이 지난 오늘까지 재생산권이 논쟁거리가 되지는 않았을 거라는 뜻을 내비쳤다. 이에 대한 의견은 아직도 분분하다.[46] 대중의 생각이 동성 결혼 문제의 근저에까지 깊숙이 미쳤다는 점은 결코 간과되어서는 안 된다. 클린턴 대통령이 결혼보호법에 서명한 1996년에는 인구의 3분의 1에 못 미치는 27%만이 동성 결혼에 찬성했다. 반면 2011년에는 과반수를 넘는 53%가 이에 찬성했다.[47] 15년 동안 이 정도로 변한 것은 정말로 놀라운 일이다. 이 책은 법률 및 소송이 문화를 바꾸는 엔진이라고 믿으며, 동성 결혼을 위해 분투해온 자들은 그 공을 치하받아 마땅하다. 하지만 이들은 대중의 우호적인 여론에 크게 힘입었다. 앞으로 (무엇이든) 새로운 도전을 시작하는 자들은 자신들에게도 동성 결혼에서처럼 행운의 여신이 도와주기를 기도할 것이다.

동거 동반자 관계*

결혼을 하지 않고도 함께 사는 커플들이 있다. 결혼을 전제로 동거를 하는 경우, 개인적으로 결혼보다 동거를 선호하는 경우, 경제적으로 동거가 이익이 되는 경우, 법률이 동성 결혼을 허용하지 않는 경우, 종교가 재혼을 허용

• (옮긴이 주) 독일의 유사한 관계인 'Lebenspartnerschafts'를 '생활 동반자', '생애 동반자' 등으로 번역하고 있으며, 최근 우리나라에서도 '생활동반자법'에 관한 책이 출간되었다. 그러나 domestic partnership을 '생활 동반자'로 번역하게 되면 이 관계의 미국적 맥락이 증발할 우려가 있어 이 책에서는 '동거 동반자'라는 번역어를 사용하기로 했다.

하지 않는 경우 등 결혼이 아니라 동거를 선택하는 이유는 다양하다. 2010년 통계에 따르면 750만 명의 비혼 커플이 생계를 같이 꾸려가고 있다.[48]

이런 관계의 양상은 너무나도 다양해서 이를 묘사하는 단 하나의 단어를 찾는 것은 매우 어려운 일이다. "동거인(cohabitants)"은 너무 광범위하고 "소중한 이(significant others)"는 너무 모호하다. "합가(live-ins)"란 단어는 다행히도 1970년대 이후 더 이상 쓰지 않는다. "영어에는 아직도 단어가 너무 많이 부족하다"[49]는 버지니아 울프의 말은 아직도 유효하다. 결혼하지 않았지만 서로에게 신의를 지키며 생계를 같이 꾸려나가고, 자녀가 있을 수도 있고 없을 수도 있는 이성/동성 커플을 이제 "동거 동반자 관계"라고 부르는 경향이 정착되었다.

동거 동반자 관계에 관해 법률적으로는 다음 두 가지 상황을 어떻게 규율할지 문제가 된다. 첫째, 동거 동반자 관계를 맺은 당사자 *사이의* 의무와 책임을 정하는 규칙은 무엇인가? 둘째, 동거 동반자 관계를 맺은 당사자들과 그 *밖의* 제3자 간의 의무와 책임을 정하는 규칙은 무엇인가? 이에 대한 답은 지금도 계속 변화하고 있다.

_ 동거 동반자 당사자 사이의 규정

법은 인적·물적 자원을 하나로 합친 결혼한 부부에게 적용되는 일련의 혜택과 의무를 규정하고 이는 특히 결혼 관계를 해소할 때 그 존재를 실감할 수 있다. 반면 법은 동거 동반자 관계에 관해서는 "건드리지 않는" 태도를 유지하고 있다. 캐서린이 재정을, 히스클리프가 가사를 책임지며 3년을 같이 살다가 헤어져도, 법은 이 둘은 상호 독립적이고 동등한 주체이지 양자 간에 해결해야 할 얽힌 문제가 없다고 간주한다.

물론 많은 동거 동반자들은 명시적 또는 암묵적으로 함께 살면서 혜택과 의무를 공유한다는 "인식"하에 생계를 합친다. 캐서린은 은하수가 수놓은 칠석 밤하늘 아래에서 히스클리프에게 둘이 함께함으로써 그의 경력이 단절되는 대신 물질적 걱정 없이 살게 해줄 자신이 있다고 약속할 수 있다. 이론적으로 대부분의 주에서 동거 동반자 사이의 명시적 또는 암묵적 "계약"은 어느 정도 강제력이 있다. 하지만 서류 등 입증 가능한 방법에 의해 이루어지지 않은 이상 법원에서 이러한 합의가 있었다고 인정받기는 쉽지 않다. 이러한 접근법은 개인의 계약을 체결할 권리를 존중하는 것이지만 한편으로 교육 수준이 낮고 경제적으로 약한 자에게 불리하게 작용할 수 있다.

동거 동반자 관계에 있는 당사자를 보호하기 위한 노력의 일환으로 발간된 *가족 해소의 원칙*[50]에서 미국법률협회(American Law Institute: ALI)는 재산 분할 시 기혼 커플과 "동거 동반자" 관계로 인정받는 비혼 커플 모두 동일한 기준을 적용하라고 권고했다. 위 책은 "동거 동반자 관계"를 "동성 또는 이성의 두 사람이 결혼을 하지 않은 채 커플로서 상당히 의미 있는 기간 동안 주(主)거주지를 같이하며 생활하는 관계"[51]라고 정의한다. 법원은 동거 동반자 관계가 형성되었는지를 판단할 때 당사자들의 진술, 은행 계좌 공유 여부, 자녀가 있다면 부모 역할을 수행했는지 등을 고려해야 한다.[52] 이러한 내용은 ALI의 제안이므로 법원에 구속력이 없음에도 변호사와 정책 입안자들이 이를 두고 갑론을박을 벌였다. 그러나 동거 동반자 관계를 맺은 당사자들과 *그 밖의* 제3자 사이에 어떤 규칙을 적용해야 하는지에 대해서는 전통적인 계약법은 물론이고 *가족 해소의 원칙*을 보아도 도통 답을 찾는 것이 어려웠다.

_ 동거 동반자들과 제3자 사이의 규칙

결혼 직후에 무엇이 제일 달라졌냐고 물으면 많은 신혼부부들은 *다른 사람*들이 자기들을 대하는 태도가 달라졌다고 대답한다. 정부나 사립 기관 및 단체 역시 특정인에 대한 혜택을 그 배우자에게까지 확대하는 경우가 흔하다. 연방정부는 근로자의 배우자가 무직이어도 사회보험을 보장해준다. 사기업 역시 근로자의 배우자에게 의료 및 생명 보험을 제공한다. 환자의 배우자는 병원 면회권이 있다. 어떤 혜택들은 동거 동반자 관계에 있는 자에게 제공되기도 한다. 캘리포니아 주에서는 동성/이성 커플이 상대방을 동거 동반자 관계로 등록함으로써 병원 면회권, 부당하게 사망한 배우자를 대신하여 소를 제기할 권리, 배우자를 보험 수익자로 지정할 권리 등을 포함해 여러 혜택을 누릴 수 있다. 뉴저지, 메인 등 10개 주에서 이와 유사한 정책이 시행되고 있다. (버몬트와 뉴햄프셔는 동성혼을 합법화한 이후 동거 동반자 관계 등록 제도를 폐지했다.) 수백 개의 시와 사기업이 현재 동거 동반자에게도 혜택을 확대하고 있다. 휴먼라이츠 캠페인에 따르면 ≪포춘≫ 지 선정 상위 500개 기업 중 절반 이상이 근로자의 동거 동반자에게도 건강보험을 제공한다.[53]

여기서 한 가지 질문을 하자면, 누구나 마음먹으면 결혼할 수 있는 지역에서도 동거 동반자 관계는 필요한가?

이혼과 그 경제적 여파

매년 미국 여성의 약 10%가 이혼을 경험한다.[54] 그러나 통계를 더 자세히 살펴보면 이혼이 발생하는 양상은 획일적이지 않다. 대학교를 졸업한 여성은 그렇지 않은 여성보다 이혼할 확률이 낮다.[55] 백인 여성은 흑인 여성보다 이혼할 확률이 낮다.[56] 아시아 여성의 이혼율이 가장 낮다.[57] 결혼에 골인한 어느 누구도 자신이 이혼할 거라고는 생각하지 않는다. 그리고 이혼이 자신에게 초래할 충격적인 감정·사회·경제적 변화를 감당할 준비가 되어 있는 사람도 거의 없다.

이혼에 관한 법률은 거의 전적으로 이성 간의 결혼이나 이와 유사한 결합 관계가 법률 또는 문화적으로 변해온 역사를 반영하며 바뀌어왔다. 하지만 이제 법은 급격하게 변화하고 있다. 동성 결혼이 인정된 주에서 이혼 및 양육권을 정하는 절차는 이성이나 동성을 불문하고 *모든* 기혼 커플의 경험과 이익을 반영하여 변화할 것이다. 아직까지 이혼에 관해서는 결혼한 이성 커플과 동성 커플의 차이가 확연히 드러난다. 남-여 커플은 뉴햄프셔 주에서 결혼하고 이후 플로리다로 이주해도 그곳에서 이혼하는 데 아무 문제가 없다. 그러나 *Obergefell 판결* 이전 뉴햄프셔 주에서 결혼하고 하필이면 동성 결혼을 인정하지 않는 플로리다로 이주한 여-여 커플은 이혼할 수가 없다.[58] 뉴햄프셔에서 이혼을 하려면 최소 1년의 거주 요건을 충족해야 되기 때문에 여기서도 불가능하다. 물론 이 커플은 별거할 수는 있겠지만 이혼 절차가 제공하는 법적 보호를 받을 수 없다. (적어도 첫 번째 동성 결혼을 인정하는 주에서) 일부일처제에 반하기 때문에 혼인을 해소하지 않고 다른 사람과 결혼할 수 없는 것은 물론이다. 이 역설은 우리가 좀처럼 떠올리지 못하는 결혼의 혜택, 바로 헤어질 권리를 상기시킨다.

이혼 혁명

19세기 후반까지 이혼은 드물었다. 부부는 간통, 유기, 알콜 중독, 부양의무 불이행, 폭력 등 어떤 "유책 사유"가 있는 경우에만 결혼 생활을 정리할 수 있었다. 자산의 극대화 같은 공리주의적 가치나 자녀 양육의 필요성 등 전통적으로 결혼과 결부되었던 목적과 별개로 결혼은 개인의 행복과 만족을 향상시켜야 한다는 생각이 고양되면서 이혼의 경향도 변화했다. 이러한 변화는 관계를 의미 있게 만드는 조건에 관해서는 관련 당사자들에게 더 많은 권한을 부여해야 한다고 보는 개인적 자유 개념의 확산에 영향을 받았다.

1969년 캘리포니아는 최초로 이혼하기 위해 어떤 문제가 있음을 증명할 필요 없이 일방적으로 결혼을 종료시킬 수 있는 "무책" 이혼 제도를 도입했고, 곧 다른 주에도 무책 이혼 제도가 널리 퍼져 나갔다. 이후 이혼율이 전국적으로 상승하여 거의 50%에 육박하게 되었다. 무책 이혼 제도가 도입된 이유는 다양하다. 통계적으로 남편이 "유책" 배우자일 확률이 높으므로 유책 이혼은 여성에게 경제적으로 유리한 불공정한 제도라는 이유로 지지하는 사람이 있는가 하면, 반대로 불행한 관계를 스스로 끝낼 권한을 여성에게 부여하기 때문에 이 제도를 지지하는 페미니스트들도 있다. 일각에서는 무책주의를 도입하면 더 이상 이혼을 위해 법정에서 진흙탕 싸움을 할 필요가 없기 때문에 재판이 더 말끔해지는 효과가 있다며 이를 지지하기도 한다.

이혼에서 재산 분할

이혼이 여성에게 유리하지 않다는 사실을 지지하는 증거는 차고 넘친다. "결혼 파탄은 남성보다 여성에게 경제적 타격을 입힌다"[59]는 사실은 오랜 통계를 통해 입증된다. 1996년 보고서에 따르면 여성은 이혼 후 이전보다 생활 수준이 27% 하락하지만 남성은 10% 상승한다.[60] 이러한 불평등은 개선되지 않았다. 경제 불황이 닥친 2009년에 실시한 미국 통계 조사에 따르면 직전 해에 이혼한 여성이 남성보다 공적 부조를 받을 확률이 높다. 근래에 이혼한 여성들은 전 배우자들에 비해 가계 수입이 적고 빈곤에 빠질 확률이 높은 것으로 나타난다.[61]

이러한 간극은 어떻게 설명할 수 있는가? 일부 사회 역사학자들은 그 원인을 이혼 수당(alimony)의 감액에서 찾는다. 1980년대 정책 입안자(이 중에는 페미니스트들도 포함되어 있었다)들은 경제적 필요에 따라 지급되는 이혼 수당 때문에 여성들이 그 배우자에게 경제적으로 의존하게 된다고 보고 이를 부정적으로 바라보았다.* 그러나 이 사회 역사학자의 설명은 이혼 수당이 빈번하게 지급될 때도 중산층 이상의 사람들이 이혼할 때만 문제가 되었기 때문에 이혼 수당이 아예 발생하지 않는 계층의 빈곤율을 설명하지 못한다는 한계가 있다.

---

* (옮긴이 주) 이혼 수당은 정책적으로 감액되었고 그 결과 이혼 여성이 빈곤에 빠질 확률이 남성보다 더 높다는 것이다.

그 원인은 재산 분할에서 찾는 것이 더 설득력이 있어 보인다. 오늘날 대부분 주의 법원은 이혼 시 재산을 "형평에 맞게 분배(equitable distribution)할 것"을 명한다.[62] 재산의 원소유자가 누구였는지는 물론 혼인 기간, 배우자의 나이, 양육 책임, 배우자의 "기여"(재산 및 가사 노동) 등 다양한 요소가 고려된다. 이는 당사자의 의존도나 필요를 절대적 기준으로 삼는 모델이 단지 그것을 상대적 기여의 한 요소로 평가하는 모델로 대체되었음을 의미하고, 따라서 동등대우 옹호자들이 승리했다고 볼 수 있다. 새로운 모델은 결혼은 동등한 동반자 관계이기 때문에 자신이 투입한 것과 갖고 나오는 것이 동일해야 한다고 본다. 하지만 법원은 이 기준을 적용할 때 다양한 이유로 "형평성에 맞는"을 동등함과 다르게 해석한다. 많은 경우 여성은 50% 이하를 가져간다.

여성들은 전 재산의 50%를 가져가도 여전히 불이익을 입는다고 주장하는 일부 페미니스트들의 주장을 살펴보면 상황은 더 복잡해진다. 이들은 여성은 결혼 생활 때문에 학업, 경력을 쌓는 데 남성보다 더 손해를 보고 이혼 후에도 주양육자로서 책임을 지는 경우가 많다고 주장한다. 결혼 생활 속에서 여성이 겪는 일들을 검토한 법대 교수 마사 파인만은 동등대우 모델은 필요에 따른 분배에 맞도록 수정되어야 한다고 주장한다.

> 이혼이 성립한 다음 여성과 전남편을 경제적으로 같은 출발선상에 위치시키기 위해서는 대부분의 여성에게 기계적인 평등에 따라 나눈 재산의 절반보다 더 많이 양이 필요하다 … 이혼에서 동등대우란 … 자원에 대한 동등한 접근과 필요라는 조건을 충족할 경우에만 공정하다. 그러나 현실적으로 대부분의 여성은 경제적으로 이런 상황에 놓여 있지 않다.[63]

내 로스쿨 졸업장은 어떻게 분할하지?

결혼과 관련을 맺을 수 있는 어떤 가치는 이혼 당사자들에게 분배하기가 쉽지 않다는 추가적인 문제가 있다. 특히 가장 큰 자산이 동산/부동산이 아니라 교육 상태나 잠재 소득 같은 무형적 형태인 젊은 부부들에게 이러한 문제가 많이 발생한다. 로스쿨 졸업장을 한번 생각해보자. 당신은 로스쿨을 졸업한 지 1년 된 변호사인데 이혼을 고려 중이다. 당신이 3년 동안 로스쿨에서 줄곧 공부만 할 때 배우자는 학비와 생활비를 벌기 위해 투잡을 뛰었다. (그래도 부족한 돈은 모아둔 결혼 자금으로 충당했다.) (잠재소득이란 측면에서) 당신의 변호사 자격증이 1백만 달러의 가치가 있다고 가정하자. 한편 배우자가 대신 내준 학비는 4만 달러이다. 법원은 이혼할 때 변호사 자격증을 분할 가능한 재산처럼 고려해야 하는가? 그렇다면 그 가치는 어떻게 매기고 어떻게 나눠야 하는가?

법원마다 이 문제를 다르게 취급한다. 법원은 대부분의 전문 학위 또는 자격증을 분할 대상이 되는 "재산"으로 취급하지 않는다. 하지만 일부 주는 법원에게 학비 및 이에 관련된 비용을 마련한 배우자의 기여도를 반영할 수 있는 재량권을 부여하기도 한다. 따라서 대부분의 주에서 당신은 학비 정도는 물어줘야 할지 모르지만 변호사 자격증을 빼앗길 걱정은 하지 않아도 된다.

이런 일반 원칙과는 다르게 뉴욕 주 법은 전문 학위를 분할 대상이 되는 진짜(bona fide) 재산으로 본다. *O'Brien v. O'Brien(오브라이언 대 오브라이언) 사건*에서 주 고등법원은 남편의 의사 면허는 그가 멕시코 과달라하라 (Guadalajara)에서 공부할 때 뒷바라지를 해준 아내와의 관계에서 분할 대상이 된다고 보았다. (그는 자격증을 따고 2개월 뒤에 이혼을 신청했다.) 가장 놀라운 점은 고등법원이 학비만을 배상하겠다는 남편의 주장을 배척하고 현시점에서 평가한 자격증의 가치액인 50만 달러 중 일부를 지급하도록 명한 것이다. 법원은 아내의 기여가 "부동산 구매할 때의 계약금 또는 주식 매수할 때의 분담금"과 유사하다고 보고, 단순히 그 액수만을 돌려받는 것이 아니라 투자의 결과를 회수할 수 있어야 한다고 보았다.[64] 연금이나 무형의 경영 자산의 경우에도 이와 유사한 문제들이 제기된다.

양육권

19세기 말까지만 해도 이혼을 하면 자식은 재산과 마찬가지로 남편의 통제하에 있다는 이론에 따라 남편에게 양육권이 인정되었다. 20세기가 시작되면서 나이 어린 자녀의 경우 아내에게 우선적 양육권을 주는 경향이 나타났다. 양육 과정에서 어머니와의 교감을 중시하는 심리학 이론이 유행하면서 나타난 이 현상을 어린 나이 추정(tender-years presumption)이라고 부른다. 이 규칙 덕분에 이혼하는 여성이 "자녀를 데리고 가겠다"는 남편의 협박에 휘둘리지 않게 되었고, 그 파생적 효과로 여성이 더 당당하게 재산 협의에 나설 수 있게 되었다. 하지만 "어린 나이" 추정은 진심을 담아 이혼 협의에 임하는 남성들에게는 불공정하고 차별적인 것이기도 했다.

1970년대 입법자와 법관은 "자녀의 최선의 이익"이라는 좀 더 성중립적인 기준을 채택했다. 이 기준은 과거에 양육 이력, 유대감의 정도, 가정 및 수입의 안정성 등 여러 요소를 따져서 사건별로 구체적인 판단을 하게 만들었다. 하지만 구체적 상황을 고려함에 따라 예측 가능성이 떨어지고 어떤 이들에게는 이전보다 자의적으로 보였다. 어떤 페미니스트들은 이 기준으로 인해 남성 판사들이 대개 어머니보다 아버지에게 유리하게 판결한다고 생각했다. 게다가 예측 가능성이 떨어지기 때문에 여성들은 위험부담을 줄이기 위해 양육권을 가져가는 대신 분할받는 재산을 적게 하여 합의하게 된다고 본다. 그 결과 여성들은 아이들을 키우기에 적당한 금액을 받지 못한 채 양육권만 가져가게 된다. [이론상 양육비(child support)가 이런 상황을 보조하기 위해 고안되었지만 액수가 적은 경우가 많고 다수의 경우 집행이 어렵다.]

1980년대에는 공동 양육권의 추정과 "주양육자(primary caretaker)"라는 새로운 성중립적 기준 두 가지가 나타났다. 공동 양육권을 가진 부모는 진학을 할 학교를 선택하거나 종교, 병원 치료 등 자식에게 영향을 미치는 법적인 결정을 할 공동의 책임을 진다. 아이는 한쪽 부모와 생활하지만 다른 부모와 정기적으로 만난다. 한때 미네소타와 웨스트버지니아에서 사용되었던 "주양육자" 기준은 어린 나이 기준과 비슷하면서도 성차별주의(sexism)의 색채를 뺀 것이다. 이 기준은 (요리, 세탁, 다른 지역에 있는 체육관에 데려다주기 같은) 자녀의 활동을 같이하는 부모를 양육권자로 선택한다. 통계적으로 맞벌이 가정에서도 아버지보다는 어머니가 이런 활동을 더 많이 하기 때문에, 이 기준에 따르면 대체로 어머니가 양육권자가 된다. 순수한 형태의 주양육자 기준을 사용하는 주는 이제 없지만, 결혼 기간에 육아에 기여한 비율에 따라 양육권을 배분해야 한다는 ALI의 권고사항은 이 개념으로부터 영향을 받았다.[65]

주양육자 기준은 남녀 모두로부터 공격받았다. 남성계에서는 분명 매우 훌륭한 부모이지만 경제적 부양자라는 아버지로서의 전통적 역할을 선택한 남성은 이 기준 때문에 손해를 본다고 비판한다. 페미니스트 일각에서는 이 기준이 여성들이 실제로 육아에 쏟아부은 노고를 제대로 보상해주지 못한다고 주장한다. 예를 들어 설령 남성이 전형적인 아버지상 "보다 더 많이" 부모로서 역할을 수행했다 한들 여성의 노고 앞에서는 우스울 따름인데, 이 경우 법원은 남성에게 양육권을 준다는 것이다. 이 기준은 육아를 너무 강조한 나머지 경제활동을 떠맡은 여성에게 불리하다는 비판도 있다.

당사자가 공동 양육에 합의하는 것은 모든 주에서 허용되며, 거의 절반의 주가 공동 양육권의 추정을 명문화한 조항을 가지고 있다. 공동 양육권하에서도 자식은 주로 한부모와 함께 생활을 한다. 비록 마지막까지 누가 양육권을 가질지 해결되지 않아 판사가 이를 결정하는 사건은 약 10%에 불과하지만, 이 경우 남성이 약 70% 승소한다.[66] 대부분의 경우 공동 양육권을 갖기로 합의하지만, 나중에 가서 압도적인 확률로 (한 조사에 의하면 85~90%) 여성들이 양육을 전적으로 책임지게 되는 이유는 무엇일까?[67]

↘ 토론을 위한 질문

1. 오래 교제해온 파트너와 대화하면서, 당신이 언젠가는 꼭 결혼을 해야 한다고 말하는 상황을 상상해보자. (여기서 상대가 이성인지, 동성인지는 아무 문제가 되지 않는다.) 당신은 개인적인 이유, 사회적인 이유, 법적인 이유 중 무엇에 가장 중점을 두고 각 어느 정도 비중을 들어 파트너를 설득하겠는가? 이때 각 이유들은 겹치지 않고 쉽게 구분되는가?

2. 사람들은 법에 따라 그들의 경제적/사회적 행동을 바꾸기 때문에, 법은 사회를 형성하는 기능을 가진다는 견해가 있다. 이에 따르면 법은 모순된 메시지를 보내 여성들을 혼란스럽게 만든다. 재산 분할의 규칙에 따르면 아내들도 공부하는 남편 뒷바라지만 할 게 아니라 스스로 경제적 자율성을 갖추고 자신의 커리어를 추구해야 하는 것처럼 보인다. 그런데 양육권 기준은 가사와 육아에 집중하는 전통적인 어머니상의 여성을 어여삐 여기는 것 같다. 이러한 모순된 법제도들을 일관되게 고쳐야 할까? 대부분은 이혼이 자기와는 상관없는 먼 나라 이야기라고 생각하는 경우에도 이런 모순된 법제도가 사람들에게 영향력을 미칠까? 재산 분할과 양육에 관한 규칙이 바뀌었기 때문에 미국의 비혼 출산율이 증가했는가? 왜 30세 이하 여성이 낳는 아이(전체 아이의 3분의 2)의 절반 이상이 혼외 상태에서 태어날까?[68]

3. 이 장에서 살펴본 성중립적인 양육권 기준은 어머니, 아버지, 아이 중 누구에게 유리한가? 셋 중 하나를 선택해야 한다면 누가 최우선이 되어야 하는가? (대다수가 그러리라고 추측되는) "자식"이라고 생각한다면, 자식을 최우선으로 고려하면서 부모 한쪽에 불공평하지 않은 기준을 수립하는 것이 가능할까?

7장

섹스와 폭력

미국 여성 10명 중 거의 3명은 ⋯ 친밀한 파트너(intimate partner)*로부터 강간,
신체적 폭력, 그리고/또는 스토킹을 경험한다.

— 질병통제센터, 『전국 친밀한 파트너 폭력과 가정폭력 연구』

미국에서 모든 흑인 여성 중 약 22%와 백인 여성 중 19%는 생애 한 번 강간당한 경험
이 있다.

— 질병통제센터, 『전국 친밀한 파트너 폭력과 가정폭력 연구』

전 세계적으로 모든 여성과 소녀들 가운데 3분의 1 이상은 생애 중 구타를 당하거나 성

• (옮긴이 주) intimate partner는 배우자 또는 연인 관계 등 성적으로 친밀한 관계에 있거나 있었던
사람을 의미한다. 이 용어는 독자적으로 사용되기보다 intimate partner violence(IPV)라는 용어
를 통해 학술적·대중적으로 사용되고 있는 것으로 보인다. 이에 대한 확립된 번역어는 존재하지
않는 것으로 보이고, 신문 기사에서는 '친밀한 파트너 폭력' 또는 '친밀한 관계에 대한 폭력' 정도
로 번역하고 있다. '친밀한'이라는 번역어는 intimate이 가지는 '성적' 친밀성이라는 의미를 살리지
못하는 문제가 있으나, 달리 마땅한 번역어를 선정하지 못해 친밀한 파트너라는 용어를 그대로
사용했다.

적 학대를 당한다.

    – 세계보건기구, 『여성에 대한 폭력』

여성에 가해지는 폭력에 관한 전국 조사(National Violence Against Women Survey: NVAWS)는 … 모든 신고된 성폭행 중 오직 14~18%만이 최종적으로 기소되고 … 성인 여성에 대한 강간으로 신고된 사건 중 37%가 기소된다고 추정했다. 모든 기소 사건이 유죄판결로 끝나는 것도 아니다. NVAWS는 성인 여성이 관련된 강간 사건 중 오직 18%만 유죄로 결정된다고 추정했다. 이는 다수의 강간이 경찰에 신고되지 않기 때문에, 모든 강간 중 오직 3.4%만이 최종적으로 가해자에게 유죄가 선고된다는 것이다.

    – 여성에 대한 폭력 영국 센터, 『강간 기소』

한 연구는 적어도 절반의 [가정폭력] 사건에서 아이들이 "존재"한다고 추정했는데, 이는 아이들이 폭력을 직접 목격하거나 적어도 폭력이 일어날 때 집에 있다는 의미다. … 다른 연구는 "230만에서 1천만 명의 아이들이 미국에서 매년 가정폭력을 목격한다"고 추정했다.

    – 린다 L. 브라이언트·제임스 G. 듀이어, 『보호의 약속』

□ □ □

    여성에 대한 폭력행위(특히 친밀한 파트너[1]에 의해 저질러지는 행위)와 형사처벌 사이의 놀라운 격차를 어떻게 설명할 것인가? 사회적 고정관념에서부터 성의 없는 기소까지, 많은 요소들이 역할을 한다. 그러나 그 기초를 마련한 것은 역사다. 초기 영미법은 여성을 아버지나 남편의 재산으로 간주했다. 따라서 이방인에 의한 강간은 여성에 대한 범죄라기보다는 "'남성의 남성에 대한 재산죄'"로 간주되었다.[2] 결혼하지 않은 여성이 강간당하면, 그 행위는 그녀의 장래 결혼 가치를 파괴한 것이었고, 결혼한 여성이 강간당하면, 그것은 그녀의 남편에게 불명예를 가져다주었다. 강간 법률에서 여성은 본질적으로 제3자였다.

남성은 그들의 소유물, 또는 "동산"을 그들이 원하는 거의 어떤 방식으로든 취급할 수 있었고, 바로 이런 이유로 남편의 아내 강간은 죄가 될 수 없었다. "징벌" 법리(doctrine of "chastisement")는 심지어 아내가 순종하도록 남편이 아내를 — "적당히"(in "moderation") — 때리는 것을 허용했다. 19세기 페미니스트들은 이러한 부정의를 개선하기 위해 필사적으로 노력했다. 그러나 '결혼한 여성의 재산에 관한 법률'은 여성들에게 — 계약을 체결하고 재산을 소유하는 것과 같은 — 몇몇 권리를 부여하면서도 부부 강간과 징벌 법리에 의한 면책은 건드리지 않고 그대로 두었다. 법원 또한 이를 변화시키려고 하지 않았다. 페미니스트들이 미국 재건 시대(Reconstruction Era)* 징벌법에 도전했을 때, 판사들은 "결혼 관계의 사생활을 보호하고 가정의 평화를 촉진하기 위해서는, 법체계가 아내 폭행 사건에 개입하면 안 된다"는 이유를 들어 공사구별론(public-private distinction)을 적용했다.[3]

2세대 페미니즘이 그 법률을 바꾸는 데 일정한 성공을 거두기까지 무려 100년 이상의 세월이 필요했다. 1980년대까지 많은(그러나 여전히 절반 미만의) 주들은 강간죄에 대한 혼인 면책을 폐지했다. 오늘날 모든 주는 배우자 강간을 인정하지만, 여전히 어떤 주들은 혼인 중 강간을 혼인 외 강간보다 덜 심각한 범죄로 다루고 있는데, 예컨대 혼인 외 강간보다 혼인 중 강간에 있어 더욱 신속한 고소를 요구하거나 물리력 요건을 추가한다.[4] 지금까지도 다수의 주들은 혼인 중 일어나는 물리적 폭력을 혼인 외 일어나는 폭력에 비해 덜 심각하게 정의하고 있다.

• (옮긴이 주) 남북전쟁이 끝나고 미국이 재통합되던 1863년 또는 1865년부터 1877년까지의 시기를 말한다. 비록 북부가 전쟁에서 승리했지만 남부를 다시 신속하게 미합중국에 통합시키기 위한 정치적 고려 때문에 흑인의 권리를 개선하기 위한 노력은 강력한 저항에 부딪쳤다. 그 과정에서 전국에 폭력 사태가 뒤따르고 KKK단이 만들어지기도 했다.

최근 35년 동안 페미니스트 법 이론가들은 강간을 포함해 친밀한 폭력을 여러 가지 관점에서 분석해왔다. 문화 페미니스트들은 법률이 강간 피해자를 불평등하게 대우하는 것을 보여주기 위해 강간과 친밀한 폭력에 대한 여성들의 이야기들을 통해 "일화들"을 사용했다. 지배 이론가들은 남성의 권력, 여성의 종속, 승낙으로 가장한 강압의 전형적인 예시로서의 강간에 초점을 맞추었다. 어떤 지배 이론가들은 심지어 물리적이지 않은 강압 행위와 정신적 학대 역시 폭력으로 인정되어야 한다고 주장했다. 형식적 평등 이론가들은 법체계가 가정폭력을 다른 범죄와 같이 다루어야 한다고 주장했다. 인종 이론가들에게 강간은, 성차별주의와 인종차별주의를 엮어 땋은 밧줄이었다. 그들은 유색 여성의 강간 경험이 백인 여성의 강간 경험과 때로는 얼마나 다른지 보여주었다. 그들은 또한 성범죄 가해자와 가해자로 지목된 사람의 경험을 연구했고, 법이 때로는, 아니 어쩌면 자주, 피해자와 피고인 모두를 인종에 기초하여 다르게 대우했다고 주장했다.

이러한 노력들 모두는 친밀한 폭력을 형사적 제재로부터 방어하는 방법으로 공사 구별론이 사용되어 왔음을 폭로했다. 가정폭력이 더는 골치 아픈 가족의 문제로 간과될 수 없었다. 페미니스트들은 가정폭력이 사회적·경제적·정치적 결과를 야기하는 야수적 지배의 폭력이라고 재구성해왔다. 그들은 친밀한 폭력을 개인 또는 가족의 문제가 아니라 남성이 여성을 힘과 폭력을 통해 지배하고 있는 사회 시스템의 징후로 재정의했다. 그들은 친밀한 폭력의 만연함과 영향 및 성별에 따른 특성과, 그에 대한 현재의 법적 대응을 형성하는 문화적 규범에 관해 의식을 고양해왔다.

다음으로 넘어가기 전에, 미국 남성 4분의 1 이상(28.5%)이 "일생에 한 번은 친밀한 파트너에 의한 강간, 물리적 폭력, 그리고/또는 스토킹"을 경험한다는 것을 지적할 필요가 있다.[5] 그 통계는 여성 파트너와 게이 남성 파트너 모두에 의해 범해진 폭력을 포함한다. 이 장에서 우리의 초점은 여성에게 가해지는 친밀한 폭력에 관한 것이지만, 남성 피해자에 대한 친밀한 폭력의 중요성을 무시하려는 것은 아니다. 50개 주 모두에서 강간 법률은 여성뿐만 아니라 남성을 이러한 폭행으로부터 보호하지만, 동성 강간은 대단히 적게 신고되고 아마도 적게 기소되리라는 점을 유념할 필요가 있다. 설상가상으로, 남성 피해자에게 이루어지는 성폭행에 관한 법률 문헌은 극히 소수에 지나지 않는다.

강간

형법 규정

밤 늦게, 한 여성이 필라델피아 북쪽 끝에 있는 그녀의 대학 교정을 활발히 걸어서 통과하고 있다. … 그녀는 아파트 문을 열려고 하고, 그녀가 가해자의 침입에 의해 놀랐을 때, 최악의 악몽이 현실화된다. 그는 그녀에게 옷을 벗으라고 말한다. 그녀는 놀라서 겁을 먹고, 무엇을 해야 할지 알 수 없다. 오직 잠깐의 귀중한 시간 동안, 그녀는 삶과 죽음을 갈라놓을 수도 있는 결정을 내려야만 한다. 그는 아무런 위협을 가하지 않지만, 그녀는 만약 순종하지 않을 경우 일어날 일을 걱정한다. 마지못해, 그녀는 공포에 질려 따른다. 그녀는 그의 삽입에 언어적 또는 물리적으로 저항하지 않고, 둘은 성행위를 한다. 그녀는 강간을 주장하며 고소장을 제출한다.

– 조슈아 마크 프라이드, "신속한 결정의 강요"

보통법에서 강간은 "여성의 의사에 반해 강제로 여성과 성교하는 것"으로 정의된다.[6] 미국의 주들은 이러한 정의를 채택했고, 오늘날 거의 모든 관할권의 법률은 이 세 가지 요소를 요구한다. 성교, 어떤 종류의 물리적 강제, 그리고 비동의.

대부분의 강간 조항은 피고인이 삽입 그 자체를 넘어 물리력을 사용하거나 물리력 또는 (의식불명 상태나 정신적 장애와 같이) 물리력을 대체할 만한 어떤 것으로 확실한 위협을 가했다는 증거를 요구한다. 결과적으로 어떤 강간 조항에서 물리적 강제를 요구한다는 것은 특정한 형태로 강요된 강간은 기소되지 않는다는 것을 의미한다. 몬태나 주 대법원은, 고등학교 교장이 한 여학생에게 그와 성교하도록 굴복하지 않으면 졸업하지 못할 것이라고 위협했던 사건에서, 그 학생이 강간 혐의로 그를 고소한 것에 대한 불기소를 확정했다.[7] 그 당시 존재했던 강간 조항은 가해자가 피해자를 "물리력 또는 임박한 죽음, 신체 상해 또는 납치에 관한 위협에 의해 굴복"하도록 강제했을 것을 요구했다. 법원은 물리력 요소를 협박, 공포 또는 강요를 포함하는 것으로 해석하기를 거부했고, 그 교장은 물리력이나 그 법률에 규정된 어떠한 위협도 사용하지 않았기 때문에 강간죄로 기소되지 않았다. 몬태나 주를 포함해 대부분의 강간 조항은 강압, 협박, 공포를 통해서 여성이 복종하도록 강요하는 것을 포함시키는 방향으로 개정되어 왔지만, 여전히 많은 법률은 어떤 종류의 물리적 강제를 요구한다.[8] 강간죄 성립에 물리력이 필요하다는 아이디어는 1897년 연방 대법원에서 선고되었던 강간 사건인 *Mills v. United States(밀스 대 미국)*으로 거슬러 올라간다. 법원은 다음과 같이 말했다.

> 다수에 압도당하거나 위협에 겁먹거나 저항이 쓸모없는 장소 또는 위치에 있는 것이 아니라면, 여성이 자연적·정신적·신체적 능력을 가지고 있는 상황에서 성교에 동의하지 않은 것만으로는, 그러한 상황하에서 그녀와 관계를 맺고 있는 남성에게 강간죄가 성립하지 않는다. 그 범죄의 요소를 구성하기 위해서는 … 더 큰 물리력의 행사가 필요하다.[9]

물리력과 비동의 요소의 초기 해석은 원래부터 여성에게 "최대한의 저항" 증거를 제출할 것을 요구했다. 이것은 검사가 "어떤 성교 행위가 강간임을 증명하기 위해서는 여성이 가해자에 대해 최대한의 신체적 능력을 사용하여

저항했다는 것을 합리적 의심을 넘어 증명해야" 했음을 의미한다.[10] 1970년
대와 1980년대 강간 조항 개혁의 물결 속에서, 대부분의 주들은 "최대한"의
저항 요건을 "합리적"인 저항 요건으로 바꾸었다. 다음 20년간 많은 법원은
여성에게 물리적 저항을 요구하는 것이 어떤 경우에는 다른 피해의 위험을
증가시킬 수 있다는 점을 인정했다.[11] 몇몇 판결에서, 일부 강간 피해자들은
공포로 마비되어 물리적 저항을 보여주지 못하게 될 수 있다는 점이 인정되
었다. 그 관할권들에서 법원은 언어적 저항으로 충분하다고 판단했다. 그러
나 오늘날에도 일부 주들은 물리적 강제를 보여주기 위한 합리적 저항 요건
을 유지한다. (그리고 물리적 강제 원칙을 따르는 다른 주들에서는, 비록 엄밀한 의
미에서 구성요건은 아니지만, 많은 법원이 여전히 여성이 물리적으로 저항했는지를 살
펴본다.)[12] 이들 주에서는 울음, 애원, 비명, 또는 단순히 "No"라고 말하는 언
어적 저항은 비동의를 보여주기에 충분하지 않다.

 도대체 무엇이 입법자들이 "No"를 그토록 이해하기 어렵게 만드는 것일
까? 다르게 말하면, 왜 형법은 비동의와 삽입만으로는 강간에 충분하지 않다
고 하는 것일까? 강간 조항이 여성의 침묵은 곧 동의라고 남성들이 오해하게
끔 하는 이유에 관한 한 가지 설명은, 강간이 심각한 범죄이기 때문에 남성은
그들의 성적 접근이 환영받지 않는다는 것을 명확히 고지받을 필요가 있다는
것이다. 다른 설명은, 남성은 성행위를 추구하고 여성은 반복하여 저항하면
서 마지못해 받아들이는 해묵은 구애 방식 때문이라고 한다. 사실 오직 소수
의 주들 ― 현재 8개 ― 만이 강간을 넓게 정의하여, 성교가 시작된 후에 여성
이 동의를 철회하는 것이 가능하도록 하고 있다.[13] 여성이 그들을 굴복시키
도록 강제하기에 충분한 폭력 또는 폭력의 위협을 증명해야 한다는 요건에
관한 세 번째 설명은, 그저 고소인에 대한 불신이다. "강간법은 여성이 성행
위에 관한 그들의 비동의에 관해서 다양한 이유로, 예컨대 가족이나 다른 사
람에 의한 발각이나 가해자로 지목된 사람과 결혼하고 싶은 욕망 등 때문에
거짓말을 한다고 추정해왔다."[14] 네 번째 설명은, 관련자가 서로 아는 사이일

경우 성행위 동안 어떤 의도와 신뢰, 이해, 소통이 있었는지를 수사기관이 알아내기 너무 어렵기 때문에 이러한 증명 요건이 존재한다는 것이다.

강간 신화

이러한 강간 신화는 우리 모두에게 친숙하다. 여성이 "no"라고 말하면 그것은 "yes"라는 뜻이다. 노출이 심한 옷을 입거나, 바에 혼자 가거나, 그저 밤에 거리를 혼자 걷는 여성이라면, 그것은 "자업자득"이다. 오직 처녀만이 강간당할 수 있다. 여성은 오직 "남성을 괴롭히려 하는" 복수심에 불타는 격정적인 동물이다. 여성이 한 번 "yes"라고 말하면, 다음번에 "no"라고 말해도 믿어줄 이유가 없다. 남성을 성적으로 자극하는 여성은 강간당해도 싸다. 강간당하는 여성 대다수는 문란하거나 평판이 나쁘다. 첫 번째 데이트에서 남성 집에 가는 여성은 성관계를 할 의사가 있음을 나타내는 것이다. 여성은 혼외 임신을 덮기 위해 강간이라고 울부짖는다. 남성을 성적으로 흥분시키는 여성에게 성관계를 강요하는 것은 정당하다. 여성에게 저녁을 샀으면 성관계를 할 자격이 있다. 여성은 스스로를 피해자라고 여기면서 쾌락을 느낀다.

— 모리슨 토레이, "사람들은 언제쯤 우리를 믿을까?"

강간에 대한 신화는 아주 많다. 그중 일부는 강간을 용인하고, 나머지는 강간의 심각성을 축소하거나 여성이 받는 피해를 부인한다. 강간 신화는 심지어 강간이 정말로 일어났는지에 관해 의문을 제기한다.

이 신화들은 광범위하게 퍼져 있고 강력하지만, 실증적인 증거는 그것이 틀렸음을 입증한다. 가장 근사한 추정치는 강간 무고 비율이 다른 범죄의 무고 비율과 비슷하다는 점을 보여준다. 강간 피해자가 평판이 나쁠 것이라는 관념은, 면식이 있거나 혼인 중 강간에 관한 통계 그리고 강간을 당한 여성 중 80% 이상이 "좋은 평판"을 가지고 있었다는 것을 보여주는 연구 양쪽에 의해 반박된다. 그것은 "자업자득"이 아니다. 폭력 범죄에 관한 국가위원회

(the National Commission on Crimes of Violence)는 "신고된 강간 중 오직 4%만이 작게는 제스처까지 포함해 피해자에 의한 촉진적 행동과 관련이 있다"고 결론지었다.[15]

그럼에도 불구하고, 강간에 대한 근거 없는 고정관념은 사회의 인식에 스며들어 형사 사법 체계의 모든 층위에 영향을 미치고 있다. 여성은 비난받을 것이 두려워 강간 신고를 꺼리게 되고, 경찰은 고소에 대한 수사를 하지 못하며, 검사는 사건을 기소할 열의가 없고, 법정은 고소인의 복장, 행동, 과거의 성적 편력에 초점을 맞추는 모욕적인 교호신문을 진행하며, 이해심 부족한 배심원단은 그 상황에 대한 여성의 책임에 주의를 기울인다. 2012년 미국 법무부가 수행한 전국 조사 중 "모든 성폭행 또는 강간 중 오직 28%만이 경찰에 신고된다"는 데이터는 그런 점에서 놀랍지 않다.[16]

특별한 증거 요건

그중에서도 최악인 것은, 이 근거 없는 신화의 영향이 법률 그 자체의 표현에서 지속되는 것이다. 예전 보통법하에서, 강간 피해자는 믿기 어렵고 거짓으로 남성을 고소할 가능성이 있다는 믿음 때문에 법원은 강간 사건에서 특별한 증거 규칙을 적용했다. 1980년대까지 많은 주는, 다른 증거로 입증되지 않은 피해자의 증언만을 기초로 하여 피고인에게 강간죄를 유죄로 선고할 수 없다고 했다. 이 요건은 검찰 측이 피해자의 증언을 보강하기 위해서 다른 목격자(강간 사건에서 극히 드물다) 또는 물리적 증거를 찾아내야 함을 의미한다. 그 규칙은 그 자체로 무의미해 보이는데, 만약 어느 배심원이 고소인의 증언이 합리적 의심을 넘어 신빙성이 있다고 보지 않는다면, 그 배심원은 무죄를 선택하도록 교육받기 때문이다.

1990년대에 들어서자, 대부분의 관할에서 더는 성범죄에서 보강증거를 요구하지 않았다. 그러나 일부 주들은 여전히 판사가 배심원단에게 "주의 교육

(cautionary instruction)"을 하도록 한다.[17] 그 교육은 배심원에게, 강간은 쉽게 기소되고 설령 피고인이 결백하더라도 쉽게 반증하기 어려운 범죄라고 경고하며, 따라서 고소인의 증언을 심사숙고하여 면밀히 살펴야 한다고 주의를 준다. 오직 일부 주에만 남아 있는 또 다른 법칙은 "생생한 고소(fresh complaint)" 요건으로, 여성이 범죄를 몇 달 이내에 신고하지 않은 경우 기소를 금지하거나, 배심원단이 신고의 지연에서 불리한 추정을 이끌어낼 수 있도록 하는 것을 말한다.[18]

이런 특별한 증거 규칙은 이미 취약한 상태에 있는 강간 피해자에게 추가적인 검증과 모욕을 가한다. 여성들이 변호사로 유입되던 시점인 1970년대까지, 그 법칙들 자체는 폭넓게 의문시되지 않았다.[19]

초기 보통법 강간 사건에서, 피고인은 강간 피해자의 문란함 또는 심지어 혼전 순결의 결여를 의견 또는 평판 증거로 제출함으로써 고소인의 신빙성을 탄핵할 수 있었다. 1980년대에 이르자, 연방의회와 거의 모든 주 의회는 변호인이 강간 피해자의 이전 성생활에 관해 교호신문하지 못하도록 하는 "강간 피해자 보호(rape shield)" 법률을 통과시켰다. 많은 주의 법률에 따르면, 동의가 있었음을 보여주기 위해 피고인과 피해자 사이의 예전 성적 행동을 증거로 사용할 수 있고, 정액, 질병이나 임신의 원인이 다른 사람임을 보여주기 위해서 또는 문제된 강간 행위를 다른 사람이 범했다는 것을 증명하기 위해서 타인과의 특정 성행위에서 비롯한 증거를 사용할 수 있다. 강간피해자 보호법은 법정에서 피해자에 대한 "2차 강간"을 막는 데 도움이 되어왔다.

공중의 인식, 언론 보도, 법 이론

강간은 페미니스트가 일반적으로 개혁을 초래함에 있어 예외적인 성공을 거둔 영역이고, 대부분의 주들이 앞에서 살펴본 낡은 증거 규칙을 폐지했음에도 불구하고, 강간으로 고소하는 여성들에 대한 근본적인 의심은 여전히 남아 있다. 언론은 양측의 주장을 모두 보도하고 대중의 불신에 먹잇감을 제공한다. 텔레비전과 신문은 무엇이 강간인지에 대한 사회적 인식에 강한 영향을 미친다. 그러나 동시에 그 언론은 선정적인 강간 보도, 특히 취약한 피해자들이나 고소인이 "창녀"로 묘사될 수 있는 사건들에 기울어져 있다. 풋볼 선수 벤 뢰슬리스버거*와 대런 샤퍼**를 강간으로 고소한 여성들에 대한 보도가, 피해자들이 술집을 순례하고, 파티를 벌이며, 다수의 섹스 파트너를 가졌던 행동에 초점을 맞추었던 것을 상기해보라.

여전히 언론은 고소인의 배경에 대해 무자비한 뒷조사를 벌이고 있지만, 강간에 관한 법률은 강간이 심지어 여성에 대한 범죄로 간주되지조차 않았을 때인 기원 시점 이후로 많은 진전을 보았다. 수 세대에 걸쳐 몇 가지 형태의 페미니스트 법 이론이 강간 법률 개정에 기여했다. 예를 들어 지배 이론은 강간 현상을 사회적·정치적·경제적 영역에서 남성의 지배와 연결시켰고, 강간이라는 냉엄한 사회적 현실을 더욱 단호한 국가의 개입을 요구하는 방식으로 제시했다.

동등대우 이론은 개혁가들이 법체계에서 차별적 강간 조항들을 폐지하고 강간을 다른 폭력 범죄만큼 심각하게 다루어야 한다고 주장하도록 이끌었다. 개인적 자율성과 선택을 강조하는 동등대우 이론은, 이 이론가들이 불균형한 증거 규칙에 더 관심을 가졌고, 전통적 강간 법률이 "성행위와 강간 사

---

* (옮긴이 주) 미국 프로풋볼(NFL) 선수. 2009년 안드레아 맥널티라는 여성이 뢰슬리스버거로부터 성폭행을 당했다며 민사소송을 제기했다. 뢰슬리스버거 측은 맥널티 동료의 진술서를 증거로 제출했는데, 맥널티가 뢰슬리스버거와 합의된 성관계를 맺었다고 자랑했으며 그의 아이를 임신하고 싶다고 말했다는 내용이었다. 사건은 2011년 합의로 종결되었고, 합의 내용은 공개되지 않았다. 한편 뢰슬리스버거는 2010년에도 나이트클럽 여자 화장실 안에서 대학생을 성폭행한 혐의로 수사를 받았는데, 고소인은 상처를 입고 치료를 받았으나, 검사는 뢰슬리스버거를 기소하지 않을 것이라고 발표했고, 고소인은 자신의 행위에 대한 언론의 관심이 너무 지나치다고 하면서 더 이상 범죄 책임을 묻지 않겠다고 말했다.
** (옮긴이 주) 미국 프로풋볼(NFL) 선수. 4개 주에 걸쳐 9명의 여성(피해자는 16명까지 있을 수 있다고 한다)에게 약물을 먹여 정신을 잃게 한 뒤 성폭행한 혐의로 기소되어 2016년 징역 20년형을 선고받았다.

이를 나누는 기준으로서 여성의 비동의에 초점을 맞춘 것"에 도전하는 데는 덜 관심을 기울였음을 의미했을 수도 있다.[20] 동등대우 이론과 지배 이론은 강간에 대한 관점이 달랐지만 ─ 전자에게 강간은 "젠더 중립적인 폭력 범죄"인 반면, 후자에게 그것은 "특정 젠더에 국한된 성범죄"이다 ─ 양쪽 모두는 여성에 대한 폭력에 입법적 관심을 촉구하는 것을 중요하게 생각해왔다.[21] 문화 페미니즘에 의해 고양된 강간 피해자의 서사는, 범죄 자체뿐만 아니라 거의 모든 여성이 강간에 대해 공포를 느끼고 그것을 피하기 위해 행동 양식을 바꾼다는 점 ─ 밤 늦게 밖에 나가지 않고, 노출이 있는 옷을 피하며, 특정한 가게, 술집, 또는 시내 일부 장소를 멀리하는 것 ─ 을 널리 알리는 데 일조했다.

강간 관련 법률의 변화는 페미니스트 운동의 성공으로 간주되지만, 증거법 개혁이 신고, 체포, 기소, 유죄 선고 비율을 의미 있는 수준으로 개선했는지는 분명치 않다. 법무부 통계국은 강간과 성폭행 사건이 1993년 83만 4,710건에서 2010년 25만 3,560건으로 상당히 감소했음을 보여준다.[22] 그러나 "미국에서 일어나는 강간의 겨우 10% 미만이 경찰에 신고된다".[23] 결국 법률 개혁에 뒤따라 신고와 유죄 선고가 증가하기 위해서는, "특정 법률 조항이 변화하는 것과 더불어 대중의 태도가 진화"할 필요가 있다는 점을 시사한다.[24] 강간 피해자가 비동의에 더해 물리력 또는 그 위협을 증명해야 한다는 요건은 법률에 남아 있다. 저항이 기술적·법적 요소로 요구되지 않는다고 하더라도, 검사는 여전히 여성이 저항하지 않았다면 배심원들이 유죄로 판단하지 않을 것이라 생각한다. 배심원들은 여전히 강간범과 강간 피해자에 관한 신화를 믿으며 편견을 가지고 있다. 여성들은 강간피해자보호법에도 불구하고 그들의 행동과 행위가 법정에서 극히 면밀하게 검증될 것이라고 생각하기 때문에 ─ 거기에는 이유가 없지 않다 ─ 여전히 강간 신고를 꺼린다.

지인 강간

사회적 파트너로부터 성적 만족을 얻기 위해 폭력을 사용하는 남성들은 로맨스의 법칙을 어겼다는 점은 인정할 수도 있지만, 어떠한 형사적 범법 행위도 격렬히 부인할 것이다. 그동안 여성 피해자는 종종 남성의 행동을 유발했다거나 스스로를 취약한 위치에 두었다면서 자책한다.

— 새뮤얼 H. 필스버리, "마음에 반하는 범죄"

사람들은 대부분 강간을 악의적인 비면식범이 저지르는 범죄라고 생각하지만, 강간 또는 성폭행 피해자 열 명 중 여덟 명은 가해자가 친구, 지인, 또는 친척이었다고 말한다.[25] 법률은 지인에 의한 강간을 비면식범에 의한 강간과 다르게 취급하고 있지 않지만, 연구는 배심원들이 비면식범 강간 사건에서 유죄를 선고할 가능성이 네 배에 달한다는 점을 지적한다.[26] 지인 강간 사건을 기소하기 꺼리고 유죄판결을 받기 어려운 근원에는, 아마도 동의나 도발 또는 함정이 존재할 것이라는 가정을 증폭시키는 사회적 규범, 신념, 태도가 있다.

몇몇 페미니스트들이 만연한 문화적 믿음에 도전하고 강간 신화와 싸우려고 노력해오는 동안, 다른 이들은 개혁 노력을 약화시켜온 것처럼 보인다. 케이티 로이프(Katie Roiphe)는 그의 논쟁적인 책 『다음날 아침: 섹스, 두려움, 그리고 캠퍼스 페미니즘(The Morning After: Sex, Fear, and Feminism on Campus)』에서 "강간 위기 페미니스트들(rape crisis feminists)"이 여자를 피해자로 묘사하고, "불쾌한" 섹스와 지인 강간 사이의 구별을 흐릿하게 하며, "여성의 신체와 의지의 연약함에 관한 전통적 견해를 강화"함으로써, 지인 강간의 발생을 과장한다고 주장한다. 그의 결론은 "누군가에게는 강간인 것이 다른 사람에게는 불쾌한 밤에 불과할 수도 있는 회색 지대가 있다"는 것이다.[27] 로이프와 카밀 파일라(Camille Paglia), 크리스티나 호프 소머즈(Christina Hoff

Sommers), 나오미 울프(Naomi Wolf)와 같은 이들에 따르면, 여자는 오해를 살만한 상황에 그들 자신을 두는 것에 책임을 져야 하고, 강간당하는 것에 관해그만 징징거려야 한다. 파일라는 다음과 같이 썼다. "남학생 사교 클럽 파티에서 죽도록 취할 만큼 마시는 소녀는 바보다. 남학생 사교 클럽 파티에서 남학생과 단둘이 2층으로 올라간 소녀는 멍청이다. 페미니스트들은 이것을 '피해자를 탓하는 것'이라고 부른다. 나는 그것을 상식이라고 부른다."[28]

그들의 견해는 강간에 대한 대중의 주류적 태도와 일치한다. 2010년 런던에서 1천 명이 넘는 남자와 여자를 조사한 결과, 여자들이 남자들보다 더 가혹하게 강간 피해자에게 책임을 물었다. "어떤 강간 피해자는 책임이 있다고대답한 71%의 여자들은 피해자가 가해자와 함께 침대로 갔다면 피해자에게도 그 범죄에 대한 책임이 있다고 말했다. 같은 조사에서 오직 57%의 남자들만이 그와 같이 느꼈다."[29] 여성 답변자 한 명은 만약 여자가 자극적인 옷을입었거나 술 한 잔 하러 집에 가자는 초대를 받아들였다면 그녀는 "강간에 어느 정도 비난을 받아" 마땅하다고 생각했다.[30]

이 작가들은 언론에 페미니즘에 대한 묘사를 제공한다. 소머즈와 파일라는 그들 스스로를 "형평(Equity)" 페미니스트라고 부른다. 울프는 "파워 페미니즘" 이론을 제안한다. 그들 모두는 그들이 "젠더" 또는 "피해자" 페미니즘이라고 부르는 것을 고발한다. 이들 저자 중 일부에 따르면, "피해자" 페미니스트들은 타고난 성별 간 차이를 강조하고, 여자가 힘을 빼앗겼다고 이야기하며, 여자의 이미지를 무력하고 책임을 회피하며 남자들을 탓하고 섹스를즐기지 않는 것으로 만들었다.

파일라와 소머즈에 의해 제기된 "형평" 이론은 법률에서 동등대우 이론과거의 닮은 점이 없다. 사실 이 페미니즘 이론은 ─ 누군가는 그것을 "가짜(faux)" 페미니즘 또는 심지어 안티 페미니즘으로 묘사해왔다 ─ 강단 페미니즘에 반대해만들어졌다. 그럼에도 불구하고 강단 페미니즘을 이데올로기, 프로파간다, 엘리트주의로 치부하는 그들의 과장된 비판은 미디어의 관심을 사로잡아 왔다. 그들은 누군가는 듣고 싶어 하는 메시지 — 페미니즘은 "희생자가 되는 것을 의미하고, 그것은 결국 억울해하고 분노하는 것을 의미한다" — 를 제공한다.[31]

젠더 관계에 대한 이런 어느 정도 과격한 버전은 페미니스트 이론에 관한 대중의 이해를 형성해왔다. 그들은 또한 구체적인 이슈, 예컨대 지인 강간 위기가 현실인지 아니면 페미니스트들에 의해 만들어진 것인지에 대한 대중적 믿음에도 영향을 미쳐왔다. 지인 강간을 페미니스트 이론가들에 의해 날조된 어떤 것으로 보는 이러한 대중화된 묘사는, 다양한 페미니스트 조직들과 이론가들이 지인에 의한 강간도 강간이라는 대중적 이해를 만들기 위해 노력해왔던 것을 약화시킨다. 심지어 "데이트" 강간이라는 용어는 그 범죄를 "진짜" 강간보다 어느 정도 덜 심각한 것으로 만든다.

그러나 "파워" 페미니스트들은 다른 페미니스트들에 의해 완전히 거부될 필요는 없는데, 한편으로 그들은 같은 것, 즉 여자들의 성적 자기결정권을 위해 함께 싸우고 있기 때문이다. 차이가 있다면 파워 페미니스트들은 여성이 그들의 행동에 책임을 짐으로써 법적 개혁의 도움 없이도 그들의 섹슈얼리티에 대한 통제권을 쥘 수 있을 것이라고 생각한다는 것이다. 그들은 덜 자극적인 옷을 입을 수 있고, 남학생 사교 클럽 하우스에서 술을 덜 마실 수 있으며, 어두운 조깅 코스를 피할 수 있다. 강단 페미니스트들은 성폭력이 전국적이고 *공공적* 문제이며, 따라서 여자의 개인적 선택 범위를 넘는 것이라고 믿는다. 만약 여자가 자신의 행동을 바꿈으로써 자신을 성폭력으로부터 방어할 수 있다고 해도, 강단 페미니스트들은 그렇게 해서는 안 된다고 주장한다. 의상, 사회 교류, 취미 역시 여성의 자기결정권의 한 부분이 아닌가?

캠퍼스 성폭력

여성 다섯 명 중 한 명은 대학에서 성폭력을 당한다. … 캠퍼스 강간 생존자들의 압도적 다수는 가해자를 알지만, 그들은 경찰서에 가지 않는다. 법무부의 한 보고서에 따르면 강간 기수 또는 미수 사건 중 5% 미만이 법 집행기관에 신고된다. 따라서 수많은 피해자들에게 트라우마는 공격 자체로 끝나는 것이 아닌데, 그들은 아무런 처벌 없이 학업을 계속하는 강간범과 학교 시설을 몇 달 또는 몇 년 동안 같이 써야 하기 때문이다.

  ─ 미셸 골드버그, "캠퍼스 강간 위기가 대학을 당혹스럽게 하는 이유"

칼럼니스트 조지 윌(George Will)에 따르면, 성폭력 피해자들이 "대학 캠퍼스에서 급증하고 있는데, 이는 학교 당국이 피해자를 특권이 부여되는 탐스러운 지위로 만들어왔기 때문이다".[32] 2014년 발간된 칼럼에서, 그는 지인에게 강간당한 스워스모어 대학 학생의 이야기를 다시 꺼내면서, 그 여학생은 가해자와 아는 사이였고 이전에 이미 그와 합의된 성관계를 맺은 적이 있기 때문에 그 사건은 강간이 아니라고 했다.

캠퍼스에서 성폭행 신고가 증가해왔다는 윌의 말은 옳다. 2001년부터 2011년까지 10년 간, "대학이 신고한 성범죄의 숫자는 52% 증가했으나", 이는 단순히 "대학들이 항상 발생해왔던 사건을 더 잘 인식하고 있다"는 것을 알려줄 뿐이다.[33] 타이틀 IX은 대학과 종합대학교 캠퍼스에서 일어난 성적 괴롭힘과 성폭행 신고를 조사하도록 요구하지만, 조사된 236개 학교 가운데 41%는 "지난 5년간 단 한 번의 성폭행 조사도 수행한 적이 없다".[34] 오랫동안 관찰자들은 캠퍼스가 성폭행을 심각하게 받아들이고 있는지 질문해왔다. 2014년 제임스 매디슨 대학교 관리자의 답변은 이러한 우려를 뒷받침한다. '쓰리 시그마 카이(Three Sigma Chi)' 남학생 사교 클럽 회원들은 그들이 정신을 잃은 것이 분명한 여학생을 성폭행하는 것을 비디오테이프로 녹화했고, 그 후 그 테이프를 소셜 미디어로 배포했다. 그 대학교는 그들을 캠퍼스로부터 영구히 추방했다. … 그들이 졸업하도록 허용한 후에 말이다.[35]

문제점 가운데 하나는 캠퍼스 집행기관이 중대한 범죄가 아니라 논문 표절과 같은 위반 행위를 다루도록 만들어져 있었다는 것이다.[36] 칼럼니스트 로스 다우댓(Ross Douthat)에 따르면, 다른 문제는 대학생의 음주가 금지됨으로써 오히려 폭음을 하거나 정신을 잃도록 마시는 경우가 많다는 것이다. 따라서 그는 음주 연령을 21세에서 18세로 낮출 것을 제안한다. 그는 또한 대학교 관리자가 대학생 클럽 생활을 너무 심하게 규제함으로써 졸업생 기금을 잃을 위험을 부담하고 싶어 하지 않는다고 지적했다. 그의 마지막 제안은 밤 10시 이후 방문객은 등록해야만 하는 성별이 분리된 기숙사를 더 많이 만드는 것이다. 이것은 "어떤 순결 기반의 윤리 형태로 회귀하는 것을 의미하지는 않는다. 핵심은 *포식자에 대한 허들*과 양성 모두를 위한 더욱 분명한 결정 지점(decision point)을 마련하는 것이 될 것"이라고 그는 주장한다.[37]

최근 캘리포니아 주 입법자는 결정 지점을 더 명확하게 만들 다른 방법을 제안했다. 2014년 8월 통과된 법안은 캠퍼스에서의 성폭행을 수사하는 데 있어 동의의 새로운 정의를 신설하고 있다. "no means no"라는 구호를 넘어서, 그 법안은 "성행위와 관련하여 적극적이고, 인지적이며, 자발적인 동의"를 요구하는 것으로 보인다.[38] 고개를 끄덕이거나 자세를 바꾸는 것과 같은 비언어적 동의도 가능하다. 캘리포니아 대학교와 캘리포니아 주립대학교 시스템은 그 법안을 지지한다. 그러나 이 책이 출판에 들어가는 중에도, 주지사 제리 브라운은 아직 법안에 서명할지를 결정하지 못했다.●

가정폭력

그는 내가 틀렸다고 생각되는 말을 하면 벌금을 물리곤 했어요.

이 모든 괴상한 규칙들은, 나를 통제하고, 힘을 가지려 하는 것이었어요.

한 번은 그가 내 작업물을 거의 다 태워버렸어요. 3년 동안 조사해서 쓴 걸 말이에요.…

몇 주 이내에, 그는 내가 식탁에 아침 식사를 준비하는 방식에 대해 으르렁거리기 시작했

● (옮긴이 주) 캘리포니아에서 affirmative consent 법안은 2015년 9월 채택되었다.

어요. 그건 마멀레이드가 잘못된 방향에 놓여 있다는 등 바보 같은 것들이었죠. … 나는 사소한 행동을 할 때마다 의문을 제기하는 단계에 이르렀어요. 내가 맞게 하는 걸까, 이건 틀린 걸까 말이에요.…

그는 "어젯밤 빵 자르는 칼을 집어 위층으로 올라가서 널 찌르지 않으려고 내 자제력을 모두 써버렸어"와 같은 말을 하곤 했어요. 나는 그가 어디까지 가버릴지 알 수 없었어요. 그저 내 삶이 공포로 가득 차 있다는 것만 알 수 있었죠.

그는 내가 한 일에 대해 항상 잘못된 것을 찾아냈어요. 심지어 그가 시키는 대로 했는데도 말이에요. 그게 뭐든 상관없었어요. 그건 그가 원하는 방식이 절대 아니었죠. 나는 너무 뚱뚱할 뿐만 아니라, 요리도 제대로 하지 못했어요. … 내 생각에 그는 나에게 상처를 주고 싶어 했어요. 나를 다치게 해서 어떤 점에서는 … 내가 아무것도 아니라고 느끼도록 만들고 싶어 했던 거죠.

육체적인 괴롭힘도 나빴지만, 나는 침묵이 더 힘들었다고 생각해요. 그건 정신적인 고문이었거든요. 그를 침묵에 빠트리는 게 뭔지 절대 예측할 수 없었어요. 아니면 어떻게 그를 침묵에서 빠져나오게 할지를요. 이 침묵은 궁극적인 통제였어요.

– 데보라 튜얼카이머, "폭력의 해악을 인식하고 치유하기"

가정폭력은 특히 페미니즘을 이해하기 위한 학제 간 협력이 빛을 발하는 분야이다. 그것은 또한 (전통적인 "정당방위" 규칙 방식의) 젠더 중립성이 과연 평등을 촉진시키는지에 관한 질문을 법리적 형태로 직접 제기한다. 매 맞는 여성들의 경험을 연구한 심리학자들은 구타 관계에서 폭력의 방식은 지속적인 친밀한 폭력 상황에서는 급박성(폭력이 즉시 위협적이지 않더라도, 언제든 다시 시작될 수 있다), 저항, 합리성의 개념이 달리 평가되어야 함을 증명한다고 설명한다.

학대 관계 이해하기: "왜 그녀는 그냥 떠나지 않았는가?"

배심원들은 왜 여자들이 폭력적인 관계에 머물러 있는지를 이해하는 데 어려움을 겪는다. 진실은, 많은 여자들이 학대를 신고하고, 피난처를 찾으며, 접근금지명령을 얻거나 상대방과 별거 또는 이혼소송을 제기함으로써 떠나기 위해 노력한다는 것이다. 연구는 매 맞는 여성의 약 4분의 3이 어느 순간 배우자 또는 파트너를 떠난다는 것을 알려준다.[39] 법학 교수이고 전 지방 검사인 사라 뷰얼의 설명에 의하면 "[매 맞는 아내]가 떠나지 않는다는 것은 신화다. 마침내 헤어져 떨어져 있을 수 있기 전에 우리는 일반적으로 수차례 떠난다".[40]

어떤 여성들은 고립되고, 직무 능력이나 피난처, 선택 가능한 정보, 갈 곳이 없기 때문에 머무른다. 몇몇은 문맹이거나 약물 남용 문제가 있거나 이전에 피해자였지만 스스로를 탓하는 것을 체득했기 때문에 남는다. 그들은 학대자들이 힘과 돈을 가지고 있고, 그들은 집이나 음식 또는 옷을 마련할 자원이 없기 때문에 남아 있다. (구타자를 떠나온 매 맞는 여자들 중 약 절반이 빈곤선 아래로 떨어진다.)[41] 그들은 죄책감, 앞선 도움에 대한 감사, 또는 절망 때문에 헤어지지 않는다. 그들은 가족이나 종교적인 압력 때문에 남으며, "아이들을 위해" 또는 불명예가 싫어서 남는다. 그들은 떠나는 것이 두려워서 — 이 공포는 합리적이다 — 떠나지 않는다. "매 맞는 여자는 남아 있을 때보다 도망을 시도했거나 달아난 경우에 살해될 확률이 75% 높다."[42] 그들은 구타한 사람을 사랑하거나 앞으로 잘하겠다고 약속하는 그를 믿기 때문에 떠나지 않는다.

1970년대 말 심리학자 레노어 워커(Lenore Walker)는 1,500명의 매 맞는 여자들을 면접하고 학대 관계에 관한 그들의 설명에서 패턴을 인식했다. 그는 구타 관계의 역학에 관해 "매 맞는 여자 증후군(Battered Woman Syndrom)"으로 불리는 이론을 개발했는데, 가정 학대 피해자들이 공유하는 특징을 망라하고 있었다. 워커의 이론은 "폭력의 순환"과 "학습된 무력감"이라는 두 개의 중요한 요소로 구성되었다. 폭력의 순환은 구타 관계의 과정을 시간의 흐름에 따라 묘사한다. 그것은 "점진적 긴장 축적" 단계로 시작하는데, 구타자는 불만족을 표현하고, 통제하려는 행동을 보이며, 피해자를 고립시키고, 언어적 적대감 표시와 약간의 신체적 학대 ─ 찰싹 때리기, 팔 잡기, 가구 부수기 ─ 를 가한다. 피해자는 긴장을 분산시키고 구타자를 달래려고 노력한다. 두 번째 단계에서 이러한 사건은 점차 악화되고 극심한 구타 사건으로 막을 내리게 된다. 세 번째 단계는 "애정 어린 참회" 단계인데, 구타자가 깊이 뉘우치고 극도로 친절한 밀월 기간이다. 그는 끊임없이 사과하고, 용서를 구하면서 빌며, 바뀌겠다고 약속한다. 피해자는 상대방이 바뀌기를 희망하면서 그와 다시 결합하고, 떠나겠다는 다짐을 잊어버린다. 그 이후 배려하는 행동이 사라지고, 긴장이 다시 축적되며, 순환은 반복된다.[43]

그의 이론의 두 번째 부분은 학습된 무력감이고, 그것은 왜 어떤 여자들이 학대 관계에 남아 있는지를 설명하는 데 도움을 준다. 워커는 그 이론을 개발하면서, 전기 충격을 받았던 철장 속의 개들에 관한 마틴 셀리그먼(Martin Seligman)의 연구로부터 도움을 받았다. 개들이 반복적으로 충격을 받고 아무런 통제권이 없다는 것을 학습하면 수동적으로 변하고 심지어 기회가 주어져도 탈출하지 않는다. 워커는 지속적인 학대에 노출된 여자들 역시 무력감을 학습하고 떠나려는 노력을 멈춘다고 이론화했다. 그들은 그 관계 속에서 생존 기술을 획득하지만 탈출하는 대안을 파악하는 능력은 개발하지 못한다. 그의 나중 작업물은 그 증후군을 외상 후 스트레스 장애의 일종으로 분류했다.[44]

워커가 이제는 "매 맞는 친밀한 파트너 증후군"으로 알려진 매 맞는 여자 증후군의 개념을 개발하고 10년 후, 다른 연구자들은 수많은 여자들이 그저 학습된 무력감으로 마비되는 것보다 더욱 복잡한 대응 기제를 개발하고 있다고 주장했다. 에드워드 곤돌프(Edward Gondolf)와 엘렌 피셔(Ellen Fisher)는 "생존자 이론"이라는 대안적인 가설을 주장했는데, 여자들은 수동성과 무력감을 학습하는 것이 아니라 실제로는 친구와 가족, 법 집행기관, 사회적 서비스 센터에 도움을 구하려는 반복적이고 증가하는 시도를 한다는 것이다. 가용한 피난 공간과 같은 외부 자원이 불충분하다거나, 그 여자가 아이를 가지고 있거나 그 관계에 깊이 헌신하고 있다거나, 그녀의 배경 때문에 학대를 감수하도록 길들여져 있다거나 경제적으로 대안이 없다는 등의 이유로 도움 요청이 실패로 돌아가면, 그녀들은 학대자에게 돌아갈 수도 있다.[45] 생존자 이론은 매 맞는 여자가 무력하거나 의존적이라는 생각을 거부하지만, 매 맞는 여자 증후군 이론은 법정에서 광범위하게 수용되었다.

물론 매 맞는 친밀한 파트너 증후군이나 생존자 이론 중 어느 한 측면만으로 모든 구타 관계 상황을 설명할 수는 없다. 어떤 이들이 생존자 이론을 매 맞는 친밀한 파트너 증후군에 대한 직접적인 이론적 도전으로 간주했지만, 후자는 본질적으로 생존 전략이다. 그것은 전쟁 포로, 인질, 납치 피해자들이 자신의 목숨을 구하기 위해 그들을 가둔 사람과 대체로 강력한 정서적 유대를 형성하는 현상인 스톡홀름 증후군과 관련된다.[46]

통계적으로 보면, 비교적 소수의 매 맞는 여자들이 학대자를 살해한다. 수백만 명의 여자들이 매년 구타를 당하지만, 그들 가운데 오직 약 400명이 학대하는 상대방을 살해한다.[47] "전국의 모든 살인 가운데, 45%의 여성 피해자와 5%의 남성 피해자가 친밀한 파트너에 의해 살해되었다."[48] 학대자를 죽이는 것은 학습된 무력감이라는 아이디어와 불일치하는데, 여자들은 그들이 다른 어떤 방법으로 학대를 멈출 힘이 없고 현실적인 대안을 발견하지 못한다고 믿을 가능성이 있다. 연구에 따르면 매 맞는 여자가 살해할 때는, 전형적으로 구타자가 학대 관계에 어떤 "치명적 요소" ─ 총을 산다든가 아이들에 대한 폭력 행위를 시작한다든가 ─ 를 도입한 경우였다.[49] 다음 섹션에서는 법률가들이 구타자를 살해한 피해자를 부분적 또는 전체적으로 방어하기 위해 매 맞는 친밀한 파트너 증후군을 사용해왔던 형사 변론 방법을 살펴본다.

학대자를 죽인 매 맞는 친밀한 파트너

1970년대 후반, 학대자를 살해한 여자들은 그들의 정당방위 주장을 지지하기 위해서 매 맞는 여자 증후군을 사용하기 시작했다. 만약 여성들이 급박한 죽음 또는 심각한 신체적 상해의 위협하에 있는 경우 그들은 어쨌거나 괜찮은 정당방위 주장을 할 수 있다. 만약 여성들이 대치하지 않는 상황에서 살해한 경우(비록 매우 드물기는 하지만 전형적인 예로는 잠들어 있는 남편을 살해하는 것)라면, 그 증후군은 왜 그 여성이 자신에 대한 또 다른 공격이 비록 즉각적이지는 않을지라도 불가피하다고 믿었는지를 설명하는 데 도움이 될 수 있다. 그 증후군의 증거는 정당방위 주장의 급박성 요건의 범위를 법률적으로 확장하는 역할을 했다. 폭력의 순환 이론은 그 여성이 폭력이 언젠가 다시 올 것이라고 합리적으로 믿었다는 것을 설명한다. 1990년대 중반에 이르자, 모든 주들은 적어도 몇몇 상황에서 매 맞는 친밀한 파트너 증후군에 관한 전문가의 증언을 허용했다. 많은 법원이 전통적인 정당방위 법칙을 만족하는 대치적 상황에서뿐만 아니라, 여성의 신빙성을 지지하거나 배심원단에게 왜 그녀가 그 관계에서 떠나지 않았는지 설명하는 데 그것을 사용하는 것을 허용했다.[50] 어떤 법원은 청부 살인과 같은 범죄에서는 매 맞는 친밀한 파트너 증후군을 증거로 받아들이지 않았다.[51]

몇몇 페미니스트 법학자들은 "증후군"이나 주로 폭력에 대한 여자의 반응에 초점을 맞추는 몇몇 이론의 입장은 매 맞는 여자에게 낙인을 찍고 그들이 부적응 또는 병리로 고통받거나, 감정적으로 불안정하거나 비합리적이고 자기통제를 행사할 능력이 없는 사람처럼 보이게 만든다고 주장했다. 이러한 낙인은 사람들이 폭력의 더 크고 복잡한 요인, 매 맞는 여자의 다양한 개인적 경험과 제도적 무관심을 무시하도록 만들 수 있다. "그 여성이 어떻게든 정신적으로 손상을 입은 것으로 간주된다면, 이러한 개인적인 피해자화는 여성에 대한 폭력을 용납해온 형사 정의 시스템으로 절대 연결될 수 없다."[52] 하지만 이러한 비평의 일면은 매 맞는 친밀한 파트너 증후군과 생존자 이론 양자 모두의 중요한 특징을 놓치고 있다. 양 이론은 매 맞는 여성의 행동을 필수적으로 병리화하지 않는다. 양자는 여성들의 반응을 비정상적으로 위험한 상황에 대해 그들 스스로 발견한 수긍할 수 있는 대응 기제로 본다.

다른 비판자들은 그 증후군이 가정폭력의 여성 피해자들을 위해 손쉽게 조작된 기준을 만들어냈고, 그것이 법원에 받아들여지면, 다른 이익 단체에 의해 "학대 핑계(abuse excuse)"라는 주장을 낳을 수 있다고 주장했다. 비판자들은 그 방어가 너무 주관적이고, 만약 그것이 살인 법정에서 받아들여지면, 여성들은 문자 그대로 살인죄 혐의에서 빠져나올 수 있다고 걱정한다. 하버드 대학교 법학 교수 앨런 더쇼비츠(Alan Dershowitz)는 "학대 핑계는 책임의 일반적인 포기의 징후"이며, 그것은 "선택과 행위에 대한 개인의 책임"에 달려 있는 민주주의에서 위험한 것이라고 주장했다.[53] 그러나 개인의 책임에서 더 나아가, 법은 맥락 역시 존중한다. 이에 따라 아내의 불륜을 알고 살해한 남자는 "격정적 분노(heat of passion)"에 휩싸여 행동했다는 이유로 모살(謀殺)이 아니라 고살(故殺)*이라고 책임 감경을 주장할 수 있는 것이다. (법은 여성 가해자에게도 같은 기회를 허용하지만, 대부분의 이런 살인은 남자들에 의해 행해진다.) 매 맞는 여자들은 구타자를 공격했을 때 맥락에 따라 동일한 존중을 받지 않아야 하는가?

그 증후군에 관한 전문가 증언을 허용하는 것이 배심원단과 법관들로 하여금 사회적 약자인 사람들에 대해 지나치게 동정심을 품도록 만든다는 주장은 사실이 아니라는 증거들이 있다. 사회과학 연구들은 방어 전략으로서 학대를 주장하는 것은, 석방 또는 감형을 구하기에 전형적으로 성공적인 전략이 아니라는 것을 보여준다. 매 맞는 여자가 학대자를 살해한 경우 그들은 거

• (옮긴이 주) 영미법에서는 살인을 모살(murder)과 고살(manslaughter)로 구분하는데, 모살은 계획적인 살인의 의도가 있었던 것이고, 모살은 우발적 살인을 의미한다. 미국에서 모살은 사형 또는 무기징역, 고살은 무기징역 또는 15년 이상의 징역으로 규정하고 있다.

의 석방되지 않는다. 연구는 75%에서 82% 사이가 유죄로 선고되거나 양형 거래를 한다는 것을 보여준다.[54] 살인한 여성은 강력한 사회적 금기를 위반한 것이고 극도로 엄격한 선고를 받는다. 역설적이게도 "'살인한 매 맞는 여자들은 아내나 연인을 살해한 남자들보다 종종 더 무거운 형을 받는다.' 아내나 여자 친구를 살해한 남자의 평균 형량은 2년에서 6년이다. 이에 비해 여성은 15년을 선고받는다".[55] 실제로, 학대자를 살해한 여성들은, 친밀한 파트너를 살해했을 때 격정적 분노와 같은 감정 주장을 한 남자들에 비해 더 긴 형을 받는다.[56]

궁극적으로 매 맞는 여자 증후군은 학대받은 여자들이 살인한 사건에서 법정의 결과를 극적으로 바꿔오지는 못했지만, 그 증후군의 도입 가능성에 관한 논쟁은 만연한 친밀한 폭력과 그 피해자의 삶과 경험에 대한 의식을 높이는 데 큰 역할을 해왔다.

정체성의 교차점에서의 친밀한 폭력

링의 남편은 8년 동안 그녀를 때렸다. 어느 저녁, 링이 저녁거리로 생선을 마련하고 있을 때, 링의 남편은 또 싸움을 걸려고 했다. 링은 그런 그를 무시했고, 그것이 남편을 분노하게 만들었다. 링의 남편이 의자로 때리려고 하자, 그녀는 쥐고 있던 생선 칼로 스스로를 방어했다. 그녀의 남편은 계속해서 달려들다 칼에 베였다. 링은 경찰을 부르러 근처 가게로 향했다. 경찰이 오자 영어에 능숙했던 그녀의 남편은 링이 자신을 공격했다고 말했다. 링은 스스로를 변호하기에 충분할 만큼 영어를 구사하지 못했다. 보호를 해달라고 부른 경찰은 오히려 그녀를 체포해 갔다.

— 카린 왕(Karin Wang), "매 맞는 아시아계 미국인 여성들"

가정폭력에 관한 근거 없는 믿음들 중 하나는 가정폭력은 대개 또는 거의 전적으로 특정한 인종 집단 또는 사회경제적 계층에서 발생한다고 여기는 것이다. 비록 최근 사법통계국(Bureau of Justice statistics)의 통계자료에 의하면 아프리카계 미국인 여성보다는 백인 여성이, 백인 여성보다는 라틴계, 아시아계, 하와이계, 원주민 및 혼혈 인종 여성이 친밀한 폭력을 당할 확률이 낮은 것으로 나타났지만,[57] 친밀한 폭력은 모든 인종, 계층, 민족, 성적 지향 및 종교 집단에서 발생한다. 가정폭력에 관한 냉혹한 현실 중 하나는 일부 여성들은 지역 복지 차원에서 얻을 수 있는 지원을 받기 어렵고 폭력 방지를 위한 공식적인 개입을 요청하는 데 큰 어려움을 겪는다는 점이다. 여러 집단들은 다양한 유형의 가정폭력을 경험하고 있고, 각기 다른 지원을 필요로 한다.

언어 장벽, 관계 당국에 대한 불신, 사법 체계에 대한 공포 등은 신고를 망설이게 만들 수 있다. 많은 이민자 여성들은 추방당할 것을 우려하여 관계 당국에 가정폭력에 대한 신고하기를 꺼린다. 영어를 구사하지 않는 사람, 이주 노동자 또는 장애를 가진 피해자들의 경우 신고를 할 때 특히 어려움을 겪는다. (최근 들어, 특히 대도시 지역의 경우 다중 언어를 구사하는 직원과 통역인들을 통해 신속히 신고에 대처해야 할 필요성을 인식하고 있지만 이를 위해 필요한 자금은 실제 수요를 따라가지 못하고 있다.) 일부 문화권에서는 여성들에게 침묵하며 복종할 것을 요구하는 전통이 매 맞는 여성들이 학대를 신고하여 지역사회의 지원을 받을 기회를 빼앗는다.[58] 그 예로 전통적인 나바호 문화권에서는 "갈등 중재자"가 비공식적으로 갈등을 조정하여 매 맞는 여성들로 하여금 학대 관계에 머무르는 것을 장려하여 가정의 평화를 회복시키려 든다.[59]

레즈비언 여성이나 게이 남성의 경우, 그들의 성적 지향을 공개하는 것을 피하고 싶거나 경찰들이 적대적일 것을 우려해 친밀한 폭력에 대한 신고를 꺼린다. 게이 남성 또는 레즈비언 여성이 폭력적인 파트너로부터 그들을 방어하기 위해 물리력을 사용하는 경우, 경찰은 두 남성이 엉겨 붙은 "대등한 싸움"이라 여기거나 여자들끼리의 몸싸움 또는 언쟁 정도로 치부할 수도 있다.[60] 만약 파트너로부터 폭력을 당한 여성이 쉼터를 찾게 될 경우, 자신을 때린 파트너 역시 여성이기에 쉼터에 접근할 여지도 있다. 미국에서 매 맞는 남성을 위한 쉼터는 사실상 존재하지 않는다. 데이트 관계에서의 폭력을 당한 일부 피해자들은 주 법에 의해 "가족 구성원"으로 정의되지 않아, 보호 명령을 받지 못하기도 한다. 대부분의 주에서 게이나 레즈비언 파트너들은 보호 명령조차 구하지 못했던 10년 전에 비해 법적 상황이 급격히 달라졌지만, 여전히 많은 주들은 보호 명령이 가능한지 확실하지 않으며, 3개 주에서는 LGBT 파트너들에 대해서는 보호 명령 신청을 금하고 있다.[61]

인종, 계층, 민족, 언어, 그리고 성적 지향의 교차점에서 가정폭력을 경험한 피해자들은 반본질주의 법 이론의 실제 적용의 분명한 예시가 될 수 있을 것이다. 초기 매 맞는 여성들에 대한 운동은 이성애 관계에 중점을 두고 있었다. 동성 관계에서도 학대는 존재하고 "LGBT 중 25% 내지 33%의 사람들이 친밀한 파트너에 의해 자행되는 학대 때문에 고통받는 것으로 추산된다"[62]는 사실은 친밀한 폭력의 원인을 남성의 여성에 대한 지배에서 찾는 이론의 타당성에 의문을 제기한다. 서로 다른 문화, 인종 및 성적 지향을 가진 사람들 사이에서 일어나는 친밀한 폭력은 가정폭력이 젠더 또는 힘의 문제인지, 더 근본적으로 친밀한 폭력을 하나의 종합적인 이론들로 설명할 수 있는지에 대해 의문을 제기한다.

법적 개입

경찰 대응

어젯밤 나는 비명 소리를 들었다

벽 뒤로 들리는 큰 목소리

또 내게는 잠들 수 없는 밤

불러봤자 소용없는

경찰은

온다 하더라도

항상 늦게 오지

— 트레이시 채프먼, "벽 뒤"

역사적으로 경찰들이 — 오늘날까지도 많은 지역에서 — 가정폭력 신고에 다른 범죄 신고만큼 빠르게 반응하지 않고, 친밀한 폭력 상황을 다른 범죄와 마찬가지로 심각하게 받아들이지 않는다는 증거들은 많다. "친밀한 파트너로부터 폭력을 당한 피해자 여성 중 27%, 남성 중 13.5%만이 경찰에 신고했다."[63] 1992년 여성폭력방지법(The Violence Against Women Act) 제정을 위한 공청회 과정에서 제시된 자료에 의하면, 워싱턴 D.C. 지역에서 신고된 가정폭력 사건 중 5% 미만만 체포되었고, 85% 이상의 경우에는 피해자가 경찰이 가시적으로 확인할 수 있는 외상을 입었음에도 불구하고 체포되지 않았다고 한다.[64] 위 공청회가 진행된 지 20여 년이 지난 지금, 일부 주에서는 체포를 의무화하고 있는 법안으로 인해 부분적으로 체포율이 증가하기는 했지만, 여전히 각 관할마다 가정폭력을 다르게 정의하기 때문에 주별로 체포율이 들쑥날쑥하다. 경찰의 미온적인 대응이 이루어지는 이유는 여러 가지다. 가정폭력 신고 대응은 "다른 모든 중죄에 대한 시간을 합한 것"보다 더 많은 시간을 잡아먹는다.[65] 가정폭력 피해자들은 종종 기소 과정에서 협조를 하지 않기 때문에, 경찰들로 하여금 그들의 노력이 시간 낭비에 가깝다고 여기게 한다.

또한 경찰들은 가정 내 학대 대응 과정에서 자신들이 상해 또는 사망할 가능성이 크기 때문에 가정폭력 신고에 대응하는 것을 주저하기도 한다. 1996년부터 2009년까지 복무 중에 사망한 경찰관들의 사인을 분석한 최근 보고서에 의하면 사망 경찰관의 약 14%가 가정폭력 소동에 대응하는 과정에서 살해되었다. 이와 유사하게 경찰관에 대한 폭력 행사의 경우 중 (33%에 달하는) 가장 큰 부분의 경우도 (가족끼리의 언쟁 또는 술자리 싸움을 포함한) 가족 간의 소동 신고 대응 과정에서 일어났다.[66] 그러나 "가정 내 소동"에 대해 경찰들이 개입하기를 꺼리는 가장 큰 이유는 이들이 이를 개인적인 가족 간의 문제로 간주하고 실제 범죄라고조차 여기지 않기 때문이다.

경찰들의 대응에는 인종적·민족적·계층적 구성요소 또한 존재한다. 가정폭력에 대한 경찰 대응은 백인이 주로 거주하는 지역보다 유색인종이 거주하는 지역이 더 더디다. 소수인종 여성들은 인종차별적 형사 사법제도의 소굴로 스스로 들어간다는 점을 알면서도 경찰에 보호를 구할 수밖에 없는 추가적인 어려움이 있다.[67] 그러므로 유색인종 여성들, 특히 빈민가에 살고 있는 유색인종 여성들은 경찰의 과소 보호와 인종적인 효과로 인한 과잉 감독의 딜레마를 겪게 된다.[68] 친밀한 폭력의 피해자와 가해자를 대하는 인종적 차별의 문제는 경찰의 대응에서 끝나지 않는다. 한 가지 예로 "유색인종 여성이 가정폭력 관련 부상으로 도심 병원에서 처치를 받을 때, [학대가 의심되는 경위]에 대한 절차는 대부분 안내되지도, 지켜지지도 않는다".[69]

1980년대 중반에서 후반까지 여성들은 경찰이 가정폭력 신고 대응에 대해서는 낮은 우선순위를 두고 체포를 하지 않거나 보호 명령을 내리지 않은 것에 대해 소송을 제기했다. 그러나 연방 대법원이 주 정부는 스스로 초래한 위험이 아닌 이상 시민들을 위험으로부터 적극적으로 보호할 일반적인 의무는 없다고 판시했기 때문에 위 여성들은 단순히 부적절한 경찰 보호만을 이유로 소를 제기할 수는 없었다.[70] 그래서 이러한 소송 중 다수는 경찰이 낯선 사람으로부터 폭행을 당한 피해자보다 가정폭력 피해자를 덜 보호하는 정책 또는 관행을 가지고 있어 가정폭력 피해자의 평등권이 침해되었다고 주장했다.

평등보호 주장의 주된 어려움은 위헌 심사 기준에 있다. 중간 심사(intermediate scrutiny)를 받기 위해서는, 원고는 경찰이 여성들을 차별하려는 의도하에 의도적으로 가정 내 학대 상황을 덜 중요하게 취급한다는 점을 반드시 입증해야 한다. 만약 경찰이 단순히 가정폭력 범죄 부류를 가정폭력이 아닌 범죄와 다르게 취급할 경우, 성별에 근거한 의도적인 차별이 아니기 때문에 해당 사안은 합리성 심사(rational basis test)에 의해 검토된다. 대부분의 법원에서는 ─ 가정폭력의 모든 피해자가 여성은 아니라는 점과 (경찰의 부상, 피해자의 비협조 등 같은) 젠더 이외의 문제로 인한 차이가 존재하기 때문에 ─ 합리성 심사를 적용하거나 다른 심사 기준을 적용하기 위해서는 여성을 차별하는 동기를 구체적으로 입증하도록 요구한다.[71] 이는 그러한 차별적 정책이 존재하여 여성에게 불균형적인 영향을 주었다고 하더라도, 그것만으로는 위헌적인 성차별을 구성하지 않는다는 것을 의미한다.

이러한 판결은 "가정"에 대해 공적·사적 이분법적 구분을 하는 상황이 지속되는 것을 미묘하게 허용하고 있다. 여성에 대한 구체적인 차별 의도가 없는 한, 경찰은 자유롭게 가정폭력을 다른 중범죄 사건에 비해 낮은 우선순위로 격하시킬 수 있다. 법 집행에 있어서의 불균형 사례는 또한 사실은 젠더 차별이지만 가정폭력이라는 말을 사용해서 젠더 차별이 숨겨진 경우를 식별해내야 하는 문제를 제기한다. 비록 이에 관한 헌법적 소송은 거의 성공하지 못했지만, 법 집행 대응에 있어서의 이러한 불평등이 인정되어, 가정폭력 신고에 대한 일관성 있고 신중한 대응을 제공하기 위한 경찰의 정책과 훈련의 변화가 촉발되었다.

의무적인 신고, 체포 및 기소 정책

가정폭력이 형사 사법제도에 의해 이질적으로 처우되어서는 안 된다고 주장하는 개혁 운동가들은 가정폭력 범죄를 심각하게 다루는 정책의 개발을 모색했고, 경찰의 재량권을 배제했으며, 폭력을 행사할 여지가 있는 가해자들에게 가정폭력으로 기소될 수 있다는 점을 전달했다. 1980년대 중반 몇몇 사회과학 연구는 경찰의 체포 입건이 향후 친밀한 폭력 발생에 강력한 예방 효과를 가지고 있다는 점을 지적했다. 주의 개입 정책은 필수적으로 신고 의무, 체포 의무, 기소 의무(즉, "기소 불포기 정책"*)의 세 가지 주요 형태를 취하고 있다.

대부분의 주에서는 주로 의료진 또는 병원 관계자들이 친밀한 폭력이 의심되는 사항을 경찰에 신고하도록 하는 의무 신고 법률을 두고 있다. 의무 체포 정책은 친밀한 폭력이 발생했다고 믿을 만한 합리적인 이유가 있는 경우에는 경찰이 폭행 현장을 보지 못했다 하더라도 언제든지 가해자를 체포 입건할 수 있도록 하고 있다. 대다수의 관할에서는 주 법 또는 정책상 일정 형식의 의무 체포 또는 체포 우선 정책을 취하고 있다. 2008년 기준, 22개 주와 워싱턴 D.C.는 의무 체포 정책을 유지했고, 6개 주는 체포 우선 정책을 적용하고 있었으며, 나머지 22개 주는 임의 체포 조항을 적용했다.[72] 미국 전역 50개 주 중에서 35개 주는 기소 불포기 정책을 채택하여, 피해자가 고소를 취하하기를 원하는 경우에도 계속해서 기소를 진행하도록 했다.[73] 지난 20여 년간 경험적 증거에 따르면, 의무 체포 정책 및 체포 우선 정책으로 인해 실제 체포 건수가 증가했다. "친밀한 폭력의 체포 입건율의 경우, 임의 체포를 원칙으로 하는 주보다 의무 체포 법안을 둔 주는 97% 더 높았고 … 체포 우선주의 정책을 택하고 있는 주는 177% 더 높았다."[74] 체포 우선주의 법률은 그렇지 않았지만, 의무 체포 법률이 적용되면 경찰이 단순히 양 당사자를 모두 체포하는 경우가 많았다.[75] 이 경우에도 경찰은 여전히 가정폭력이 발생했다고 믿을 만한 합리적인 이유가 있는지를 결정할 재량을 보유한다.

그러나 적극적인 체포를 지지하는 정책은 소수인종자들에게 불균형적인 효과를 주는 것과 같이 의도치 않은 결과를 발생시키기도 한다. "전 카운티들이 진행한 거의 모든 연구에서 동일한 상황에 처한 백인들보다" 유색인종들이 체포되고, 기소되며, 수감되는 경우가 더 많이 나타났다.[76] 의무 체포 법안 적용의 초기에는 다수의 경찰 당국에서는 양 당사자가 모두 눈에 보이

• (옮긴이 주) 범죄의 경중에 관계없이 가정폭력범은 반드시 재판에 넘겨야 한다는 원칙으로 최근에 이러한 원칙은 가정폭력을 지나치게 ─ 용납해서는 안 될 ─ 심각한 범죄로 보아 국가가 과도한 통제를 하면서 사실상 이혼을 강요하는 결과를 낳는다는 일부 학자의 비판도 있다.

는 상처를 가지고 있는 경우 둘 다 체포하는 실무 정책을 개발했다. 그러한 정책의 기반에는 폭력의 주 가해자는 이후 경찰서에서 밝혀질 수 있을 것이라는 생각이 깔려 있었다. 그러다 보니 다수의 주에서 의무 체포 정책으로 인해 여성들(특히 소수인종 여성들)이 가정폭력으로 체포되는 수가 급격히 증가했다. "일부 지역에서는 가정폭력으로 체포된 자들의 4분의 1 이상이 여성들이었다."[77] 양 당사자를 모두 체포하는 정책은 가정폭력 피해 여성이 도움을 요청하기 위해 신고할 의욕을 떨어뜨릴 수 있다. 연구에 따르면 여성들은 방어 과정에서 상대에게 상처를 입히거나, 먼저 손찌검을 해서 (이때 폭행의 정도는 심하지 않다) 큰 싸움으로 번지기도 하지만 가정폭력에서 여성들이 주 가해자가 되는 경우는 상대방 남성의 경우보다 훨씬 더 적었다.[78] 현재 다수의 주의 법령이나 경찰 내규는 경찰이 스스로 주 가해자가 누구인지 결정하고 그 개인만을 체포할 것을 요구하고 있다.[79]

경찰은 또한 다른 폭력 범죄에 비해 가정폭력의 기소율이 낮고 불기소 비율이 높은 것도 개선하고자 했다. 다수의 가정폭력 사건의 경우, 피해자는 법정 증언을 거절한다. 피해자들은 폭력 가해자들에게 협박을 받고 있어 종종 비협조적인 자세를 취한다. 전통적으로 검사는 피해자의 요청에 의해 단순히 기소를 취소했다. 1990년대 초, 다수 관할의 검찰청들은 "기소 불포기 정책"을 채택했다. 이 정책은 가정폭력 사건을 보다 적극적으로 다루고 낯선 이들로부터 당한 폭력과 유사하게 대우하겠다는 좋은 취지에서 시행되었다. 기소 불포기 정책의 채택 이전에, 검사들은 약 50% 내지 80%의 가정폭력 사건을 불기소했으나, 의무 기소 정책을 시행한 이후에는 불기소 비율이 10% 내지 34%로 하락했다.[80]

상이한 관할의 가정폭력 담당 부서들이 채택한 적극적인 기소 정책은 그 내용과 피해자들의 참여를 요구하는 정도가 각기 다르다.

적극적인 기소를 지지하는 정책은 주로 "강경한" 또는 "완화된" 기소 불포기 정책을 특징으로 한다. "강경한" 정책하에서는 기소를 진행할 충분한 근거가 있는 경우, 피해자의 의사에 관계없이 기소가 진행된다 … 샌디에이고 시의 접근 방식은 피해자의 의사와 무관하게 모든 혐의가 있는 중범죄 사건의 기소를 진행한다. 샌디에이고 시의 강경한 기소 불포기 정책하에서는 피해자의 증언이 없으면 혐의를 입증하기 어려운데 피해자가 협조하지 않거나 출석하지 않는 경우, 검사는 재판 속행을 요청하고 구인영장을 신청할 수 있다.[81]

경험적으로 보았을 때 대다수의 관할에서는 검사가 피해자에게 증언할 것을 강제하지 않는 "완화된" 정책을 채택하고 있다. 일부 완화된 정책의 경우에 검사들이 사건을 계속해서 진행하기 위해서는 피해자의 911 신고 기록 또는 피해자와 대화를 나눈 911 교환원의 믿을 만한 증언 등 가능한 모든 증거를 사용할 수 있도록 하고 있다. 형사 피고인은 증인을 대면할 기회를 가져야 한다는 2004년 미국 연방 대법원의 판결은 피해자가 재판정에 출석하지 않으면 그 증언은 증거로 사용할 수 없다는 의미로 해석된다.[82] 더 강경한 정책을 채택한 관할에서는 의무 기소가 곧 피해자에 대한 참여 강제를 의미할 수 있다.

대부분의 검사들이 피해자에 동조하여 협조를 이끌어내는 기술을 사용하지만, 일부는 기소를 하겠다고 피해자를 협박하거나 협조를 하지 않는 이유를 법정에서 법관에게 설명하라는 등 보다 강압적인 기술을 사용한다. 한 연구에 따르면, 피해자의 증언을 강요하기 위해 전체의 92%에 이르는 검사들이 소환장을 발행한다.[83] 피해자에 대한 참여 강제와 관련된 몇몇 끔찍한 이야기가 이미 수면에 오른 바 있다. 캘리포니아 주의 한 법관은 자신을 강간한 37세 용의자에 대한 증언을 하지 않았다는 이유로 17세 피해 여성을 수감시켰다.[84] 2012년 네브래스카 주 대법원은 25세 여성 고소인에 대해 그녀를 강간한 용의자에 대한 증언을 하지 않을 경우, 법원 모독죄로 90일 동안 구금될 수 있다고 판시한 지방법원의 판결을 확정하기도 했다.[85]

일부 이론가들은 기소 불포기 정책으로 인해 피해자들이 더 큰 신체적 상해에 빠질 위험이 있다고 보았으나, 다른 이론가들은 가정폭력을 행사하는 이들이 "피해 여성이 더 이상 절차에 관여할 수 없다는 사실을 인지한 이상, 계속해서 피해자를 협박하거나 통제하려들 동기가 덜할 것"이라고 보기도 했다.[86] 몇몇 연구들은 강제적인 개입이 기소를 증가시켰고 심지어 재범률을 낮췄다는 점을 지적하고 있지만,[87] 다수의 이론가들은 정책 입안자들이 이러한 업무 관행이 피해자의 안전에 미치는 영향에 대한 경험적인 증거를 확보할 때까지는 적극적인 개입에 대한 주의를 촉구했다.

강제적인 개입 정책은 페미니스트 법학자들에게도 여성들에 대한 보호와 그들의 자주성 사이의 충돌과 같은 유사한 긴장을 고조시켰다. 이런 정책은 피해자들이 스스로 자신의 사건에 결정을 내릴 힘을 제한했다. 기소 불포기 정책하에서 피해자들은 (피해자가 경찰을 부른 것이 아닐 수도 있지만) 경찰을 부르고 나면 자신의 사건을 계속 진행할 것인지 여부에 대해 선택할 수 있는 권한을 박탈당한다. 한 이론가는 다음과 같이 매우 강력한 주장을 했다. 주 당국의 의무 개입 관행은 그 고유의 폭력성을 지니며, 주 당국이 피해자에게 기소를 하도록 강제하는 구조는 "거의 매 맞는 관계에서의 폭력처럼 보인다"는 것이다.[88]

이런 의무적인 개입 정책은 과거에 사적인 문제로 여겨졌던 부분에 대한 주 정부의 개입을 지지하면서 공·사의 이분법을 타파하기 시작했다. 위 정책은 가정폭력을 (기소할 가치가 있는) 실질적인 범죄로 간주했다. 여성들은 이 정책에 따른 효과적인 법 집행을 통해 문제를 해결할 수 있게 되었지만, 한편으로는 사건을 계속 진행할 것인지를 선택할 자주권을 상실하게 되었다.

여성폭력방지법

1994년 4회에 걸친 공청회 이후, 클린턴 대통령은 배우자와 친밀한 파트너에 대한 폭력을 근절하기 위한 연방법인 여성폭력방지법 법안에 서명을 마쳤다.[89] 여성폭력방지법은 주 경계를 넘나들며 배우자 또는 친밀한 파트너에게 상해를 입히는 가정폭력을 연방 범죄로 만드는 조항을 포함해, 가정폭력을 반복해서 일으키는 가해자에 대해서는 형을 늘릴 수 있는 조항, 어느 한 주에서 내려진 보호 명령을 다른 주에서도 집행할 수 있도록 하는 조항과 같은 다수의 구체적인 조항을 두고 있다.[90] 의회는 2000년과 2005년에 위 법안을 재승인했다. 2012년 보수적인 공화당원들은 법안이 인디언보호구역까지 적용된다는 조항과 불법 이민자인 가정폭력 피해자에게 임시 비자를 허용하는 조항, 동성 커플에게까지 보호 명령을 확대한다는 조항에 불만을 표시하며 여성폭력방지법의 재승인에 반대했다.[91] 2013년 초, 오바마 대통령은 동성 커플과 트랜스젠더, 미국의 원주민 그리고 이민자들을 보호한다고 명시한 상원 의회 통과 법안에 서명했다.[92]

여성폭력방지법이 구체적으로 언급하고 있는 문제 중 하나는 학대받는 이주 여성의 경우인데, 이들을 학대하는 가해자들은 폭력을 신고하면 추방시키겠다고 협박을 하고는 했다. 여성폭력방지법에 포함된 구제책은 미국 시민권자와 결혼하여 가정폭력을 당한 배우자인 이민자 또는 영주권자이면서 "선량한 도덕적 품성"을 가진 자에 대해서는 (비자 스폰서 역할을 하는 학대 배우자에게 의존하게 하기보다) 스스로 합법적인 영주권을 신청하거나 추방의 취소를 신청할 수 있도록 하고 있다.[93]

위 법은 주 정부가 쉼터, 가정폭력 예방 교육, 법률 지원 프로그램 및 경찰관, 의료진 및 법관들을 대상으로 가정폭력 및 성폭력에 대한 교육 프로그램을 만드는 것에 대한 연방 차원의 기금을 마련할 수 있도록 했다.[94] 여성폭력방지법은 또한 가정폭력 피해자들을 위해 전국적으로 24시간 무료로 운영되는 핫라인(1-800-799-SAFE)을 개설했으며, 특히 영어를 구사하지 못하는 사람들이나 청각장애인들을 위한 구체적인 도움도 지원했다.

여성폭력방지법 제정 이후로 친밀한 폭력이 감소하기는 했지만, "2001년부터 2010년에 이르기까지 가정폭력의 비율은 기타 범죄의 비율보다 더 낮아지지 않았다.[95] 그 이유 중 하나는 지난 2000년 미국 연방 대법원이 여성폭력방지법의 일부 조항에 대해 위헌 결정을 내린 것이다. *United States vs. Morrison(미국 대 모리슨) 사건*에서 연방 대법원은 성별에 따른 폭력 피해자들이 가해자에 대해 연방법원에 소를 제기할 수 있도록 허용한 민사 구제 조항을 검토했다.[96] 연방 대법원은 의회는 전적으로 주 내에서 일어나는 행위인 성별에 따른 폭력의 피해자를 보호할 권한이 없기 때문에 이 사건 조항은 통상 조항(Commerce Clause)에 위배된다고 판시했다. "4년 동안의 공청회"를 거쳤고 "이 조항은 여성에 대한 폭력을 억제하는 효과가 있기 때문에 주간 통상(interstate commerce)에 해당한다고 볼 수 있는 자료가 의회에 산더미같이 쌓여 있음"에도 불구하고,[97] 연방 대법원은 "성별에 따른 폭력 범죄는 어떠한 맥락에서 보더라도 경제적 행위가 아니며" 따라서 "주간 통상에 상당한 영향을 미치는 행위"에 해당하지 아니한다고 판시했다.[98]

연방 대법원이 주간 통상에 영향을 미친 사항 ― 피해를 입은 여성의 수, 피해자들이 직장 생활을 못하게 된 시간, 때로는 주 경계를 넘어 폭력으로부터 도망치는 여성에 대한 통계, 주에서 처리하는 의료 비용 등 ― 을 입증하기 위해 의회가 축적한 수많은 자료들을 무시한 처사는 피해자들에게 실제로 손해를 끼쳤다기보다는 상징적인 의미를 갖는 데 불과했을지도 모른다. 신체적으로 폭력을 당한 다수의 피해자들은 연방 차원의 구제가 불가하더라도 여전히 주 법원에 불법 행위 소송을 제기할 수 있기 때문이다. 그러나 때로는 책임에 관한 상징적인 문화적 메시지가 여성에 대한 폭력을 줄이는 데 가장 큰 영향을 미치기도 한다.

↘ 토론을 위한 질문

1. 강간과 친밀한 폭력에 관한 법률의 불평등 문제 중 다수는 문화적 규범을 반영한다. 개혁 운동가들은 법과 정책의 변화를 통해 뿌리 깊고 확고하게 자리 잡은 사회적 규범에 이의를 제기하고자 했다. 1990년 안티오크 대학이 채택하고 2006년 게티스버그 대학이 이를 수정하여 채택한 성폭력 방지 정책의 예를 보자. 해당 정책은 "동의는 성적 접촉 또는 행위 이전에 구두로 얻어져야 한다"라고 명시하고 "침묵은 결코 동의로 해석되어서는 안 된다"고 규정하여, 어떤 성적 관계 중이라도 동의를 구하는 것은 계속적으로 진행되는 과정임을 분명히 했다. "상호 관계에서 성적 친밀도가 높아지면(즉, 두 사람이 옷을 완전히 입은 상태에서 키스로 넘어가는 것은 하나의 단계이고, 직접적인 신체적 접촉을 위해 탈의를 하는 것은 다른 차원의 단계이다), 새로운 단계에 진입하기 전에 동의의 의사를 분명히 구두로 밝혀야 한다."[99] 이 정책의 의도는 성적 친밀도의 새로운 단계로의 진입을 희망하는 자로 하여금 그 또는 그녀의 파트너에 대해 명확한 구두 동의를 얻어야 하는 부담을 지우는 것이다. 비록 해당 정책은 주요 일간지에서 비웃음을 사고, SNL 콩트 코너에서 패러디가 되기는 했지만, 안티오크 대학의 정책안에 대한 효과를 묻는 학생과 인터뷰를 한 기자는 "학생들이 성관계를 덜 하지는 않고, 그냥 그 정책에 대해 이야기만 한다"고 전했다.[100] 과연 주들이 안티오크의 정책처럼 동의의 법적 정의를 명시적 구두 동의나 동의를 가리키는 현저한 행동으로 변경하는데 있어, 남성과 여성 사이의 인식차가 엄청나게 크다고 할 수 있을까?[101] 앞서 언급한 것처럼, 2014년 캘리포니아주 의회에서는 주 정부의 재정적 지원을 받는 모든 대학들에 대해 캠퍼스 내 성폭력 징계 방침에 안티오크 대학의 "적극적인 동의" 기준을 적용할 것을 요구하는 법안 제정을 고려했다.[102] 당신이 학교 행정 담당자라면 학내 성폭력 현상에 대해 어떻게 대처할 것인가?

2. 스펙트럼의 다른 한쪽 끝에는 미국 법원이 다른 국가에서 온 피고인들이 형사소송에서 "문화적인 사유로 항변하는 것"을 허용할지 여부에 대한 문제가 있다. 한 가지 예로, 캘리포니아 법원은 몽족* 남성이 자기에게 강간 혐의가 있다고 주장하는 피해 여성이 전통적인 납치 결혼(신부 보쌈) 풍습으로 미루어 보았을 때는 성관계를 원한다고 믿을 만한 합리적인 근거가 있다고 주장하며 제시한 증거를 받아들였다. 다른 사건에서 중국 이민 남성은 부인을 망치로 때린 것을 인정하면서도, 자신의 고향에서는 여성이 부정한 짓을 하면 벌로 매질을 한다고 항변했다. 다문화를 중시해야 한다는 점에서 법원은 적절한 문화적 사유에 의한 증거들을 받아들여야 하는가? 아니면 이는 피해자들에게 용납

• (옮긴이 주) 미아오(Miao) 족의 자칭 명칭.

할 수 없을 정도로 해롭거나 미국 형법의 근간이 되는 정책에 반하는 것인가?[103]

3. 강간 현상을 설명하기 위해서는 생물학적 또는 사회문화적 이론이 더 적절한지 여부에 대해 여러 분야에서 토론이 이루어지고 있다. 여러 논의의 스펙트럼 한쪽 끝에서는 강간은 본질적으로 종속성을 제도화하는 정치적 행위라는 주장이 있다. 수잔 브라운밀러 (Susan Brownmiller)는 강간은 "남성들이 여성들을 공포에 질린 상태에 두는 의식적인 협박의 과정 그 이상도 이하도 아니다"라고 언급했다.[104] 중도적인 입장에서는 성적인 공격성의 여러 원인을 제시하고, 사회문화적 영향뿐 아니라 정신병리학적 측면을 강조한다. 논의의 또 다른 편에는 사회생물학 이론이 있다. 예를 들어, 카밀 파일라(Camille Paglia)는 "침략과 에로티시즘은 사실상 깊이 얽혀 있다. 남성성 안에는 생물학적으로 사냥, 추적, 포획이 프로그램화되어 있다. 세대를 거듭하여, 남성은 교육받고, 정제되고, 윤리적으로 설득되어 그들의 무질서하고 흉포한 성향에서 벗어나야 한다"고 주장했다.[105]

2000년에 생물학계는 『강간의 자연사: 성적 강압의 생물학적 토대』라는 책의 발간으로 크게 들썩였다. 저자인 생물학 교수 랜디 손힐(Randy Thornhill)과 인류학 강사 크레이그 팔머(Craig T. Palmer)는 강간의 진화론적인 구성을 살펴보기 위해 전갈파리의 짝짓기를 관찰했다. 저자들은 다음과 같은 두 가지의 가능한 가설을 제공했다. 그들은 "강간은 '특정 적응(specific adaptation)'(즉, 자연선택이 명시적으로 그러한 행위를 도모한다)이거나 '진화의 부산물'(강간이 자연선택된 것은 아니며, 남성의 지나친 성욕과 공격성에 의해 선택된 우연의 산물이라고 본다)에 해당할 것"이라고 보았다.[106] 저자들은 그들의 이론이 강간 사건을 줄이는 데 사용될 수 있다고 주장하면서, 남성들에게는 운전면허증을 따기 전에 성적 행위를 자제할 수 있는 법을 가르치는 강의를 듣게 하고, 여성들에게는 노출이 심한 옷을 입는 것을 자제하고 남학생들의 사교 클럽 파티의 참석을 자제하여 강간을 당할 위험을 최소화할 수 있도록 교육해야 한다고 말했다.[107]

과학자들은 강간의 진화론적 적응 가설에 대해 즉각적으로 이의를 제기했고, 그 가설로는 구강성교 또는 항문성교를 통한 강간, 남성에 대한 강간, 아동에 대한 강간(아동 강간 피해자의 29%는 11세 미만이다), 전쟁 중 민간인에 대한 대학살과 강간, 가임기를 벗어난 여성에 대한 강간을 설명할 수 없다고 반박했다. 다양한 학계에서 학자들은 강간은 단순한 진화의 산물이 아니라 보다 더 복잡한 현상이라고 주장했다.[108] 그러나 그 이론이 어느 정도 타당성이 있다고 하더라도, 생물학적 설명이 법적 제재를 완화하거나 형량을 축소하기 위한 논리로 받아들여질 수 있는가? 설령 그 이론이 법적으로는 아무런 의미가 없다 하더라도 생물학적 관점(또는 강간은 어떤 측면에서는 자연스러운 것이라 보는, 생물학적 관점에 대한 다소 왜곡된 해석)이 대중의 인식으로 변질되어 배심원이나 정치인들의 행동에 영향을 미칠 가능성은 없을까? 리처드 머독(Richard Mourdock)은 2012년 인디애나 주 상원의원 선거 과정에서 여성이 강간의 결과로 임신을 하게 된다면, "그것은 신의 의도하에 이루어진 일"이라고 언급했다. 2012년 8월, 미주리 주 연방 하원의원인 토드 아킨(Todd Akin)은 "진짜 강간의 경우, 여성의 신체는 생물학적 방어를 하게 된다"고 언급하기도 했다.

8장

페미니스트 법 이론과 세계화

나는 힌두교 가정에서 자랐지만 가톨릭 학교에 다녔다. 나는 "네가 18세가 되면 결혼을 주선해줄게"라고 말하는 어머니와 자랐지만, 어머니는 또한 우리가 마음만 먹으면 무엇이든 이룰 수 있다고 말해주시기도 했다.

— 인드라 크리슈나무리 누이, "제대로 비즈니스를 하는 것"

　　□ □ □

서론

2014년 스위스 다보스에서 열린 세계경제포럼의 TV 중계 무대에서 기업의 책임을 논의하는 인드라 크리슈나무리 누이의 모습을 그려보라.[1] 지적인 눈과 하트 모양 미소를 가진 이 50대 후반 여성은 세계 2위의 식음료 회사인 펩시코(PepsiCo)의 회장 겸 최고경영자다. 그녀는 기업의 지속 가능성의 중요성에 대해 말하고 펩시코가 어떻게 전 세계 도시와 마을의 지역 경제에 활력을 불어넣어 주었는지에 대해 설명한다. 연간 수입이 660억 달러에 달하고, 비욘세, 니키 미나즈와 같은 아이콘과 전 세계적 캠페인을 벌이고 있는 펩시코의 상승세는 금방 별이라도 딸 것 같다.[2]

하지만, 누이는 지상에 굳건히 뿌리내리는 것의 중요성을 알고 있다. 그녀는 몇 년 전 컬럼비아 대학교 경영대학원의 졸업식에서 겸손함을 가지고 글로벌코먼즈(global commons)*에 동참해야 한다고 촉구했다. 그녀는 세계 5대 대륙은 손가락에 비유될 수 있다고 하면서, 미국의 본거지인 북아메리카가 가장 길고 가운데에 있는 손가락이라고 농담했다. 그녀의 말에 따르면, 미국인들이 비즈니스나 정치에 있어 세계에 손을 내밀 때는 "엿을 내미는 것이 아니라 손을 내미는 것이라고 확신할 수 있도록 노력해야 한다".[3]

이제 우크라이나에서 온 한 소녀가 뉴욕 지하철에 조용히 앉아 있는 모습을 그려보라. 그녀는 빨간 꽃무늬 드레스, 비닐 재킷, 그리고 분홍색 양말을 신고 있다. 그녀는 13세이지만 단발머리에 작은 체격으로 아홉 살 또는 열 살 정도로 보인다. 그녀는 매춘부다. 6개월 전 이 소녀는 키예프의 자택에서 뉴욕 케네디 국제공항으로 날아왔다. 그녀의 비행기 티켓은 페이스북에서 금전적 보상을 약속하면서 접촉해온 범죄 조직에 의해 지불되었다. 한번은 뉴욕에서 갱단의 다른 조직원들이 그녀를 불러, 그녀가 이들의 투자를 갚기 위해 정해지지 않은 기간 동안 매일 20명에서 30명의 남자들과 금전을 대가로 하는 성관계를 맺어야 한다고 말했다. 이들은 그녀 같은 어린 소녀들이 이 도시에서 잘나간다고 말하면서, 이 도시에는 사람을 끌어올 컨벤션, 콘서트, 스포츠 행사가 많고, 대부분 출장 중인 비즈니스맨 고객들이 그녀처럼 어린 소녀들은 질병에 감염되어 있을 확률이 낮다고 생각하기 때문이라고 했다. 이 아이나 비슷한 처지의 다른 이들에게 통상을 통해 세계를 구한다는 것은

---

* (옮긴이 주) 글로벌코먼즈란 국제환경법에서 종종 주장되는 개념으로 지구 환경을 가리킨다. 지구 환경을 지구 또는 인류 전체의 재산으로 보고, 여러 나라 또는 사람들이 그것들을 이용 또는 개발하는 것에 대해 일정한 의무를 부과하고자 한다.

한계가 있는 철학일 뿐이다. 월스트리트의 우뚝 솟은 실루엣이자, 아주 큰 가운뎃손가락에 불과하다.

인드라 누이와 이름 없는 우크라이나 소녀는 사회 변화의 대표적 사례로서 세계화에 대해 매우 다른 두 가지 설명을 상징한다. 어느 것이 더 정확한가? 페미니즘이 어떻게 세계화의 양지바른 곳을 이용하면서 그늘진 곳을 피할 수 있을까? 글로벌 페미니스트 법 이론이라는 것이 있는가? 앞으로는 가능한가? 이 장은 그 문제에 대해 논하고 있다.

세계화와 그에 대한 불만들

세계화는 전 세계 경제와 문화의 긴밀한 유대가 강화되는 것을 말한다. 이러한 진화는 여성의 지위와 복지를 포함한 삶의 거의 모든 측면에서 영향을 미친다. 국가 경제들의 연결은 경제성장, 천연자원의 소비, 노동자의 이동성, 직장의 근로 기준, 그리고 외국 상품, 기술, 의약품에 대한 접근에 영향을 미친다. 이러한 발전의 상당 부분은 긍정적이다. 세계경제의 최정상에는 "세계 경제활동과 국제 관계에서 최고 단계에 올라가 있는 여성 전문인들의 숫자가 증가하고 있다".[4] 이들 중 하나가 인드라 누이다. 경제 수준의 낮은 단계에서 인터넷과 기타 기술의 발전은 가내공업, 도구 및 의류 제조, 그리고 소규모 제조업을 포함하는 소위 비공식적인 노동 분야를 크게 확장시켰다. 전 세계 노동자의 60% 이상이 이 분야에 종사하고 있으며, 그중 절반 이상이 여성이다.[5] 이러한 변화 덕분에 100년 가까이 큰 변화가 없던 세계 남녀 임금격차가 갑자기 좁혀지기 시작하고 있다.[6]

의사소통의 발전과 해외여행의 확대는 민주주의, 평등, 번영과 같은 진보적 가치를 한때 이러한 이상들에 덜 익숙했던 사람들에게 널리 알리고 있다. 이러한 정보 확산의 한 예는 1995년 베이징에서 열린 세계여성회의로, 우간다, 가이아나, 그리고 파푸아 뉴기니를 포함한 전 세계 수천 명의 활동가들이 모였다.

하지만 세계화는 부정적인 면도 가지고 있다. 의약품, 기술, 그리고 일자리를 유통시키는 강력한 시장은 불법 거래, 약육강식의 경쟁, 그리고 문화의 침식을 조장하기도 한다. 자국 내에서 가장 취약한 집단을 대표할 때가 많은 여성들은 그런 병폐로부터 특히 위협을 받고 있다. 이리하여 나이지리아에서 미국 석유 회사의 확장은 여성들이 가족들에게 자원을 제공하기 위해 의존해온 마을 숲과 계곡의 파괴로 이어졌다. (2002년 나이지리아 여성들은 이에 항의하기 위해 쉐브론-텍사코 터미널을 10일간 점거했다.) 개발도상국들에서는, 많은 보조금을 받는 미국 또는 유럽의 농산물들과 국제적으로 경쟁하려고 시도하면서 대다수가 여성인 농장 노동자들의 상황이 점점 더 절박해지고 있다.

글로벌 페미니스트 이론을 찾아서

세계 여성들의 곤경은 충격적이다. 여성은 전 세계 13억 명의 절대 빈곤층 중 70%를 차지하고 있다. 여성은 세계 노동시간의 3분의 2를 차지하지만, 세계 소득의 10분의 1밖에 벌지 못하고 세계 재산의 10분의 1도 소유하지 못한다. 여성이 음식, 의학, 또는 교육(세계의 대부분의 여성들은 문맹이다)에 있어서도 그들이 비례적으로 받아야 할 몫을 받지 못하는 경우가 많기 때문에, 인간 복지의 다른 측면들 역시 불이익에 처해진다.[7] 여기에 중국 시골에서의 성별에 근거한 유아 살해, 인도에서의 지참금 관련 죽음, 어디에서나 있는 여성들에 대한 폭력 사건들을 더하고 나면, 여성이라는 것 그 자체가 세상에서 살아남는 것을 위협하는 요소인지 궁금해지기 시작한다. 실제로, 하버드 대학교의 경제학자인 아마르티아 센은 전 세계 남성 대 여성 인구의 비율이 생물학적으로 예상되는 비율보다 훨씬 *낮다*는 것을 발견한다. 센에 따르면, 1억 명

이상의 젊은 여성과 소녀들이 이들이 지구상에 존재한다는 사실이 기록되기 조차도 전에 사망하기 때문이다.[8]

페미니스트 법 이론이 어떻게 이러한 우려를 해결할 수 있을까? 페미니스트 법 이론에 대한 세계의 이해는 이제 곧 형성되고 있을 뿐이지만, 이미 그 중심적인 질문들은 분명하다. 그리고 이들은 다른 맥락에서 본 동일한 질문들과 유사하다. 우리는 여성의 평등을 말할 때 무엇을 의미하는가(유사한 대우, 혜택을 주는 대우, 혹은 그 사이의 어떤 것)? 공과 사의 구분이 어떻게 법적 사고를 바꾸어 여성의 복지를 개선시킬 수 있을까? 페미니스트들은 어떻게 다양한 문화적·종교적 신념을 존중하는 동시에, 그런 것이 있다고 가정한다면, 여성의 보편적 이익을 추구할 수 있는가? 각각의 질문을 차례대로 생각해보자.

평등의 정의와 여성의 복리

서구에서 페미니즘 이론은 때때로 권리의 평등을 주장하는 사람들과 복지의 평등을 주장하는 사람들로 구분된다. 이 논쟁은 글로벌 페미니즘에서도 제기되는데, 문화적 다양성을 그 배경으로 한다. 권리 관점에서 보면, 조약이나 다른 형태의 국제법에 근거하는, 남성과 여성 사이의 형식적 평등에 대한 세계적 기준에 초점이 맞춰질 것이다. 서구의 인권 운동가들은 의례화된 성기 절단, 가정폭력, 그리고 다른 형태의 물리적 폭력에 도전하기 위해 국제 인권법을 이용함으로써 이 방향을 따라왔다.[9] 이 전략은 크게 두 가지 이유로 성공했다. 첫째, 여성에 대한 폭력의 보편성은 전 세계 페미니스트들을 하나로 묶었고, 그들의 에너지를 특정한 목표에 집중시켰다. 둘째, 이 운동은 이미 발달된 법률구조(국제 인권법)를 이용하여 여성들에게 특유한 추가적인 목표를 달성할 수 있었다.

하지만 성별에 기초한 물리적 폭력에 반대하는 국제적인 운동은 아마도 더 크지만 덜 부각되는 문제인 개발도상국의 경제적 빈곤 문제에 집중하지

못하게 한다. 법적 평등이 어떻게 그 자체로 여성들을 빈곤과 무지의 속박에
서 벗어날 수 있도록 할 수 있는가? 일부 글로벌 페미니스트들이 보기에 빅
터가 마리아의 목에서 군화를 치우기 전까지는 "동등대우"를 위한 협상이 시
작될 수 없다. 일부 글로벌 페미니스트들은 이렇게 지배 이론의 기치를 든다.

공적 영역과 사적 영역의 구별

어떤 것이 공적이라거나 사적이라고 말하는 것은 관할에 대한 진술이기도
하다. 우리가 살펴본 것과 같이 미국 법은 사적인 활동보다는 공적 영역을 규
제할 가능성이 더 높다. 몇 세대 이전, 성희롱이 두 근로자 간의 개인적인 문
제로 여겨졌을 때는, 법의 관할권이 제한되었다. 마침내 법원이 성희롱과 경
제적 차별 사이의 연관성을 인정했을 때, 법 적용 범위는 한층 확대되었다.
이와 같은 관할에 대한 논쟁은 다른 나라들에도 존재한다. 그러나 세계화는
"공적 영역"과 "사적 영역"이 두 가지 다른 차원의 의미를 가지는 새로운 관
할권 논쟁을 낳는다.

한 가지 차원에서, 공과 사의 구별은 주권국가와 민간 기업 사이의 경계를
설명할 수 있다. 국제법은 일반적으로 후자의 행동에는 적용되지 않는다. 오
히려, 종종 설명되는 바와 같이, 국제법은 국민국가들에 *의한*, 국민국가들을
위한, 국민국가들*의* 도구다. 이런 의미에서, 세계경제는 점점 민영화되고 있
다. 다국적 기업이 세계에 미치는 영향력은 갈수록 커지는 반면, 기업행동을
규제하는 공공 기관의 실질적 능력은 갈수록 떨어지고 있다. 세계에서 (수익
으로 계산했을 때) 가장 규모가 큰 150개의 경제 단위 중 73%가 국가들이 아니
라 기업들이라는 것을 알고 있는가.[10] 규제를 받지 않으면, 사적 시장은 소외
된 사람들을 빈곤과 실질적인 노예 상태로 몰아가는 경향이 있다. "새로운" 경제
에서, 이 지원 계층은 많은 경우 여성들, 특히 유색인종 여성들로 이루어진다.

한때 개별 국가나 공공 국제법의 공적인 임무의 일부로 여겨졌던 노동자

들의 복지는 점점 더 글로벌 기업들의 사적인 (그리고 본질적으로 자발적인) 책임으로 변하고 있다. 1996년, 케이티 리 기포드의 이름으로 시판된 의류가 미국과 중앙아메리카의 노동자 착취 사업장들에서 생산되고 있다는 사실을 대중이 알게 되자, 소비자들은 소송이 아닌 불매운동의 위협으로 반응했다. 의류 업계의 여성 노동자들의 복지를 해결하기 위해, 클린턴 행정부는 사기업들이 채택하도록 장려되는 모범 규정을 마련하는 것을 도왔다.[11] 이런 의미에서 세계화는 정부의 권한을 약화하고, 나아가 여성의 삶을 향상시키기 위한 중요한 도구가 되는 법률의 힘을 약화함으로써 페미니스트들에게 중요한 극복 과제를 제시한다.

두 번째 차원에서, "공적 영역"은 "국제 공동체"(국가, 기업 및 비정부기구 NGO로 구성된다)를 대표할 수 있고, "사적 영역"은 단일국가를 지칭할 수 있다. 1995년, 제4차 세계여성회의(Conference of Women)에서는, 특정 국가나 문화권의 법률을 초월하는 다국적 조약에 편입된 여성 권리의 보편적 기준을 확립할 수 있는 국가와 세계적 비정부기구(NGO)들의 힘을 강조했다. 이러한 보편적 기준이 적절한 수의 국가에 의해 충분히 오랫동안 지켜진다면, 어떤 상황에서는 이 기준이 국제 "관습법"으로 진화하여 기준을 받아들이지 않았던 국가에서도 적용할 수 있게 된다. 본질적으로 이것은 한 국가의 주권에 관한 논쟁으로, 예를 들면 이전에는 일부 사람들이 배우자 학대를 가정의 주권에 대한 논쟁으로 본 것과 마찬가지다.

페미니즘과 다문화주의

앞에서 논의한 바와 같이 미국의 페미니스트들은 반본질주의(anti-essentialism)를 통해 다문화주의를 논하는 경우가 많다. 이 원칙에 따르면, 페미니스트들은 계층과 젠더를 넘나드는 각기 다른 여성들의 다른 경험들과 필요들에 민감하게 반응하여, 운동에서 자매들을 소외시키지 않도록 해야 한다. "모든 이를 위한 페미니즘"을 구축하는 어려움은 선진국들과 개발도상국들에 걸쳐 여성들의 다양성이 훨씬 더 커진다는 점을 고려할 때 기하급수적으로 더 커진다.

국제적으로 보았을 때, 다양성에 대한 페미니스트들의 관심은 더 클 뿐만 아니라, 종종 강조점에서도 차이를 드러낸다. 미국에서 다문화주의자들은 종종 페미니즘이 외부 여성을 *배제*하고 *무시*한다고 불평한다. 소저너 트루스(Sojourner Truth)의 "나는 여자가 아닙니까?" 연설은 다양한 이유로 그 시대의 주류 페미니즘에서 벗어나 있었던 여성들이 세대에 걸쳐 느꼈을 감정을 묘사한다. 제3세계 여성들 또한 서구 페미니즘이 그들의 상황에는 거의 관심을 기울이지 않는다고 불평한다. 그러나 이에 못지않게 중요한 논쟁은 서구 페미니스트들이 제3세계 여성들을 후진적이고, 폭력적이며, 가부장적인 문화의 희생자로 취급하고 그 사회를 갱생시켜야, 즉 "서구화해야" 한다고 주장할 때 제3세계 여성들이 제기하는 불만과 관련이 있다. 이 관점은 많은 경우 제3세계에서 온 이민자 여성들이 그들의 남편으로부터 문화적 전통이라고 여겨지는 것들을 통해 학대를 당한다는 이야기들을 서구 언론이 대중에게 전달함으로써 보편화된다.

제3세계 페미니스트들은 성을 기반으로 한 폭력을 포함해 성차별주의가 개발도상국들에 존재한다는 것을 부정하지 않는다. 그러나 그들은 이런 부정의가 그들의 문화 전체를 간단히 정의해버려서는 안된다고 주장한다. 개발도상국들에서의 관행과 신념 체계는 이 지역들과 그 너머에서의 페미니스트들의 활동에 많은 기여를 할 수 있다. 게다가, 노골적인 성차별과 문화적 억압은 서구와도 동떨어진 것이 아니다. 어쨌든 서구는 보톡스, 유방 확대술, 그리고 스틸레토 힐이 태어난 곳이 아니던가.

사례 연구

세계화를 배경으로 한 이러한 문제들을 이해하는 가장 좋은 방법은 이들을 맥락 속에 두고 보는 것이다. 따라서 우리는 종종 논의되는 세 가지 글로벌 페미니즘 이슈인 인신매매, 소녀들을 위한 교육, 그리고 경제 발전 문제에 적용되는 페미니스트 법 이론을 검토하려 한다.

인신매매

국제 인신매매는 복잡한 인권 문제의 전형이다. 국제법에서 "인신매매"라는 용어는 인간을 모집, 수송, 판매하여 온갖 형태의 강제 노동이나 노예 상태의 한 형태에 처하게 하는 불법적이고도 매우 수익성이 높은 활동을 말한다. 유엔 국제노동기구는 시점을 어떻게 잡더라도 강제 노동, 담보 노동, 아동 강제 노동, 그리고 성적 노예 상태에 있는 사람이 2,090만 명에 이르는 것으로 추산하고 있다.[12] 이 중 절반 이상이 여성들과 소녀들이다.[13] 미국 내 인신매매 피해자 수에 대한 공식적인 추정치는 없지만, 인신매매 반대 활동가들은 그 수가 "수십만 명"에 이른다고 추정한다.[14] 유니세프의 쿨 가우탐은 지난 수십 년간 아시아에서만 3천만 명 이상의 어린이들이 매매되었다고 지적하면서, 이러한 인신매매를 "역사상 가장 큰 노예무역"이라고 불렀다.[15] 이들 중 상당수는 사창가나 성매매 업계, 또는 포르노 영화 산업에서 일하도록 강요받고 있다. 다른 이들은 가사 노동자 또는 직물 노동자로 일하도록 성과 관련되지 않은 산업으로 유입되고 있다.

전형적인 인신매매의 희생자는 더 나은 삶에 대한 약속과 함께 다른 나라에 밀입국할 수 있도록 돈을 낸 경제 난민으로, 나중에서야 그녀의 운명이 끔찍한 방향으로 가게 되었다는 것을 깨닫는다. 성 착취 인신매매에서 거래된 여성들은 많은 경우 다른 주인 또는 사창가로 옮겨지기 전에 구타당하거나 강간당하는 경우가 많다. 미국과 일본에서 아시아인 성매매 여성들은 각각 최고 2만 달러에 팔릴 수도 있다. 새로운 세계경제는 인신매매의 수레바퀴에 기름을 쳐준다. 저렴한 운동화와 성적 오락에 대한 세계적인 수요가 증가할수록, 불법적이고 많은 경우 강제적인 노동에 대한 필요 역시 증가한다. 구시대적인 정부 부패도 한몫하는데, 국가 공무원들이 뇌물을 받거나 여행 서류 또는 업무 관련 서류를 위조하여 인신매매를 용이하게 하는 것은 드문 일이 아니다. 인신매매 업계는 의심할 여지 없이 전 세계 많은 지역 여성들의 절박한 지위에서 이익을 얻는다.

국내법과 국제법은 이 비극을 어떻게 다루고 있는가? 이미 언급했듯이 사실상 세계의 모든 나라들은 인신매매를 범죄로 다루고 있다. 왜 범죄화가 문제를 해결하지 못하는가? 페미니스트들은 두 가지 설명을 제공한다. 첫 번째로, 많은 나라들의 법은 불법 인신매매 업자들보다는 불법 노동자를 찾아 처벌하는 데 초점을 맞추고 있다. 예를 들어 일본에서는 인신매매로 일본에 온 태국인 성 노동자들을 정기적으로 불법 체류자로 구금, 추방하고 5년간 일본에 재입국하는 것을 금지하고 있다. 어떤 면에서 일본의 법적 대응은 실행하기 쉽다. 노동자를 잡는 것은 통상 업자들을 잡는 것보다 용이하다. 그러나 이 전략은 업계의 공급자들(매매 업자들)과 소비자들(일본과 외국의 기업인들)을 통제하는 데는 별 도움이 되지 않는다. 더 중요한 것은, 일본의 정책은 성 노동자들이 그 자체로 성매매의 가장 큰 피해자라는 것을 무시한다. 페미니스트들이 끊임없이 주장해야 하는 것처럼, "여자들도 사람이다". 그러므로 인신매매는 세계적인 인권 문제를 대표한다.

인신매매가 "사회의 골칫거리"에서 "인권침해"로 전환된 것은 인간 활동에서 성적 억압의 역할을 강조하는 지배 이론을 따른 것이다. 이러한 통찰력으로, 페미니스트들은 법률의 전통적인 인신매매 취급에 있어서의 두 번째 약점을 쉽게 판별해낼 수 있다. 이는 문제 해결에 있어서 세계적인 일관성이 결여되어 있다는 점이다. 만약 인신매매가 *보편적*으로 받아들여지는 권리를 침해하는 것이라면, 법 집행에 있어서도 *보편적인* 기준이 적용될 자격이 있다.

이를 위해, 유엔 총회는 최근 인신매매, 특히 여성과 아동의 인신매매를 방지하고, 억제하며, 처벌하는 내용의 의정서(인신매매 의정서)를 채택했으며 비준 가능한 단계에 있다. 인신매매 의정서는 비준국들이 획일적인 정의에 따라 인신매매를 범죄화하고, 다른 나라와 법 집행 정보를 공유하며, 국경 통제를 강화하도록 규정하고 있다. 중요하게도, 이 조약은 인신매매에 대한 피해자의 동의 여부가 범죄 성립 여부와 무관하다고 정하고 있다. 부유한 나라들에게는 논쟁의 여지가 있었던 조항에서, 이 조약은 목적지 국가들에게 인신매매 피해자들이 일시적이든 영구적이든 간에 그 나라에 남아 있을 수 있게 허용하도록 장려한다. (가난한 국가들은 인신매매의 희생자가 될 가능성이 높은 자국민들을 보호하기 위해 이 조항을 원했고, 부유한 국가들은 이 조항이 더 많은 불법 이민을 부추길 것을 우려했다.) 또한 미국은 2000년에 인신매매 및 폭력 방지법을 채택했다.[16] 이 법은 미국 국무부가 매년 해당 국가의 국민들이 특별한 위험에 처해 있는 89개 국가들의 반인신매매 노력을 평가하도록 규정하고 있다.

국제법을 통해 문제를 해결하는 것은 거의 항상 국가 주권의 문제를 야기한다. 당연하게도, 국가는 조약에 의해 의무를 이행하기로 약속할 때마다, 이와 다르게 할 수 있는 주권적 권리를 포기하는 것이다. 인신매매에 있어서, 미국의 책임 있는 친구로 보이기를 원하는 국가들은 인신매매 의정서에 가입하거나 인신매매피해자법에 따라 그들의 입법 활동 중 최소한 일부는 외부의 의견에 노출시켜야 한다.

이 지점에서 어려운 사생활과 문화적 문제가 대두된다. 예를 들어, 그리스는 성적 인신매매를 완강히 반대한다고 주장하지만, 그리스 정부가 아직 범죄화할 준비가 되어 있지 않은 문화적 관행인 "강제 결혼"을 성적 인신매매에 포함하는 미국의 인신매매 정의(definition)에는 저항한다. 게다가 그리스는 방직공장의 계약 노동자들(indentured laborers)*, 거리에서 꽃을 팔도록 강요받는 어린 소녀들을 포함한 성적이지 않은 강제 노동이 성적 강제 노동

만큼 가혹하게 다뤄져야 한다는 것에는 동의하지 않는다. 그리스의 견해에 따르면, 미국과 유엔은 그리스 시민들의 국내법과 내부 가족 관습을 지나치게 규제하려 한다. 이 주장에 대한 페미니스트들의 반응은 인권이 문제가 되는 곳에서는 개인적인 문제(혹은 국가의 경우 "국내문제")가 곧 정치적인 문제라는 것이다.

여학생들을 위한 교육

가난한 마을의 의료를 강화하고, 지구 전체의 소비를 줄이고, 불안정한 경제를 안정시킬 수 있는 힘을 가진 사람, 그리고 나이지리아에서부터 파키스탄에 이르는 테러리스트들에 의해 괴롭힘을 당하고 있는 사람을 생각해보라. 만약 학교의 여학생을 생각했다면, 당신은 A+다.

교육은 흔히 개발도상국의 희망으로 불리며, 그 정서는 특히 소녀들과 관련이 있다. 대부분의 개발도상국에서는, 여성의 문해율이 남성에 비해 현저히 낮다. 또한 많은 나라의 여성들은 땅을 소유하거나 재산을 상속할 수 없다. 이들은 신용거래를 하거나, 상점을 운영할 수 없다. 이들은 또한 가족이나 공동체의 중요한 의사 결정에 참여할 수 없다. 여기에 악순환이 있다. 여성은 교육을 받지 못했으므로 이들을 공적 영역에서 제외하는 것은 쉽게 정당화된다. 또한 여성은 공적 영역에서 제외되어 있으므로 이들에게 교육을 제공하는 것은 더욱 어려운 일이 된다.

그러나 학교는 개인적인 성취의 관문 그 이상이다. 연구 결과에 따르면 개발도상국 소녀들의 교육은 "가정 내에서 그리고 세대를 걸친 파급 효과"를

• (옮긴이 주) 계약 노동자(indentured laborer)란 일정한 기간(혹은 채무를 다 상환할 때까지) 동안 보수를 받지 않고 근무하도록 계약(indenture)에 의해 구속되는 노동자를 말한다. 이주를 위한 교통비, 기타 채무 등을 이유로 계약을 체결하게 되어, 노예 계약과 유사하게 특수 권력관계를 형성하게 된다. 많은 나라에서 이러한 형태의 노동을 불법으로 규정하고 있다.

낳을 수 있다고 한다.[17] 소녀들의 교육에 투자하는 것은 노동인구를 거의 두 배로 늘릴 뿐만 아니라, 빈곤을 줄이기 위한 가장 효과적인 방법 중 하나다. 1970년 쿠데타 이후, 오만은 경제생활 참여를 위해 소년들과 소녀들을 모두 교육시키는 정책을 통해 재탄생했다. 오만은 세계에서 가장 낙후된 국가 중 하나에서 일부 이웃 국가들보다 훨씬 나은 비교적 안정된 국가로 변모했다. 방글라데시는 1971년 파키스탄으로부터 독립한 후 이와 유사한 일을 했으며, 시민들의 경제적·사회적 복지가 크게 향상되었다.[18]

교육받은 여성들은 또한 늦게 결혼하며 더 작고 건강한 가정을 가진다. 이들은 의료의 중요성을 이해하고, 가족의 건강을 위해 필요한 것들을 더 효과적으로 지원한다. 출산율을 낮추면 생태 자원에 대한 부담이 경감되고, 그 자원에 대한 국가 및 부족 간의 갈등이 줄어든다. 이렇게 여학생들을 학교에 보내는 것은 중앙아프리카와 중동과 같은 분쟁 지역에서 정치적 안정을 확립하는 데 도움이 될 수 있다.

가장 좋은 점은 여학생들을 학교에 보내는 것이 선순환을 영속시킨다는 것이다. 교육을 받은 소녀들은 자라서 그들 자신의 아이들에게 읽고 쓰기를 가르친다. 그들은 아이들을 학교에 보내고, 그들이 대학에 가도록 격려하고, 이를 실현시키기 위해 부업을 한다. 물론 교육받은 남성들도 이러한 방식으로 기여하지만, 여성들은 단연코 더 강한 영향력을 가지고 있다. 한 소녀를 교육시키는 것은 곧 한 가족을 교육시키는 것이다.

많은 개발도상국들이 교육에서 성별 간 차이를 줄이는 것의 중요성을 공식적으로 인식하고 있지만, 실제 현장에서 변화는 더딜 수 있다. 정부는 많은 경우 자원과 전문 지식이 부족하다. 성평등에 회의적인 보수적 지역사회는 저항할 것이다. 이 때문에 유엔과 다른 국제기관들은 수년간 여학생들을 위한 교육 프로그램을 홍보하고, 학교를 짓고, 교사를 양성하며, 의사소통 능력, 재생산 및 성의 건강, 육아, 그리고 경제적 복리를 강조하는 커리큘럼을 개발하는 데 기여해왔다.[19] 교육의 성별 격차 해소는 1994년 인구, 개발, 그리고 여성에 대한 카이로 합의(1994 Cairo Consensus on Population, Development, and Women)와 그 이후에는 유엔 밀레니엄 개발 목표(United Nations' Millennium Development Goals)에서 국제 정책의 중요한 발전 목표로 인정받고 있다.[20]

이러한 발전들을 검토하면, 우리는 페미니스트 법 이론의 몇 가지 갈래들이 반영되어 있음을 볼 수 있다. 가장 분명한 것은 형식적 평등에 대한 헌신이다. 소년 소녀들은 모두 같은 조건으로 교육에 접근할 수 있어야 한다. 이는 소년 소녀 모두 경제적·정치적 문제에 동등하게 참여할 권리가 있고, 소년들도 소녀들도 그들이 가치를 두는 방식으로 그들의 관심과 재능을 발전시킬 기회를 가질 자격이 있기 때문이다. 또한, 문화 페미니즘의 테마도 볼 수 있다. 여성들이 가정에서 교육자, 조직자, 그리고 보호자로서 맡게 되는 독특한 역할에 대한 분명한 인식이 있다. 교육 프로젝트는 의도적으로 가족 건강이나 양육과 같은 주제를 포함한다. 여성 교육을 발전의 우선순위로 공식 인정하는 것은 평등을 약속하는 것일 뿐만 아니라 어머니됨의 고무적이고도 변화적인 역할에 대한 믿음을 드러내는 것이기도 하다.

그런 혁명적인 힘은 일부 사람들에게는 공포스럽기도 하다. 폭력적인 극단주의자들은 비열한 방법으로 이에 맹렬히 저항해왔다. 2012년 탈레반의 한 무장 괴한은 당시 14세의 파키스탄 소녀로 여성 교육을 강력히 지지하여 알려진 말랄라 유사프자이(Malala Yousafzai)를 공격했다. 유사프자이는 머리와 목에 총을 맞았지만 살아남았다. 그녀는 운동을 이어갔고, 업적을 인정받아 2014년 노벨 평화상을 받았다.

그 해 초, 보코 하람(Boko Haram)이라는 테러리스트 단체는 나이지리아에서 276명의 여학생들을 납치함으로써 국제적인 관심을 끌었다. "#우리아이들을되찾자(BringBackOurGirls)" 캠페인이 트위터에서 널리 퍼진 후, 소녀들의 위치를 찾기 위한 광범위한 국제적 노력이 시작되었지만 실패했다. 57명의 소녀들이 가까스로 탈출하는 동안, 나머지는 억류되어 있었다.[21] 보코 하람의 리더는 후에 이 소녀들이 이슬람으로 개종했고 결혼했다고 주장했다.[22] 납치 6개월 후, 저널리스트들은 보코 하람이 유사한 습격을 통해 80명의 여성들과 소녀들을 다시 납치했다고 보도했다.[23]

이러한 범죄는 폭력과 성차별이 하나의 지배 도구로서 공동으로 사용될 수 있는 것을 강조한다. 여기서 지배는 "남성의 여성에 대한 지배"만을 말하는 것이 아니라 "야만성의 문명에 대한 지배"에 관한 것이다. 이보다 더 중요한 싸움은 없다. ≪뉴욕타임스≫에 인용된 페샤와르에 사는 19세 여학생의 말에 따르면, "이건 말랄라만의 전쟁이 아니다. 이것은 교육이라는 빛과 그와 반대되는 어둠, 두 이데올로기 사이의 전쟁이다."[24]

경제 발전

이러한 문제들 아래에는 경제 자원의 문제가 있다. 여성들의 가족과 경제 상황과 관련된 선택을 제한하고 강제 노동, 신체적 학대, 지적 빈곤 등의 수모를 견디도록 하는 것은 여성의 상대적인 경제 자원 부족이다. 그러므로 이제 많은 페미니스트들이 세계경제 발전을 여성해방의 열쇠로 강조하는 것은 놀랍지 않다.

경제 발전에 대한 강조는 개발도상국에서 "평등한 권리"는 그 자체로 대부분의 여성들의 삶을 개선시킬 가능성이 적다는 인식을 나타낸다. 한 가지 이유는 극빈자들 사이에서 권리에 대한 약속은 물질적 재화에 대한 약속만큼 즉시 중요하지 않을 수도 있기 때문이다. 집에서 나갈 수 없고 나가는 경우 돌팔매 처벌을 받을 수 있는 인도 과부에게 균등한 임금의 권리가 어떤 이익을 가져다주는가? 매일 10시간씩 식사를 준비하고 물을 모으는 방글라데시 소녀에게 교육권은 무엇인가?

두 번째 문제는 "글로 쓰인 법률"과 "적용되는 법률" 사이의 깊은 차이에 있다. 예를 들어 인도 헌법은 모든 형태의 성차별을 금지하고 있으며, 공식적으로 동등한 권리를 미국 헌법보다 훨씬 더 확장하고 있다. 그러나 50년 이상의 형식적 평등 이후에도, 인도의 여성들과 소녀들은 음식, 의료, 직업 기회, 교육에 있어서 받아야 할 몫을 받지 못하고 있다. 오늘날 인도 여성들의 문해율은 65%인 데 비해 인도 남성의 문해율은 82%이다.[25] 형식적 평등 대우에 대한 약속은 실질적인 평등으로 이어지지 않았다.

세계화 자체는 한 나라에서 다른 나라로 일자리, 상품, 의약품, 그리고 기술의 이전을 촉진함으로써 어느 정도 이익을 제공한다. 정보 및 서비스 경제는 수백만 명의 여성들에게 일자리를 가져다주었다. ─ 당신이 전화로 상담하는 고객 서비스 담당자는 이제 토피카(Topeka)*만큼이나 뭄바이에 위치할 가능성이 높다. 컬럼비아 대학교의 사스키아 사센은 직업 시장과 사업 기회의 "점진적인 여성화"는 세계화 덕분이라고 한다. 특히 이민자 여성들에게 도움을 준 이러한 경향은 더 많은 재산, 더 큰 사회적 자율성, 그리고 가족 의사 결정에 있어 더 강한 영향력으로 이어진다. ─ 어머니들이 더 많이 벌면, 아버지들은 더 많이 *듣는다*.

그러나 세계화의 상승세가 모든 배를 끌어올린 것은 아니다. 그 대신 세계 경제는 일부 보트가 빠르게 뜨고 다른 보트들은 계속 가라앉는 수문 시스템과 더 정확히 닮았다. 유엔의 수치에 따르면, 개발도상국에 대한 모든 직접투자의 70%는 10여 개국에 투자되고 그 대부분이 중간 소득 국가들이다. 직접투자 중 6%만이 아프리카에 투자되고, 2%만이 47개의 가장 가난한 나라들에 투자된다. 한 국가 내의 부는 결코 남성들과 여성들 사이에서 균등하게 분배되지 않지만, 같은 정도 부유한 나라들도 성평등의 정도에서는 크게 다를 수 있다. 예를 들어 인도와 케냐는 1인당 국민총생산이 동일하지만, 근로소득 중 여성의 근로소득 비율은 케냐에서는 42%인 데 비해 인도에서는 26%이다.[26]

이러한 도전에 직면해, 개혁가들은 다양한 갈래의 페미니스트 법 이론에

• (옮긴이 주) 캔자스 주의 주도.

서 도출하는 일련의 해결책을 제안해왔다. 우선, 모든 형태의 여성 차별 철폐에 관한 협약(CEDAW)은 모든 체약국들이 동일한 노동에 대해 동일한 임금을 보장하도록 요구하고, 체약국들이 남성들의 필요와 여성들의 필요에 같은 금액을 배정하는 예산을 마련하도록 장려한다. (CEDAW는 185개국에 의해 비준되었지만, 미국은 이들 중 하나가 아니다.) 하나는 기회의 평등을 강조하는 접근법이고, 다른 하나는 결과의 평등을 강조하는 접근법이다. 두 가지 접근법 모두 동등대우 원칙을 따른다.

그러나 문제는 이보다 더 복잡해 보인다. 바바라 스타크 법학 교수는 새로운 세계화된 노동인구는 두 가지 노동인구의 결합이라고 본다. 아이패드로 스카이프 대화를 하고 하얏트 호텔에 묵으며 자유롭게 이동하는 전문 직업인들, 그리고 바닥을 쓸고 에스프레소를 제공하며 침대를 정리하는 그 지역의 지원 스태프들을 말한다. 대부분이 여성인 이 후자의 노동자들은 정부의 눈에 거의 보이지 않는 시장에서 일하며, 그 결과 자주 형편없는 급여를 받고 제대로 보호받지 못한다. 우리는 또한 그 수가 늘어나고 있지만 똑같이 방치되어 있는 그룹인 소규모 농업과 중개 수단(인터넷 판매!)을 통한 가내 수공예품 판매를 통해 약간의 이익을 얻고 있는 여성들 또한 이 제2의 경제에 포함시켜야 한다. 보다 부유한 직업인들의 경제는 스스로 돌보기에 충분히 적합해 보인다. 하지만 제2의, 그림자 경제는 사회가 그러한 노동자들과 그들의 자본 투자(도구, 재고, 그리고 기계)에 대한 보호를 제공해주지 않는다면, 또 다른 억압의 도구가 될 수 있다.

따라서 많은 국제 여성 단체들은 원주민 여성들이 집단적으로 개인적 목표를 추구하고 사업 자산을 활용할 수 있도록 농업이나 공예품 제작 협동조합을 설립하는 것을 돕기 위한 프로젝트를 시작했다. 유엔여성개발기금(UNDPF) 등 유엔 기관과 옥스팜(OXFAM) 등 민간 단체는 여성들이 사업 자금을 대출받을 수 있는 광범위한 "무담보 소액 대출(마이크로크레딧)" 프로그램을 후원하고 있다. 방글라데시와 같은 나라에서는 가난한 여성들이 서로 도와 자본 투자를 할 수 있도록 "마이크로뱅크" 설립을 위해 부족한 자원을 모아왔다. 이러한 프로그램들은 여성들의 비공식 경제에서 인식되지 않는 자산을 소득 창출 자본으로 전환하는 일종의 현대판 연금술을 시행한다. 이러한 가내수공업 경제의 인정 혹은 찬양은 우리에게 문화 페미니즘을 상기시켜 준다. 문화 페미니즘은 가정과 사회에 대한 여성의 중요한 공헌이 전통적으로 (남성인) 회계사의 대차대조표에 나타나지 않았을지라도 그러한 공헌을 보상하려고 노력한다.

그러나 세계화 논쟁에서 나온 가장 매혹적인 페미니즘 프로젝트들 중 하나는 포스트모던 페미니즘 이론에 의존한다. 포스트모던 이론이 보편적 원칙보다는 지역적 맥락에서 실질적인 효과를 강조한다는 점을 상기하라. 이러한 관점은 이미 보편적 인권침해 이슈에서 여성들의 실질적이고 물질적인 필요를 충족시키는 좀 더 광범위하고도 기본적인 도전으로 스포트라이트를 이동시켰다. 보편적 권리 접근법을 실질적인 복리 접근법과 비교함에 있어서 우리는 공식적인 권리(official rights)에만 의존하는 것의 중요한 약점을 확인했다. 공식적인 권리들은 늘 집행되지는 않으며, 진지하게 요구하지 않으면 사적이거나 비공식적인 삶의 영역으로 확장되지 않는다는 것이다. 문화 페미니즘은 비공식 경제로 권리 보호를 확대하고 비공식 경제를 활성화하기 위하여 국제 지원 그룹을 만들어야 한다고 주장한다.

하지만 중요한 의문점은 남아 있다. 이러한 개혁이 진전되고 있는지 어떻게 알 수 있는가? 다르게 이야기하면, 여성의 실질적인 복리 향상을 어떻게 측정할 것인가? 전통적인 경제학적 접근법은 개발도상국들에서 여성의 삶의 질을 측정하지 못한다. 앞에서 언급한 바와 같이, 국민총생산은 남성과 여성 사이의 소득분포를 설명하지 못한다. 분포를 알 수 있다고 해도, 국가 간 물질적 수요와 구매력의 차이는 토론토에서 여성의 삶의 질과 나이로비에서 여성의 삶의 질을 정확히 비교할 수 없게 한다. 필요한 것은 보다 국지적이고 맥락에 맞춘 접근법이다.

마사 누스바움은 어떤 본질적인 활동을 하거나 즐길 수 있는 실질적인 능력을 바탕으로 여성의 복리를 측정하려고 하는 "역량 접근법"으로 불리는 모델을 만드는 데 도움을 주었다. 역량 접근법은 현재 유엔 개발 프로그램의 인간 개발 보고서에 의해 정기적으로 채택되고 있다. 누스바움 교수의 최소한의 역량 목록에는 음식과 보금자리를 얻고, 자신의 신체를 통제하며, 다른 사람들과 어울리고, 일자리를 찾고, 재산을 소유할 수 있는 능력이 포함된다. 이 목록은 극도의 가난뿐만 아니라 여성 생식기 절단 및 인신매매와 같은 다른 많은 악습으로부터의 보호 역시 제안한다. 이 모델의 국제주의적 관점에도 불구하고, 그것은 결국 서양의 전통에 바탕을 둔 보편적 권리의 개념으로 되돌아간다. 그러한 접근법이 여성의 복지에 대한 개선된 척도에 해당되는지, 아니면 특정한 문화적 관점을 부적절하게 채택하는 것인지 여부는 향후 논쟁의 대상이 될 것이 분명하다.

↘ 토론을 위한 질문

1. 일부 페미니스트들은 국제사회의 인신매매, 납치, 강간과 같은 범죄에 대한 강조가 보호를 필요로 하는 연약한 존재로서의 여성들에 대한 고정관념을 강화시킨다고 주장한다. 이것은 일리 있는 우려인가? 이러한 비판은 어쩔 수 없는 것인가 아니면 다른 방법이 있는가?

2. 평등을 형식적으로 보장해서는 해결할 수 없지만, 평등을 실질적으로 이해한다면 정부 정책의 관점에서 해결할 수 있는 것은 무엇이 있는가?

3. 서구의 정치적 이상을 다른 문화권에 강요하지 않고 보편적 권리나 존중의 기본 원칙 개념을 발전시킬 수 있는 방법이 있을까?

추천사: 페미니스트 법 이론, 새로워지고 행동할 준비가 되다 ─────────

1. See Hedda Garza, Barred from the Bar: A History of Women in the Legal Profession (1996); Karen Berger Marcello, The Invisible Bar: The Woman Lawyer in America, 1638 to the Present (1986). 1960년대까지 여성을 받지 않았던 어느 로스쿨에 입학한 최초의 여성들 몇몇이 겪어야 했던 경험에 대한 생생한 묘사로는, see Judith Richards Hope, Pinstripes & Pearls: The Women of the Harvard Law School Class of '64 Who Forged an Old-Girl Network and Paved the Way for Future Generations (2003).

2. 이 단어가 판결문에 처음 등장했을 때, 그것은 관련 단체와 시민 단체의 이름을 바꿨다. See Chico Feminist Women's Health Ctr. v. Scully, 208 Cal. App. 3d 230 (Cal. Ct. App. 1989); Hinfey v. Matawan Reg'l Bd. of Educ., 371 A.2d 78 (N.J. Super. Ct. App. Div. 1977). [전미 여성기구(National Organization for Women)는 교육에서의 성차별로 교육청(school district)을 고소했다.] 1970년대 이전에, "페미니스트"는 종종 19세기 말 또는 20세기 초의 여권 운동을 지칭하는 의견에 등장했다. See State v. Arnold, 235 N.W. 373 (Minn. 1931).

3. 이 책 1장 참조. See also David A. J. Richards, Women, Gays, and the Constitution: The Grounds for Feminism and Gay Rights in Culture and Law (1998).

4. Kathleen M. Sullivan, "Justice Ruth Bader Ginsburg Distinguished Lecture on Women and the Law: Constitutionalizing Women's Equality", 56 *Record* [of the Association of the Bar of the City of New York] 22 (2001).

5. 페미니스트 작업은 로스쿨보다는 철학, 문학 등 다른 학문 분야에서 더 일찍 등장한 것으로 보인다. See "Symposium: Feminist Moral, Social, and Legal Theory: An Introduction", 56 *U. Cin. L. Rev.* 459 (1987). 마사 파인만은 1985년에 페미니즘과 법 이론에 관해 해마다 열리는 워크숍을 시작했다. See Martha Albertson Fineman, "Celebrating Twenty Years of Feminist Pedagogy, Praxis, and Prisms: Feminist Legal Theory", 13 *Am. U. J. Gender Soc. Pol'y & L.* 13 (2005).

6. See Marjorie E. Kornhauser, "Moving the Margins: Assimilation and Enduring Marginality", 12 *Colum. J. Gender & L.* 478 (2003); Jean Stefancic & Richard Delgado, "Outsider Scholars: The Early Stories", 71 *Chi. Kent L. Rev.* 1001 (1996).

7. See Linda E. Fisher, "I Know It When I See It; or, What Makes Scholarship Feminist: A Cautionary Tale", 12 *Colum. J. Gender & L.* 439 (2003). 전문 저널과 문헌들은 점차 관련 주제를 언급하면서 "여성"이나 "페미니스트"보다는 "젠더"라는 단어를 사용했다. See Laura A. Rosenbury, "Feminist Legal Scholarship: Charting Topics and Authors, 1978-2002", 12 *Colum. J. Gender & L.* 446 (2003). compare **Women and the Law** (Mary Joe Frug, Dorothy E. Roberts, Martha L. Minow & Judith G. Greenberg, eds., 2nd ed. 2003) with **Frug's Women and the Law** (Libby S. Adler, Lisa Crooms, Judith G. Greenberg, Martha L. Minow & Dorothy Roberts, eds., 4th ed. 2007).

8. Mari J. Matsuda, "Beside My Sister, Facing the Enemy: Legal Theory out of Coalition", in **Feminist Legal Theory: An Anti-Essentialist Reader** 77 (Nancy E. Dowd & Michelle S. Jacobs eds., 2003).

9. 다른 이들은 자유주의 페미니즘, 마르크스주의 페미니즘, 급진적 페미니즘, 사회주의 페미니즘을 구별했다. Alison M. Jaggar, **Feminist Politics and Human Nature** (1983). 이들을 통합하는 것은 남성과 여성의 평등에 관한 고민이고, 이론을 관행 및 사회적 인식을 개선하기 위한 노력과 연결하려는 헌신이다. See Katherine T. Bartlett, "Feminist Legal Methods", 103 *Harv. L. Rev.* 829 (1996) (페미니스트 법학 방법론을 여성 문제를 질문하는 것과 동일시하고, 맥락 안에서 법에 관한 실용적 이유를 추구하며, 의식을 고양하는 것).

10. Nancy Levit, **The Gender Line** (1998); Nancy Levit, "Feminism for Men: Legal Ideology and the Construction of Maleness", 43 *UCLA L. Rev.* 1037 (1996).

11. Robert R. M. Verchick, "In a Greener Voice: Feminist Theory and Environmental Justice", 19 *Harv. Women's L.J.* 23 (1996).

12. Katherine T. Bartlett, "Cracking Foundations as Feminist Method", 8 *Am. U.J. Gender Soc. Pol'y & L.* 31, 53 (2000).

13. See, e.g., Cyra Akila Choudhury, "Governance Feminism's Imperial Misadventure: Progress, International Law, and the Security of Afghan Women", in **Contesting Feminisms: Gender and Islam in Asia** (Ahmed Gosh, ed., forthcoming); Janet F. Halley, Prahba Kotiswaran, Chantal Thomas & Hila Shamir, "From the International to the Local in Feminist Legal Responses to Rape, Prostitution/Sex Work, and Sex Trafficking: Four Studies in Contemporary Governance Feminism", 29 *Harv. J.L. & Gender.* 335 (2006).

14. **Webster's Seventh New Collegiate Dictionary** 676 (1971).

15. Id.

서론

1. Anna Nemtsova & Shaun Walker, "Freed Pussy Riot Members Say Prison Was Time of 'Endless Humiliations'", *Guardian*, Dec. 23, 2013, http://www.theguardian.com/world/2013/dec/23/freed-pussy-riot-amnesty-prison-putin-humiliation.

2. Howard Fineman, "Some Hard Right Turns for the GOP", *Newsweek*, June 20, 1994, at 38.

3. See, e.g., Carleton Mabee, **Sojourner Truth: Slave, Prophet, Legend** 67–82 (1993).

4. 83 U.S. (16 Wall.) 130 (1872).

5. Id. at 141 (Bradley, J., concurring).

6. 88 U.S. (21 Wall.) 162 (1874).

7. Carrie Chapman Catt & Nettie Rogers Shuler, **Woman Suffrage and Politics: The Inner Story of the Suffrage Movement** 107–8 (1923).

8. 410 U.S. 113 (1973).

1장 페미니스트 법 이론

1. See Mary Wollstonecraft, **A Vindication of the Rights of Women** (Carol H. Poston ed., 1988) (1779); John Stuart Mill, **The Subjection of Women** (Mary Warnock ed., 1986) (1869).

2. Reed v. Reed, 404 U.S. 71 (1971).

3. 411 U.S. 677 (1973).

4. 이 이야기만으로도 한 권의 책을 쓸 수 있다. see Serena Mayeri, "'When the Trouble Started': The Story of Frontiero v. Richardson", in **Women and the Law Stories** (Elizabeth Schneider & Stephanie M. Wildman eds., 2011).

5. Frontiero v. Richardson, 411 U.S. 677, 684 (1973).

6. Kahn v. Shevin, 416 U.S. 351, 355 (1974).

7. Craig v. Boren, 429 U.S. 190 (1976).

8. Orr v. Orr, 440 U.S. 268 (1979); Davis v. Passman, 442 U.S. 228 (1979).

9. J.E.B. v. Alabama, 511 U.S. 127 (1994); Mississippi Univ. for Women v. Hogan, 458 U.S. 718 (1982).

10. See Califano v. Webster, 430 U.S. 313 (1977).

11. Pamela Laufer-Ukeles, "Reconstructing Fault: The Case for Spousal Torts", 79 *U. Cin. L. Rev.* 207, 211 (2010).

12. Robin West, "Jurisprudence and Gender", 55 *U. Chi. L. Rev.* 1, 2 (1988).

13. Carol Gilligan, **In a Different Voice: Psychological Theory and Women's Development** (1982).

14. See, e.g., L. Camille Hébert, "Why Don't 'Reasonable Women' Complain About Sexual Harassment?" 82 *Ind. L.J. 711*, 743 (2007).

15. See, e.g., Catherine G. Greeno & Eleanor E. Maccoby, "How Different Is the 'Different Voice?' "11 *Signs* 310, 315 (1986); Carol Stack, "The Culture of Gender: Women and Men of Color", 11 *Signs* 321, 322–24 (1986).

16. See Nel Noddings, **Caring: A Feminine Approach to Ethics and Moral Education** 2, 128–30 (1984); Carol Gilligan, "Reply by Carol Gilligan", 11 *Signs* 324 (1986); Sara Jaffee & Janet Shibley Hyde, "Gender Differences in Moral Orientation: A Meta-Analysis", 126 *Psychol. Bull.* 703 (2000).

17. See West, supra note 12, at 18.

18. Frontiero, 411 U.S. at 684.

19. 479 U.S. 272 (1987).

20. Martin H. Malin, "Fathers and Parental Leave", 72 *Tex. L. Rev.* 1047, 1060 (1994).

21. 479 U.S. at 289.

22. Joanna L. Grossman, "Job Security Without Equality: The Family and Medical Leave Act of 1993", 15 *Wash. U.J.L. & Pol'y* 17, 18 (2004).

23. Joan Williams, **Unbending Gender: Why Family and Work Conflict and What to Do About It** 213 (2000).

24. Jane L. Dolkart, "Hostile Environment Harassment: Equality, Objectivity, and the Shaping of Legal Standards", 43 *Emory L. Rev.* 151, 171 (1991).

25. Martha Minow, **Making All the Difference: Inclusion, Exclusion, and American Law** 20 (1990).

26. Catharine A. MacKinnon, Feminism Unmodified: Discourses on Life and Law 35 (1987).

27. See, e.g., Hanna Roos, "Trading the Sexual Child: Child Pornography and the Commodification of Children in Society", 23 *Tex. J. Women & L.* 131, 132 (2014).

28. Deborah Tuerkheimer, "Slutwalking in the Shadow of the Law", 98 *Minn. L. Rev.* 1453, 1458 (2014).

29. Cynthia Grant Bowman & Elizabeth M. Schneider, "Feminist Legal Theory, Feminist Lawmaking, and the Legal Profession", 67 *Fordham L. Rev.* 249, 252 (1998).

30. West, supra note 12, at 4.

31. Catharine A. MacKinnon, Toward a Feminist Theory of the State 224 (1989).

32. American Booksellers Ass'n v. Hudnut, 771 F.2d 323, 324 (2nd Cir. 1985), cert. denied, 475 U.S. 1132 (1986).

33. Francisco Valdes, "Queers, Sissies, Dykes, and Tomboys: Deconstructing the Conflation of 'Sex,' 'Gender,' and 'Sexual Orientation' in Euro-American Law and Society", 83 *Cal. L. Rev.* 1 (1995).

34. Adrienne Rich, "Compulsory Heterosexuality and Lesbian Existence", in Powers of Desire: The Politics of Sexuality 177 (Ann Snitow et al. eds., 1983).

35. Arnold Schwarzenegger, "Remarks Prepared for Delivery at the 2004 Republican National Convention", delivered Aug. 31, 2004, available at http://www.usatoday.com/news/politicselections/nation/president/2004-08-31-schwarzeneggerfulltext_x.htm.

36. Catharine A. MacKinnon, supra note 26, at 39.

37. Mary Becker, "Caring for Children and Caretakers", 76 *Chi.-Kent L. Rev.* 1495, 1515 (2001).

38. April L. Cherry, "A Feminist Understanding of Sex-Selective Abortion: Solely a Matter of Choice?" 10 *Wis. Women's L.J.* 161, 214 n.241 (1995).

39. Angela P. Harris, "Race and Essentialism in Feminist Legal Theory", 41 *Stan. L. Rev.* 580, 585, 589-90 (1990).

40. See Kimberlé Crenshaw, "Demarginalizing the Intersection of Race and Sex: A Black Feminist Critique of Antidiscrimination Doctrine, Feminist Theory, and Antiracist Politics", 1989 *U. Chi. Legal F.* 139.

41. See Cynthia Lee, "Making Race Salient: Trayvon Martin and Implicit Bias in a Not Yet Post-Racial Society", 91 *N.C. L. Rev.* 1555 (2013).

42. Mari J. Matsuda, "When the First Quail Calls: Multiple Consciousness as Jurisprudential Method", 11 *Women's Rts. L. Rep.* 7, 8 (1989).

43. See, e.g., Maritza I. Reyes et al., "Reflections on Presumed Incompetent: The Intersections of Race and Class for Women in Academia Symposium — the Plenary Panel," 29 *Berkeley J. Gender L. & Just.* 195 (2014).

44. Patricia J. Williams, **The Alchemy of Race and Rights** 44, 45 (1991).

45. Adele M. Morrison, "Queering Domestic Violence to 'Straighten Out' Criminal Law: What Might Happen When Queer Theory and Practice Meet Criminal Law's Conventional Responses to Domestic Violence", 13 *S. Cal. Rev. L. & Women's Stud.* 81, 94 (2003).

46. Anthony V. Alfieri, "Reconstructive Poverty Law Practice: Learning Lessons of Client Narrative", 100 *Yale L.J.* 2107 (1991).

47. Richard Delgado, "Storytelling for Oppositionists and Others: A Plea for Narrative", 87 *Mich. L. Rev.* 2411, 2413 (1988).

48. Richard J. Herrnstein & Charles A. Murray, **The Bell Curve: Intelligence and Class Structure in American Life** (1994).

49. Michael White, "Why Your Race Isn't Genetic: DNA Doesn't Determine Race; Society Does", *Pacific Standard*, May 30, 2014, http://www.psmag.com/nature-and-technology/why-your-race-isnt-genetic-82475.

50. See, e.g., Dorothy E. Roberts, "The Genetic Tie", 62 *U. Chi. L. Rev.* 209, 261–65 (1995); Dorothy E. Roberts, "Unshackling Black Motherhood", 95 *Mich. L. Rev.* 938 (1997).

51. Harris, supra note 39, at 608.

52. Anita Hill, **Speaking Truth to Power** (1997).

53. Tanya Ballard Brown, "Did You Know It's Legal in Most States to Discriminate Against LGBT People", *NPR*, Apr. 28, 2015, http://www.npr.org/blogs/itsallpolitics/2015/04/28/40277 4189/activists-urge-states-to-protect-the-civil-rights-of-lgbt-people.

54. See, e.g., Darren Lenard Hutchinson, "Out Yet Unseen: A Racial Critique of Gay and Lesbian Legal Theory and Political Discourse", 29 *Conn. L. Rev.* 561 (1997).

55. Valdes, supra note 33, at 125.

56. See, e.g., Christopher R. Leslie, "Embracing Loving: Trait-Specific Marriage Laws and Heightened Scrutiny," 99 *Cornell L. Rev.* 1077 (2014).

57. General Accounting Office, Memo from Office of the General Counsel to The Honorable Henry J. Hyde, Jan. 31, 1997, available at http://www.gao.gov/archive/1997/og97016.pdf at 2. Note that this count includes only those laws enacted prior to the passage of the Defense of Marriage Act precluding federal recognition of same-sex marriages on

September 21, 1996.

58. Judy Foreman, "The Basis for Sexual Orientation", *L.A. Times*, Dec. 8, 2003, at F8.

59. Samuel Marcosson, "Constructive Immutability", 3 *U. Pa. J. Const.* L. 646 (2001).

60. 프랑스 작가 프랑수아즈 도본느가 1974년 에코페미니즘이라는 용어를 만들었다. Carolyn Merchant, "Ecofeminism and Feminist Theory", in Reweaving the World: The Emergence of Ecofeminism 100 (Irene Diamond & Gloria Feman Orenstein eds., 1990).

61. Janis Birkeland, "Ecofeminism: Linking Theory and Practice", in Ecofeminism: Women, Animals, Nature 13, 18 (Greta Gaard ed., 1993).

62. "주 하나님이 그 사람을 데려다가, 에덴 동산으로 보내셔서, 옷을 입히고, 그것을 지키게 하셨다." 창세기 2:15 (킹 제임스 성경).

63. See Shelley Feldman, "Rethinking Development, Sustainability, and Gender Relations", 22 *Cornell J.L. & Pub. Pol'y* 649, 657 (2013).

64. Ellen O'Loughlin, "Questioning Sour Grapes: Ecofeminism and the United Farm Workers Grape Boycott", in Ecofeminism, supra note 61, at 148.

65. Id. at 149–50.

66. Robert R. M. Verchick, "In a Greener Voice: Feminist Theory and Environmental Justice", 19 *Harv. Women's L.J.* 23 (1996).

67. See, e.g., Commission for Racial Justice of the United Church of Christ, Toxic Wastes and Race in the United States 15 (1987).

68. 미국 보건복지부 및 환경보호청, 물고기와 조개류 속에 있는 수은에 관해 당신이 알아야 할 것 (2004.3.) (EPA-823-R-04-005), available at http://www.cfsan.fda.gov/~dms/admehg3.html.

69. Fred Barbash & Emily Wax, "Kenyan Environmental Activist Wins Nobel Peace Prize", *Wash. Post*, Oct. 8, 2004, at A1.

70. Margaret Jane Radin, "The Pragmatist and the Feminist", 63 *S. Cal. L. Rev.* 1699, 1706 (1990).

71. Catharine Pierce Wells, "Why Pragmatism Works for Me", 74 *S. Cal. L. Rev.* 347, 357 (2000).

72. Radin, supra note 70, at 1706.

73. See Deborah Dinner, "Strange Bedfellows at Work: Neomaternalism in the Making of Sex Discrimination Law", 91 *Wash. U.L. Rev.* 453, 514 (2014).

74. M. Balkin, "The Top Ten Reasons to Be a Legal Pragmatist", 8 *Const. Comment.* 351,

361 (1991).

75. Celestine I. Nyamu, "How Should Human Rights and Development Respond to Cultural Legitimization of Gender Hierarchy in Developing Countries? " 41 *Harv. Int'l L.J.* 381, 416 (2000).

76. Peter C. Schanck, "Understanding Postmodern Thought and Its Implications for Statutory Interpretation", 65 *S. Cal. L. Rev.* 2505, 2508 (1992).

77. Judith Butler, **Gender Trouble: Feminism and the Subversion of Identity** 33 (2nd ed. 1999).

78. Catharine MacKinnon, "Points Against Postmodernism", 75 *Chi.-Kent. L. Rev.* 687, 700-01 (2000).

79. Id. at 703.

80. Brenda Cossman, "Gender, Sexuality, and Power: Is Feminist Theory Enough?" 12 *Colum. J. Gender & L.* 601, 620 (2003).

81. Maxine Eichner, "On Postmodern Feminist Legal Theory", 36 *Harv. C.R.-C.L. L. Rev.* 5, 3 (2001).

2장 페미니스트 법학 방법론

1. See Katharine T. Bartlett, "Feminist Legal Methods", 103 *Harv. L. Rev.* 829, 836-37 (1990).

2. Catharine A. MacKinnon, **Feminism Unmodified: Discourses on Life and Law** 34 (1987)

3. Bartlett, supra note 1, at 837.

4. 예컨대, General Electric Co. v. Gilbert, 429 U.S.125 (1976) 판결은, 임신으로 발생하는 장애를 보장 대상에서 제외하는 개인 복지 제도가 연방 민권법 타이틀 VII에 따른 성차별을 구성하지 않는다고 판단했고, Geduldig v. Aiello, 417 U.S. 484 (1974) 판결은, 임신으로 발생하는 장애를 보장 대상에서 제외하는 국가복지제도가 수정헌법 제14조의 평등보호조항에 따른 성차별을 구성하지 않는다고 판단했다. Gilbert 사건에 대한 반발로 의회는 1978년 임신차별금지법[42 U.S.C.A. § 2000e(k)]을 통과시켰는데, 임신에 근거하여 차별하는 행위를 연방 민권법 타이틀 VII의 의미에서 성차별이라고 명시적으로 규정했다.

5. Martha Minow, "Foreword: Justice Engendered", 101 *Harv. L. Rev.* 10, 61 (1987).

6. Mari J. Matsuda, "Liberal Jurisprudence and Abstracted Visions of Human Nature: A Feminist Critique of Rawls' Theory of Justice", 16 *N.M. L. Rev.* 613, 618 (1986).

7. See, e.g., Carol Gilligan, **In a Different Voice: Psychological Theory and Women's Development** 105 (1982).

8. See, e.g., Linda Gordon, **Heroes of Their Own Lives: The Politics and History of Family Violence** (1988).

9. Bartlett supra note 1, at 863-64.

10. Virginia Woolf, **Three Guineas** 34 (1938).

11. Matsuda, supra note 6, at 619-20.

12. Catharine A. MacKinnon, "Feminism, Marxism, Method, and the State: An Agenda for Theory", reprinted in **The Signs Reader: Women, Gender & Scholarship** 227, 255 (Elizabeth Abel & Emily K. Abel eds., 1983).

13. Matsuda, supra note 6, at 621.

14. 공기 중 수은의 위험성과 공급원 검토에 관해서는, See Lisa Heinzerling & Rena Steinzer, "A Perfect Storm: Mercury and the Bush Administration", 34 *Envt'l L. Rep.* 10297 (2004); 여성 풀뿌리 운동가에 대한 남성 전문가의 평가에 대해서는, See Celene Krauss, "Women of Color on the Front Line", in **Unequal Protection: Environmental Justice and Communities of Color** 256 (Robert D. Bullard ed., 1994).

15. 성적 괴롭힘에 저항하면서 재봉사들이 어떤 방식으로 뭉쳤는지에 관해서는, See Marion Crain, "Between Feminism and Unionism: Working-Class Women, Sex Equality, and Labor Speech", 82 *Geo. L. J.* 1903, 1938 (1994); 이웃에 교도소 건물이 지어지는 것을 막기 위해 조직된 라틴 여성들의 노력을 회고하는 것으로는, See Gabriel Gutiérrez, "Mothers of East Los Angeles Strike Back", in **Unequal Protection: Environmental Justice and Communities of Color** 220, 222-27 (Robert D. Bullard ed., 1994); 남편의 탄광 파업을 돕기 위해 여성들이 단결했고, 남성들이 할 수 없었던 광부들의 양보를 얻어내는 데 중요한 역할을 했다는 것에는, See Sally Ward Maggard, "Gender Contested: Women's Participation in the Brookside Coal Strike", in **Women and Social Protest** 75, 79-90 (Guida West & Rhoda Lois Blumberg eds., 1990); 여성들의 참정권 운동을 묘사한 것은, See Anne F. Scott & Andrew M. Scott, "One Half the People: The Fight for Women's Suffrage", in **Women's America** 239, 305 (Linda K. Kerber & Jane De Hart-Mathews eds., 1987).

16. Bartlett, supra note 1, at 843.

17. Kenneth L. Karst, "Woman's Constitution", 1984 *Duke L. J.* 447.

18. Eugene Volokh, "Freedom of Speech and Appellate Review in Workplace Harassment Cases", 90 *Nw. U. L. Rev.* 1009 (1996).

19. ABA Comm'n on Women in the Profession, "A Current Glance at Women in the Law" (2014), available at http://www.americanbar.org/content/dam/aba/marketing/women/

current_glance_statistics_july2014.authcheckdam.pdf.

3장 직장, 임금, 그리고 복지

1. Andrew Sherrill et al., "Women in Management: Analysis of Female Managers' Representation, Characteristics, and Pay", *U.S. Gov't. Accountability Office (GAO)* (Sept. 20, 2010), http://www.gao.gov/assets/100/97082.pdf.

2. Jessica Arons, Lifetime Losses: The Career Wage Gap 3 (Dec. 2008).

3. Marie C. Wilson, "Time to Close Gender Wage Gap", *Det. Free Press*, Dec. 22, 2003 WL 71423713.

4. 42 U.S.C. § 2000e-2(a)(1) (1964). 해당 법 조항에서 사용된 "그의"라는 표현은 남성과 여성 모두를 포함한다.

5. 110 *Cong. Rec.* 2577-581 (1964) (remarks of Rep. Smith). 이러한 맥락에서 "성별"을 정의 하는 입법의 미비는 오늘날 민권법 타이틀 VII이 성적 지향에 근거한 차별을 보호하는지 여 부에 대한 논쟁을 불러일으키고 있다.

6. Jo Freeman, The Politics of Women's Liberation: A Case Study of an Emerging Social Movement and Its Relation to the Policy Process 54 (1975).

7. 29 C.F.R. § 1604 (1972).

8. Fesel v. Masonic Home of Delaware, 447 F. Supp. 1346 (D. Del. 1978).

9. 433 U.S. 321 (1977).

10. 499 U.S. 187 (1991).

11. Fisher & Phillips, LLP, "EEOC Settles Beef with Restaurant", Dec. 1, 2009, http://www.laborlawyers.com/eeoc-settles-beef-with-restaurant.

12. Ledbetter v. Goodyear Tire & Rubber Co., 550 U.S. 618 (2007).

13. Vicki Schultz, "Telling Stories About Women and Work: Judicial Interpretations of Sex Segregation in the Workplace in Title VII Cases Raising the Lack of Interest Argument", 103 *Harv. L. Rev.* 1749, 1840 (1990).

14. Cal. Fed. Sav. & Loan v. Guerra, 479 U.S. 272, 289 (1987).

15. Id.

16. Id.

17. Id.

18. Joan Williams, "Our Economy of Mothers and Others: Women and Economics Revisit-

ed", 5 *J. Gender, Race, & Just.* 411, 416 (2002).

19. Catherine Rampell, "The 'Mommy Penalty,; Around the World", *Economix of NYTimes. com* (Dec. 17, 2012, 6:33 PM), http://economixblogs.nytimes.com/2012/12/17/the-mommy-penalty-around-the-world/?emc=eta1&pagewanted=print.

20. Id.

21. Id.

22. Catherine Rampell, "*In Most Rich Countries, Women Work More Than Men*", *Economix of NYTimes.com* (Dec. 19, 2012, 4:15 PM), http://economixblogs.nytimes.com/2012/12/19/in-most-rich-countries-women-work-more-than-men/?emc=eta1&pagewanted=print.

23. Id.

24. Jessica Valenti, "Smart Women Not Having Kids, or Getting Support", *Women's E-news*, Sept. 15, 2012, http://www.womensenews.org/story/books/120915/s,art-women-not-having-kids-or-getting-support#.USK19qWR_oJ (noting that women most likely to opt not to have children are women with doctoral degrees, particularly in law and medicine, and explaining that thirty years ago, 90 percent of women had children).

25. U.S. Census Bureau, *Facts for Features* (Apr. 20, 2011), https://www.census.gov/newsroom/releases/archives/facts_for_features_special_editions/cb11-ff11.html.

26. "Children of Single Dads Get Less Health Care", *Reuters* (July 2007), http://www.reuters.com/article/2007/08/08/us-single-dads-idUSCOL86095820070808 (last visited May 16, 2013).

27. Rich Barlow, "Gay Parents as Good as Straight Ones", *B.U. Today*, Apr. 11, 2013, http://www.bu.edu/today/2013/gay-parents-as-good-as-straight-ones.

28. Keith Cunningham-Parmeter, "Men at Work, Fathers at Home: Uncovering the Masculine Face of Caregiver Discrimination", 24 *Colum. J. Gender & L.* 253, 264–69 (2013).

29. Jennifer Luddon, Single Dads by "Choice: More Men Going at It Alone", *NPR.ORG* (June 19, 2012), http://www.npr.org/2012/06/19/154860588/single-dads-by-choice-more-men-going-it-alone?ft=1&f=1001.

30. Joan C. Williams & Stephanie Bornstein, "The Evolution of 'FReD': Family Responsibilities Discrimination and Developments in the Law of Stereotyping and Implicit Bias", 59 *Hastings L.J.* 1311, 1313 (2008).

31. Center for WorkLifeLaw, *About FRD*, http://worklifelaw.org/frd/(last visited May 9, 2014).

32. Joan C. Williams, "Litigating the Glass Ceiling and the Maternal Wall: Using Stereotyping and Cognitive Bias Evidence to Prove Gender Discrimination", 7 *Emp. Rts. & Emp. Pol'y J.* 287 (2003).

33. Stephanie Bornstein, Ctr. for Worklife Law, "Poor, Pregnant, and Fired: Caregiver Discrimination Against Low-Wage Workers" (2011), http://worklifelaw.org/pubs/PoorPregnantAndFired.pdf.

34. Joan C. Williams & Amy J. C. Cuddy, "Will Working Mothers Take Your Company to Court?" *Harv. Bus. Rev. Mag.*, Sept. 2012, http://hbr.org/2012/09/will-working-mothers-take-your-company-to-court/ar/1.

35. 29 U.S.C. § 2612 (2001).

36. Robin R. Runge, "Redefining Leave from Work", 19 *Geo. J. on Poverty L. & Pol'y* 445, 453 (2012).

37. Id.

38. U.S. Dep't of Labor, "Balancing the Needs of Families and Employers: The Family and Medical Leave Surveys, 2000 Update", http://www.dol.gov/asp/fmla/chapter2.htm.

39. U.S. Dep't of Labor, supra note 38.

40. Shiela Kammerman & Shirley Gatenio, Issue Brief: "Mother's Day: More Than Candy and Flowers, Working Parents Need Paid Time-Off", Clearinghouse on Int'l Developments in Child, Youth & Fam. Policies, Spring 2002, http://www.childpolicyintl.org/issuebrief/issuebrief5.htm.

41. U.S. Dep't of Labor, supra note 38.

42. 490 U.S. 228 (1989).

43. See, e.g., Oncale v. Sundowner Offshore Servs., 523 U.S. 75 (1998); Strailey v. Happy Times Nursery Sch., 608 F.2d 327 (9th Cir. 1979).

44. Craft v. Metromedia, Inc., 766 F.2d 1205 (8th Cir. 1985).

45. Jack M. Balkin & Reva B. Siegel, "The American Civil Rights Tradition: Anticlassification or Antisubordination?" 58 *U. Miami L. Rev.* 9, 25 (2003).

46. 392 F.3d 1076, 1078 n.2 (9th Cir. 2004), "aff'd en banc", 444 F.3d 1104 (9th Cir. 2006).

47. Jespersen v. Harrah's Operating Co., 280 F. Supp. 2d 1189, 1192 (D. Nev. 2002).

48. Id. at 1193.

49. Jespersen v. Harrah's Operating Co., 444 F. 3d 1104, 1117 (9th Cir. 2006) (Kozinski, J., dissenting). Catherine Fisk came up with the delightful idea that *Jesperson* might

spawn "job opportunities in forensic cosmetology." "Privacy, Power, and Humiliation at
Work: Re-examining Appearance Regulation as an Invasion of Privacy", 66 *La. L. Rev.*
1111 (2006).

50. Alam v. Reno Hilton Corp., 819 F. Supp. 905, 913-14 (D. Nev. 1993).

51. Macissac v. Remington Hospitality, Inc. 811 N.E.2d 524 (Mass. App. Ct. 2004).

52. Id. at *2.

53. See David B. Cruz, "Making Up Women: Casinos, Cosmetics, and Title VII", 5 *Nev. L.J.*
240, 246 n.31 (2004).

54. Nelson v. James H. Knight DDS, P.C., No. 11-1857, 2012 WL 6652747 (Iowa Dec. 21,
2012), reh'g denied, 834 N.W.2d 64 (July 19, 2013).

55. Id.

56. Id.

57. Id.

58. Jose Martinez, "Debrahlee Lorenzana Sues Citigroup, Claims Bank Fired Her for Being
Too Sexy", *N.Y. Daily News*, June 2, 2010, available at http://www.nydailynews.com/
new-york/debrahless-lorenzana-sues-citigroup-claims-bank-fired-sexy-article-1.178086?
print.

59. Complaint, Lorenzana v. Citigroup, Inc., No. 09116382 (N.Y. Sup. Ct. 2010), available
at http://www.onpointnews.com/docs/sensual_NY.pdf.

60. Ian S. Thompson, "Transgender Military Ban Takes Center Stage", *ACLU* (May 12, 2014),
available at https://www.aclu.org/blog/lgbt-rights/transgender-military-ban-takes-center-
stage.

61. Associated Press, "Military's Transgender Ban Should Be Reviewed: Defense Secretary
Chuck Hegel", *N.Y. Daily News*, May 12, 2014, available at http://www.nydailynews.
com/news/politics/military-transgender-ban-reviewed-hagel-article-1.1788581.

62. 628 F. Supp. 1264 (N.D. Ill. 1986), aff'd, 839 F.2d 302 (7th Cir. 1988).

63. Written Testimony of Alice Kessler-Harris, Sears, 628 F. Supp. 1264 (No. 79-C-4373),
reprinted in 11 *Signs* 767, 767 (1986).

64. Vicki Schultz & Stephen Petterson, "Race, Gender, Work, and Choice: An Empirical Stu-
dy of the Lack of Interest Defense in Title VII Cases Challenging Job Segregation", 59 *U.
Chi. L. Rev.* 1073, 1097 (1992).

65. United States v. City of Miami, Florida, 115 F.3d 870, 874 (11th Cir. 1997).

66. E.E.O.C. v. Joint Apprenticeship Comm., 164 F.3d 89, 98 (2d Cir. 1998).

67. Id.

68. Melissa Hart, "Learning from Wal-Mart", 10 *Emp. Rts. & Emp. Pol'y J.* 355, 369 (2007).

69. Hillary Stout, "Less 'He Said, She Said' in Sex Harassment Cases", *N. Y. Times*, Nov. 5, 2011, available at http://www.nytimes.com/2011/11/06/jobs/in-sex-harassment-cases-less-he-said-she-said.html?emc=eta&pagewanted=print.

70. U.S. EEOC, "Sexual Harassment Charges: EEOC & FERPA Combined: FY 1997–FY 2011", *EEOC. GOV*, available at http://www1.eeoc.gob/eeoc/statistics/enforcement/sexual_harassment.cfm?renderforprint=1 (last visited Feb. 18, 2013). [hereinafter "EEOC 2011 Statistics."]

71. Stout, supra note 69.

72. Id.

73. EEOC 2011 Statistics, supra note 70.

74. Stout, supra note 69.

75. Harris v. Forklift Sys., Inc., 510 U.S. 17, 21, 23 (1993).

76. Carr v. Allison, 32 F.3d 1007, 1010 (7th Cir. 1994).

77. Gross v. Burgraff Constr. Co., 53 F.3d 1531 (10th Cir. 1995).

78. Williams v. General Motors Corp., 187 F.3d 553, 564 (6th Cir. 1999).

79. Compare, e.g., Williams v. W.D. Sports, N.M., Inc., 497 F.3d 1079, 1089 (10th Cir. 2007); Hurley v. Atlantic City Police Dep't, 174 F.3d 95, 115 (3d Cir. 1999); Gillming v. Simmons Indus., 91 F.3d 1168, 1172 (8th Cir. 1996); Ellison v. Brady, 924 F.2d 872, 879–80 (9th Cir. 1991) (합리적인 여성 기준을 적용) with Noviello v. City of Boston, 398 F.3d 76, 92 (1st Cir. 2005) (합리적인 사람 기준을 적용); Morgan v. Massachusetts Gen. Hosp., 901 F.2d 186, 192–93 (1st Cir. 1990) (합리적인 여성 기준을 부정).

80. See, e.g., Barbara A. Gutek et al., "The Utility of the Reasonable Woman Legal Standard in Hostile Environment Sexual Harassment Cases: A Multimethod, Multistudy Examination", 5 *Psychol. Pub. Pol'y & L.* 596 (1999).

81. Elissa L. Perry et al., "The Reasonable Woman Standard: Effects on Sexual Harassment Court Decisions", 28 *Law & Hum. Behav.* 9, 22 (2004).

82. 523 U.S. 75 (1998).

83. Doe v. City of Belleville, 119 F.3d 563, 572 (7th Cir. 1997).

84. 523 U.S. at 80–81.

85. See, e.g., Rene v. MGM Grand Hotel, Inc., 305 F.3d 1061 (9th Cir. 2002).

86. Brian Soucek, "Perceived Homosexuals: Looking Gay Enough for Title VII", 63 *Am. U. L. Rev.* 715, 717 (2014).

87. 523 U.S. at 80–82.

88. 524 U.S. 775 (1998).

89. 524 U.S. 742 (1998).

90. Faragher, 524 U.S. at 807.

91. 133 S. Ct. 2434, 2439 (2013).

92. John H. Marks, "Smoke, Mirrors, and the Disappearance of Vicarious Liability: The Emergence of a Dubious Summary Judgment Safe Harbor for Employers Whose Supervisory Personnel Commit Hostile Work Environment Workplace Harassment", 38 *Hous. L. Rev.* 1401, 1429 (2002). (적시에 공식적인 방법으로 괴롭힘을 보고하지 않는 경우, 비록 비공식적인 통지는 있었다 하더라도, 복수의 원고들로 하여금 전부 배상을 받을 수 없게 한다고 한) See, e.g., Crawford v. BNSF Ry. Co., 665 F.3d 978 (8th Cir. 2012).

93. Marks, supra note 92, at 1436.

94. U.S. (6 Pet.) 515, 561 (1832).

95. Ronald Takaki, **A Different Mirror: A History of Multicultural America** 86 (1993).

96. Derrick A. Bell Jr., "Brown v. Board of Education and the Interest Convergence Dilemma", 93 *Harv. L. Rev.* 518 (1980).

97. 57.1%의 여성이 고등교육을 받은 반면 남성은 55.8%만이 고등교육을 받은 것으로 조사한 (미국 인구조사국의 2008년 커뮤니티 조사를 인용한) Barbara Gault, "The Wage Gap and Occupational Segregation", *Inst. for Women's Pol'y Res.* (2010), available at http://www.iwpr.org (last visited Mar. 14, 2014).

98. U.S. Dept. of Labor, Women's Bureau, "Women in the Labor Force in 2010", available at http://www.dol.gov/wb/factsheets/Qf-laborforce-10.htm.

99. U.S. Bureau of Labor Statistics, "Highlights of Women's Earnings in 2011: Report 1038" (Oct. 2012), available at http://www.bls.gov/cps/cpswom2011.pdf, 7–35.

100. U.S. Dept. of Labor, Women's Bureau, "20 Leading Occupations of Employed Women: 2009 Annual Averages", available at http://www.dol.gov/wb/factsheets/20lead2009.htm.

101. U.S. Census Bureau, "Women and Men in the U.S.: March 2002" (Mar. 2003), available at http://www.census.gov/prod/2003pubs (last visited June 13, 2004); see also

Neil Kokemuller, "Careers That Are Male Dominated", *Hous. Chron.*, 2013, available at http://work.chron.com/careers-male-dominated-10935.html.

102. Shaila Dewan & Robert Gebeloff, "More Men Enter Fields Dominated by Women", *N. Y Times*, May 20, 2012, available at http://www.nytimes.com/2012/05/21/business/increasingly-men-seek-success-in-jobs-dominated-by-women.html?pagewanted=all&_r=0.

103. Scott A. Moss, "Women Choosing Diverse Workplaces: A Rational Preference with Disturbing Implications for Both Occupational Segregation and Economic Analysis of Law", 27 *Harv. Women's L.J.* 1 (2004).

104. Shilpa Banerji, "AAUP: Women Professors Lag in Tenure, Salary", *Diverse Issues in Higher Ed.*, Oct. 26, 2006, available at http://diverseeducation.com/article/6571/#.

105. Stephanie Francis Ward, "*Women at Big Firms Make Up 70 Percent of Staff Attorneys, 15 Percent of Equity Partners*", *ABA J.*, Oct. 23, 2012, available at http://www.abajournal.com/news/article/women_at_big_firms_make_up_70_percent_of_staff_attorneys_15_percent.

106. Id.

107. Catalyst, "Women CEOs of the Fortune 1000" (Jan. 1, 2013), available at http://www.catalyst.org/knowledge/women-ceos-fortune-1000.

108. Patricia Reaney, U.S. "Women Make Slow Progress into Boardrooms, Executive Jobs", *Reuters*, Dec. 11, 2012, available at http://www.reuters.com/article/2012/12/11/us-usa-women-executives-idUSBRE8BA04Z20121211.

109. Matt L. Huffman & Philip N. Cohen, "Occupational Segregation and the Gender Gap in Workplace Authority: National Versus Local Labor Markets", 19 *Soc. Forum* 121, 123 (Mar. 2004).

110. Andrea Giampetro-Meyer, "The Power Pyramid", 24 *Berkeley J. Emp. & Lab. L.* 203, 212 (2003).

111. See, e.g., Suzanne Gordon, "Feminism and Caregiving", 10 *Am. Prospect* 119 (1992).

112. U.S. General Accounting Office, "Women's Earnings: Work Patterns Partially Explain Difference Between Men's and Women's Earnings", *GAO-04-35*. 2 (Oct. 2003).

113. Francine D. Blau & Lawrence M. Kahn, "The Gender Pay Gap: Have Women Gone as Far as They Can?" 21 *Acad. Mgmt. Persp.* 7, 13 (Feb. 2007), available at https://www.stanford.edu/group/scspi/_media/pdf/key_issues/gender_research.pdf.

114. Marion Crain, "Confronting the Structural Character of Working Women's Economic

Subordination: Collective Action v. Individual Rights Strategies", 3 *Kan. J.L. & Pub. Pol'y* 26, 26 (Spring 1994).

115. 29 U.S.C. §§ 201–209 (2004).

116. Martha Chamallas, "The Architecture of Bias: Deep Structures in Tort Law", 146 *U. Pa. L. Rev.* 463, 475 (1998).

117. (필리스 슐래플리를 인용하는) Rhonda Jennings Blackburn, "Comparable Worth and the Fair Pay Act of 1994", 84 *Ky. L.J.* 1277, 1299 (1995–96).

118. Mark R. Killingsworth, "Comparable Worth and Pay Equity: Recent Developments in the United States", 28 *Can. Pub. Pol'y* 172, 178 (2002).

119. Paul Weatherhead, "What Is Comparable Worth?" WorldatWork, available at http://www.worldatwork.org/waw/adimComment?id=38793 (last visited Apr. 16, 2014).

120. See Thomas N. Hutchinson, Note, "The Fair Pay Act of 1994", 29 *Ind. L. Rev.* 621, 621–22 (1996).

121. Killingsworth, supra note 118.

122. Paycheck Fairness Act, H.B. 11 (2009).

123. "The Truth About the Pay Gap", *N.Y. Times*, Apr. 10, 2014, at A24.

124. Am. Fed'n. of State, County & Mun. Employees, AFL-CIO (AFSCME) v. Washington, 770 F.2d 1401, 1407 (9th Cir. 1985).

125. Randall v. Rolls-Royce Corp., 637 F.3d 818, 823 (7th Cir. 2011); see also Lang v. Kohl's Food Stores, Inc., 217 F.3d 919, 923 (7th Cir. 2000); American Nurses' Ass'n v. Illinois, 783 F.2d 716, 719–20 (7th Cir.1986); Mikula v. Allegheny Cnty., 583 F.3d 181, 183, 185 (3d Cir. 2009) (per curiam); United Auto. Workers v. Michigan, 886 F.2d 766, 768–69 (6th Cir.1989).

126. Ursula R. Kubal, Comment, "U.S. Multinational Corporations Abroad: A Comparative Perspective on Sex Discrimination Law in the United States and the European Union", 5 *N.C. J. Int'l. & Com. Reg.* 207 (1999).

127. Sandra J. Libeson, Comment, "Reviving the Comparable Worth Debate in the United States: A Look Towards the European Community", 16 *Comp. Lab. L.J.* 358, 376 n.111 (1995).

128. 50 U.S.C. app. §§ 451–73 (2003).

129. 453 U.S. 57 (1981).

130. National Defense Authorization Act for Fiscal Year 1994, Pub. L. No. 103–160, 107

Stat. 1547 (1993) (codified as 10 U.S.C. § 6015).

131. Adam N. Wojack, "Integrating Women into the Infantry", 82 *Mil. Rev.* 67 (Nov. 1, 2002).

132. Larry Abramson, "Women in Combat: Obstacles Remain as Exclusion Policy Ends", *NPR.ORG*, May 15, 2013, available at http://www.npr.org/2013/05/15/184042652/women-in-combat-obstacles-remain-as-exclusion-policy-ends.

133. G. S. Newbold, "Seven Myths About Women in Combat", *Time*, Mar. 14, 2013, available at http://nation.time.com/2013/03/14/seven-myths-about-women-in-combat.

134. 10 U.S.C. § 654 (2000).

135. Lisa Leff & Lolita C. Baldor, "Court Orders Immediate Halt to Gay Military Ban", *Pitt. Post-Gazette*, July 7, 2011, at A5.

136. Center for the Study of Sexual Minorities, "New Data Reveal Extensive Talent Loss Under Don't Ask, Don't Tell" (June 21, 2004), available at http://www.gaymilitary.ucsb.edu/PressCenter/press_rel_2004_0621.htm.

137. See, e.g., Philips v. Perry, 106 F.3d 1420 (9th Cir. 1997).

138. Aaron Belkin et al., "One Year Out: An Assessment of DADT Repeal's Impact on Military Readiness", *Palm Center* 6 (Sept. 20, 2012), available at http://www.palmcenter.org/files/One%20Year%20Out_0.pdf.

139. President Bill Clinton, "Remarks at the Welfare Reform Bill Signing" (Aug. 22, 1996), available at http://www.acf.dhhs.gov/news/welfare/wr/822potus.htm.

140. Ellen Reese, They Say Cut Back, We Say Fight Back! Welfare Activism in an Era of Retrenchment 3 (2013).

141. Id.

142. (연구에 관해 보도한) Jason DeParle, "Welfare Limits Left Poor Adrift as Recession Hit", *N.Y. Times*, Apr. 7, 2012, available at http://www.nytimes.com/2012/04/08/us/welfare-limits-left-poor-adrift-as-recession-hit.html.

143. Id.

144. Cynthia Negrey et al., "Job Training Under Welfare Reform: Opportunities for and Obstacles to Economic Self-Sufficiency Among Low-Income Women", *Geo. J. on Poverty L. & Pol'y* 347, 348, 357 (2000).

145. Barbara Ehrenreich, "Chamber of Welfare Reform", *Progressive*, Apr. 20, 2001, available at http://www.progressive.org/node/1573.

146. Id.

147. Reese, supra note 140, at 3.

148. Id.

149. Id.

150. David Cooper, "The Case for Raising the Minimum Wage", *Econ. Pol'y Inst.*, May 15, 2013, available at http://www.epi.org/publication/case-raising-minimum-wage-live-unified-america.

151. National Employment Law Project, "Living Wage Laws", available at http://www.nelp.org/content/content_issues/category/living_wage_laws (last visited July 17, 2014).

152. Jacob Alderdice, "Impeding Local Laboratories: Obstacles to Urban Policy Diffusion in Local Government Law", 7 *Harv. L. & Pol'y Rev.* 459, 472 (2013).

153. "The Book — Lean In: Women, Work, and the Will to Lead", available at http://leanin.org/book (last visited July 23, 2014).

154. Rebecca Traister, "Sheryl Sandberg's 'Lean In' Offers a Feminist View from the Top", *L.A. Times*, Mar. 7, 2013, available at latimes.com/features/books/jacketcopy/la-ca-jc-sheryl-sandberg-20130310,0,818617.story.

155. Lean In, "Everything You Need to Run Your Circle", available at http://leanin.org/circles (last visited July 23, 2014).

156. Hannah Seligson, "Page by Page, Men Are Stepping into the 'Lean In' Circle", *N.Y. Times*, Nov. 1, 2013, available at http://www.nytimes.com/2013/11/03/fashion/Page-by-Page-Men-Are-Stepping-Into-sheryl-sandbergs-lean-in-circle.html?pagewanted=all.

157. Anne Applebaum, "How to Succeed in Business", *N.Y. Rev. Bks.*, June 6, 2013, available at http://www.nybooks.com/articles/archives/2013/jun/06/sheryl-sandberg-how-succeed-business.

158. Caitlin Flanagan, "Dispatches from the Nanny Wars: How Serfdom Saved the Women's Movement", *Atlantic Monthly*, Feb. 2004, at 113.

159. Lawrence Grobel, "Playboy Interview: David Duchovny", *Playboy*, Dec. 1998, at 63, 70.

160. Zachary A. Kramer, "The New Sex Discrimination", 63 *Duke L.J.* 891, 895 (2014).

4장 교육과 스포츠

1. David Tyack & Elisabeth Hansot, Learning Together: A History of Coeducation in American Public Schools 49, 5, 10, 14, 24 (1990).

2. Susan McGee Bailey & Patricia B. Campbell, "*Gender Equity: The Unexamined Basis of School Reform*", 4 *Stan. L. & Pol'y Rev.* 73, 75 (1992–93).

3. Thomas Woody, A History of Women's Education in the United States 228 (1929).

4. Tyack & Hansot, supra note 1, at 78.

5. Id. at 79.

6. Id. at 83–84.

7. Ronald Chen & Jon Hanson, "Categorically Biased: The Influence of Knowledge Structures on Law and Legal Theory", 77 *S. Cal. L. Rev.* 1106, 1116 (2004).

8. Leslie Miller-Bernal, "Coeducation: An Uneven Progression", in Going Coed: Women's Experiences in Formerly Men's Colleges and Universities, 1950–2000 1, 4 (Leslie Miller-Bernal & Susan L. Poulson eds., 2004).

9. Deborah L. Rhode, "Association and Assimilation", 81 *Nw. U. L. Rev.* 106, 129–30 (1986).

10. Jill Elaine Hasday, "The Principle and Practice of Women's 'Full-Citizenship': A Case Study of Sex-Segregated Public Education", 101 *Mich. L. Rev.* 755, 805–08 (2002).

11. Cynthia Fuchs Epstein, "The Myths and Justifications of Sex Segregation in Higher Education: VMI and the Citadel", 4 *Duke J. Gender L. & Pol'y* 101, 118 n.150 (1997).

12. Gerard N. Burrow & Nora L. Burgess, "The Evolution of Women as Physicians and Surgeons", 71 *Annals Thoracic Surgery* S27, S27–S28 (2001).

13. Council on Graduate Medical Education, Fifth Report: Women in Medicine 31 (1996), available at http://www.hrsa.gov/advisorycommittees/bhpradvisory/cogme/Reports/fifth-reportfull.pdf.

14. Association of American Medical Colleges, "Total Enrollment by U.S. Medical School and Sex: 2009–2013", available at https://www.aamc.org/download/321526/data/2013 factstable26–2.pdf.

15. American Medical Association, Women Physicians Congress, "Table 1 — Physicians by Gender (Excludes Students)", 2004, available at http://www.ama-assn.org/ama/pub/category/12919.html; Henry J. Kaiser Family Foundation, "Table 9. Distribution of U.S. Medical School Faculty by Sex and Rank", Dec. 31, 2011, available at https://www.aamc.org/download/271912/data/11table9.pdf; Lindsey Tanner, "Docs Lean More Left with Women MDs up, Solo Practices Down, Political Donations Analysis Finds", *Huffington Post*, June 2, 2104, available at http://www.huffingtonpost.ca/2014/06/02/docs-lean-more-left-with-n_5433973.html.

16. Deborah L. Rhode, "Perspectives on Professional Women", 40 *Stan. L. Rev.* 1163, 1173–74 (1988).

17. Katharine T. Bartlett, "Women in the Legal Profession: The Good News and the Bad, Gifts of Speech", (1997), available at http://gos.sbc.edu/b/bartlett.html.

18. Mary J. Mullarkey, "Two Harvard Women: 1965 to Today", 27 *Harv. Women's L.J.* 367, 370–71 (2004).

19. Ruth Bader Ginsburg, "Introduction to Women and the Law: Facing the Millennium", 32 *Ind. L. Rev.* 1161, 1162 (1999).

20. Ronald G. Ehrenberg, "American Law Schools in a Time of Transition", 63 *J. Legal Educ.* 98, 108 (2013); Jonathan Gingerich, "A Call for Blind Review: Student-Edited Law Reviews and Bias", 59 *J. Legal Educ.* 269, 271 n.7 (2009); Tanya N. Terrell & Stephen J. Wermeil, "Advocating for Equality", 40 *Hum. Rts. Mag.* (No. 4, 2012), available at http://www.americanbar.org/publications/human_rights_magazine_home/2014_vol_40/vol_40_no_1_50_years_later/advocating_for_equality.html.

21. Lani Guinier et al., **Becoming Gentlemen: Women, Law School, and Institutional Change** (1997).

22. See Karen Sloan, "Women Lag in Top Law Review Jobs", *Nat'l L. J.*, Oct. 19, 2012.

23. Mark J. Perry, "Women Earned Majority of Doctoral Degrees in 2011 for 3rd Straight Year, and Outnumber Men in Grad School 141 to 100", *Am. Enterprise Inst.*, Sept. 28, 2012, available at http://www.aei-ideas.org/2012/09/women-earned-majority-of-doctoral-degrees-in-2011-for-3rd-straight-year-and-outnumber-men-in-grad-school-142-to-100; Elena Rodriguez-Falcon & Kimberly Bryant, "Global Insight on Drawing Girls to Tech", *NPR: Tell Me More*, Mar. 6, 2014.

24. Women's Sports Foundation, "Title IX Myths and Facts", available at https://www.womenssportsfoundation.org/en/home/advocate/title-ix-and-issues/what-is-title-ix/title-ix-myths-and-facts (last visited Aug. 14, 2014).

25. American Association of University Women, **How Schools Shortchange Girls** (1992) available at http://www.aauw.org/research/hssg.pdf.

26. Myra Sadker & David Sadker, **Failing at Fairness: How America's Schools Cheat Girls** 43 (1994).

27. David Sortino, "When Boys Get More Classroom Attention Than Girls", *Press Democrat*, Dec. 13, 2012, available at http://davidsortino.blogs.pressdemocrat.com/10161/whenboys-get-more-classroom-attention-than-girls.

28. Jeff Jacoby, Op-Ed, "'Alarming Facts' About Boys, Girls", *Boston Globe*, Feb. 6, 1996, at 15.

29. Zanita E. Fenton, "Disabling Racial Repetition", 31 *Law & Ineq.* 77, 79 (2012).

30. Zachary Nathan Klein, Note, "STEMing Out Disparities: The Challenges of Applying Title IX to the Study of Sciences, Technology, Engineering, and Mathematics", 64 *Rutgers L. Rev.* 895, 917 (2012).

31. Karen Zittleman & David Sadker, "Teacher Education Textbooks: The Unfinished Gender Revolution" (2002–3), available at http://www.sadker.org/textbooks.htm.

32. "Average High School GPA Has Increased Since 1990s", U.S. News & World Rep., Apr. 19, 2011, available at http://www.usnews.com/opinion/articles/2011/04/19/average-high-school-gpas-increased-since-1990.

33. "Sex differences in average mathematics test performance tend to be small to non existent." David I. Miller & Diane F. Halperin, "The New Science of Cognitive Sex Differences", 18 *Trends in Cognitive Sci.* 37, 38 (Jan. 2014).

34. Nicole M. Else-Quest et al., "Cross-National Patterns of Gender Differences in Mathematics: A Meta-Analysis", 136 *Psychol. Bull.* 103 (Jan. 2010).

35. Nancy Levit, The Gender Line: Men, Women, and the Law 15–63 (1998).

36. Robert T. Brennan et al., "The Relative Equitability of High-Stakes Testing Versus Teacher-Assigned Grades: An Analysis of the Massachusetts Comprehensive Assessment System (MCAS)", 71 *Harv. Educ. Rev.* 173 (2001).

37. Cathy Young, "Where the Boys Are, 32 Reason", Feb. 1, 2001, available at http://www.sonoma.edu/users/f/filp/ed420/boysare.htm. These statistics are still accurate, if not more gender-pronounced. Lyndsey Layton, "National High School Graduation Rates at Historic High but Disparities Still Exist", *Wash. Post*, Apr. 28, 2014, available at http://www.washingtonpost.com/local/education/high-school-graduation-rates-at-historic-high/2014/04/28/84eb0122-cee0-11e3-937f-d3026234b51c_story.html (boys comprise about 59 percent of high school dropouts).

38. See Michael Gurian, The Minds of Boys: Saving Our Sons from Falling Behind in School and Life (2007); Christina Hoff Sommers, The War Against Boys: How Misguided Feminism Is Harming Our Young Men (2000).

39. Nancy E. Dowd, The Man Question: Male Subordination and Privilege 84 (2010).

40. U.S. Dep't of Educ., National Center for Education Statistics, The Condition of Education 2014, 2, 13 (2014), available at http://nces.ed.gov/ pubs2014/2014083.pdf.

41. John W. Curtis, American Association of University Professors, "Persistent Inequity: Gender and Academic Employment" 3, Apr. 11, 2011, available at http://www.aaup.org/ NR/rdonlyres/08E023AB-E6D8-4DBD-99A0-24E5EB73A760/0/persistent_inequity.pdf.

42. Penny J. Gilmer et al., "Developing Academic Women Leaders in STEM", Bold Visions in Educational Research 165, 166 (2014).

43. Donna J. Nelson, "A National Analysis of Diversity in Science and Engineering Faculties at Research Universities" (Jan. 6, 2005) at 2, 6, available at http://cheminfo.chem.ou.edu/ djn/diversity/briefings/Diversity%20Report%20Final.pdf.

44. Curtis, supra note 41, at 4, 3.

45. Lawrence H. Summers, "Remarks at NBER Conference on Diversifying the Science and Engineering Workforce", Jan. 14, 2005, available at http://www.president.harvard.edu/ speeches/2005/nber.html.

46. Rebecca Winters, "Harvard's Crimson Face", Time, Jan. 31, 2005, at 52.

47. "Where the Women Aren't", Harv. Mag. 56 (Oct. 2014), available at http://harvard magazine.com/2013/09/where-the-women-aren-t.

48. Nondiscrimination on the Basis of Sex in Education Programs or Activities Receiving Federal Financial Assistance, 71 Fed. Reg. 62,530 (Oct. 25, 2006) (codified as amended at 34 C.F.R. § 106.34(b)(4) (2008)).

49. National Association for Single-Sex Public Education, "Single-Sex Schools/Schools with Single-Sex Classrooms", available at http://www.singlesexschools.org/schools-schools. htm (last visited Aug. 19, 2014).

50. Mark O'Keefe, "Single-Sex School Debate Rekindled", Chi. Trib., Oct.13, 2002, at 9A (quoting Terry O'Neill, membership vice president NOW).

51. 309 F. Supp. 184, 186 (E.D. Va. 1970).

52. 316 F. Supp. 134, 137, 136 n.3 (D.S.C. 1970), aff'd mem., 401 U.S. 951 (1971).

53. 400 F. Supp. 326, 342 (E.D. Pa. 1975), vacated by, 532 F.2d 880 (3d Cir. 1976), aff'd mem. by an equally divided Court, 430 U.S. 703 (1977).

54. 532 F.2d at 881, 882, 886.

55. Id. at 889 (Gibbons, J., dissenting).

56. 478 A.2d 1352 (Pa. Super. Ct. 1984).

57. 458 U.S. 718, 724–25, 729–30 (1982).

58. 775 F. Supp. 1004, 1007 (E.D. Mich. 1991).

59. 766 F. Supp. 1407, 1413 (W.D. Va. 1991).

60. Id. at 1415.

61. 976 F.2d 890, 898 (4th Cir. 1992).

62. 852 F. Supp. 471, 476 (W.D. Va. 1994).

63. 518 U.S. 515, 527, 528 (1996).

64. United States v. Virginia, 44 F. 3d 1229, 1237 (4th Cir. 1995).

65. 518 U.S. at 546, 533, 540.

66. Id. at 553–54, 533 n.7.

67. 20 U.S.C. § 1681(a) (2001).

68. Jackson v. Birmingham Bd. of Educ., 544 U.S. 167 (2005).

69. 34 C.F.R. § 106.35(b) (2003).

70. 34 C.F.R. § 106.34 (2003).

71. U.S. Dep't of Educ., Nondiscrimination on the Basis of Sex in Educational Programs or Activities Receiving Federal Financial Assistance; Proposed Rules, 69 Fed. Reg. 11276, 11278–79 (proposed Mar. 9, 2004).

72. Doe v. Wood Cnty. Bd. of Educ., 888 F. Supp. 2d 771, 880 (S.D. W. Va. 2012). Portions of this subsection are adapted from David Cohen & Nancy Levit, "Still Unconstitutional: Our Nation's Experiment with State-Sponsored Sex Segregation in Education", 44 *Seton Hall L. Rev.* 339 (2014).

73. A.N.A. v. Breckinridge Cnty. Bd. of Educ., 833 F. Supp. 2d 673, 676 n.7 (W.D. Ky. 2011).

74. 391 U.S. 430 (1968).

75. A.N.A., 833 F. Supp. 2d at 678.

76. Doe v. Vermilion Parish Sch. Bd., 421 Fed. App'x. 366 (5th Cir. 2011).

77. Id. at 368.

78. Id. at 370.

79. Martha Minow, "Confronting the Seduction of Choice: Law, Education, and American Pluralism", 120 *Yale L.J.* 814, 817, 848 (2011).

80. American Association of University Women, **Separated by Sex: A Critical Look at Single-Sex Education for Girls** 2 (1998) [hereinafter **Separated by Sex**].

81. See U.S. Dep't of Educ., Nondiscrimination on the Basis of Sex in Educational Programs or Activities Receiving Federal Financial Assistance; Proposed Rules, 69 Fed. Reg. 11276, 11276 n.3 (Mar. 9, 2004).

82. See Joy K. Rice & Annette Hemmings, "Women's Colleges and Women Achievers: An Update", 13 *Signs* 546, 555 (1988).

83. Beth Willinger, "Single-Gender Education and the Constitution", 40 *Loy. L. Rev.* 253, 268 (1994).

84. "Girls Only?" *Christian Sci. Monitor*, Sept. 5, 1996, at 20.

85. Tanyanika Samuels, "Women's Foundation Reveals Grant Recipients", *K.C. Star*, Dec. 4, 2002, available at 2002 WL 101928308.

86. Nick Chiles, "Going First Class", *Newsday*, June 27, 2001, at A3.

87. Rosemary C. Salomone, **Same, Different, Equal: Rethinking Single-Sex Schooling** 13 (2003).

88. Karen Stabiner, "The Pros and Cons of Single-Sex Schools", *Milwaukee J. & Sentinel*, May 20, 2002, at 11A.

89. Salomone, supra note 87, at 21.

90. Ellie McGrath, "Separate but Better? An Exploration of Single-Sex Education That Misses the Mark", *Chi. Trib.*, Nov. 24, 2002, at 1.

91. See Jacques Steinberg, "All-Girls School Opens to Muffins and Media", *N.Y. Times*, Sept. 5, 1996, at B6.

92. Robyn E. Blumner, "Single-Sex Education Won't Help Students in the Real World", *St. Petersburg Times*, May 26, 2002, at 6D.

93. Salomone, supra note 87, at 21.

94. Alexander W. Astin, **What Matters in College? Four Critical Years Revisited** 324 (1993).

95. Pamela Haag, "Single-Sex Education in Grades K-12: What Does the Research Tell Us?" in **Separated by Sex**, supra note 80, at 13, 22.

96. Nancy Levit, "Separating Equals: Educational Research and the Long-Term Consequences of Sex Segregation", 67 *Geo. Wash. L. Rev.* 451, 472-505 (1999). See also Valerie E. Lee, "Is Single-Sex Secondary Schooling a Solution to the Problem of Gender Inequity?" in **Separated by Sex**, supra note 80, at 41, 43.

97. 사회학 교수인 코넬리우스 리오단(Cornelius Riordan)은 경제적으로 형편이 어려운 학생들을 위해서 소수인종 성별분리, 나아가 본질적으로는 인종과 성별과 계급에 의한 분리가 학문적으로는 이로울 수 있다고 제안한다. See Cornelius Riordan, "Single-Gender Schools:

Outcomes for African and Hispanic Americans", 10 *Res. Soc. Educ. & Socialization* 177, 192-202 (1994). 그러나 리오단의 1990년 연구는 종교적 제약과 엄격한 규율 그리고 경제적 혜택이 주어지는 환경인 가톨릭 사립학교에서 시행되었기에 이를 공교육에 곧바로 적용할 수 있는지는 의문이 있다.

98. See, e.g., Lee, supra note 96, at 41, 43.

99. Willinger, supra note 83, at 270.

100. Peggy Reeves Sanday, Fraternity Gang Rape: Sex, Brotherhood, and Privilege on Campus 154-92 (1990).

101. See, e.g., Margaret L. Signorella et al., "Single-Sex Versus Mixed-Sex Classes and Gender Schemata in Children and Adolescents: A Longitudinal Comparison", 20 *Psychol. Women Q.* 599, 599, 606 (1996).

102. Amanda Datnow, Lea Hubbard & Elisabeth Woody, "Is Single-Gender Schooling Viable in the Public Sector? Lessons from California's Pilot Program", May 20, 2001, available at http://www.oise.utoronto.ca/depts/tps/adatnow/final.pdf.

103. Amanda Datnow, "Single-Sex Schooling: Critique of Report Relies on 'Disturbing Overgeneralization'", *Educ. Wk.*, Oct. 17, 2001, at 36, available at 2001 WL 12047039.

104. See, e.g., Walter Sidney, "Solving Coed Conundrum", *Denver Post*, June 13, 2003, at B7.

105. Julian V. Roberts & Anthony N. Doob, "News Media Influences on Public Views of Sentencing", 14 *Law & Hum. Behav.* 451, 453 (1990).

106. See Marc Fisher, "One-Gender Schools Would Offer Flexibility", *Contra Costa Times* (Walnut Creek, CA), May 19, 2002, available at 2002 WL 21118930.

107. American Institutes for Research, Single-Sex Versus Coeducational Schooling: A Systematic Review xii, xv (2005), available at http://www2.ed.gov/rschstat/eval/other/single-sex/index.html.

108. U.S. Dep't of Educ., Early Implementation of Public Single-Sex Schools: Perceptions and Characteristics xv, ix-x (2008), available at http://ed.gov/rschstat/eval/other/single-sex/characteristics/index.html.

109. American Institutes for Research, supra note 107, at xi.

110. Id. at 88.

111. Rebecca Bigler & Lise Eliot, "The Feminist Case Against Single-Sex Schools", *Slate*. Oct. 11, 2011, available at http://www.slate.com/articles/double_x/doublex/2011/10/the_single_sex_school_myth_an_overwhelming_body_of_research_show.html.

112. Erin Pahlke, Janet Shibley Hyde & Carlie M. Allison, "The Effects of Single-Sex Compared with Coeducational Schooling on Students' Performance and Attitudes: A Meta-Analysis", 140 *Psychol. Bull.* 1, 24, 23 (2014).

113. National Center for Education Statistics, **Charter School Enrollment**, Apr. 2014, available at http://nces.ed.gov/programs/coe/indicator_cgb.asp.

114. Id.

115. Title 34 Education Subtitle B Regulations of the Offices of the Dep't of Educ. Chapter I Office for Civil Rights, Dep't of Education, Part 106, Nondiscrimination on the Basis of Sex in the Education Programs or Activities Receiving Federal Financial Assistance, Subpart D, §106.34(b)(i)(B)(iii), available at https://www2.ed.gov/policy/rights/reg/ocr/edlite-34cfr106.html.

116. National Conference of State Legislatures, "School Voucher Laws: State-by-State Comparison", available at http://www.ncsl.org/research/education/voucher-law-comparison.aspx (last visited Nov. 8, 2014).

117. National Conference of State Legislatures, "Scholarship Tax Credits", available at http://www.ncsl.org/research/education/school-choice-scholarship-tax-credits.aspx (last visited Nov. 8, 2014).

118. 536 U.S. 639 (2002).

119. Women's Sports Foundation, **Her Life Depends on It II: Sport, Physical Activity, and the Health and Well-Being of American Girls and Women** 38–39 (2009), available at http://www.womenssportsfoundation.org/home/research/articles-and-reports/mental-and-physical-health/her-life-depends-on-it-ii.

120. National Women's Law Center, **The Battle for Gender Equity in Athletics in Colleges and Universities** 2 (Aug. 2011), available at http://www.nwlc.org/sites/default/files/pdfs/2011_8_battle_in_college_athletics_final.pdf.

121. National Women's Law Center, **Title IX and Women's Athletic Opportunity: A Nation's Promise Yet to Be Fulfilled** 3 (May 2002).

122. The President's Council on Physical Fitness and Sports Report, **Physical Activity & Sports in the Lives of Girls** (Spring 1997).

123. Women's Sports Foundation, **Minorities in Sports: The Effect of Varsity Sports Participation on the Social, Educational, and Career Mobility of Minority Students** 4 (Aug. 15, 1989).

124. Jerry Crowe, "Graduation Rates Fall for Most Players' Colleges," *L.A. Times*, Nov. 21,

2000, at D6.

125. See Women's Sports Foundation, The Wilson Report: Moms, Dads, Daughters, and Sports 5 (June 7, 1988).

126. Feminist Majority Foundation, "Gender Equity in Athletics and Sports", available at http://www.feminist.org/sports/titleIXfactsheet.asp (last visited Nov. 8, 2014).

127. Id.

128. Id.

129. National Coalition for Women and Girls in Education, Title IX Working to Ensure Gender Equity in Education 8 (2012), available at http://www.ncwge.org/PDF/TitleIXat40.pdf.

130. Id. at 15.

131. Id.

132. Id.

133. Catharine MacKinnon, Sex Equality 365 (2000).

134. National Women's Law Center, supra note 120, at 1; National Women's Law Center, supra note 121, at 2.

135. National Women's Law Center, supra note 121, at 2.

136. Id. at 16.

137. Vivian Acosta & Linda Jean Carpenter, Women in Intercollegiate Sport: A Longitudinal, National Study — Thirty-Seven-Year Update 35 (1977–2014), available at http://www.acostacarpenter.org.

138. Id. at 18.

139. Id.

140. Scott M. Reid, "For Black Women, a Coaching Void", *Orange Cnty. Reg.*, Dec. 20, 1999, at D1.

141. Richard Lapchick, "The 2013 Racial and Gender Report Card: College Sport", Tides: The Institute for Diversity and Ethics in Sports, July 30, 2014, at 26, available at http://www.tidesport.org/2013%20College%20Sport%20RGRC.pdf.

142. Deborah Brake, "The Struggle for Sex Equality in Sports and the Theory Behind Title IX", 34 *U. Mich. J.L. Reform* 13, 90–91 (2001).

143. 44 Fed. Reg. 71413 (1979).

144. U.S. Dep't of Educ., Clarification of Intercollegiate Athletics Policy Guidance: The Three-Part Test (Jan. 16, 1996), available at http://www.ed.gov/about/offices/list/ocr/docs/clari-

fic.html#two.

145. Roy Whitehead et al., "Gender Equity in Athletics: Should We Adopt a Non-Dis crimi-natory Model?" 30 *U. Tol. L. Rev.* 223, 225 (1999).

146. Cohen v. Brown Univ., 101 F.3d 155, 163 (1st Cir. 1996), cert. denied, 520 U.S. 1186 (1997).

147. Id. at 163-64 (quoting Cohen v. Brown Univ., 879 F. Supp. 185, 189 (D.R.I. 1995)).

148. Id. at 179.

149. Tamar Lewin, "U.S. Rule on Women's Sports May Ease College Compliance", *N.Y. Times*, Mar. 23, 2005, at A15.

150. Id. ["[타이틀 IX 준수] 정책에는 변화가 없다"는 제임스 매닝(James F. Manning), 민권 교육 담당 차관보의 발언을 인용하며.]

151. Mackinnon, supra note 133, at 384.

152. 198 F.3d 763 (9th Cir. 1999).

153. Juliet Macur, "Never Rowed? Take a Free Ride", *N.Y. Times*, May 28, 2004, at D1.

154. Adam Buckley Cohen, "Under the Axe: Is Title IX Killing Men's Collegiate Track?" *Running Times* 24, 26 (Nov. 2003).

155. "The Politics of Equity in College Sports", 13 *Women Higher Educ.* 7, 7 (Feb. 1, 2004).

156. Neal, 198 F.3d at 773.

157. Catherine Hill & Holly Kearl, American Association of University Women, Crossing the Line: Sexual Harassment at School 2 (2011), available at http://www.aauw.org/files/2013/02/Crossing-the-Line-Sexual-Harassment-at-School.pdf.

158. Joseph G. Kosciw et al., Gay, Lesbian, and Straight Education Network, The 2011 National School Climate Survey: The Experiences of Lesbian, Gay, Bisexual, and Transgender Youth in Our Nation's Schools 2 (2012).

159. Mary Pasciak, "School Alliance Against Gay Harassment: Posts a Message of Tolerance for All", *Buffalo News*, Feb. 22, 2003, at B1.

160. Gebser v. Lago Vista Indep. Sch. Dist., 524 U.S. 274 (1998); Franklin v. Gwinnett Cnty. Pub. Sch., 503 U.S. 60 (1992).

161. 526 U.S. 629 (1999).

162. Reese v. Jefferson Sch. Dist. No. 14J, 208 F.3d 736 (9th Cir. 2000).

163. 184 F.3d 20 (1st Cir. 1999).

164. U.S. Dept. of Educ., Office of Civil Rights, "Sexual Harassment: It's Not Academic"

(2008), available at http://www.ed.gov/about/offices/list/ocr/docs/ocrshpam.html.

165. Deborah L. Rhode, "You Must Remember This …", *Nat'l L.J.*, Oct. 28, 1996, at A28.

166. 34 C.F.R. § 106.41(b) (1995).

5장 젠더와 몸

1. Christopher P. Keleher, "Double Standards: The Suppression of Abortion Protesters' Rights of Free Speech", 51 *DePaul L. Rev.* 825, 834 (2002).

2. 410 U.S. 113, 153 (1973).

3. Harris v. McRae, 448 U.S. 297 (1980); Maher v. Roe, 432 U.S. 464 (1977).

4. Catharine A. MacKinnon, "Reflections on Sex Equality Under Law", 100 *Yale L.J.* 1281, 1311 (1991).

5. Anita L. Allen, "The Proposed Equal Protection Fix for Abortion Law", 18 *Harv. J.L. & Pub. Pol'y* 419, 438-39 (1995).

6. Planned Parenthood of Southeastern Pa. v. Casey, 505 U.S. 833, 928 (1992).

7. 492 U.S. 490 (1989).

8. 505 U.S. at 875, 877.

9. Id. at 886, 885.

10. Julie F. Kay, Note, "If Men Could Get Pregnant: An Equal Protection Model for Federal Funding of Abortion Under a National Health Care Plan", 60 *Brook. L. Rev.* 349, 379 (1994).

11. Alissa Scheller, "Here's How Long You Have to Wait for an Abortion in Each State", *Huffington Post*, May 15, 2014, available at http://www.huffingtonpost.com/2014/05/15/missouri-abortion-waiting_n_5331758.html.

12. Guttmacher Inst., "State Policies in Brief, Counseling and Waiting Periods for Abortion", May 14, 2014, available at http://www.guttmacher.org/statecenter/spibs/spib_MWPA.pdf.

13. Hodgson v. Minnesota, 497 U.S. 417 (1990).

14. Guttmacher Institute, "An Overview of Abortion Laws", May 10, 2014, available at http://www.guttmacher.org/statecenter/spibs/spib_OAL.pdf.

15. Note, "After Ayotte: The Need to Defend Abortion Rights with Renewed 'Purpose'", 119 *Harv. L. Rev.* 2552, 2555 (2006).

16. Ayotte v. Planned Parenthood Northern New Eng., 546 U.S. 320, 331 (2006).

17. Planned Parenthood v. Ashcroft, 462 U.S. 476 (1983).

18. Webster v. Reproductive Health Servs., 492 U.S. 490, 522 (1989).

19. Thornburgh v. Am. Coll. of Obstetricians & Gynecologists, 476 U.S. 747, 766 (1986).

20. Center for Reproductive Rights, "Targeted Regulation of Abortion Providers (TRAP)", Mar. 5, 2009, available at http://reproductiverights.org/en/project/targeted-regulationof-abortion-providers-trap.

21. Katharine Greenier & Rebecca Glenberg, "Virginia's Targeted Regulations of Abortion Providers: The Attempt to Regulate Abortion out of Existence", 71 *Wash. & Lee L. Rev.* 1233, 1234 (2014).

22. Greenville Women's Clinic v. Bryant, 66 F. Supp. 2d 691, 734, 735 (D.S.C. 1999), rev'd, 222 F.3d 157 (4th Cir. 2000), cert. denied, 531 U.S. 1191 (2001).

23. Center for Reproductive Rights, Petition for Certiorari in Greenville Women's Clinic v. Bryant, Nov. 17, 2000, available at http://www.crlp.org/pdf/SCTRAPcertpetition.pdf.

24. Planned Parenthood of Greater Texas Surgical Health Servs. v. Abbott, No. 13-51008, 2014 WL 1257965 *4 (5th Cir. Mar. 27, 2014) ["(초기 낙태 시술을 받은 여성 중) 0.3% 정도만이 입원을 필요로 하는 합병증을 경험함에도" 낙태 시술을 수행하는 의사에게 낙태 시술 장소로부터 30마일 이내에 위치한 상급 병원에 대한 환자 이송 특권이 있을 것을 요건으로 하는 텍사스 주 법에 대한 합헌 판결]; Planned Parenthood Minnesota, North Dakota, South Dakota v. Rounds, 686 F.3d 889, 905 (8th Cir. 2012) (낙태를 수행하는 의사들이 시술을 고려하는 여성들에게 낙태를 한 여성은 자살의 위험이 증가한다고 통지할 것을 요하는 사우스다코타 주 법에 대한 합헌 판결); Tucson Woman's Clinic v. Eden, 371 F.3d 1173 (9th Cir. 2004), aff'd in part, rev'd in part, remanded, 379 F.3d 531 (9th Cir. 2004) (낙태 시술을 제공하는 병원에 대해 무제한적이고, 영장 없는 수색을 할 수 있도록 하는 조항은 수정헌법 제4조에 위반된다는 판결); Women's Med. Ctr. of Northwest Houston v. Bell, 248 F.3d 411 (5th Cir. 2001) (낙태 수술을 허가받은 의사/기관이 낙태 수술이 환자의 "자존감과 자긍심"을 고취시키도록 해야 한다는 조항은 인용 범위를 벗어난 모호한 표현이라고 한 판결).

25. Rachel Benson Gold & Elizabeth Nash, "TRAP Laws Gain Political Traction While Abortion Clinics — and the Women They Serve — Pay the Price", 16 *Guttmacher Pol'y Rev.* (Spring 2013), available at http://www.guttmacher.org/pubs/gpr/16/2/gpr160207.html.

26. Greenier & Glenberg, supra note 21, at 1234-35.

27. Guttmacher Inst., "Induced Abortion in the United States", Feb. 2014, available at http://www.guttmacher.org/pubs/fb_induced_abortion.html.

28. Id.

29. Katha Pollitt, "Down and Out in Texas", *Nation*, May 10, 2004, at 9.

30. Guttmacher Institute, supra note 27.

31. Fay Clayton & Sara N. Love, "NOW v. Scheidler: Protecting Women's Access to Reproductive Health Services", 62 *Alb. L. Rev.* 967, 974–76 (1999).

32. Note, "Safety Valve Closed: The Removal of Nonviolent Outlets for Dissent and the Onset of Anti-Abortion Violence", 113 *Harv. L. Rev.* 1210, 1215 (2000).

33. Focus on the Family has an annual income of $95 million; the National Right to Life Committee has an annual income of approximately $6 million. Pro-Publica, "Nonprofit Explorer", available at http://projects.propublica.org/nonprofits/organizations/520986195; http://projects.propublica.org/nonprofits/organizations/953188150 (last visited July 14, 2014).

34. Sarah Kliff, "It's Not Just Hobby Lobby: The Pro-Life Movement Is Winning", *Vox Conversations*, July 2, 2014, available at http://www.vox.com/2014/7/2/5861224/theprolife-movement-is-winning.

35. Sybil Shainwald, "Reproductive Injustice in the New Millennium", 20 *Wm. & Mary J. Women & L.* 123, 124 (2013).

36. Tracy A. Thomas, "Back to the Future of Regulating Abortion in the First Term", 29 *Wis. J.L. Gender & Soc'y* 47 (2014).

37. "Abortion Foes Take Campaign to Municipal Level", *Pitt. Trib. Rev.*, Sept. 7, 2013.

38. Gallup, "Abortion", May 28, 2014, available at http://www.gallup.com/poll/1576/abortion.aspx#2.

39. Partial Birth Abortion Ban: Hearing on H.R. 1833 Before the Senate Comm. on the Judiciary, 104th Cong. 104 (Nov. 17, 1995).

40. Stenberg v. Carhart, 530 U.S. 918, 926–27 (2000).

41. Ann MacLean Massie, "So-Called 'Partial- Birth Abortion' Bans: Bad Medicine? Maybe. Bad Law? Definitely!" 59 *U. Pitt. L. Rev.* 301, 317–18 (1998).

42. 18 U.S.C. § 1531 (2004).

43. Planned Parenthood Fed'n of Am. v. Ashcroft, 320 F. Supp. 2d 957, 1030 (N.D. Cal. 2004).

44. 550 U.S. 124 (2007).

45. Id. at 164.

46. Id. at 166.

47. Willard Cates Jr. et al., "The Public Health Impact of Legal Abortion: 30 Years Later", 35 *Persp. on Sexual & Reprod. Health* (Jan./Feb. 2003), available at http://www.guttmacher.org/pubs/journals/3502503.html.

48. "Medical Abortion", *UCSF Medical Center*, available at http://www.ucsfhealth.org/treatments/medical_abortion/ (last visited July 13, 2014).

49. Nancy Gibbs, "The Pill Arrives", *Time*, Oct. 9, 2000, at 42.

50. Guttmacher Institute, supra note 27.

51. Laurah J. Samuels, Note, "Mifepristone Protocol Legislation: The Anti-Choice Movement's Disingenuous Method of Attack on the Reproductive Rights of Women and How Courts Should Respond", 26 *Colum. J. Gender & L.* 316, 317 (2014) (the five states are Arizona, North Dakota, Ohio, Oklahoma, and Texas; citing Planned Parenthood Sw. Ohio Region v. DeWine, 696 F.3d 490, 506-8 (6th Cir. 2012)). See also Planned Parenthood Ariz., Inc. v. Huble, No. 14-15624, 2014 WL 2464983 (9th Cir. June 3, 2014).

52. Brian Lyman, "Former ATF Official: Abortion Violence Has Wide Impact", *Montgomery Advertiser*, May 28, 2014, available at http://legalpronews.findlaw.com/article/99dcab4ca2496718a0777bb0ecc02a3d; National Abortion Federation, *NAF Violence and Disruption Statistics*, available at https://www.prochoice.org/about_abortion/violence/documents/Stats_Table.pdf (last visited June 3, 2014).

53. Lyman, supra note 52.

54. 18 U.S.C. § 248(a)(1) (1996).

55. National Abortion Federation, "NAF Violence and Disruption Statistics: Incidents of Violence and Disruption Against Abortion Providers in the US and Canada", available at http://www.prochoice.org/Violence/Statistics/default.htm (last visited Sept. 22, 2004).

56. Planned Parenthood of the Columbia/Willamette, Inc., v. Am. Coalition of Life Activists, 41 F. Supp. 2d 1130 (D. Or. 1999), rev'd, 244 F.3d 1007 (9th Cir. 2001), reinstated, 290 F.3d 1058, 1063 (9th Cir. 2002), on remand, 300 F. Supp. 2d 1055 (D. Or. 2004) (upholding punitive damages award).

57. McCullen v. Coakley, 134 S. Ct. 2518 (2014).

58. Hill v. Colorado, 530 U.S. 703 (2000).

59. Planned Parenthood of Cent. Mo. v. Danforth, 428 U.S. 52 (1976).

60. People of Interest of S.P.B., 651 P.2d 1213 (Colo. 1982).

61. See, e.g., Causeway Med. Suite v. Foster, 43 F. Supp. 2d 604 (E.D. La. 1999).

62. Robin L. West, "The Supreme Court 1989 Term, Foreword: Taking Freedom Seriously", 104 *Harv. L. Rev.* 43, 82–83 (1990).

63. Pamela S. Karlan & Daniel R. Ortiz, "In a Diffident Voice: Relational Feminism, Abortion Rights, and the Feminist Legal Agenda", 87 *Nw. U. L. Rev.* 858 (1993).

64. Hodgson, 497 U.S. at 484 (Kennedy, J., concurring in part and dissenting in part), cited in Karlan & Ortiz, supra note 63, at 882–83.

65. Brief of Amici Curiae Women Who Have Had Abortions, Webster v. Reproductive Health Services, 492 U.S. 490, 1989 WL 1115239 (1989) (No. 88–605). A similar brief, "Brief Amici Curiae of the National Council of Negro Women, Inc., et al., Webster v. Reproductive Health Serv.", 492 U.S. 490, 1989 WL 1127686 (1989) (No. 88–605), accumulating data on the costs and availability of abortion to show that the right of choice is an illusion if the costs of abortion services are too high.

66. Robin L. West, "The Constitution of Reasons", 92 *Mich. L. Rev.* 1409, 1436 (1994).

67. 505 U.S. at 888–93.

68. Gonzales v. Carhart, 550 U.S. 124, 159 (2007).

69. Norma McCorvey with Andy Meisler, I Am Roe: My Life, Roe v. Wade, and Freedom of Choice (1994).

70. Cheryl Wetzstein, "Ex-'Jane Roe' Says Her Abortion Case Was Based on Lies", *Wash. Times*, Jan. 22, 1998, at A7.

71. McCorvey v. Hill, 2003 WL 21554506 (N.D. Tex. July 8, 2003), aff'd on other grounds, 2004 WL 2035319 (5th Cir. 2004).

72. See Tracy E. Higgins, "Anti-Essentialism, Relativism, and Human Rights", 19 *Harv. Women's L.J.* 89, 89 (1996).

73. See Judith N. Shklar, The Faces of Injustice 90 (1990).

74. See Higgins, supra note 72, at 117 (quoting Susan M. Okin, "Gender Inequality and Cultural Differences", 22 *Pol. Theory* 5, 19 (1994) (emphasis in original)).

75. Feminists for Life, "History Worth Repeating", available at http://www.feministsforlife. org/herstory (last visited July 15, 2014).

76. Scott Waldman, "Feminists for Life Lobby for Two Bills", *Democrat & Chron.*, Mar. 21,

2004, at 3B.

77. Linda C. McClain, "Equality, Oppression, and Abortion: Women Who Oppose Abortion Rights in the Name of Feminism", in *Feminist Nightmares: Women at Odds: Feminism and the Problem of Sisterhood* 159, 169 (Susan Ostrov Weisser & Jennifer Fleischner eds., 1994) (quoting testimony from the FFLA).

78. Ruth Colker, "An Equal Protection Analysis of United States Reproductive Health Policy: Gender, Race, Age, and Class", 1991 *Duke L.J.* 324, 333.

79. See Dorothy E. Roberts, "Punishing Drug Addicts Who Have Babies: Women of Color, Equality, and the Right of Privacy", 104 *Harv. L. Rev.* 1419 (1991).

80. 381 U.S. 479 (1965).

81. Eisenstadt v. Baird, 405 U.S. 438 (1972).

82. Carey v. Population Servs. Int'l, 431 U.S. 678 (1977).

83. Terry O'Neill, "Religion Is No Excuse for Bigotry Against Women", *Huffington Post*, Mar. 21, 2014, available at 2014 WLNR 7734053.

84. Family Planning Services and Population Research Act of 1970, Pub. L. No. 91-572, 84 Stat. 1506 (codified at 42 U.S.C. §§ 300-300a-8 (1994)).

85. U.S. Dep't of Health & Human Services, "Title X Family Planning", available at http://www.hhs.gov/opa/title-x-family-planning (last visited July 15, 2014).

86. Guttmacher Inst., "Facts on Publicly Funded Contraceptive Services in the United States", available at http://www.guttmacher.org/pubs/fb_contraceptive_serv.html (Mar. 2014).

87. Planned Parenthood Fed. of Amer., "A Planned Parenthood Report on the Bush Administration and Its Allies: The Assault on Birth Control and Family Planning Programs" (Oct. 2003), available at http://www.plannedparenthood.org/library/birthcontrol/03 1030_birthcontrol_report.pdf#xml=http://plannedparenthood.org.master.com/texis/master/search/mysite.txt?q=title+x&order=r&id=3840507a38c4149b&cmd=xml.

88. Alexandra Sifferlin, "What's Behind the Drop in U.S. Teen Birth Rates", *Time*, May 24, 2013, available at http://healthland.time.com/2013/05/24/whats-behind-the-drop-in-u-s-teen-birth-rates.

89. Alexa Keyes, "Rush Limbaugh Doubles Down on Sandra Fluke, Offering 'as Much Aspirin to Put Between Her Knees as She Wants'", *ABC News*, Mar. 1, 2012, available at http://abcnews.go.com/blogs/politics/2012/03/rush-limbaugh-sandra-fluke-a-slut-and-prostitute.

90. Rust v. Sullivan, 500 U.S. 173 (1991); Title X "Gag Rule," 58 Fed. Reg. 7455 (Jan. 22, 1993).

91. National Abortion Rights Action League, "2003 Anti-Choice Federal Activity", available at http://www.naral.org/yourstate/whodecides/trends/loader.cfm?url=/commonspot/security/getfile.cfm&PageID=10156.

92. Sourafel Girma & David Paton, "Does Parental Consent for Birth Control Affect Underage Pregnancy Rates? The Case of Texas", 50 *Demography* 2105, 2124 (2013).

93. Dore Hollander, "Sexual Behavior Is Safer When Students Can Get Their Condoms at Their Schools", 35 *Persp. on Sexual & Reprod. Health* 236 (Sept. 1, 2003).

94. Parents United for Better Sch. v. Sch. Dist. of Philadelphia Bd. of Educ., 148 F.3d 260 (3d Cir. 1998); Curtis v. Sch. Comm. of Falmouth, 652 N.E.2d 580 (Mass. 1995); Alfonso v. Fernandez, 606 N.Y.S.2d 259 (App. Div. 1993).

95. Lauran Neergaard, "Over-the-Counter Sale of Plan B Gets FDA OK", *Boston Globe*, June 21, 2013, available at 2013 WLNR 15163623.

96. See, e.g., Randy Krehbiel, "Abortion, Contraception Bills Advance in Oklahoma House", *Tulsa World*, Apr. 2, 2014.

97. Kimberly Palmer, "The Real Cost of Birth Control", Money, Mar. 5, 2012, available at http://money.usnews.com/money/blogs/alpha-consumer/2012/03/05/the-real-cost-of-birth-control.

98. "Women of reproductive age today pay 68 percent more for their health care services than do men of the same age." "Planned Parenthood President Hails Effort in Congress to End Discrimination by Health Plans against Women Seeking Contraception", *U.S. Newswire*, July 15, 2003, available at 2003 WL 55660296.

99. Emily Pitt Mattingly, Note, "'Hobby-Lobby'-ing for Religious Freedom: Crafting the Religious Employer Exemption to the PPACA", 102 *Ky. L. J.* 183, 187 (2014).

100. Erickson v. Bartell Drug Co., 141 F. Supp. 2d 1266, 1271 (W.D. Wash. 2001).

101. Adam Sonfield et al., "U.S. Insurance Coverage of Contraceptives and the Impact of Contraceptive Coverage Mandates, 2002", 36 *Persp. on Sexual & Reprod. Health* 72 (Mar./Apr. 2004).

102. Guttmacher Institute, "State Policies in Brief: Insurance Coverage of Contraceptives", July 1, 2014, available at http://www.guttmacher.org/statecenter/spibs/spib_ICC.pdf.

103. Burwell v. Hobby Lobby Stores, Inc., 134 S. Ct. 2751 (2014).

104. Id. at 2787. (긴스버그 대법관의 반대 의견)

105. Heather Long, "Hobby Lobby Does Invest in Birth Control", *CNN Money*, July 2, 2014, available at http://money.cnn.com/2014/07/01/investing/hobby-lobby-401k-contraception.

106. Dahlia Lithwick, "For a Hands-off Court, This One Sure Is Hands On", *Slate*, June 30, 2014, available at http://www.slate.com/articles/news_and_politics/the_breakfast_table/features/2014/scotus_roundup/supreme_court_hobby_lobby_decision_where_was_antonin_scalia.html.

107. Catharine MacKinnon, Sex Equality 1300 (2001).

108. 창세기 16:1-2. 기타 대리모 사용은 야곱, 그의 아내들인 라헬과 레아, 그리고 몸종들과 관련해 창세기 30:1-12에서도 나타난다.

109. See In re Baby M, 537 A.2d 1227 (N.J. 1988).

110. Tamar Lewin, "Coming to U.S. for Baby, and Womb to Carry It", *N. Y. Times*, July 5, 2014, available at http://www.nytimes.com/2014/07/06/us/foreign-couples-heading-to-americafor-surrogate-pregnancies.html?hp&action=click&pgtype=Homepage&version=LargeMediaHeadlineSum&module=photo-spot-region&region=photo-spot&WT.nav=photo-spot.

111. Id.; Christie D'Zurilla, "Jimmy Fallon Shares New-Baby Secret: They Used a Surrogate", *L.A. Times*, Aug. 9, 2013, available at http://articles.latimes.com/2013/aug/09/entertainment/la-et-mg-jimmy-fallon-baby-surrogate-20130809.

112. Anemona Hartocollis, "And Surrogacy Makes" 3, Feb. 19, 2014, available at http://www.nytimes.com/2014/02/20/fashion/In-New-York-Some-Couples-Push-for-Legalization-of-Compensated-Surrogacy.html.

113. See MacKinnon, supra note 107, at 1305 n.38.

114. Lori B. Andrews, "Beyond Doctrinal Boundaries: A Legal Framework for Surrogate Motherhood", 81 *Va. L. Rev.* 2343, 2354 (1995).

115. (대리모를 인용하는) Helena Ragoné, Surrogate Motherhood: Conception in the Heart 77 (1994).

116. Margaret Jane Radin, "What, if Anything, Is Wrong with Baby Selling?" 26 *Pac. LJ.* 135 (1995).

117. 537 A.2d 1227 (N.J. 1988).

118. 851 P.2d 776 (Cal. 1993).

119. Id. at 781.

120. 대리모 관련 법률 및 50개 주의 실무에 대한 개요는 See Diane S. Hinsen, "State-by-State Surrogacy Law: Actual Practice", 2013, available at http://www.creativefamilyconnections.com/state-map-surrogacy-law-practices.

121. Id. (캘리포니아, 일리노이, 네바다 주를 "그린라이트 스테이트"로 묘사하고 있다.)

122. Id.

123. Id.

124. Id.

125. Id.

126. Lewin, supra note 110.

127. Id.

128. See Chaitra Arjunpuri, "India's Growing Rent-a-Womb Industry", Al-Jazeera, Feb. 3, 2013, available at http://www.aljazeera.com/indepth/features/2013/01/20131281224197 99224.html.

129. New Oxford American Dictionary: pornography, available at http://www.oxforddictio-naries.com/us/definition/american_english/pornography (last visited Sept. 7, 2014).

130. Encyclopedia Britannica: pornography, available at http://www.britannica.com/EBcheck-ed/topic/470645/pornography (last updated Feb. 6, 2014).

131. Andrea Dworkin, **Pornography: Men Possessing Women** 199–201 (1981); Catharine A. MacKinnon, **Only Words** 10–21 (1993).

132. Elaine Grant, "Only Words", 20 *N.Y.U. Rev. L. & Soc. Change* 688, 689 (1993–94).

133. Indianapolis Code § 16–3(q), quoted in American Booksellers Ass'n v. Hudnut, 771 F.2d 323, 324 (7th Cir. 1985), aff.'d, 475 U.S. 1001 (1986).

134. Regina v. Butler, [1992] 1 S.C.R. 452, 509–10 (Can.).

135. Nadine Strossen, **Defending Pornography: Free Speech, Sex, and the Fight for Women's Rights** 30 (1995).

136. Carlin Meyer, "Sex, Sin, and Women's Liberation: Against Porn-Suppression", 72 *Tex. L. Rev.* 1097, 1193 (1994).

137. See Robert Lopez & Jeff Marx, "'The Internet Is for Porn', on Avenue Q (Original Broad-way Cast)" (RCA Victor Broadway 2003). 이 쇼를 보지 못한 독자들께서는 See "The In-ternet Is for Porn-Avenue Q-Original Broadway Cast", https://www.youtube.com/wat-ch?v=LTJvd Gcb7Fs (published Jan. 19, 2013).

138. Julie Ruvolo, "How Much of the Internet Is Actually for Porn", *Forbes*, Sept. 7, 2011, available at http://www.forbes.com/sites/julieruvolo/2011/09/07/how-much-of-the-internet-is-actually-for-porn (interview with Ogi Ogas, a cognitive neuroscientist and science writer, drawing from 2010 data).

139. McAfee, "Lovers Beware: Scorned Exes May Share Intimate Data and Images Online", Feb. 4, 2013, available at http://www.mcafee.com/us/about/news/2013/q1/201302 04-01.aspx.

140. Kashmir Hill, "Please Stop Saying 'Celebs Shouldn't Have Taken Nude Photos in the First Place'", *Forbes*, Sept. 1, 2014, available at http://www.forbes.com/sites/kashmir-hill/2014/09/01/sext-abstinence-education-doesnt-work.

141. See David Kavets, "Scarlett Johansson Hacker Gets 10 Years", Wired, Dec. 17, 2012, available at http://www.wired.com/2012/12/scarlett-johansson-hacker.

142. Amanda Marcotte, "How to Stop Revenge Porn? Make It a Crime", Slate, Sept. 24, 2013, available at http://www.slate.com/blogs/xx_factor/2013/09/24/revenge_porn_is_domestic_abuse_it_should_be_a_crime.html.

143. See National Conference of State Legislatures, State "Revenge Porn" Legislation (updated Sept. 2, 2014), available at http://www.ncsl.org/research/telecommunications-and-information-technology/state-revenge-porn-legislation.aspx.

6장 결혼과 가족

1. Susan Moller Okin, **Justice, Gender, and the Family** 140 (1989).

2. Winchendon v. Hatfield, 4 Mass. 123, 129 (1808).

3. Perez v. Lippold, 198 P.2d 17 (Cal. 1948).

4. Loving v. Virginia, 388 U.S. 1 (1967).

5. Ed Anderson, "Covenant Marriages in Louisiana Get an 'I Don't' from Louisiana Couples", *New Orleans Times-Picayune*, Aug. 10, 2009, available at http://www.nola.com/news/index.ssf/2009/08/covenant_marriages_get_an_i_do.html.

6. Barbara Dafoe & David Popenoe, **Should We Live Together? What Young Adults Need to Know About Cohabitation Before Marriage** 6 (2nd ed. 2002) (citing studies), available at http://marriage.rutgers.edu.

7. 381 U.S. 479, 486 (1965).

8. See June Carbone & Naomi Cahn, Marriage Markets: How Inequality Is Remaking the American Family (2014) (presenting current statistics by gender, race, and class); Rose M. Kreider & Jason M. Fields, U.S. Dep't of Commerce, Number, Timing, and Duration of Marriages and Divorces: 1996 at 17, figure 4 (2001) (presenting statistics of two decades ago).

9. Okin, supra note 1, at 135–36.

10. Gary Gates & Jason Ost, The Gay and Lesbian Atlas 45 (2004).

11. Id. at 37, figure 5.4 (comparing median household incomes).

12. See United States v. Windsor, 133 S. Ct. 2675, 2690 (2013) (citing examples).

13. 28 U.S.C. § 1738C (1996).

14. See Adam Gabbatt, "Edith Windsor and Thea Spyer: 'A Love Affair That Just Kept On and On and On'", *Guardian*, June 26, 2013, available at http://www.theguardian.com/world/ 2013/jun/26/edith-windsor-thea-spyer-doma.

15. 133 S. Ct. at 2693.

16. 798 N.E.2d 941 (Mass. 2003).

17. Id. at 961.

18. Id.

19. Id. at 949.

20. Lewis v. Harris, 908 A.2d 196 (N.J. 2006).

21. In re Marriage Cases, 183 P.3d 384 (Cal. 2008).

22. Hollingsworth v. Perry, 133 S. Ct. 2652 (2013).

23. Kerrigan v. Comm'r of Pub. Health, 957 A.2d 407 (Conn. 2008).

24. E.g., Connecticut, New York, and Washington.

25. E.g., Alabama, Arizona, and Louisiana.

26. Baskin v. Bogan, 1:14-CV-00355-RLY, 2014 WL 2884868 (S.D. Ind. 2014); Brenner v. Scott, 999 F. Supp. 2d 1278 (N.D. Fla. 2014); Geiger v. Kitzhaber, 994 F. Supp. 2d 1128 (D. Or. 2014); Love v. Beshear, 989 F. Supp. 2d 536 (W.D. Ky. 2014). Not all federal courts, however, were in agreement. See, e.g., Robicheaux v. Caldwell, Civ. A. 13–5090, 2014 WL 4347099 (E.D. La. 2014) (upholding Louisiana's ban on same-sex marriage against arguments that United States v. Windsor has settled the matter).

27. Baskin v. Bogan, No. 14–2386, 2014 WL 4359059 (7th Cir. 2014).

28. Id. at *14.

29. Id. at *10.

30. Id. at *14.

31. Id. at *19.

32. Richard A. Posner, "Book Review" [reviewing William Eskridge, Cases and Materials on Legislation: Statutes and the Creation of Public Policy (1988)], 74 *Va. L. Rev.* 1567, 1585 (1988). See also Linda Greenhouse, "The Moment at Hand", *N.Y. Times*, Sept. 17, 2014, available at http://www.nytimes.com/2014/09/17/opinion/the-moment-at-hand.html?_r=0 (discussing Judge Posner's evolving attitudes towards the right to same-sex marriage).

33. Joel Cohen, "An Interview with Judge Richard A. Posner", *ABA J.*, July 1, 2014, available at http://www.abajournal.com/magazine/article/an_interview_with_judge_richard_a._posner.

34. See Obergefell v. Hodges, ‒S. Ct.‒, No. 14-556, 2015 WL 2473415 (June 26, 2015).

35. Human Rights Campaign, "Percent of Population Living in States with Marriage Equality", available at http://www.hrc.org/resources/entry/percent-of-population-living-in-states-with-marriage-equality (listing states recognizing same-sex marriage as of April 15, 2015).

36. ProCon.org, "37 States with Legal Gay Marriage and 13 States with Same-Sex Marriage Bans", available at http://gaymarriage.procon.org/view.resource.php?resourceID=004857 (listing states banning same-sex marriage as of as of May 4, 2015).

37. Human Rights Campaign, "Percent of Population Living in States with Marriage Equality", supra note 35 (reflecting data from the 2010 U.S. Census).

38. Freedom to Marry, "*The Freedom to Marry Internationally*", available at http://www.freedomtomarry.org/landscape/entry/c/international (last visited May 27, 2015).

39. Obergefell, 2015 WL 2473415 at *11.

40. Id. at *23.

41. Naomi Shavin, "Gay Couples Can Marry Now, but They Can Still Be Fired for Being Gay", *ABC News*, June 26, 2015, http://abcnews.go.com/US/wireStory/probate-judges-opposed-gay-marriage-stand-firm-32146429.

42. Jay Reeves, "Federal Judge: Alabama Counties Must Allow Gay Marriage", *ABC News*, July 1, 2015, http://abcnews.go.com/US/wireStory/probate-judges-opposed-gay-marriage-stand-firm-32146429.

43. Jonathan M. Katz, "North Carolina Allows Officials to Refuse to Perform Gay Marriages", *N.Y. Times*, June 11, 2015, available at http://www.nytimes.com/2015/06/12/us/north-carolina-allows-officials-to-refuse-to-perform-gay-marriages.html?_r=0.

44. Nan D. Hunter, "Marriage, Law, and Gender: A Feminist Inquiry", 1 *Law & Sexuality* 9 (1991).

45. David Crary, "Ginsburg Questions 1973 Abortion Ruling's Timing", *Boston Globe*, Feb. 10, 2012, available at http://www.boston.com/news/education/higher/articles/2012/02/10/ginsburg_questions_1973_abortion_rulings_timing. *See also* David Brooks, Op-Ed, "Roe's Birth, and Death", *N.Y. Times*, Apr. 21, 2005, at A23 ("해리 블랙먼 대법관은 다른 어떤 20세기 미국인들보다 우리 민주주의에 의도치 않은 피해를 더 많이 입혔다. 그와 연방대법원 동료들이 로 대 웨이드 판결을 내린 이후로, 공적인 삶을 오염시켜온 정치적 공격과 반격의 악순환이 계속되었다.").

46. See, e.g., Linda Greenhouse & Reva B. Siegel, "Before (and After) Roe v. Wade: New Questions About Backlash", 120 *Yale L.J.* 2028 (2011) (noting serious political conflict before Roe v. Wade and questioning whether post-Roe conflict can be fairly attributed to the *Roe* decision).

47. Frank Newport, "For First Time, Majority of Americans Favor Legal Gay Marriage", *Gallup Politics*, May 20, 2011, available at http://www.gallup.com/poll/147662/first-time--majority-americans-favor-legal-gay-marriage.aspx (reporting results of Gallup polling).

48. Hope Yen, "Number of Live-in Couples in US Increases Sharply", *Boston Globe*, Sept. 24, 2010, available at http://www.boston.com/news/nation/washington/articles/2010/09/24/number_of_live_in_couples_in_us_increases_sharply.

49. Virginia Woolf, **Three Guineas** 80 (1938).

50. American Law Inst., **Principles of the Law of Family Dissolution: Analysis and Recommendations** (2002).

51. Id. at § 6.03(1).

52. Id. at § 6.03(7).

53. Human Rights Campaign, "LGBT Equality at the Fortune 500", available at http://www.hrc.org/resources/entry/lgbt-equality-at-the-fortune-500 (last visited Sept. 15, 2014).

54. 미국 인구조사국에 따르면 2009년 전국 이혼율은 "남성 9.2%, 여성 9.7%"였다. 이러한 차이는 같은 해에 서로 다른 배우자들과 연쇄적으로 이혼한 소수의 남성들 때문이라고 볼 수 있다. See U.S. Census Bureau, Press Release, "Divorce Rates Highest in the South, Lowest in the Northeast, Census Bureau Reports", Aug. 25, 2011, available at https://www.

census.gov/newsroom/releases/archives/marital_status_living_arrangements/cb11-144.html.

55. Rose M. Kreider & Renee Ellis, "Number, Timing, and Duration of Marriages and Divorces: 2009", *Current Population Reports*, May 2011, available at https://www.census.gov/prod/2011pubs/p70-125.pdf.

56. Id. at 6.

57. Id.

58. See Erica Goode, "Ruling on Same-Sex Marriage May Help Resolve Status of Divorce", *N.Y. Times*, July 2, 2013, available at http://www.nytimes.com/2013/07/03/us/ruling-might-also-ease-the-way-for-same-sex-divorces.html?_r=3& (describing frustration of a gay male couple married in New Hampshire, but now living in Florida and seeking divorce).

59. Kreider & Fields, supra note 8, at 14 (2001).

60. Richard R. Peterson, "A Re-Evaluation of the Economic Consequences of Divorce", 61 *Am. Soc. Rev.* 528, 532 (1996).

61. See Barbara A. Butrica & Karen E Smith, "The Retirement Prospects of Divorced Women", 72 *Soc. Sec. Bull.* (2012), available at http://www.ssa.gov/policy/docs/ssb/v72n1/v72n1p11.html; J. Thomas Oldham, "*Changes in the Economic Consequences of Divorces", 1958-2008*, 42 *Fam. L. Q.* 419 (2008).

62. "부부공산제"를 채택한 주와 "부부별산제"를 채택한 주 사이에 일정한 차이가 있지만, 두 시스템 모두 대체로 형평에 맞는 분배의 원칙을 따른다.

63. Martha A. Fineman, The Illusion of Equality: The Rhetoric and Reality of Divorce Reform 52 (1994).

64. 489 N.E.2d 712, 718 (N.Y. 1985).

65. American Law Inst., supra note 45, at § 2.09(1).

66. Nancy K. D. Lemon, "Statutes Creating Rebuttable Presumptions Against Custody to Batterers: How Effective Are They?" 28 *Wm. Mitchell L. Rev.* 601, 608 n.37 (2001).

67. Solangel Maldonado, "Beyond Economic Fatherhood: Encouraging Divorced Fathers to Parent", 153 *U. Pa. L. Rev.* 921, 966 n.221, 986 n.326 (2005).

68. Jason DeParle & Sabrina Tavernise, "For Women Under 30, Most Births Occur Outside Marriage", *N.Y. Times*, Feb. 17, 2012, available at http://www.nytimes.com/2012/02/18/us/for-women-under-30-most-births-occur-outside-marriage.html?pagewanted=

all&_r=0. See also Carbone & Cahn, supra note 8.

7장 섹스와 폭력

1. 친밀한 파트너로는 배우자, 여자 친구/남자 친구, 데이트 파트너가 있으며, 과거와 현재, 이성애자와 동성애자를 불문한다. 폭력은 신체적·성적·심리적 강제 또는 위협을 포괄한다. See Ctrs. For Disease Control, Linda E. Saltzman et al., Intimate Partner Violence Surveillance Uniform Definitions and Recommended Data Elements 11 (2002), available at http://www.cdc.gov/ncipc/pub-res/ipv_surveillance/Intimate%20Partner %20Violence.pdf.

2. Note, "To Have and to Hold: The Marital Rape Exemption and the Fourteenth Amendment", 99 *Harv. L. Rev.* 1255, 1256 (1986) (quoting 1 W. Blackstone, Commentaries *442).

3. Reva B. Siegel, "'The Rule of Love': Wife Beating as Prerogative and Privacy", 105 *Yale L.J.* 2117, 2123, 2120 (1996).

4. Jessica Klarfeld, "A Striking Disconnect: Marital Rape Law's Failure to Keep Up with Domestic Violence Law", 48 *Am. Crim. L. Rev.* 1819, 1829-33 (2011).

5. National Center for Injury Prevention and Control, The National Intimate Partner and Sexual Violence Survey, available at http://www.cdc.gov/violenceprevention/pdf/nisvs_executive _summary-a.pdf (last visited July 18, 2014).

6. 4 William Blackstone, Commentaries on the Laws of England 210.

7. State v. Thompson, 792 P.2d 1103 (Mont. 1990).

8. John F. Decker & Peter G. Baroni, "'No' Still Means 'Yes': The Failure of the 'Non-Consent' Reform Movement in American Rape and Sexual Assault Law", 101 *J. Crim. L. & Criminology* 1081, 1084-85 nn.14, 21 (2011) (비동의 법규가 없는 16개 주와 '강간에 대해 "물리적 강제"'를 요구하는 11개 주를 열거한다.).

9. 164 U.S. 644, 648 (1897).

10. Michelle J. Anderson, "Reviving Resistance in Rape Law", 1998 *U. Ill. L. Rev.* 953, 962.

11. Joshua Mark Fried, "Forcing the Issue: An Analysis of the Various Standards of Forcible Compulsion in Rape", 23 *Pepp. L. Rev.* 1277, 1292-94 (1996).

12. Decker & Baroni, supra note 8, at 1104 (8개 주는 여전히 어떤 형태의 저항을 필요로 하고, 루이지애나 주는 여전히 "최대한의 저항"을 필요로 한다는 점에 주목하라.).

13. Mary Huff, "The 'New' Withdrawal of Consent Standard in Maryland Rape Law: A Year After Baby v. State", 5 *Mod. Am.* 14, 15 (2009).

14. John Dwight Ingram, "Date Rape: It's Time for 'No' to Really Mean 'No'", 21 *Am. J. Crim. L.* 3, 12 (1993).

15. Id. at 1026.

16. U.S. Dep't of Justice, Bureau of Justice Statistics, "Criminal Victimization", 2012, available at www.bjs.gov/content/pub/pdf/cv12.pdf.

17. See, e.g., Archer v. State, 118 So.2d 612, 618 (Miss. Ct. App. 2012) ("피해자의 증언이 신빙성이 없거나 다른 믿을 만한 증거와 모순되는 경우" 법적으로 강간 유죄판결을 뒷받침하기 위해서는 보강증거가 필요할 수 있다는 내용이 포함된다.); State v. Williams, No. SD32306, 2013 WL 6145659 *5 (Mo. Ct. App. Nov. 22, 2013) (성폭행 피해자의 보강되지 않은 증언은 대개 충분하지만, "피해자의 증언이 모순되고 물리적 사실과 상충될 때"는 보강증거가 필요할 수 있다는 점에 주목하라.).

18. See, e.g., S.C. Code Ann. § 16-3-615(B) (2013) (배우자의 성폭력에 관해, "가해 배우자의 행위는 해당 법 집행기관에 30일 이내에 신고해야만 기소할 수 있다."); State v. R.E.B., 895 A.2d 1224, 1233 (N.J. Super. Ct. App. Div. 2006) ("피해자의 신고 지연이나 침묵은 배심원들이 피해자의 신빙성을 평가할 때 고려될 수 있지만, 배심원들은 '침묵이나 지연 그 자체가 학대 주장과 모순되는 것은 아니다'라는 주의도 함께 듣는다.").

19. Beverly J. Ross, "Does Diversity in Legal Scholarship Make a Difference? A Look at the Law of Rape", 100 *Dick. L. Rev.* 795, 846-47 (1996).

20. Christina E. Wells & Erin Elliott Motley, "Reinforcing the Myth of the Crazed Rapist: A Feminist Critique of Recent Rape Legislation", 81 *B.U. L. Rev.* 127, 152 (2001).

21. Kathleen Mahoney, "Theoretical Perspectives on Women's Human Rights and Strategies for Their Implementation", 21 *Brook. J. Int'l L.* 799, 821 (1996).

22. U. S. Dep't of Justice, Measuring the Prevalence of Crime with the National Crime Victimization Survey 3 (Sept. 2013), available at http://www.bjs.gov/content/pub/pdf/mpcncvs.pdf.

23. UK Center for Research on Violence Against Women, "Rape Prosecution", at www.uky.edu/CRVAW/files/TopTen/07_Rape_Prosecution.pdf (last visited May 24, 2015).

24. Sarah O. Parker, Note, "No Means No ⋯ Sometimes: Developments in Postpenetration Rape Law and the Need for Legislative Action", 78 *Brook. L. Rev.* 1067, 1081 (2013) (quoting David P. Bryden, "Redefining Rape", 3 *Buff. Crim. L. Rev.* 317, 320 (2000)).

25. Michele C. Black et al., Ctrs. for Disease Control and Prevention, The National Intimate Partner and Sexual Violence Survey: 2010 Summary Report 22 (2011) (여성에 대한 강간 가해자

의 86%는 면식범이다.); U.S. Dep't of Justice, Bureau of Justice Statistics, "Criminal Victi-mization", table 7 (2012), available at www.bjs.gov/content/pub/pdf/cv12.pdf (여성에 대한 강간 또는 성폭행 가해자의 79%는 면식범이다.).

26. Susan Estrich, Real Rape 4–5 (1987). See also David P. Bryden & Sonja Lengnick, "Rape in the Criminal Justice System", 87 *J. Crim. L. & Criminology* 1194, 1263 (1997).

27. Katherine Roiphe, The Morning After: Sex, Fear, and Feminism on Campus 79–81, 66, 54 (1993).

28. Camille Paglia, Sex, Art, and American Culture 51 (1992).

29. Rosemary Black, "Many Women Think Rape Victims Are Partly to Blame, Says New Sur-vey", *N.Y. Daily News*, Feb. 15, 2010, available at http://www.nydailynews.com/life-style/women-rape-victims-partly-blame-new-survey-article-1.198687.

30. Id.

31. Christina Hoff Sommers, Who Stole Feminism? 4 (1994). See also Naomi Wolf, Fire with Fire: The Female Power and How It Will Change the 21st Century (1993).

32. George F. Will, "Colleges Mad with Political Correctness over Campus Rapes", *N.Y. Post*, June 7, 2014, available at http://nypost.com/2014/06/07/colleges-mad-with-politi-cal-correctness-over-campus-rapes.

33. Eliza Gray, "Here's the Real Reason College Sex Assault Reports Are Rising", *Time*, July 10, 2014, available at http://time.com/#2905637/campus-rape-assault-prosecution.

34. Eliza Gray, "Colleges Are Breaking the Law on Sex Crimes, Report Says", *Time*, July 9, 2014, http://time.com/#topic/campus-sexual-assault.

35. Erin Gloria Ryan, "3 Frat Members Film Sexual Assault, Are Allowed to Graduate Any way", *Jezebel*, June 19, 2014, available at http://jezebel.com/3-frat-members-film-sexual-assault-are-allowed-to-grad-1593309952.

36. Nick Anderson, "Colleges Often Reluctant to Expel for Sexual Violence — with U. Va. a Prime Example", *Wash. Post*, Dec. 15, 2014, available at http://www.washingtonpost.com/local/education/colleges-often-reluctant-to-expel-for-sexual-violence--with-u-va-a-prime-example/2014/12/15/307c5648-7b4e-11e4-b821-503cc7efed9e_story.html.

37. Ross Douthat, "Stopping Campus Rape", *N.Y. Times*, June 28, 2014, available at http://www.nytimes.com/2014/06/29/opinion/sunday/ross-douthat-stopping-campus-rape.html?_r=0.

38. Aaron Mendelson, "California Passes 'Yes-Means-Yes' Campus Sexual Assault Bill", *Reu-*

ters, Aug. 29, 2014, available at http://www.reuters.com/article/2014/08/29/us-usa-california-sexcrimes-idUSKBN0GT0U920140829.

39. See Patty Allen-Jones, "'Revolving Door' Traps Abused Women", *Sarasota Herald-Trib.*, Feb. 17, 2002, at B1 ("전국적으로 쉼터로 찾아온 매 맞는 여자들 가운데 약 75%는 결국 영원히 집을 떠나 자신의 집과 자신의 삶을 찾는다.").

40. *Defending Our Lives* (Cambridge University Films 1993).

41. Tom Lininger, "Prosecuting Batterers After Crawford", 91 *Va. L. Rev.* 747, 769 (2005).

42. Sarah M. Buel, "Fifty Obstacles to Leaving, a.k.a., Why Abuse Victims Stay", 28 *Colo. Law.* 19, 19 (Oct. 1999); Walter S. DeKeseredy et al., "*Separation/Divorce Sexual Assault: The Current State of Social Scientific Knowledge*", 9 *Aggressive & Violent Behav.* 676 (2004).

43. Lenore E. A. Walker, The Battered Woman Syndrome (1984, 2nd ed. 2000) (hereinafter cited as Walker, The Battered Woman Syndrome); Lenore E. A. Walker, The Battered Woman (1979).

44. Walker, The Battered Woman Syndrome, supra note 43, at 177.

45. Edward Gondolf & Ellen Fisher, Battered Women as Survivors: An alternative to Treating Learned Helplessness (1988).

46. Dee L. R. Graham & Edna Rawlings, "Survivors of Terror: Battered Women, Hostages, and the Stockholm Syndrome", in Feminist Perspectives on Wife Abuse (Kerri Yllo & Michelle Bogard eds., 1988).

47. Callie Marie Rennison, U.S. Dep't of Justice, Bureau of Justice Statistics, "Intimate Partner Violence, 1993-2001" 2 (Feb. 2003), available at http://www.bjs.gov/content/pub/pdf/ipv01.pdf (1976년에서 2000년 사이 친밀한 파트너에 의해 살해된 남성의 수는 1,357명에서 440명으로 68% 감소했다.).

48. Linda L. Bryant & James G. Dwyer, "Promising Protection: 911 Call Records as Foundation for Family Violence Intervention", 102 *Ky. L.J.* 49, 52 (2014).

49. See, e.g., Janet A. Johnson et al., "Death by Intimacy: Risk Factors for Domestic Violence", 20 *Pace L. Rev.* 263, 282-84 (2000).

50. Janet Parrish, "Trend Analysis: Expert Testimony on Battering and Its Effects in Criminal Cases", 11 *Wis. Women's L.J.* 75 (1996).

51. People v. Yaklich, 833 P.2d 758, 763 (Colo. Ct. App. 1992); People v. Varner, 2002 WL 741531 at *1 (Mich. Ct. App. 2002).

52. Cheryl Hanna, "No Right to Choose: Mandated Victim Participation in Domestic Violence Prosecutions", 109 *Harv. L. Rev.* 1849, 1879 (1996).

53. Alan M. Dershowitz, The Abuse Excuse and Other Cop-outs, Sob Stories, and Evasions of Responsibility 4, 321-41 (1994) (매 맞는 여자 증후군을 다른 학대 평계, 예컨대 흑인 분노 항변, 만성 지각 증후군, 미식축구 미망인 증후군, 생리 전 스트레스 증후군 항변, 얼토당토 않은 항변, UFO 생존자 증후군과 같은 수준으로 취급한다.).

54. Carol Jacobsen et al., "Battered Women, Homicide Convictions, and Sentencing: The Case for Clemency", 18 *Hastings Women's L.J.* 31, 55 (2007).

55. Lauren Danice Shuman, Comment, "Pulling the Trigger: Shooting Down Mandatory Minimum Sentencing for Victims Who Kill Their Abuser", 56 *How. L.J.* 983, 986 (2013). See also Elizabeth Schneider, Battered Women & Feminist Lawmaking 280-81 (2000).

56. Sarah M. Teal, "Domestic Violence: The Quest for Zero Tolerance in the United States and China: A Comparative Analysis of the Legal and Medical Aspects of Domestic Violence in the United States and China", 5 *J.L. Soc'y* 313, 333 (2001).

57. 미국 법무부 사법통계국, 친밀한 폭력(Intimate Partner Violence), 1993-2010, http://www.bjs.gov/content/pub/pdf/ipv9310.pdf (최종 방문일: 2012년 3월 7일) ["2010년, 12세 이상인 여성 1천 명을 기준으로 친밀한 폭력의 피해자는 아프리카계 미국인 여성의 비중(7.8%)이 백인 여성의 비중 보다 높다(6.2%). 히스패닉/라틴계 여성의 비중은 (4.1%)이고, 기타 인종의 비중은 (3.8%)로 백인 여성보다 낮다."].

58. Leah Riggins, "Criminalizing Marital Rape in Indonesia", 24 *B.C. Third World L.J.* 421, 422 (2004) ("현재 인도네시아 법은 부부 강간이나 가정폭력을 처벌하지 않고 있다."); Manar Waheed, Note, "Domestic Violence in Pakistan: The Tension Between Intervention and Sovereign Immunity in Human Rights Law", 29 *Brook. J. Int'l L.* 937, 942 (2004) ("파키스탄에서는 가정폭력 가해자들을 사실상 처벌하지 않고 있다. 파키스탄 의학 연구소에 따르면, 기혼 여성의 90% 이상이 배우자에게 신체적 또는 성적 학대를 당하고 있다고 한다.").

59. Donna Coker, "Enhancing Autonomy for Battered Women: Lessons from Navajo Peacemaking", 47 *UCLA L. Rev.* 1, 92-94, 103-4 (1999).

60. 일반적으로 레즈비언과 게이 커플의 가정폭력 사건의 경우, 경찰들은 누가 학대를 가했는지 결정하기 위한 고정관념상의 기준이 명확하지 않아 커플을 모두 체포하거나 모두 체포하지 않게 된다. 양성애자, 트랜스젠더, 레즈비언 가정폭력 희생자 북서부 연합의 집행 이사인 코니 버크에 따르면, 기관의 프로그램의 75%의 피해자들은 체포된 경험이 있었고, 일

부 경우에는 학대자와 함께 체포되기도 했다고 한다. Kae Greenberg, "Still Hidden in the Closet: Transwomen and Domestic Violence", 27 *Berkeley J. Gender L. & Just.* 198, 232 (2012).

61. American Bar Association Commission on Domestic Violence, "Domestic Violence Civil Protection Orders (CPOs) by State", available at http://www.americanbar.org/content/dam/aba/migrated/domviol/pdfs/CPO_Protections_f_or_LGBT_Victims_7_08.auth checkdam.pdf (last visited Mar. 7, 2014) (listing Louisiana, Montana, and South Carolina as not allowing civil protection orders for same-sex partners).

62. Melody M. Crick, Comment, "Access Denied: The Problem of Abused Men in Washington", 27 *Seattle U. L. Rev.* 1035, 1045 (2004).

63. National Institute of Justice, "Practical Implications of Current Domestic Violence Research: For Law Enforcement, Prosecutors, and Judges", available at http://www.nij.gov/topics/crime/intimate-partner-violence/practical-implications-research/Pages/toc.aspx (June 5, 2009).

64. Violence Against Women: Hearing Before the Subcommittee on Crime and Criminal Justice Before the House of Representatives, 102d Cong. 2d Sess. 98–100 (Feb 6, 1992) (statement of Sandra Jean Sands, Office of General Counsel, Department of Health and Human Services).

65. Heather Fleniken Cochran, "Improving Prosecution of Battering Partners: Some Innovations in the Law of Evidence", 7 *Tex. J. Women & L.* 89, 95 n.39 (1997).

66. Federal Bureau of Investigation, "Law Enforcement Officers Killed and Assaulted", available at http://www2.fbi.gov/ucr/killed/2009/officersassaulted.html (Oct. 2010); Shannon Meyer & Randall H. Carroll, "When Officers Die: Understanding Deadly Dome stic Violence Calls for Service", *Police Chief*, available at http://www.policechiefmagazine.org/magazine/index.cfm?fuseaction=display_arch&article_id=2378&issue_id= 52011.

67. Lisa M. Martinson, "An Analysis of Racism and Resources for African-American Female Victims of Domestic Violence in Wisconsin", 16 *Wis. Women's L.J.* 259, 272, 265–67 (2001).

68. Donna Coker, "Crime Control and Feminist Law Reform in Domestic Violence Law: A Critical Review", 4 *Buff. Crim. L. Rev.* 801, 852 (2001).

69. Linda L. Ammons, "Mules, Madonnas, Babies, Bathwater, Racial Imagery, and Stereotypes: The African-American Woman and the Battered Woman Syndrome", 1995 *Wis. L.*

Rev. 1003, 1019.

70. DeShaney v. Winnebago County Dep't. Soc. Servs., 489 U.S. 189, 195 (1989).

71. See, e.g., Kelley v. City of Wake Vill., 264 F. App'x 437, 442 (5th Cir. 2008); Burella v. City of Philadelphia, 501 F.3d 134, 149–50 (3d Cir. 2007); Shipp v. McMahon, 234 F.3d 907, 913–14 (5th Cir. 2000), cert. denied, 532 U.S. 1052 (2001).

72. David Hirschel, Nat'l Inst. of Justice, "Domestic Violence Cases: What Research Shows about Arrest and Dual Arrest Rates", tables 1, 2, 3 (July 25, 2008), available at http://www.nij.gov/nij/publications/dv-dual-arrest-222679/dv-dual-arrest.pdf.

73. Tamara L. Kuennen, "Private Relationships and Public Problems: Applying Principles of Relational Contract Theory to Domestic Violence", 2010 *B. Y. U. L. Rev.* 515, 592.

74. Hirschel, supra note 72, at ch. 1.

75. Id.

76. Holly Maguigan, "Wading into Professor Schneider's 'Murky Middle Ground' between Acceptance and Rejection of Criminal Justice Responses to Domestic Violence", 11 *Am. U. J. Gender Soc. Pol'y & L.* 427, 431 n.16 (2003) (citing studies).

77. Id. at 442.

78. Susan L. Miller, "The Paradox of Women Arrested for Domestic Violence: Criminal Justice Professionals and Service Providers Respond", 7 *Violence Against Women* 1339 (2001).

79. See, e.g., Fla. Stat. § 741.29(4)(b) (2013).

80. Angela Corsilles, Note, "No-Drop Policies in the Prosecution of Domestic Violence Cases: Guarantee to Action or Dangerous Solution? " 63 *Fordham L. Rev.* 853, 857 (1994). 기소 불포기 정책은 도입 초기부터 논란이 되기는 했지만, 도입 이후 미국 내 대부분의 관할에서 불기소율이 상당히 낮아졌기 때문에 인기를 얻었다. 미네소타 주 덜루스 시 검찰청은 "강경한" 기소 불포기 정책을 채택한 이래 불기소율이 47.1%에서 23%로 내려갔다고 밝혔다. 인디애나 주 마리온 시에서는 기소 불포기 정책 도입 후 불기소율이 75%에서 20%로 떨어졌다. 검찰청은 불기소율을 부분적으로 평가하기 때문에 불기소율의 감소는 성공적인 것으로 해석된다. 낮은 불기소율은 또한 경찰이 가정폭력을 용인하지 않을 것이라는 상징적인 의미를 나타내기도 한다. Laurie S. Kohn, "The Justice System and Domestic Violence: Engaging the Case but Divorcing the Victim", 32 *N. Y. U. Rev. L. & Soc. Change* 191, 224–25 (2008).

81. Hanna, supra note 52, at 1863.

82. Crawford v. Washington, 541 U.S. 36 (2004).

83. Thomas L. Kirsch II, "Problems in Domestic Violence: Should Victims Be Forced to Participate in the Prosecution of Their Abusers?" 7 *Wm. & Mary J. Women & L.* 383, 402 n.126, 398–407 (2001).

84. Angie Becker Steven, "17-Year-Old Imprisoned for Failing to Testify Against Her Alleged Rapist", *Ms. Blog Mag.*, Apr. 16, 1012, available at http://msmagazine.com/blog/ 2012/04/ 16/17-year-old-imprisoned-for-failing-to-testify-against-her-alleged-rapist.

85. Lori Pilger, "State's High Court Says Victim Can Be Compelled to Testify", *Lincoln J. Star*, May 11, 2012, available at http://journalstar.com/news/local/crime-and-courts/state-s-high-court-says-victim-can-be-compelled-to/article_9da3a61f-287c-5973-ac96-ec13ec4f53 c3.html.

86. Hanna, supra note 52, at 1865.

87. Emily J. Sack, "Battered Women and the State: The Struggle for the Future of Domestic Violence Policy", 2004 *Wis. L. Rev.* 1657, 1673–74 n.85 (citing studies).

88. Linda G. Mills, "Killing Her Softly: Intimate Abuse and the Violence of State Intervention", 113 *Harv. L. Rev.* 550, 556 (1999).

89. Pub. L. No. 103–322, § 40701, 108 Stat. 1902, 1953 (1994).

90. 18 U.S.C. §§ 2261, 2247, 2265(a) (2000).

91. Shley Parker, "House Renews Violence Against Women Measure", *N.Y. Times*, Feb. 28, 2013; Jennifer Steinhauer, "THE CAUCUS — G.O.P. Push on Domestic Violence Act", *N.Y. Times*, July 31, 2012, available at http://query.nytimes.com/gst/fullpage.html?res =9503 E6DF1430F932A05754C0A9649D8B63.

92. Josh Lederman, "President Signs Expanded Domestic Violence Legislation", *Boston Globe*, Mar. 8, 2013, available at http://www.bostonglobe.com/news/politics/2013/03/08/ obama-signs-expanded-violence-against-women-act/NJVwvKjdgdCeES5C5rHiPP/story. html.

93. 8 C.F.R. § 204.2(c) (1999). VAWA gives no relief for abused spouses who are married to either non-U.S. citizens or nonlegal permanent residents. See 8 C.F.R. § 204.2(c)(1) (iii).

94. 42 U.S.C. § 3796gg (Supp. 2002).

95. Leigh Goodmark, "The Role of Clinical Legal Education in the Future of the Battered Women's Movement", 22 *Buff. J. Gender, L. & Soc. Pol'y* 27, 35 (2014).

96. 42 U.S.C. § 13981 (2000).

97. 529 U.S. 598, 628–29 (2000) (Souter, J., dissenting).

98. 529 U.S. at 613.

99. "Antioch College Sexual Offense Prevention Policy", available at http://www.antioch-college.edu/Community/survival_guide/campus_resources/sopsap.htm (last visited April 10, 2005).

100. Katharine K. Baker, "Sex, Rape, and Shame", 79 *B.U. L. Rev.* 663, 687 (1999).

101. See, e.g., Wis. Stat. Ann. § 940.225 (2005).

102. Cathy Young, "California's Absurd Intervention over Dorm Room Sex", *Reason*, June 22, 2014, available at http://reason.com/archives/2014/06/22/californias-absurd-intervention-over-dor.

103. See Neal A. Gordon, Note, "The Implications of Mimetics for the Cultural Defense", 50 *Duke L.J.* 1809, 1827–28 (2001) (discussing People v. Moua, No. 315972 (Cal. Super. Ct. Feb. 7, 1985)); Holly Maguigan, "Cultural Evidence and Male Violence: Are Feminist and Multiculturalist Reformers on a Collision Course in Criminal Courts?", 70 *N.Y. U. L. Rev.* 36, 37 (1995) (discussing People v. Dong Lu Chen, No. 87–7774 (N.Y. Dec. 2, 1988)).

104. Susan Brownmiller, Against Our Will: Men, Women, and Rape 15 (1975).

105. Camille Paglia, "Feminism Has Concealed the Truth About Rape", *Atlanta J. & Const.*, Feb. 17, 1991, at H1.

106. Jerry A. Coyne & Andrew Barry, "Rape as an Adaptation", *Nature*, Mar. 9, 2000, at 121.

107. Randy Thornhill & Craig T. Palmer, A Natural History of Rape: Biological Bases of Sexual Coercion (2000).

108. Evolution, Gender, and Rape (Cheryl Brown Travis ed., 2003).

8장 페미니스트 법 이론과 세계화

1. Statista, "Statistics and Facts on PepsiCo", available at http://www.statista.com/topics/15 03/pepsico (listing 2013 earnings) (last visited Nov. 3, 2014).

2. "Indra Nooyi's Graduation Remarks", *Bloomberg Businessweek*, May 19, 2005, available at http://www.businessweek.com/stories/2005-05-19/indra-nooyis-graduation-remarks (2005년 5월 15일 컬럼비아 대학교 경영대학원 졸업식 축사).

3. Saskia Sassen, "Toward a Feminist Analytics of the Global Economy", 4 *Ind. J. Global Legal Stud.* 7, 524 (1996).

4. Id.

5. Id.

6. Zafiris Tzannotos, "Women and Labor Market Changes in the Global Economy: Growth Helps, Inequalities Hurt, and Public Policy Matters", 27 *World Dev.* 551, 567 (1999).

7. "About UNIFEM", available at http://www.unifem.und.org/about.htm (quoting Noeleen Heyzer, director of UNIFEM) (last visited Nov. 6, 2014).

8. Amartya Sen, "More Than 100 Million Women Are Missing", *N.Y. Rev. Books*, Dec. 20, 1990, at 61.

9. Margaret E. Keck & Kathryn Sikkin, Activists Beyond Borders: Advocacy Networks in International Politics 171–72 (1998).

10. Taufiq Rahim, "The Top 150: Who's More Powerful, Governments or Corporations?" *Geopolitico*, Sept. 12, 2011, available at http://www.thegeopolitico.com/2011/09/global-150-whos-more-powerful.html (미국 연방정부, 세계은행, 기타 자료로부터의 데이터를 검토).

11. See Steven Greenhouse, "Groups Reach Agreement for Curtailing Sweatshops", *N.Y. Times*, Nov. 5, 1998, at A20.

12. U.N. International Labour Organization, Global Estimate of Forced Labour Executive Summary 1 (2012), available at http://www.ilo.org/wcmsp5/groups/public/—ed_norm/—declar ation/documents/publication/wcms_181953.pdf. U.S. Dep't of State, Trafficking in Persons Report 6, 2006, available at http://www.state.gov/documents/organization/66086.pdf.

13. Id.

14. Polaris Project, Human Trafficking, available at http://www.polarisproject.org/human-trafficking/overview (last visited Nov. 4, 2014).

15. "Asia's Sex Trade Is 'Slavery'", *BBC News*, Feb. 20, 2003, available at http://news.bbc.co.uk/2/hi/asia-pacific/2783655.stm [유니세프 사무차장(deputy executive director) 쿨 C. 가우탐(Kul C. Gautman)을 인용].

16. Pub. L. No. 106–386, 114 Stat. 1543 (2000).

17. U.N. Population Fund, Promoting Gender Equality: Empowering Women Through Education, available at http://www.unfpa.org/gender/empowerment2.htm (last visited Nov. 4, 2014).

18. See Nicholas D. Kristof, "What's So Scary About Smart Girls?", *N.Y. Times*, May 10, 2014, available at http://www.nytimes.com/2014/05/11/opinion/sunday/kristof-whats-so-scary-about-smart-girls.html.

19. U.N. Population Fund, supra note 17.

20. Id.

21. Adam Taylor, "Boko Haram Was Supposed to Be Releasing the Nigerian Girls, but Instead May Have Kidnapped More", *Wash. Post*, Oct. 24, 2014, available at http://www.washingtonpost.com/blogs/worldviews/wp/2014/10/24/boko-haram-was-supposed-to-be- releasing-the-nigerian-girls-but-instead-may-have-kidnapped-more.

22. "Nigerian Extremist Says Kidnapped Girls Married", *Wash. Post*, Nov. 1, 2014, available at http://www.washingtonpost.com/world/africa/boko-haram-denies-truce-kidnapped-girls-married/2014/11/01/090f5e74–61a0–11e4–827b-2d813561bdfd_story.html.

23. "Boko Haram Accused of Escalating Abductions", Al-Jazeera Am., Oct. 27, 2014, available at http://america.aljazeera.com/articles/2014/10/27/-at-least-17-killedinsuspected bokoharamattackinnigeria.html.

24. Nicholas D. Kristof, "Her 'Crime' Was Loving Schools", *N.Y. Times*, Oct. 10, 2012, available at http://www.nytimes.com/2012/10/11/opinion/kristof-her-crime-was-loving-schools.html.

25. Swati Pathak & Arti Gupta, "Status of Women in India with Particular Reference to Gap in Male Female Literacy Rate in India", 4 *Int'l J. Envtl. Engineering & Mgmt.* 549, 551 (2013).

26. Id.

옮긴이의
글

이 책을 처음 접한 것은 약 2년 전인 2018년 8월경이다. 페미니즘 법학 이론의 기초에 대해 알고 싶은 열의는 가지고 있지만, 국내에는 마땅한 개론서가 없다는 고민이 있었다. 그렇다고 『젠더 트러블(Gender Trouble: Feminism and the Subversion of Identity)』 같은 포스트모더니즘 페미니즘 이론서는 너무 어려웠으며, 2천 페이지에 달하는 캐서린 맥키넌의 교과서는 다소 부담스러웠다. 그런 상황에서 소은영 박사가 대학원 수업에서 다루었던 이 책을 추천해주었고, 이 책을 교재로 페미니즘 법학을 함께 공부해보자는 유경민의 제안에 최용범, 최정윤, 박다미 세 분의 동료가 차례로 응해주었다.

그로부터 약 1년간 유경민, 최용범, 최정윤, 박다미 네 명이 스터디를 진행하면서 번역 작업을 했다. 매 차례 모임에서 발제자가 원문 20페이지가량을 번역하여 발제를 하고, 지정 토론자가 오역이나 문맥상 어색한 부분을 바로잡고 내용에 대해 코멘트를 했으며, 다른 참가자들도 토론에 참석하여 자유롭게 의견을 나누었다. 초벌 번역이 끝날 무렵에는 참석자 모두가, 이 책을 단순히 내부 스터디용으로 사용하기보다는 제대로 번역을 하여 국내에 소개하는 작업이 반드시 필요하다고 생각하게 되었다.

번역의 완성도를 높이기 위해 2019년 10월경부터 약 6개월 동안 재벌 번역을 진행했다. 초벌 번역의 작업 방식을 유지하되, 이 책을 추천해주었던 소은영 박사가 공역자로 합류하여 처음부터 끝까지 꼼꼼히 내용을 검토해주었다. 일반 독자를 염두에 두었기에 번역자에 따라 개성이 두드러진 문장을 다듬는 과정을 거쳤고, 독자의 이해를 돕기 위해 필요한 부분에 옮긴이 주를 추가했다. 2020년 8월부터 시작된 교정 작업에서는 오역의 가능성을 최소화하기 위해 다른 번역자가 담당한 부분을 교차로 맡아서 교정 작업을 진행했다.

이처럼 만 2년이 넘는 번역 및 출간 과정을 상세히 설명한 것은, 번역이 그만큼 매끄럽게 되었다는 보증은 물론 아니고, 이 책을 출간하게 된 계기를 설명하고 전문 번역가가 아닌 법률가가 번역을 맡게 된 경위를 전달하기 위해서이다.

이미 일독을 마친 독자들에게 이 책의 내용을 다시 개관하거나 정리할 필요는 없을 것이다. 그리고 그러한 역할은 마사 미노우의 추천사가 이미 하고 있다. 그러나 '페미니스트 법 이론', '입문서'라는 성격에 이 책이 얼마나 딱 들어맞는지에 대해서는 조금 더 부연할 필요가 있을 것 같다. 이는 공역자들이 이 책을 읽으면서 느꼈던 장점이자, 출간이 필요하다고 느꼈던 이유이기도 하다.

우선 관련 통계와 판결, 기사 등 자료를 풍부하고 빠짐없이 인용하고 있다. 이를 통해 미국 페미니즘 법 이론의 흐름과, 과거부터 지금까지 법제도의 변천 및 법원 판결의 경향을 정확하고 간결하게 이해할 수 있었다. 또한 특정한 페미니스트 이론에 치우치지 않고 각 이론에 따른 결론과 비판점 등을 비교적 상세히 설명하여 입문서로서의 역할을 충실히 하고 있다.

이 책은 판결의 내용을 소개하는 것은 물론이고, 입법안과 개정안을 추적하고, 문학 작품, 기사를 인용하며, 가상 사례를 통해 이해를 돕기도 한다. 이러한 풍부하고 다각적인 접근을 통해 페미니스트 법 이론이 현학적인 문답이 아니라, 우리 모두에게 언제나 일어나는 문제들과 밀접한 관련이 있다는 것을 끊임없이 상기시키는 것이다.

페미니스트 법 이론은 굳이 따지자면 불쾌한 현실을 분석하고 폭로하는 쪽에 가깝지만, 두 저자들은 이러한 작업을 가급적 유쾌하게 수행하고자 한다. 독자들은 이 책을 읽으면서 한참 심각한 내용에서도 미소를 짓거나 때로는 웃음을 터뜨리는 자신을 발견했을 것이다. 이처럼 유머와 위트로 무장한 가독성 높은 문체 덕분에, 번역의 어려움과는 별개로, 독자들에게는 높은 접근성을 보장하는 입문서로서 다가갈 수 있을 것이다.

이 책으로 미국 페미니스트 법학과 법제도 및 판결을 일별할 수 있다면, 과연 한국의 경우는 어떠한가. 공역자들이 한국 강단 페미니스트 법학과 한국 법제 전반 및 판결에 대한 전체적인 분석을 하는 것은 이 글의 범위를 넘는 것이고 가능하지도 않지만, 번역 과정에서 미국 법 제도와 유사한 한국 법제도를 자연스레 떠올릴 수 있거나, 미국 역시 한국과 매우 유사한 문제로 고민하고 있음을 알게 되는 경우가 많았다. 특히 고용상 성차별을 다룬 3장과 성범죄를 다룬 7장은 한국에서 일어난 사례라고 봐도 무방할 정도의 높은 일치율을 보였다.

한국에서도 임금 법제에서 '동일가치노동에 따른 동일임금'과, 강간 법제에서 이른바 '성인지 감수성' 판결이 등장한 것은, 이미 페미니스트 법 이론에 대한 치밀한 이해 없이 종래의 고전적·근대적 법 이론만으로는 현실의 문제를 해결할 수 없다는 점을 방증하는 것이 아닌가 한다. 독자들도 한국의 경우와 비교하면서 각 장의 사례들을 접근하면 더욱 풍부하게 이 책을 독해할 수 있을 것이다.

옮긴이의 글을 쓰고 있는 동안 루스 베이더 긴즈버그(Ruth Bader Ginsburg) 연방대법관의 안타까운 타계 소식이 들려왔다. 평생을 여성과 소수자의 편에 서서 싸워온 그의 삶에 경의를 표하며, 이 책이 긴즈버그를 비롯한 수많은 페미니스트들의 치열한 고민과 빛나는 발자취를 널리 소개하는 데 조금이라도 도움이 될 수 있기를 바란다.

마지막으로 이 책의 출간 제안에 적극적으로 호응해준 한울엠플러스(주)와, 공역자들의 요청에 대해 세심한 배려를 아끼지 않은 배소영 팀장에게도 감사의 말씀을 전한다.

옮긴이를 대표하여

유경민

찾아보기

지은이

낸시 레빗(Nancy Levit)

미주리-캔자스시티 대학 로스쿨의 큐레이터이자 에드워드 D. 엘리슨 법학 교수이다. 저서에 『젠더 라인: 남성, 여성, 그리고 법률』, 『굿 로이어: 법 실무에서 양질을 추구하기』(공저), 『해피 로이어: 법 안에서 좋은 삶을 만들기』(공저), 『법학－고전에서 현재까지: 자연법에서 포스트모더니즘까지』(공저)가 있다.

로버트 베르칙(Robert R. M. Verchick)

뉴올리언스 로욜라 대학교 법대에서 고티에-생마르탱 석좌교수를 맡고 있으며, 툴레인 대학교 사회복지 학교의 수석 연구원이다. 저서에 『대재앙 맞이하기: 카트리나 이후의 세계를 위한 환경 행동』이 있다.

옮긴이

유경민

서울대학교 법과대학을 졸업하고 사법시험에 합격한 후 현재 헌법재판소 헌법연구관으로 재직 중이다. 페미니스트 법 이론은 물론, 제4차 산업혁명과 노동의 미래, 기후위기와 세대 간 정의, 영화의 시대 이후의 문화 양식 등에 폭넓은 관심을 가지고 있다. 연구자와 실무가 사이에서, 그리고 두 딸의 좋은 아빠와 책임감 있는 사회인 사이에서 어떻게 해야 균형 잡힌 삶을 살아갈 수 있을 것인지 고민하고 있다.

최용범

연세대학교 법학과를 졸업하고 서울대학교 법학대학원에서 법학석사(법철학) 취득 후 동 대학원에서 박사과정을 밟고 있다. 사법연수원을 43기로 수료하고 현재 헌법재판소에서 헌법연구관으로 재직 중이다.

최정윤

연세대학교 경제학과 및 연세대학교 법학전문대학원을 졸업한 후 제3회 변호사 시험에 합격했다. 대기업 사내변호사로 근무했으며, 현재 헌법재판소에서 헌법연구원으로 재직 중이다.

박다미

이화여자대학교에서 영문학과 여성학을 전공하고, 동 대학원에서 법학전문석사 취득 후 법학전문박사과정(헌법 전공)을 수료했다. 헌법과 젠더에 관심을 갖고 연구를 이어가고 있으며, 대법원 미래사법자문위원회 조사위원을 거쳐 현재 헌법재판소에서 헌법연구원으로 재직 중이다.

소은영

이화여자대학교에서 법학을 전공하고 동 대학원에서 법학석사(법여성학) 취득 후 일본 도호쿠 대학(東北大學)에서 박사학위(헌법)를 취득했다. 헌법재판소 헌법연구원을 거쳐 현재 헌법재판연구원 책임연구관으로 재직 중이다. 페미니즘의 관점에서 바라보는 법은 어떤 모습이고 어떻게 변할 수 있는지에 관심이 많다. 늘 사유하고 실천하는 연구자가 되기를 소망한다.

한울아카데미 2257

법정에 선 페미니스트
페미니스트 법 이론

지은이 **낸시 레빗·로버트 베르칙** ┃ 옮긴이 **유경민·최용범·최정윤·박다미·소은영**
펴낸이 **김종수** ┃ 펴낸곳 **한울엠플러스(주)** ┃ 편집 **배소영**

초판 1쇄 인쇄 2020년 11월 11일 ┃ 초판 1쇄 발행 2020년 11월 25일
주소 10881 경기도 파주시 광인사길 153 한울시소빌딩 3층
전화 031-955-0655 ┃ 팩스 031-955-0656 ┃ 홈페이지 www.hanulmplus.kr
등록번호 제406-2015-000143호

ISBN 978-89-460-7257-2 93330 (양장)
     978-89-460-6962-6 93330 (무선)
Printed in Korea.

※ 책값은 겉표지에 표시되어 있습니다.
※ 이 책은 강의를 위한 무선판 교재를 따로 준비했습니다.
  강의 교재로 사용하실 때는 본사로 연락해주시기 바랍니다.

젠더, 공간, 권력

- 안숙영 지음
- 2020년 6월 30일 발행 ┃ 국판 ┃ 256면

젠더의 렌즈로 공간과 권력을 분석하다
남녀 모두에게 '평평한' 공간을 위하여

최근까지도 젠더 간의 권력관계로 인해 여성과 남성이 공간을 서로 다르게 경험한다는 사실은 그다지 주목을 받지 못했다. 공간이 주로 '물리적 공간'으로 이해되는 가운데 젠더, 계급 및 인종과 같은 사회적 카테고리와 무관하게 배치되고 작동하는 것으로 간주되어왔기 때문이다. 그러나 공간은 객관적이고 중립적인 성격을 띠는 물리적 공간이라기보다는 젠더에 기초한 불평등한 사회적 권력관계가 물질적으로 응축되어 나타나는 '사회적 공간'으로서의 특징을 지닌다고 할 수 있다.

젠더의 렌즈로 공간을 분석하는 작업의 중요성은 아무리 강조해도 지나침이 없다. 오늘날 여성의 일과 남성의 일이라는 구분이 약화되고 있기는 하지만, 그 사람이 여성인가 남성인가에 따른 공간적 이동의 경로는 여전히 제약을 받고 있다. 이 책은 권력관계로서의 젠더관계에 기초한 젠더 불평등이나 젠더 억압을 변화시키고자 한다면, 무엇보다 '젠더', '공간', '권력'이라는 세 가지 키워드를 중심으로 젠더에 따른 공간적 이분법의 현주소로 시선을 돌리는 한편, 새로운 대안적 공간의 생산을 바탕으로 이러한 이분법을 극복하기 위한 방안을 모색해나가야 한다고 주장한다.

여성주의상담 개론

사회적·개인적 변화를 위한 전략

- 캐시 M. 에번스·엘리자베스 앤 킨케이드·수전 레이철 심 지음 ┃ 김민예숙 옮김
- 2020년 5월 8일 발행 ┃ 신국판 ┃ 312면

여성주의상담자를 위한 '실천적' 개론서
이론과 적용이 본격 접목된 예비·현장 상담가의 필독서

여성주의상담의 이론과 그 적용을 함께 녹여낸 첫 개론서가 발간되었다. 저자들은 20여 년간 여성주의상담 분야에서 학자 및 상담가로 활동한 경력을 바탕으로, 지금까지 연구된 여성주의상담의 이론과 상담가로서 경험을 입문자들도 볼 수 있는 쉬운 언어로 이 한 권에 압축해 담았다.

우리나라 여성주의상담의 경우, 그 역사가 그리 길지 않은 가운데 소수의 저(역)자의 노력으로 여러 관점의 도서가 소개되었지만, 이제 막 여성주의를 시작하는 사람들, 현장 여성주의상담가로서 구체적인 기술 적용에 대해 목말라 있던 이들에게 이론과 사례를 접목하여 소개한 자료는 다소 아쉬운 상황이었다.

이 책은 여성주의상담이란 무엇인지 최신 자료와 함께, 구체적으로 어떻게 하는 것인지(기술과 테크닉)를 담아 이론과 실제 사이에 벌어져 있던 틈을 메워준다. 입문자에게는 여성주의상담의 첫걸음이 되는 좋은 입문서가 되며, 현장 전문가에게는 이론을 재확인하고 실제 적용을 참고하는 유용한 자료가 될 것이다.

대중문화는 어떻게 여성을 만들어내는가
보석 왕관을 쓴 아기부터 사냥감을 찾는 쿠거까지

- 멀리사 에임스·세라 버콘 지음 ㅣ 조애리·이혜원·유정화·김진옥·강문순·윤교찬·박종성·최인환 옮김
- 2020년 1월 30일 발행 ㅣ 신국판 ㅣ 424면

대중문화가 만든 스테레오타입에 맞추어 살 것인가
자신의 여성상을 창조해갈 것인가

남녀평등은 이미 완성되었고 페미니즘은 남녀의 갈등을 부추긴다는 주장이 있다. 현실을 잘못 판단한 이러한 잘못된 주장의 배경에는 대중문화에서 여성의 성공이 실제보도 과잉 표상되는 면이 있을 것이다.

여성들은 대중문화 속에서 한편으로 전통적인 여성상을 강요당하며 다른 한편으로는 최근 변화된 사회에 맞춰 새롭게 요구되는 역할에도 숙달되어야 한다는 압박을 받고 있다. 저자들은 책, 노래, 영화, TV 등에서 우리에게 익숙한 콘텐츠를 분석하면서 이 점을 선명하게 보여준다.

이 책에서 다루는 작품들은 주로 미국이나 영어권 국가의 것이지만, 실제로 문화의 유입이 빨라지고 인터넷을 통해 동시간대에 문화교류가 이루어지는 상황에서 한국의 여성과 문화를 이해하는 데도 도움이 되리라고 생각한다.

'여성'의 자아
관계-속-자아

- 주디스 조던·알렉산드라 캐플런·진 베이커 밀러·아이린 스타이버·재닛 서리 지음 | 홍상희·이주연 옮김
- 2018년 10월 10일 발행 | 신국판 | 416면

여성의 심리 발달에 관한 새로운 모델

여성의 자아감은 소속감과 관계를 만들고 유지할 수 있는 것을 중심으로 만들어진다

왜 여성은 자기 성장과 완성, 독립성 등에서 남성 문화의 영향을 받은 인간 발달 모델에 의해 끊임없이 불완전한 존재로 정의되어 왔는가? 인간의 심리발달 기준을 남성에 두고 분리와 자율성만을 성숙의 지표로 보는 '인간' 발달 모델에 의해 여성들에게 결함이 있다는 설명이 끊임없이 이어져 왔다.

이 책은 미국 웰즐리대학교 스톤센터의 연구 성과들을 모은 것으로 여성의 삶을 구성하는 중요한 요인을 '관계'에서 찾고 있다는 점에서 여성을 이해하는 데 새로운 관점을 제시한다. 기존의 발달 이론과는 다른 여성의 심리 발달은 비정상적이고 열등한 것으로 설명해온 것에 대해 반론을 제기하고 여성의 경험을 반영하는 발달 이론과 새로운 모델을 설명한다.

젠더정치학(제2개정판)

- 김민정·강경희·강윤희·김경미·김성진·박채복·엄태석·유진숙·전복희· 조현옥·최정원 지음
- 2018년 9월 7일 발행 ㅣ 신국판 ㅣ 320면

페미니즘과 정치학의 필연적인 만남
정치학에는 페미니즘이 필요하다

정치학은 여전히 남성 편향적이고 남성 중심적인 학문이다. 『젠더정치학』은 13년 전, 모든 정치학적 분석과 판단의 기준이 남성이 되는 현상을 극복하기 위해 기존의 정치학에 성(gender) 변수를 도입하여 설명을 시도한 선구적인 개설서다. 남성 중심적인 정치학에 의문을 가지기 시작한 독자들에게 여성정치학에 대한 입문서로서 유용한 길잡이 역할을 해왔다.

한국 사회에 광범위하게 퍼져 있는 성폭력, 성적 억압에 대한 여성들의 저항이 낙태죄 폐지운동, 강남역살인사건 추모운동, 미투운동 등을 통해 본격화되기 시작한 지금이야말로 여성에 대한 정치학의 오랜 침묵을 깨뜨릴 때다. 페미니즘의 시각으로 정치학의 다양한 테마를 고루 다룬 『젠더정치학』(제2개정판)은 각 장의 자료를 업데이트하고 최근의 사회상을 반영해 설명을 보완한 한편, 국제이주와 여성에 대한 논의를 새롭게 추가하여, 정치학적 논의의 지평을 한층 더 확장했다.